EDIÇÕES BESTBOLSO

Os carbonários

Alfredo Sirkis nasceu no Rio de Janeiro, em 1950. Participou do movimento estudantil de 1968 e da resistência à ditadura. Exilado em 1971, morou na França, no Chile, na Argentina e em Portugal. Sirkis iniciou sua carreira jornalística em 1972, em Paris, no jornal *Libération*, e também trabalhou em veículos de informação em Portugal. Em 1986, foi um dos fundadores do Partido Verde (PV), e anos depois, eleito vereador pelo Rio de Janeiro, criou a Secretaria Municipal do Meio Ambiente. Como secretário de urbanismo, entre 2001 e 2006, implementou as ciclovias cariocas, o reflorestamento comunitário e a revitalização do Centro do Rio. Alfredo Sirkis também publicou *Corredor polonês*, *Roleta chilena* e *Verde carioca*. *Os carbonários* recebeu o Prêmio Jabuti em 1981, na categoria melhor biografia.

ALFREDO SIRKIS

OS CARBONÁRIOS

3ª edição

EDIÇÕES
BestBolso
RIO DE JANEIRO – 2025

CIP-Brasil. Catalogação na fonte
Sindicato Nacional dos Editores de Livros, RJ.

S634c
3ª ed.

Sirkis, Alfredo, 1950-
Os carbonários / Alfredo Sirkis. - 3ª ed. - Rio de Janeiro: BestBolso, 2025.

ISBN 978-85-7799-080-1

1. Sirkis, Alfredo, 1950-. 2. Brasil – Política e governo – 1967-1969. 3. Estudantes – Brasil – Atividades políticas – História – Século XX. 4. Movimentos estudantis – Brasil – História – Século XX. 5. Guerrilhas – Brasil – História – Século XX. I. Título.

08-0943

CDD: 920.932242
CDU: 929:323.22

Os carbonários, de autoria de Alfredo Sirkis.
Título número 077 das Edições BestBolso.
Terceira edição impressa em março de 2025.

www.edicoesbestbolso.com.br

Foto da capa: "Sirkis treinando tiro ao alvo, em 1969" (arquivo do autor).
Tratamento de imagem: Mateu Velasco.
Design de capa: Carolina Vaz (adaptado da capa publicada pela Editora Record, por Jair de Souza, 1998).

Direitos exclusivos de publicação em língua portuguesa para o Brasil em formato bolso adquiridos pelas Edições BestBolso um selo da Editora Best Seller Ltda. Rua Argentina 171 - 20921-380 Rio de Janeiro, RJ - Tel.: 2585-2000
que se reserva a propriedade literária desta tradução.

Impresso no Brasil

ISBN 978-85-7799-080-1

À Iara Yavelberg, Herbert Daniel e Carlos Lamarca

“Nossa geração teve pouco tempo
começou pelo fim
mas foi bela nossa procura
ah! moça, como foi bela a nossa procura
mesmo com tanta ilusão perdida
quebrada,
mesmo com tanto caco de sonho
onde até hoje
a gente se corta.”

Alex Polari

Prefácio à edição de 2014*

Trinta e quatro anos após a publicação de *Os carbonários* e quarenta e quatro do rebelde ano de 1968, releio minhas memórias revisitando meus "anos de chumbo", para poder prefaciar esta nova edição. Mais uma vez devo reescrever um prefácio já sabendo o quanto são perecíveis, mesmo quando a obra não o é. O prefácio da edição original (1980) e o posfácio de 2008 estão mantidos nesta obra.

Quando escrevia *Os carbonários*, em Lisboa, Paris, Foz do Arelho, nos últimos meses dos meus nove anos de exílio e depois, de volta ao Rio, com a anistia, as cores, cheiros e sentimentos eram muito presentes, candentes. Rever os locais onde os fatos ocorreram – o "aparelho" da rua Tacaratu, o Colégio de Aplicação, a avenida Rio Branco – me despertava intensas emoções. Hoje, 1968 e os anos de chumbo que a ele sucederam são como cenas de um filme antigo, histórias desbotadas, quase implausíveis, conquanto deveras acontecidas àquela outra pessoa que fui. Sinto-me a muitos anos-luz do guerrilheiro Felipe com seus 19 anos e sua intrincada mescla de revolta e pulsão de ser herói, viver a aventura da nossa geração, que depois, como disse Alex Polari, se cortou com cacos de sonho. Não me

---

*Para esta edição de bolso, publicada inicialmente em 2008, quando o Movimento Estudantil completou quarenta anos, o autor incluiu um posfácio no final da obra. (*N. do E.*)

desconforta esse passado, também não me enaltece. Quando os jornalistas, pela milésima vez, fazem aquela pergunta, retruco-lhes o que virou uma frase feita, mas não deixa de conter a minha verdade: de tudo aquilo não me orgulho nem me envergonho. Alguns de nós pouco mudaram, a não ser fisicamente, é claro. Orgulham-se. Para eles a referência aos anos rebeldes continua o feito primordial de suas vidas. Outros, pelo contrário, se envergonham. Preferem que se esqueça de que alguma vez fizeram parte daquele turbilhão libertário em revolta contra o regime ditatorial, mas, não sem ambigüidade, teorizando a ditadura do proletariado. Constrangem-se em recordar de ter alguma vez acreditado, piamente, naqueles dogmas semi-religiosos de uma concepção de mundo que desmoronou com o muro de Berlim[1].

Nos anos de chumbo tive a tríplice felicidade de sobreviver, não ter sido capturado e seviciado e não ter matado ninguém. A ventura de ser apenas um guerrilheiro mediano (medíocre?), tremendamente sortudo, com um (tardio) sentido da realidade, que me permitiu escapar (oito dias antes do aniquilamento do comando Juarez de Brito, da VPR) e me deixou um inventário de cicatrizes relativamente brando, que se resume à dor da perda de alguns queridos companheiros. Pude desovar, em algum momento do exílio, a carga de ódio que me deixaram aquelas tragédias. Dele me recordo, vagamente, como quem visita um pesadelo: revejo-me num decrépito e solitário *studio*, sem banheiro, em Paris, com uma revista *O Cruzeiro*, recém-chegada do Brasil, pelo correio, com fotos dos cadáveres de Lamarca e Zequinha e uma crônica terrível, cruel, desrespeitosa – muito bem escrita – de David Nasser,[2] glosando o feito d'armas da repressão e tripudiando sadicamente sobre os caídos. Naquela noite odiei-o intensamente. Decidi matá-lo. Fantasiei como seria: regressaria clandestino ao Brasil e o executaria com cinco tiros de pistola. Acho que nunca detestei alguém tanto quanto naquela noite insone, de setembro de 1971, quando me senti culpado de estar vivo. Sonhava "justiçar" David Nasser e também o delegado torturador Sérgio Fleury, que certos companheiros juravam ter visto em Paris, naqueles dias. Até hoje me lembro de todo aquele ódio dentro de mim. Recordo também como era ruim, tremendamente ruim, senti-lo.

O ódio, o rancor, a sede de vingança são – percebi na carne – profundamente autodestrutivos. Impediam-me de aproveitar tudo de bom que a vida me oferecia naquele momento. Estava vivo, em Paris, com 20 anos, cercado de coisas belas, de pessoas novas, interessantes, provenientes de todo o mundo. Mil e uma experiências eram possíveis, centenas de atrações culturais e outras, a meu dispor, mas estava ali, aprisionado numa paranóica auto-clandestinidade, vivendo, às margens do Sena, a continuidade da guerra perdida, do outro lado do oceano. Demorei ainda quase dois anos para emergir dessa masmorra mental que o DOI-CODI, que nunca conseguira me pegar, me infligia a distância. Depois entendi como pudera suicidar-se o Frei Tito, que não conseguia tirar da cabeça seu torturador, o delegado Fleury, ou Maria Auxiliadora, a Dôra, que se atirara debaixo de um trem, em Berlim, para fugir da Vila Militar.

Mil anos depois, em 1996, num pátio do Quartel Central do Corpo de Bombeiros, já secretário de Meio Ambiente da cidade do Rio de Janeiro, recebi uma medalha, uma homenagem pela minha colaboração com o destacamento de Bombeiros que combatem incêndios florestais, no Parque Nacional da Tijuca. Solenidade de ritual militar, e eis que, para minha surpresa, surge o então secretário de Segurança do governo do estado do Rio de Janeiro, para me entregar a condecoração. O general Nilton Cerqueira se aproximou com a medalha na mão e prendeu-a na lapela do meu paletó branco de listrinhas. Protocolarmente cumprimentou-me pelos serviços prestados aos soldados do fogo. Trocamos um seco aperto de mão. Não senti ódio, rancor ou raiva. Não senti simplesmente nada pelo homem que matou meu amigo Carlos Lamarca. Apenas um tremendo constrangimento, acredito, compartilhado. Lá estávamos nós, vinte e seis anos depois, ambos autoridades, num país diferente.

Certa ocasião conversei longamente com um oficial da FAB que foi colega de meu falecido tio, aviador. Há trinta anos teríamos trocado tiros, possivelmente; hoje concordamos em muita coisa: a necessidade de ética na vida pública, a urgência de realizar o papel singular do Brasil no mundo, a justiça social, os estragos do cassino global e a ecologia. Após breve escaramuça, evitamos cuidadosamente qualquer menção aos anos de chumbo, quando negávamos um ao outro a elementar condição de brasileiro. Se adentrássemos aquele terreno, imediatamente tenderíamos a pular para dentro das nossas respectivas velhas trincheiras. E quem ganharia com isso?

Uma vez fui duramente recriminado por uma pessoa aparentemente ligada a grupos dedicados a manter viva a memória dos crimes da repressão naquela época. Como diabos poderia eu, Alfredo Sirkis, autor de *Os carbonários*

 ser secretário de Meio Ambiente de uma Prefeitura que

tinha como responsável pela Guarda Municipal um ex-membro de uma equipe da PM que, na época, operava junto com o exército na luta anti-guerrilha? Foi inútil tentar explicar-lhe que eu tinha informações que me davam uma razoável presunção (embora não certeza absoluta) de que aquele oficial participara de operações de rua e combates mas não de interrogatórios e de que, como tal, fora apenas um combatente do outro lado. E afinal, ora bolas, o que quer que tivesse sido, não havia razão para eu desistir de meus projetos de reflorestamento comunitário, saneamento, combate à poluição e às agressões ambientais, construção de ciclovias e outras coisas boas para a cidade, para "renunciar e denunciar", como me cobrava. Inútil. Senti naquela pessoa, jovem, da esquerda sectária, uma truculência psicológica e vibrações negativas que me fizeram tomar, depois, um banho de sal grosso. Não cheguei à crueldade de lhe narrar algo que vários companheiros que haviam feito treinamento em Cuba relutantemente me haviam relatado. A certa altura do adestramento, ao falar de coleta de informações junto a eventuais prisioneiros, o instrutor, apelidado *Comandante Cubanito*, fazia-se ao mesmo tempo de vago e enfático: *El prisioneiro tiene que hablar... pues tiene que hablar!* Nenhum deles dera muitas asas ao assunto, mas o sentido da afirmação era inequívoco. Tinham sentido claramente que, em caso de necessidade, ele era perfeitamente capaz de pendurar um prisioneiro no pau-de-arara, em defesa da revolução.

A tortura é algo abjeto. Degrada a quem a pratica. Provoca nojo e revolta a qualquer pessoa normal. E, no entanto, boa parte dos exércitos consideram-na arma de guerra. Certa vez, em Portugal, um oficial aviador uruguaio, exilado, contou-me como alguns de seus colegas de academia militar, segundo ele previamente "boas pessoas", se viram envolvidos no combate contra os Tupamaros.[3] Um belo dia lhe exibiram, num hangar, com toda a naturalidade do mundo e até uma ponta de orgulho, *la picana*, o telefone de campanha usado para dar choques elétricos nos testículos dos presos. Poucos dias depois, ele – secretamente partidário do general Liber Seregni, líder do *Frente Amplio* – desertou. Quantos tiveram essa coragem? Na sua opinião, em pelo menos boa parte dos casos a transformação de uma pessoa normal em torturador se relacionava menos com uma monstruosidade de caráter – embora essa também encontradiça – do que com uma dinâmica psicossocial, com uma cultura na qual a humanidade do inimigo passa a ser pura e simplesmente negada e o dever de obter a informação se sobrepõe a qualquer outra consideração. A velha história da banalidade do mal... Uma pergunta que sempre me perseguiu – perdoem-me, companheiros, mas o subconsciente é impertinente – é o que teria acontecido se tivéssemos vencido. Em que pesem aos crimes do camarada Stalin, os sangrentos caprichos e as catastróficas experiências de Mao Zedong, o genocídio de Pol Pot, de fato, na história do Brasil, foi a direita, e apenas a direita, quem ao longo da história suprimiu liberdades e pisoteou direitos humanos. Talvez beneficiada pela sua não menos histórica inapetência para o poder, a esquerda não teve, para sua própria felicidade, a chance de eventualmente vir a ser liberticida. Fica no ar a dúvida.

Apesar dos anos que passaram e do quadro político totalmente diferente, não se pode esquecer tudo quanto sucedeu na rua Barão de Mesquita, na rua Tutóia, na Base

Aérea do Galeão, no DOPS de São Paulo ou na "casa da morte", em Petrópolis. As gerações futuras devem conhecê-lo, pois isso poderá, eventualmente, contribuir para evitar novos surtos autoritários numa história humana que não é linear, mas se move em ciclos. Não se pode, porém, fazer dessa memória um perene abscesso de fixação na relação com as instituições militares, inclusive ampliando o escopo da denúncia para oficiais que não participaram de interrogatórios. Há, efetivamente, uma razão de Estado que indica que, se não podemos nem devemos permitir o esquecimento, também não devemos nem podemos fazer que aqueles fatos, dos quais participou apenas uma ínfima minoria do que hoje compõe o quadro da ativa das nossas Forças Armadas (nossas, sim), se transformem num foco permanente de tensões, conflitos e reflexos regressivos. A absorção pelo seu *esprit de corps* dessa condenação é algo sumamente problemático, a ser tratado com habilidade e sobriedade. Quanto mais o meio militar estiver mesclado ao civil, em busca de soluções para o país, mais forte a democracia. Quanto mais ele se sentir objeto de permanente estigma e se fechar, isolado, mais problemas haverá no horizonte. Encontrar o ponto de equilíbrio é difícil mas ao mesmo tempo fundamental, sobretudo num momento em que o Brasil precisa de grande colaboração militar diante de gigantescos problemas, como o da Amazônia e o da manutenção do monopólio do Estado brasileiro sobre o material bélico, que, nas mãos de traficantes, ameaça a vida da população e o controle do Estado de Direito sobre o conjunto do território.

Se a tortura por razões políticas foi algo que aconteceu num período de doze, treze anos, sob o regime militar, depois de ter acontecido, duas décadas antes, no Estado Novo, de Getúlio Vargas, atingindo também pessoas de classe média e boas famílias, ela já existira antes desses períodos, e continua existindo em milhares de obscuras e fétidas delegacias de roubos e furtos e outras, onde sempre as mesmas técnicas são aplicadas por policiais preguiçosos e despreparados contra suspeitos, em geral pobres e negros, culpados ou inocentes, de uma gama de delitos comuns. Sair dessa situação e conseguir que ela vá minguando historicamente até sumir, como resquício de uma maldita pré-história, é algo que requer um "choque de civilização".

Garantir que nunca mais haverá presos políticos e torturas em quartéis depende da consolidação da democracia, de instituições sólidas e de regras democráticas incorporadas pelo conjunto da sociedade. Para que nunca mais haja guerra entre brasileiros, quer em média escala, como em 1930 ou 1932, quer em "baixa intensidade" – mas nem por isso menos cruenta –, como nos anos de chumbo do final dos 1960, início dos 1970. A guerra civil, o confronto fratricida engendra inevitavelmente violações dos direitos humanos, inclusive em dimensões muito maiores do que aqui. É só olhar para a ex-Iugoslávia no flanco da Europa. Dificilmente haverá uma guerra civil "limpa". Tortura nunca mais, ditadura nunca mais, mas também luta armada nunca mais. Nenhuma ilusão mais de que existem atalhos, de que se pode consertar o Brasil por outro caminho que não o do paciente, constante e persistente exercício da democracia e daquelas liberdades que no passado chegamos a desprezar como "burguesas".

Se não me envergonho, tampouco posso me orgulhar, porque cometemos muitos erros. Pessoas inocentes também caíram vítimas da guerrilha. Balas perdidas, enganos trágicos, também alguns crimes. Um marinheiro inglês de 19 anos foi estupidamente metralhado num estapafúrdio e cretino ato de solidariedade ao IRA. Um oficial alemão, aluno da Escola Superior de Guerra, foi "justiçado" por engano, confundido com um militar boliviano envolvido na morte do Che Guevara. Houve o caso notório de Márcio Toledo, executado por seus próprios companheiros, acometidos de surto paranóico-stalinista. E aquelas dezenas de soldados, policiais, suboficiais e oficiais, combatentes do outro lado, caídos em confronto, na porta de bancos, na escolta de embaixadores, em escaramuças de rua? Guerra é guerra, mas como não deixar, hoje, de lamentar todas essas vidas perdidas, de pensar também nas famílias deles? Os próprios seqüestros de embaixadores, conquanto permitiram arrancar companheiros das torturas e, em alguns casos, salvar-lhes a vida, tiveram o aspecto problemático de usar pessoas inocentes como reféns. Quase trinta anos depois tudo é infinitamente mais complicado do que o maniqueísmo. Por tudo isso se pode dizer que a anistia de 1979, da forma "recíproca" como se deu, conteve certa sensatez que transcende as manobras táticas do então ministro da Justiça, Petrônio Portela, para fazê-la ser engolida pela chamada "linha dura" militar. Aquela anistia, nivelando a "subversão" aos chamados "crimes conexos", foi injusta, pois foram atos muito diferentes, porém acabou sendo sábia. Em história isso acontece.

Mas a história, ela própria, acontece duas vezes. Uma no instantâneo eclodir dos fatos. Outra nas obras literárias, históricas, biográficas, memorialísticas e, hoje, no audiovisual: na TV, no cinema, em CD-ROM. Se na primeira perdemos, fragorosamente, na segunda não nos saímos de todo mal. Não chegarei a atribuir a Fernando Gabeira, a Álvaro Caldas, a Alex Polari, a mim próprio e a diversos outros autores de depoimentos esse mérito de fazer com que a imagem de nossa geração rebelde seja no Brasil melhor do que é hoje na Argentina, por exemplo, a dos Montoneros[4] ou do ERP[5]. Ali não só houve trinta vezes mais vítimas como, por parte da guerrilha, a responsabilidade de ter dado grande contribuição para torpedear a tentativa de democratização, ocorrida em 1973, com as eleições livres de Héctor Cámpora[6] e Juan Domingo Perón[7]. A guerrilha continuou suas ações. No caso dos Montoneros – cuja palavra de ordem era *con las urnas al gobierno, con las armas al poder* – uma sangrenta vendetta com a direita peronista e os sindicalistas da CGT oficial. No caso dos trotsko-guevaristas, comandados por Mario Roberto Santucho, ataques a quartéis do exército argentino. No Brasil a guerrilha nunca se confrontou com um governo livremente eleito ou num período de vigência das liberdades públicas. A luta armada se deu em tempos de repressão e cerceamento das liberdades, produzidos pelo Golpe de Estado de 64 contra um governo constitucional, seguido da supressão das eleições presidenciais previstas para o ano seguinte. Em todo caso, algum mérito por uma imagem histórica, razoavelmente simpática, coube aos nossos livros, ao menos aqueles lançados no período pós-anistia, por conterem depoimentos humanos, até certo ponto auto-críticos, despojados de ideologismos, arrogância, auto-glorificação ou rancor.

Nesse processo coube a Fernando Gabeira o papel inequívoco de "boi de piranha", que ele desempenhou com graciosa irreverência, demarcando um espaço que, quase duas décadas mais tarde, se ampliou com a transformação de sua obra *O que é isso, companheiro?* em filme. Gabeira atraiu forte carga de ressentimento por parte de alguns de seus antigos companheiros. Essa mágoa é humana, compreensível, mas caberia melhor no divã do analista do que nas aspas venenosas de matérias daquele estilo jornalístico que os americanos chamam de *character assassination* e que acabaram, de tanto repetidas, badaladas, consagrando algumas falsas versões. Por exemplo: um leitor atento de *O que é isso, companheiro?* descobrirá que a famosa passagem em que Gabeira supostamente assume, indevidamente, a autoria do famoso manifesto do seqüestro do embaixador norte-americano simplesmente não existe no livro. E que, ao contrário do tantas vezes publicado, ele não se atribui papel maior do que aquele, efetivamente secundário, que teve na operação. No entanto, na vida posterior, coube a ele e não a outros – alguns igualmente talentosos – escrever um livro que caiu no gosto do público, num momento especial, com uma leveza de tom e um estilo que o consagraram.

Gabeira humanizou a experiência, desconstruiu a figura mitológica do guerrilheiro heróico e encarnou um símbolo de exilado que voltava sem ódios para uma nova fase, com novas idéias na bagagem. Também serviu de talismã para as folclorizações, simplificações e afabulações de certos segmentos da mídia. Chegou a estimulá-las com aquele seu dom provocador, que gosto de apreciar a meia distância. Isso deve ter efetivamente correspondido a uma demanda daquela sociedade, em transição, ansiosa por pacificação, descrispação das tensões e mudança pacífica, naquele ocaso da ditadura militar que foi o governo Figueiredo. Mas essa demanda também produziu seus próprios mitos. A começar pela famosa tanga de crochê. O recém-retornado quis ir a praia, o que não é do seu costume – Gabeira na praia é uma raridade –, não tinha calção e envergou uma peça do biquíni de sua prima e anfitriã dos primeiros dias de volta, a jornalista Leda Nagle. A famosa foto, no posto 9, virou símbolo maior do seu suposto bi ou homossexualismo. O mega-escândalo da anistia: o guerrilheiro heróico virou *gay* e saiu por aí numa tanga de crochê cor-de-rosa! Seu então editor, o Ziraldo, ficou preocupadíssimo, inconformado. Mas para quem conhece a figura de longa data – no meu caso há uns bons 26 anos – toda essa história não tinha pé nem cabeça. Ninguém nunca ouviu falar de um caso concreto que corroborasse essa revelação. Se ele teve alguma "experiência" desse tipo nenhum de seus amigos jamais soube e nunca tive o mau gosto de perguntar, até porque o considero de foro íntimo e perfeitamente irrelevante. Entre amigos, na época, comentávamos maliciosamente que toda aquela história de se dizer bissexual era uma forma de aguçar o interesse feminino (evidentemente usávamos expressões mais cáusticas e diretas). Naquele início dos anos 1980, ser bissexual dava *status* e um seguro IBOPE feminino. Certa feita, em Paris, uma moça me interrogou a respeito. Decepcionada com o fato de eu nunca ter tido uma relação com outro homem, perguntou-me por quê. Expliquei que gostava imensamente das mulheres – sempre penso que Deus estava particularmente inspirado quando as criou – e que não tinha a menor atração física pelo corpo masculino. Ela me olhou com desprezo e sentenciou, implacável: "Puxa, como você é reprimido!" Houve uma época, antes do aparecimento da Aids, em que o "politicamente correto" era ser bi. Eu não achava nenhuma graça e tinha quase de pedir desculpas por tanto "machismo", tamanha caretice. Um amigo nosso, já falecido, que apelidávamos Tocha, este efetivamente bi e, com o passar do tempo, homo, revoltava-se contra o mito criado em torno da famosa tanga de crochê, e costumava, em festas de ex-exilados, depois do terceiro copo de uísque, proclamar em altos brados: "É tudo uma farsa! Eu é que dou o cu e o Gabeira leva a fama!" Já o próprio nunca se preocupou em desmentir, pois para ele nada havia de desabonador que precisasse ser desmentido. E se fosse? E daí? E se não fosse, não poderia um dia vir a ser? Manteve essa atitude perfeitamente zen mesmo no dia em que, numa enorme assembléia petista, em 1989, quando se discutia da possibilidade de ele ser candidato a vice-presidente na chapa de Lula, um líder metalúrgico, de voz gutural e patética, proclamou aos quatros ventos que apoiava sua indicação mesmo sendo ele um homossexual. A coisa foi dita com tamanha grossura – mais de tom do que de palavra – que deixou a todos nós hiperconstrangidos. Menos ao próprio Gabeira, que apenas esboçou um sorriso entre o irônico e o divertido, do tipo "Que tolice se preocupar com isso". E foi vetado como vice.

Os carbonários saiu uns seis meses depois do livro de Gabeira. Foi best-seller durante 32 semanas e, antes desta nova, teve 13 edições pela Global e duas pelo Círculo do Livro, a décima quarta pela editora Record e uma edição de bolso. Sem falsa modéstia, tendo lido quase todos os livros sobre o assunto, pretendo que seja a melhor história de aventura dos anos de chumbo. Tive alguns problemas com *Os carbonários* mas comparativamente pequenos. Não associei meu livro a nenhum choque comportamental. Na época, como afirmo no prefácio de 1980, queria ser apenas um contador de histórias. Por outro lado, ao contrário do que sucedeu com os envolvidos no episódio Elbrick, todos vivos, com exceção de Virgílio Gomes da Silva e Joaquim Câmara Ferreira, sou um dos escassos sobreviventes dos casos von Holleben e Bucher. Do nosso grupo, houve mais dois que escreveram suas memórias: Alex Polari (*Em busca do tesouro*) e Herbert Daniel (*Passagem para o próximo sonho*). O segundo ficou realmente chateado com algumas referências na parte final, cuja veracidade nunca contestou. Eu, por outro lado, não poderia tê-las omitido, pois tinham importância absolutamente crucial para o desenrolar da história.

Que destino o de Herbert Estáquio de Carvalho, nosso Daniel! Em dezenas de ocasiões esteve a um triz da prisão, escapando quase miraculosamente. Tinha freqüentes problemas de saúde. No final de 1970, no auge da clandestinidade, foi desenganado por um falso diagnóstico de leucemia, que recebeu com resignado fatalismo. Foi, literalmente, o último dos moicanos da VPR. Ao ser completamente aniquilada a organização, no final de 1971, no Rio, e em 1972, no Nordeste, pela repressão, com prestimosa ajuda do cabo Anselmo, foi quem sobrou. Perdeu completamente qualquer vínculo com estruturas clandestinas. Ficou em contato somente com um simpatizante, o artista plástico Cláudio Mesquita (não há referências a ele no livro, pois na época não cheguei a conhecê-lo. O Cláudio que menciono, algumas vezes, é um dos codinomes de Lamarca). Daniel e Cláudio Mesquita passaram a morar juntos; viveram em diversas pequenas localidades do interior de Minas Gerais. Reimplantaram-se socialmente assumindo novas identidades e uma variada gama de ofícios. Cláudio trabalhou como cabeleireiro. Nessa época Daniel assumiu sua homossexualidade, que, no período da militância, sufocara, mas seu amor por Cláudio só se realizaria muitos anos depois, em Portugal. Apesar de ser um dos homens mais procurados do país, Daniel fez contato com a família e chegou a visitar a casa dos pais, em Belo Horizonte, sem que nenhum vizinho o reconhecesse.

Encontrar o desaparecido companheiro Daniel foi minha obsessão, durante muito tempo, no exílio. Em 1974, quando morava em Buenos Aires, como correspondente do *Libération*, consegui fazer contato. Num centro espírita uma amiga nossa foi informada de que ele estava vivo. Meu amigo João Belisário de Sousa, o Jonjoca,[8] conseguiu estabelecer o contato com sua família. Com apoio de Amílcar Santucho, do ERP (Ejército Revolucionário del Pueblo), que nos forneceu os documentos falsos, Jonjoca entrou clandestinamente no Brasil, foi até Minas e fez contato com eles, deixando-lhes dois passaportes "frios", equatorianos. Eles saíram do país e nos reencontramos, no final do ano, em Paris, na casa de Ângelo Pezzuti. Em 1975, Daniel e Cláudio foram morar em Portugal, onde eu também residia. Com a anistia Cláudio regressou, mas Daniel foi um dos pouquíssimos brasileiros a não serem incluídos na anistia de Figueiredo, que no meu caso se deu, de fato, por artifícios jurídicos de prescrição de pena. Estávamos condenados duas vezes a prisão perpétua e a trinta anos na terceira encarnação, pelos tribunais militares. Entrei raspando a trave, beneficiado pela minha idade de menor de 21, na época dos fatos. Daniel, no entanto, só pôde regressar dois anos depois. Permaneceu em Paris e ficou sendo conhecido como o “último exilado”, o que inspirou até um personagem do Jô Soares, o Sebá.

Enquanto esperava a solução do seu caso, Daniel lia e escrevia muito e trabalhava numa sauna *gay*. Finalmente de regresso, em 1981, Daniel lançou alguns livros que preparara em Paris e escreveu vários outros, autênticas preciosidades que nunca chegaram a um grande público. Tinha um texto fantástico, muito elaborado, o melhor de todos nós, mas fazia pouco caso da estrutura narrativa e nenhuma concessão à simplicidade. Inseriu-se nos debates sobre a questão homossexual e sobre temas de direitos humanos e ambientais. Foi um dos fundadores do PV e, em 1986, concorreu a deputado estadual pelo Rio de Janeiro; não foi eleito, apesar de expressiva votação. Com o surgimento da epidemia de Aids Daniel passou a dedicar-lhe enorme atenção, transformando-se em uma referência nacional e internacional sobre as questões de saúde pública, culturais e de direitos humanos que ela envolvia. Em 1989 ele próprio descobriu estar com a doença, depois de pegar uma pneumonia. Nessa época foi lançado, durante um período, como anti-candidato à Presidência da República pelo PV, como forma de combater o preconceito. Assumiu abertamente sua condição de aidético num momento em que poucos tinham coragem de fazê-lo e redobrou sua combatividade e garra de viver. Resistiu quatro anos, durante os quais lutou, lutou, lutou, incessantemente, viajando pelo mundo, dando palestras, escrevendo artigos, negociando articulações internacionais. Herbert Daniel e Herbert de Sousa, o Betinho, mudaram a história da Aids no Brasil. A partir deles os aidéticos e os soropositivos saíram do gueto, posicionaram-se à luz do dia. Em 1992 aquele que havia escapado de dezenas de situações críticas, na época da luta armada, que fora o último moicano da VPR, o derradeiro a sair para o exílio e a regressar ao país, sucumbiu, em casa, em Copacabana, ao lado do seu amado Cláudio Alves Mesquita. Numa subseqüente crueldade do destino, este artista, ainda não descoberto, também se foi, menos de dois anos mais tarde, com 45 anos. Não do vírus, mas do imenso coração partido.

Vi Herbert Daniel pela última vez a duas semanas do desenlace, que se deu quando eu estava na Europa. Durante sua doença tivemos conversas maravilhosas, profundas, livramo-nos das questiúnculas, rivalidades, vaidades que nos tinham separado em diferentes momentos. Eu constantemente lhe dizia – dizia-me – que ele ia resistir, que em poucos anos iriam surgir novos tratamentos, que o negócio era durar até lá, e ninguém mais talhado para isso do que um especialista em sobrevivência como ele. Não deu tempo. Quatro anos antes do surgimento dos inibidores da protease e dos coquetéis, percebi, pelo telefone, que sua voz ficava trêmula e sumia, suas fases "más" iam se prolongando. Vi-o aquela última vez. Segundo Cláudio, tinha poucos momentos de lucidez, mas cheguei durante um deles. Seu cabelo ficara totalmente branco; em poucas semanas transformara-se num ancião precoce. Fumava muito. Deitado naquela cama, trêmulo, parecia um peixe fora d'água, ofegante. Mas seu sorriso era doce e seu olhar cheio de serenidade e amor por tudo, por todos. Lembramo-nos das coisas que tínhamos feito juntos. Prometi voltar uns dias depois. Viajei. Naquele dia ambos sentíamos que era a despedida.

A ATUAL EDIÇÃO de bolso de *Os carbonários* corresponde ao texto da revisão que fiz para a décima quarta edição, em

1998. As alterações no seu texto foram exclusivamente de forma. No período 1978-80, quando o escrevi, eu estava influenciado pelo "estilo Pasquim" e abusei das gírias vigentes na época, sem me dar conta do quanto eram perecíveis. Uma vez no pequeno escritório de Fernando Sabino, na rua Canning, em Ipanema, Otto Lara Resende se propôs a me ajudar colocando o texto no chamado português escorreito, o que na época não me pareceu indispensável. Com o passar do tempo me convenci de que ele tinha razão e que algumas expressões coloquiais precisavam ser revistas, pois tinham caído em desuso. Quem hoje entenderia "cuca" ou "fossa", ou no futuro vai entender "demorou" ou os novos usos de "sinistro" ou "bizarro"? Também juntei parágrafos rompendo com minha busca quase obsessiva, na época, do máximo de despojamento e simplicidade, numa escrita quase oral. Decidi identificar melhor alguns dos personagens, fornecer seus dados biográficos posteriores, com ajuda de Teresa Ventura. Trata-se em geral das pessoas que de alguma forma se tornaram públicas e as já falecidas. Ficaram de fora outras que não consegui localizar, ou que, por alguma razão, manifestaram desejo de não figurar nessas notas ou que preferi preservar por razões pessoais. Na releitura, dezoito anos depois, descobri, no "Pre(pos)fácio" e no texto do livro afirmações políticas ou observações críticas, sobre pessoas ou fatos, com as quais hoje já não concordaria. Decidi mantê-las integralmente, mas tomei a liberdade de criticá-las, em algumas notas.

Há alguns anos cedi à Rede Globo os direitos de uso de alguns episódios de *Os carbonários* que junto com o livro de Zuenir sobre 1968 serviu de fonte para a série *Anos rebeldes* de Giberto Braga. Vi alguns capítulos com interesse, mas sem me envolver. O que me emocionou mesmo foi a abertura, com "Alegria Alegria". Já me acostumei a assistir todos os filmes e séries sobre aquela época com os olhos de simples espectador de obras de ficção, sem a angústia de quem espera ver na tela ou telinha sua própria vida. Isso me é salutar e me ajuda a respeitar a criação artística dos outros, sem aquele sentimento de que estão me despossuindo de meu passado, deturpando-o. Na verdade é muito difícil (mas não impossível) recriar o clima psicológico, o astral, a paixão daqueles anos nos veículos audiovisuais. Acho que o filme que mais se aproximou disso foi um dos menos diretamente "políticos", o *Nunca fomos tão felizes*, de Murilo Salles, que conta a história da relação de um pai guerrilheiro com um filho "alienado". Muitas obras houve e, pelo fascínio – para mim meio incompreensível – que esse período continua a exercer, muitas ainda haverá. Depois surgirão os livrões dos historiadores, bem documentados, objetivos, pesquisados com base em toda a documentação que hoje já está acessível.

Todos esses anos, em variadas ocasiões, muitos leitores de *Os carbonários* me perguntaram se tudo é mesmo verdade. Se não haveria nada de ficção. Em que pesem certas peças que eventualmente a memória pode nos pregar, é sim, tudo verdade. Não é, no entanto, toda a verdade. Contei aquilo que de mais relevante e interessante eu lembrava na época que escrevi. Omiti, propositadamente, ou abordei de forma sumária e cautelosa uma série de informações e discussões sobre a espinhosa questão do comportamento de pessoas na prisão e na tortura. Optei por esse caminho, que continuo a achar absolutamente correto e ético, por duas razões. Primeiro, tive a sorte e a felicidade de ter escapado dessa experiência, que tanto marcou muitos de nós; portanto, não me senti no direito de julgar quem por ela passara. Excetuei disso uma única pessoa, no livro identificada apenas por seu codinome, cujo grau de colaboração com a repressão foi muito além da média, quem de certa forma hostilizei. Por razões que explico numa das notas, hoje temo ter sido injusto. A segunda razão é a mais importante: remexer nisso tudo significa de certa maneira dar continuidade ao sofrimento e ao processo de destruição humana infligidos pelos torturadores às suas vítimas, coisa que alguns companheiros esqueceram quando, anos a fio, estigmatizaram outros por episódios relacionados a essas situações terríveis. Até hoje utilizam esse tipo de informação (verdadeira ou falsa) em retaliações políticas.

Também não me preocupei em aprofundar muito as discussões políticas ideológicas, as polêmicas e as concepções variadas no seio daquele punhado de organizações clandestinas – o que valeu ao livro a crítica de ser meio apolítico – porque achei que isso seria insuportavelmente enfadonho. Aliás, mesmo que quisesse, não seria capaz de reproduzir, a não ser com apoio de documentos, de que não dispunha, os meandros muitas vezes perfeitamente delirantes, surrealistas e até ridículos das nossas análises, epítetos e anátemas de então.

No mais, acredito ter feito um relato fiel aos fatos por mim vividos naquele período, os quais continuei narrando depois, no meu livro sobre os primeiros anos de exílio, *Roleta chilena*. Freqüentemente me interrogo sobre o porquê do aparente interesse e até mesmo fascínio que nossos anos de chumbo continuam exercendo sobre a mídia. Pessoalmente me dá certo enfado falar sobre "aquela época" e ocasionalmente tenho recusado conferências e entrevistas sobre esse assunto, embora acabe sempre, vez por outra, caindo nelas. Certamente não é, nem de longe, o assunto sobre o qual hoje aprecie palestrar. Prefiro mil vezes falar sobre ecologia, por exemplo. Por alguma razão a sociedade brasileira ainda não terminou de exorcizar a aventura da sua última geração de formação literária – as seguintes foram mais influenciadas pelo audiovisual – que foi contemporânea de um maravilhoso momento de criação cultural e artística. Tenho certa tendência a considerar que nós, jovens políticos radicais, fomos os "primos pobres" de uma efervescência cultural, artística e comportamental, cujo epicentro foi 1968, a qual deixou marcas ainda hoje atuais, que mudaram o mundo muito mais profundamente que a nossa luta política. A revolução sexual, com o advento da pílula, foi um marco definitivo, que nem a Aids conseguiu fazer regredir. O Cinema Novo foi um dado primordial no cinema brasileiro. A geração de músicos e poetas que despontou naquele período: Gilberto Gil, Caetano Veloso, Chico Buarque, Milton Nascimento, Gal Costa, Rita Lee e tantos outros reina até hoje, insuperada.

Quando li o livro de Caetano sobre o tropicalismo (*Verdade tropical*), revivi aquele período pelo seu lado mais sensível, afetivo, imaginário. Se os setores mais veteranos da esquerda, na época nossos dirigentes, tendiam a torcer o nariz para aquilo que lhes parecia alienação pequeno-burguesa, influência imperialista e fuga aos cânones do realismo socialista, para nós, os secundaristas da luta armada, recém-saídos da adolescência, o tropicalismo foi e continua sendo divino-maravilhoso. Era preciso estar atento e forte, não tínhamos tempo de temer a morte, exatamente como cantavam Gil e Caetano. Vinte anos depois, a partir de minha amizade com Gil, pude perceber melhor toda a teia premonitária que nos juntava aos tropicalistas. Que unia o que eles criavam artisticamente não ao que éramos então, mas ao que estávamos destinados a ser, pelo menos alguns de nós. Explico melhor: na época nossa relação com eles era de platéia. Dificilmente poderia descrever em toda a sua riqueza afetiva e sensibilidade o papel que aquelas canções tiveram na minha vida de então. Fiz amor pela primeira vez com uma mulher pela qual estava apaixonado, ao som de "quero ver Irene dar sua risada". Quantas vezes levantei meu ânimo para a luta com "Soy Loco por Ti América", ou "Alegria Alegria". "Divino maravilhoso" era um mantra para a peleja, atentos e fortes, fazendo atenção ao sangue sobre o chão. Nesse sentido tinham razão os militares, que intuíam os tropicalistas como seus inimigos. Mas o fato é que Caetano e Gil, na época, já estavam muito além daquilo tudo. A arte tem essa fantástica capacidade de antecipar a história, e não tenho dúvida de que as raízes poéticas, afetivas, estéticas do que viemos a ser e a formular politicamente uma década mais tarde, já no final do exílio e no regresso – as concepções verdes e alternativas –, estavam no tropicalismo. A visão holística, planetária, o gosto da mistura, mescla, o *melting pot* dos verdes teve ali suas sementes, que desabrocharam em mil flores, no país onde os urubus passeiam a tarde inteira entre os girassóis. A viagem de 1968, da vida para a história, ainda vai dar pano para mangas: todas juntas essas obras comporão nosso mosaico histórico, nossa geléia geral do, em muito breve, século passado. Já não sou, simplesmente, um contador de histórias, como pretendia em 1980. Mas ainda tenho umas tantas para contar e recontar. Em reapresentação, nas livrarias e também em meio digital, *Os carbonários.*

"L'armata Brancaleone, rides again."

Brasília, 14 de abril de 2014

Prefácio à edição original

Voltei nove anos depois, num dia de sol. Rio 40 graus.

O computador me deu uma colher de chá, o tira devolveu meu passaporte e gozou: "Agora que tu vai ficar complexado, né, rapaz? Não damos mais bola pra ti."

Complexado pela prescrição oficial da minha "periculosidade"? Nem tanto. Me senti apenas anistiadão e feliz, até segunda ordem.

Alfândega e tal. Do outro lado do vidro fumê do novo Galeão, o comitê de boas-vindas e as famílias esperando Minc, Jonjoca, Guida e Julinha (duas portuguesinhas importadas) e a mim, chegados de Lisboa no DC-10 da Varig. Lá estava mamãe exultante, tia-avó Irene curvadinha nos 80, tia Janete e os amigos. E foram pintando alguns personagens deste livro.

Carlinhos, Lúcia, Mecha, Brandi e outros, muitos abraços de estalar costelas.

Perguntei pelo Alex. Ele e o Zé Roberto (Ronaldo, no livro) tinham, finalmente, saído da cana havia poucos dias. Alex estava curtindo natureza em Mauá.

Nos reencontramos na semana seguinte. Ele chegou pelo mesmo elevador que desceu quando nos despedimos, cheios de maus presságios, em 1971, naquela véspera da minha partida e semana anterior à da sua queda. Ele tá magro, queimadão, olhos muito brilhantes e nem parece que ficou preso esse tempo todo e que inventariou cicatrizes.

"Depois da prisão, a festa." Foi como chamou o lançamento do seu segundo livro, o *Camarim de prisioneiro*, na praça Odilo Costa Neto, Santa Teresa. Naquele domingo desabou um toró impressionante, mostrando que apesar dos esforços da Igreja, S. Pedro continua pré-conciliar. O lançamento foi adiado por duas semanas e ficou sendo "Depois da prisão... e da chuva, a festa".

E que barato de festa! Criançada, brincadeiras, música, um palhaço-nariz-de-cereja e uma bandeirola proclamando Festa, Trabalho e Pão. Passou o filme do Silvinho da Rin sobre 1968: *Fênix*. Depois, o do dia da libertação do Alex: o atravessar das grades em manhã de sol, nove anos mais tarde. Com vida nova nos ombros, Thiago, seu filho e da Sônia, lindo, alcunha Tico Preto.

O mundo girou, girou e ó nóis aqui de novo, os ex-carbonários.

Desci no Galeão trazendo esse catatau de folhas batidas na minha velha Olímpia, sólida como um *panzer*, que já agüentou meus trancos por três livros e uns cinco ou seis empregos de jornalista. Revelou-se arma mais eficaz na luta pelas idéias do que o velho 38 de cabo anatômico daqueles tempos.

Comecei a escrever *Os carbonários* em fins de 1977, em Portugal. Concluí já na época que ia pintar anistia, em agosto de 1979, na praia de Foz do Arelho, que fica a uns cento e tantos quilômetros de Lisboa. Fiquei com minha companheira Olguinha no velhusco e solitário hotel junto às ondas e rochas, parecendo um albergue pirata, pertinho do poente. Varanda pra linha do horizonte, vista do lado de lá do marzão besta.

De volta ao patropi reescrevi algumas passagens depois de rever pessoas e ruas.

A narrativa se refere a um período de 43 meses, entre outubro de 1967 e maio de 1971. Não tenho nostalgia daqueles tempos, mas curto as vivências, os despertares, as aventuras e os "cacos de sonho com que até hoje a gente se corta", como diz Alex numa poesia do seu *Inventário de cicatrizes*.

Gostaria que nunca mais na história do Brasil se repetisse uma situação de opressão sangrenta, sufoco total e fechamento brabo que levasse uma geração de jovens a tomar as armas.

Erros cometemos muitos e a validade do gesto moral não atenua a dimensão daquela derrota, que custou muitas vidas queridas e valiosas. Creio que é importante recuperar essas memórias e transmiti-las sobretudo para essa nova geração que desponta com os anos 1980. A transmissão de experiências não é fácil, a assimilação menos ainda. Mas o próprio movimento social é hoje mais amplo, profundo, mais rico e maduro.

Aí estão os trabalhadores com suas lutas pacíficas, serenas mas decididas. As comunidades de base, as associações de moradores. O movimento feminista, o movimento negro. Surgindo com força o movimento ecológico, antinuclear e pela vida. Dentro da esquerda organizada persistem fortes os sectarismos e os baixos-astrais, mas o vento novo é forte e em quase todos os setores há gente acesa questionando, rediscutindo as coisas todas, inclusive o próprio socialismo.

Socialismo com liberdade. A luta pela liberdade não como uma tática para chegar ao socialismo mas como o seu objetivo permanente. Ditadura nunca mais, de nenhum tipo ou coloração.

Difícil, né? Difícil essa abertura e todos os passos futuros. Essa abertura conquistada pela pressão do nosso povo. Por milhões de vontades, vozes e mãos vazias que foram mais eficazes do que aquele punhado de metralhadoras com as quais nós, carbonários, queríamos mudar o mundo há uma década. Fico feliz.

Mas a luta continua. Taí o regime com seu jogo de cartas marcadas, suas recaídas, suas doses cavalares de arbítrio, supostamente residual. Taí essa classe dominante com sua mentalidade escravocrata e seus arroubos totalitários de enrubescer as bochechas rosadas de qualquer burguês ou ianque no seu próprio país (aqui dentro é onde eles fazem e acontecem como se estivessem atrasados de século).

Taí a corrupção onipresente e a violência nas ruas contra o povo e do povo se assaltando, roendo o próprio fígado como um Prometeu que dispensa abutres. Taí a miséria, o abandono, a crise do modelo, a conta que vai a 60 bi.

Paísão complicadão o nosso. Sufoca de desigualdade e dor mas explode de criatividade, como diz meu amigo Marcão Faerman, padrinho deste livro.

Pois é. Voltei nove anos depois num dia de sol. Rio 40 graus. Sem ódio e sem medo, sem ilusões mas sem desesperança. Procuro casa e emprego, espero minha namorada voltar da Europa, aprendi a gostar de São Paulo, acho que o Rio de Janeiro continua lindo, apesar dos espigões, tenho ido à praia e, pra início de conversa, quero ser apenas um contador de histórias.

O autor
São Paulo, 30 de abril de 1980

Introdução
"Os carbonários"
(versão século XIX)

Os carbonários apareceram no início do século XIX em vários reinos da futura Itália. Formavam sociedades secretas, combatiam a tirania e o imperialismo austro-burbônico. Eram os tempos da restauração: da Europa normalizada de Metternich e da ordem monárquica da Conferência de Viena, que pairavam sobre os escombros da Revolução Francesa e da era napoleônica.

As sociedades carbonárias eram constituídas por jovens aprendizes, oficiais e suboficiais dos exércitos italianos, profissionais liberais, artesãos e padres do campo. Participaram das revoltas de 1820, em Nápoles; 1821, em Piemonte, e 1831 na Emília Romagna, todas esmagadas.

Em Roma, na época reinado pontifício, os carbonários combateram o governo de Leão XII, aliado de Metternich, ditadura particularmente obscurantista, lembrada por ter reprimido o ensino laico, fechado várias escolas, proibido a vacina de varíola e decretado um "pacote" de medidas de exceção, entre as quais o estado de sítio, o toque de recolher e o fechamento das tabernas.

Promoveu também o célebre processo dos 500 (nobres dissidentes, profissionais liberais, artesãos, estudantes e dois padres) e a condenação à morte de sete carbonários. Tempos de medo, mas também de ufanismo dos governantes, tanto que, em 1825, foi celebrado, com muitas pompas, o Jubileu Magnífico.

Várias sociedades carbonárias conspiraram e realizaram ações diretas contra este estado de coisas. Entre estas se destaca o seqüestro de um coronel austríaco, praticado pelo grupo de Lazio Umbria, noutra região da futura Itália. A repressão intensa, no reinado pontifício e nos outros reinos, com prisões, torturas e guilhotina, dizimou as diversas sociedades secretas.

Organizados em grupos de vinte, chamados vendas, chefiados pela alta venda e pela venda suprema, os grupos carbonários assimilaram muito dos rituais maçônicos das suas origens. Eram poucos, altamente hierarquizados, animados por forte espírito de seita, o que dificultava a sua união ou mesmo coordenação.

Combateram a tirania numa época de refluxo dos ideais republicanos inspirados pela Revolução Francesa, cujo modelo jacobino importavam. Viveram quase sempre isolados das amplas massas, que, intimidadas pelo terror vigente, raramente entendiam o sentido da sua luta.

Apesar da sua maior incidência na península, foram um fenômeno continental com ramificações, sobretudo na França, antes e depois do apogeu da sua fase italiana. Um dos mais célebres carbonários foi Filipo Buonarroti, segundo Bakunin "o maior conspirador do século". Originário do grupo Pantheon, de Graco Babeuf, Buonarroti formou a Charbonnerie Démocratique Universelle e perdeu inúmeras revoluções.

Também em Portugal existiram sociedades carbonárias. A primeira parece ter sido fundada em meados do século passado, em Coimbra, por António Maria da Costa, o "Guaganelli".

Os carbonários foram derrotados na Itália e em todo continente, destruídos pela repressão ou desagregados por sucessivos rachas e dissensões internas. A sua experiência serviu para que futuros movimentos, de amplo cunho patriótico, não repetissem os erros. Foi o caso, sobretudo, da Jovem Itália, fundada em 1831 por Giuseppe Mazzini, o precursor da unidade italiana que antes pertencera a uma das sociedades carbonárias.

As aventuras desses conspiradores e guerrilheiros derrotados no século passado evocaram ao autor umas tantas analogias com contextos distantes e muito posteriores...

Parte I
Tempo de passeatas

1
Hora do rush

Escurecia. Luzes da Cinelândia e faróis dos veículos engarrafados. Hora do rush. A sinfonia ansiosa das buzinas, o zumbido daqueles besouros metálicos ecoava nos prédios e se perdia na direção do aterro do Flamengo, de onde eu vinha a passadas largas, apressadas. Atravessei as pistas entre os carros e segui pelo passeio, vista atenta à multidão que descia dos edifícios se amontoando pelas calçadas, bares, filas de ônibus.

– Será que vem muita gente à passeata? – Cruzei a praça em frente ao Teatro Municipal e aos velhos cinemas, rumo ao ponto de encontro do meu grupo. Meu ânimo oscilava: marés de emoção combativa, pontadas do mais genuíno cagaço. Entrei no bar uns minutos adiantado, pedi um café à espera dos colegas do CAp.

O CAp era o Colégio de Aplicação da Faculdade Nacional de Filosofia, da Universidade Federal do Rio de Janeiro, da Universidade do Brasil. Pomposo nome do pequeno liceu à beira da imunda e poluída Lagoa Rodrigo de Freitas, ali perto do Jardim Botânico. Uns trezentos e tantos alunos, em turmas únicas, do 1º ginasial ao 3º científico ou clássico. Colégio de elite: filhos de gente bem, passados pela peneira de um exame de seleção, na época bastante rigoroso, para umas poucas dezenas de vagas cobiçadas por tantos pais zelosos. No Aplicação se aplicavam os chamados *licenciandos* do 4º ano da Faculdade de Filosofia que iam ser professores secundários. Lecionavam apenas nos últimos meses do ano. O restante do tempo eram os professores que se esforçavam por fazer justiça ao tantas vezes evocado "espírito capiano".

"Colégio de *cu de ferro*", tal a reputação do brioso liceu na gíria da estudantada carioca. Eu não era propriamente um *cê-dê-efe* agarrado aos livros, obcecado com as notas. A cabeça, cheia de sonhos, não dava para isso. Mas não ia mal nos estudos. Definitivamente livre da matemática, curtia a minha facilidade para idiomas, letras e ciências humanas. Bagunceiro inveterado, mas bom aluno desde o ginásio, eu sempre passara de ano sem segunda época, com médias à volta de sete. Isso não chegava a satisfazer a minha zelosa supermãe, que avançava sombrios prognósticos a cada cinco que eu, porventura, trouxesse para casa. Se nalgum mês pintasse nota vermelha, era um deus-nos-acuda, uma tragédia nacional.

Depois de uma bem-cuidada infância no British School of Rio de Janeiro, no Anglo-Americano, e todo o ginásio no Andrews, caros colégios particulares de Botafogo, de cursos na Aliança Francesa, na Cultura Inglesa e mais uns quantos professores particulares – não somos ricos, mas fazemos os sacrifícios necessários para te dar a formação que não pudemos ter, dizia ela – aos 16 anos, por sugestão-para-o-meu-próprio-bem, fui medir-me com o temido exame de seleção do CAp.

Até estudei naquele verão de 1966, decidido a ingressar no prestigioso liceu, ser motivo de orgulho para a família e aliviá-la do ônus dos meus estudos no Andrews. O CAp, além da reputação, era público e quase gratuito, como a universidade federal da época. As provas foram difíceis e, com o passar dos dias, fui cultivando a dúvida. A cada explicação que dava pra mamãe, mais me convencia de que não ia conseguir me classificar. Pro papai eu arrotava otimismo e ainda capitalizava as honras da destacada conclusão do 4º ginasial no Andrews.

Para o seu orgulho, eu fora o orador da turma na cerimônia de formatura: com a voz vibrante e esganiçada, li três laudas de ardente patriotada juvenil, jurando servir o Brasil e fazer jus ao privilégio de ter podido estudar num país de tantos milhões de analfabetos. Foi um sucesso. Palmas e cumprimentos até dos colegas mais gozadores, que tinham consagrado meus dotes oratórios e minhas precoces posturas reivindicativas com o apelido de *Zarur*, alusão galhofeira ao místico pregador dos programas de rádio, com as suas visões de Cristo e sopinha dos pobres. Também os mestres me cumprimentavam e elogiavam diante dos progenitores extasiados. Papai, com aquele seu jeitão espalhafatoso de quando fica contente ou irritado, prometeu contar tudo para os colegas do escritório. Imaginem o seu contentamento quando, exultante, lhe anunciei, meses mais tarde, que passara, em segundo lugar, nos exames para o CAp.

Menos de um ano depois, meu triunfal ingresso no liceu seria visto por ele como uma tragédia, uma cilada da vida, um erro a responder perante Deus. Por causa, até hoje acredita, daquele "maldito Colégio", como diz, é que o seu filho rebelde, mas no fundo bom menino e, em todo caso, sadiamente direitista, um belo dia trocou, no quarto, o retrato de John Fitzgerald Kennedy pelo de Ernesto *Che* Guevara...

Naquele dia de fins de outubro de 1967, na hora do rush, eu estava no bar à espera dos companheiros do meu *grupo de cinco*, para o meu batismo de gás lacrimogêneo em frente ao MEC. Minha primeira passeata. Previdente, trazia lenço, amoníaco e pastilhas de vitamina C, cujas propriedades e virtudes ante o gás lacrimogêneo passei a explicar à atenciosa ruivinha do grupo, logo que chegou, com um ar seguro de mim, um veterano de mil e uma passeatas. Agora o medo já não incomodava. Os outros chegaram. Foi mais um cafezinho, a conta e um olhar de rabo de olho para o dono ao balcão que nos fixava com ar de quem estava sacando tudo. Pra disfarçar, disse bem alto:

– Então, vamos estudar lá em casa? – saiu tão pouco espontâneo que já me senti cercado por agentes do DOPS e trancafiado nas masmorras da rua da Relação. Ainda mais que, justo na hora em que saíamos, passava pela rua um camburão – na época cinzento e amarelo – com os *homis* olhando para fora. Do outro lado, perto das escadarias do Teatro Municipal, dois choques da PM com as suas filas duplas de meganhas sentados de costas uns pros outros, uniforme azul escuro, capacete e cassetete tamanho família.

Mas, na Cinelândia, em plena saída dos escritórios, entre a multidão de anônimos escriturários e comerciários, o nosso ar, indisfarçavelmente estudantil, se camuflava no lusco-fusco do anoitecer. Eu já ia à frente com a ruivinha e continuava a explicar-lhe o que devia fazer, em caso de confusão.

– Afinal, o pior que pode acontecer é a gente levar umas porradas. – A idéia despertou-me misturadas sensações de medo e gozo antecipado da admiração dos amigos. Afinal, levar porrada de PM é diferente de apanhar numa festa ou numa briga de turma, na rua. A fama de macho fica intacta. Ainda assim concluí que o melhor era evitar aqueles rombudos cassetetes de madeira. Se der merda – pensei –, o melhor é correr. Com as pernas compridas que tenho, duvido que um PM de capacete, cassetete e coturno consiga me alcançar.

As divagações cessaram abruptamente diante do prédio do MEC, na Graça Aranha. Faltavam cinco minutos para a hora marcada. Junto à entrada, no amplo pátio externo, uma fila de PMs brandia os seus cassetetes ameaçadoramente. Nas esquinas, dois camburões e, o pior: pouquíssimos estudantes. Um ínfimo grupinho de uns cinqüenta ostensivamente parados no meio do pátio, aos pares, a escassos metros uns dos outros. Nas esquinas, mal misturados com os transeuntes da hora do rush, outros tentando disfarçar. A maioria era de universitários mais velhos que nós. Notei, porém, alguns "secundas" aqui e ali, inclusive lá do CAp, da turminha de esquerda.

Eu não era propriamente da turminha. Novo no colégio, nem de esquerda era. Continuava a ser lacerdista. Nos primeiros meses, tive até uma certa liderança entre os alunos que repeliam a "radicalização esquerdista". No entanto, no processo de lutas contra a diretoria pela liberdade de expressão e atividade extracurricular dos alunos, fui me aproximando do pessoal. Não concordava com eles, mas achava que tinham o direito de se expressar. O CAp entrou em crise e ficou fechado durante duas semanas, por determinação do reitor, depois da cassação do Grêmio Odilo Costa Neto, acusado de subversão. Nesta época eu me liguei definitivamente à turma, que ficou contente quando viu que decidi ficar do seu lado, contra a repressão.

Desde 1965 havia manifestações estudantis, algumas brutalmente dissolvidas pela polícia. Inicialmente eu achava aquilo uma baderna, resultado da tal infiltração comunista sobre a qual papai não cansava de advertir-me e que o seu jornal, *O Globo*, denunciava amiúde em inflamados editoriais. Depois que entrei no CAp e conheci, pela primeira vez, os "terríveis esquerdistas", fui nuanceando os juízos.

A turma era mais divertida, mais livre, tinha conversas mais interessantes. Pensava na vida e tinha preocupações diferentes da ociosa malandragem, futilidade, embotamento intelectual e agressividade desdenhosa dos meus amigos *cocobóis* de festinhas e praia. Apesar de o meu pai já achar, naquela época, que tinha um bolchevique em casa, eu ainda era um liberal, *de centro*, admirador de Kennedy, indignado com o Muro da Vergonha, mas também revoltado com o outro extremo que nos governava.

Não gostava do governo militar, brutal, truculento e antidemocrático. Adotei toda uma bateria de máximas liberais: "Não concordo com uma só palavra do que dizes, mas lutarei até a morte pelo teu direito de dizê-las" ou "A liberdade de um homem acaba onde a do outro começa". Frases que eu deixava cair nos debates com a turma, sonhando ser igual a Pablo Ortega, aquele personagem do *Senhor Embaixador*, de Érico Veríssimo, que participava de uma revolução, mas mantinha os seus valores liberais. Eles, inteligentemente, não desdenhavam as minhas posições e não me discriminavam apesar dos nossos embates ideológicos.

Revoltado com o fechamento do nosso grêmio, com a censura do nosso jornalzinho de escola e com a supressão dos jornais-murais, eu concordava também com os objetivos daquela passeata, convocada pela UME e pela AMES, contra as condições imundas e degradantes do Calabouço, o restaurante universitário, contra os acordos MEC-USAID e o pagamento de anuidades.

Naquele fim de tarde, em frente ao MEC, a instantes da manifestação, eu já me sentia em luta com o governo, ou melhor, a ditadura. Como chamar de outra coisa o regime dos generais que ninguém elegera, que tinha acabado com as eleições livres e diretas, que, para defender a ingerência da USAID nos nossos planos educacionais, as baratas e ratos do Calabouço e a repressão contra os colegas da Faculdade de Filosofia, mandava contra nós, estudantes brasileiros, a polícia de cassetete em punho?

Demos a volta no quarteirão e quando voltamos ao MEC já tinha mais gente. Em breves momentos o pátio se enchera de estudantes. Emocionado, peguei na mão trêmula da ruivinha e fui até o lugar onde estavam os colegas do CAp. Os PMs, que eu mal via por trás da multidão jovem, mantinham-se ameaçadores, mas não pareciam avançar. Já éramos uns mil e tantos e um orador anunciou que devíamos tirar uma comissão para ir falar com o ministro Tarso Dutra. Reinava uma certa confusão e, no burburinho, não se ouvia direito o orador. Na ponta dos pés, eu tentava ver melhor. Foi assim que notei os PMs avançarem sobre a primeira fila, distribuindo cacete a torto e a direito. Um estranho cilindro jogado da esquina fez uma curva no ar e estourou, num estrondo, no meio da estudantada, que corria pra todos os lados.

2
No *Repórter Esso*

Abriu-se um claro entre a massa e os meganhas. A retirada transformou-se em manifestação. O grito, vindo lá do fundo de tantas gargantas desencontradas, foi se afinando uníssono, cadenciado pelos passos de marcha e pelos punhos brandidos. LI-BER-DA-DE! LI-BER-DA-DE! LI-BER-DA-DE! O fragor daquele rio de gente, descendo a avenida entre os carros, trazia milhares de cabeças curiosas para as janelas e balcões dos edifícios.

Fui pelas margens da multidão até a cabeça da passeata. Dobrávamos a Nilo Peçanha em direção à avenida Rio Branco. O coração aos pinotes, a emoção jorrando no sangue. Olhei para trás: já éramos mais de três mil, a manifestação engrossava constantemente! Das janelas dos escritórios começou a chover papel picado, muita gente aplaudia. Na esquina com a Rio Branco alguém jogou, do oitavo andar, um rolo de papel higiênico que foi se desbobinando no ar, graciosamente, como uma serpentina gigante. O toque carnavalesco.

– ABAIXO A DITA-DURA! ABAIXO A DITA-DURA! ABAIXO A DITA-DURA! – os edifícios da avenida pareciam vibrar ao fragor do desafio. Nas calçadas, à margem da passeata, que se espalhava por entre automóveis imóveis e ônibus apinhados, crescia a multidão de curiosos. Da manada metálica estancada na contramão pela nossa súbita aparição, vinha uma cacofonia de buzinas e gritos.

– Comunas! Baderneiros! – um gordão indignado xingava de dentro de um Aero Willys amarelinho. Outros buzinavam na cadência das nossas palavras de ordem. A maioria, grudada no volante, olhava aquilo curiosa e assustada. De mãos dadas com a ruivinha, várias vezes perdida e reencontrada naquela confusão, eu gritava a plenos pulmões e chamava, com os braços, o pessoal dos ônibus e das calçadas.

– O POVO ORGANI-ZADO/DERRUBA A DITA-DURA! SÓ O POVO ORGANI-ZADO/DERRUBA A DITA-DURA! – a nova palavra de ordem, puxada por um grupinho compacto à cabeça da manifestação, pegou imediatamente e se alastrou ao longe, rumo à retaguarda. O "derruba" bem sonoro ecoava nos prédios. Parecia antecipar a queda inelutável do regime...

À medida que se aproximava da avenida Presidente Vargas, a passeata, demasiadamente espalhada, ia perdendo coesão. Aqui gritavam uma coisa, acolá outra, o rio de gente na contramão se dividiu em vários córregos que fluíam, entre os veículos e a margem das calçadas, com sons diferentes.

Acabei me perdendo novamente da ruivinha e me juntando com outro grupo do colégio que encontrei na esquina da rua do Carmo. Um dos companheiros começou a puxar:

– GUEVARA, HERÓI DO POVO/GUEVARA, HERÓI DO POVO! – que foi juntando centenas de vozes e acabou se transformando simplesmente em GUE-VA-RA! GUE-VA-RA! GUE-VA-RA!

Permaneci em silêncio. Não grito palavras de ordem comunistas, pensei. Eu até admirava a coragem do *Che*, que acabava de morrer, dias antes, na Bolívia. Mas achava que isso de gritar GUE-VA-RA! era coisa de comunista e eu não era comunista. Era demais pra minha formação, desde criança a cargo de *O Globo*, do *Reader's Digest* e, às sextas-feiras, ao colo do papai, daquele programa de rádio do IBAD.

Fiquei reclamando do radicalismo enquanto os colegas se despulmonavam em homenagem ao meu futuro herói favorito. E gritavam bem alto ao pé do ouvido, certamente achando que, me furando os tímpanos, eu ia ficar surdo, mas convencido. Felizmente alguém atacou de novo com O POVO ORGANI-ZADO/DERRRUBA A DITA-DURA! e eu joguei a garganta no mundo, feliz em demonstrar pra todos que eu também estava ali, com o povo organizado, pra derrubar a ditadura, com três erres...

– Vai falar o Vladimir – avisou alguém. Era Vladimir Palmeira,[9] presidente da UME. Subiu na capota de um Ford Galaxie parado, com o chofer agarrado no volante, os olhos fechados de cagaço. A segurança da UME cercava o orador e tentava acalmar o chofer embaixo. Ninguém ia bater nele só por ter um Galaxie, o que interessava era a capota, palanque improvisado. O líder, meio barrigudo, ar desleixado, barba por fazer, sandálias e um capotão bege todo esquisito, desandou a falar mal da ditadura, da política educacional, dos ministros, da polícia, com seu sotaque nordestino. Eu achava que esse era comunista com certeza e escutava a catilinária com uma certa desconfiança, mas não pude deixar de bater palmas quando ele concluiu, bem alagoano:

– Mia genti, o negociu é u seguinti: se a pulícia vier e si tivé em minoria, PAU NELA!

– PAU NELA! – gritava eu entusiasmado, justo na hora em que veio, lá da frente, de algum ponto do engarrafamento monstro que provocávamos, o uivo de uma sirene. Corre-corre geral. Toca a juntar pedras pela calçada, nos buracos das obras. Era um camburão, depois já era um choque da PM, dois, os boatos e as versões cresciam de boca em boca pela passeata afora. Três choques da PM, apinhados de meganhas!

Apenas uma ambulância, urrante, do Pronto Socorro. Vinha vazia, mas os enfermeiros estavam com pressa. Muita gente tinha corrido para as calçadas e a manifestação, nessa altura, já desembocava na avenida Presidente Vargas, perto da Candelária. Vladimir, agora trepado num poste, deu a orientação de dispersar em pequenos grupos. Saí com os colegas em direção à Uruguaiana para tomar um ônibus.

Ao longe uivavam de novo as sirenes. Agora era a polícia mesmo, mas nós já tínhamos virado passageiros iguais aos outros, de algum dos muitos coletivos que lentamente progrediam em direção à Cinelândia, onde tudo começara, e dali para a zona sul. Quase iguais aos outros, melhor dizendo. Um pouquinho mais suados, a respiração ofegante mal disfarçada e o olhar de viva felicidade, que não chegava a chamar a atenção dos outros, curvados e embrutecidos pelo dia de trabalho e pelo lentíssimo rolar daquela latona de sardinhas sacolejante.

Saltei na praia do Flamengo e fui pra casa a pé curtindo o finzinho daquela emoção tão nova. Cheguei à sala de jantar a tempo de pegar o fim do *Repórter Esso*. A imagem sóbria e a voz pastosa de Gontígio Teodósio anunciavam "distúrbios e cenas de vandalismo" no centro da cidade. Papai mexia-se inquieto na poltrona, em frente à televisão. Balbuciava coisas contra o comunismo, os *hippies* e a anarquia.

Eu, fortemente tentado a soltar alguma provocação, sorria irônico. Mamãe, ciente da minha participação nos fatos do fim da tarde, fazia sinal pra eu ficar calado e não entrar em discussões com o pai.

Troquei de roupa, engoli o jantar e desci pra encontrar o pessoal do colégio lá no Cinerama, bar ao lado do cine Paissandu. Ver se estavam todos bem e curtir os lances da passeata. À volta do chope gelado, contei como tinha escapado "por um triz" de ser pego por dois PMs desse tamanho, ao subir no ônibus. Outro colega garantia ter chutado uma bomba de gás lacrimogêneo de volta pros meganhas, em frente ao MEC, um terceiro espichava ainda mais o peixe, falando da pedrada que tinha vibrado num dos temidos capacetes azuis. Ríamos e ríamos reciprocamente complacentes com aquelas lorotas. Depois ficamos falando sobre filmes, namoros e outros folclores. De olho grande nas meninas à mesa, enfim acessíveis, sentia-me feliz.

3

Do lacerdismo à subversão

Na verdade, só troquei o retrato de Kennedy pelo de *Che* Guevara meses depois, lá pra janeiro de 1968. Continuei ainda algum tempo sendo, conforme definição do Álvaro, o presidente do nosso grêmio recém-fechado, um "liberal na teoria, radical na prática". Desde muito cedo me interessava por política. Comecei a ler jornais aos 10 anos e a minha cabeça, cheia de sonhos e fantásticos projetos para o futuro, cedo se encheu de variados conceitos. Naquela época o meu grande interlocutor para esses assuntos era papai, que vivia me explicando os horrores do comunismo.

Não mentia. Narrava a sua dolorosa experiência pessoal de judeu polonês que, fugindo da invasão nazista em 1939, terminara numa região oriental da Polônia ocupada pelos russos.[10] Mal documentado, acabou no *Exército do trabalho*, construindo uma estrada de ferro estratégica entre Moscou e Leningrado, nas profundezas da URSS. Passou uma fome tremenda, pegou malária, mal conseguia trabalhar. A certa altura, pararam de lhe dar comida, pois "quem não trabalhava não comia". Teve contato com os camponeses soviéticos que sofriam os efeitos da coletivização forçada decretada por Stalin e a grande repressão pela qual foi implementada. O doutrinamento compulsivo no campo de trabalhos forçados não chegou a convencê-lo das benesses do sistema...

O início da guerra entre a Alemanha e a URSS provavelmente salvou-lhe a vida. O alto comando soviético decidiu criar uma divisão polonesa na frente oriental, e para esse efeito promoveu um recrutamento massivo nos campos de trabalho. Ele já estava quase morto de fome quando foi levado a um quartel, alimentado, curado do paludismo e incorporado às fileiras do Exército vermelho. Chegou ao fim da guerra como capitão dos blindados e voltou à Polônia devastada. Em 1946, "escolheu a liberdade" fugindo para o Brasil, onde conheceu mamãe.

Ela também tivera as suas experiências na URSS. Filha
 de um dos 13 mil oficiais poloneses prisioneiros, fuzilados

por ordem de Stalin no célebre Massacre da floresta de Katin, fora deportada junto com a mãe e a irmã pequena para a Sibéria. Ali passou cinco anos trabalhando no *kolkhoz*.

Evidentemente, as suas lembranças da Sibéria não eram idílicas nem alvissareiras, mas o espírito aberto e equilibrado lhe permitiu assimilar, de forma mais lúcida, os diferentes aspectos da dura experiência. Mesmo porque, paradoxalmente, a Sibéria salvou-lhe a vida. Quando os alemães chegaram à cidade polonesa de Pinsk, onde vivia, e desalojaram os russos, todas as famílias judaicas foram exterminadas.

De volta à Polônia, depois da guerra, ela também decidiu emigrar quando percebeu que o anti-semitismo e os *pogrom* continuaram, não obstante o regime de democracia popular. Dessas experiências ficou-lhe o descrédito por todos os sistemas de poder e um humanismo cético e apolítico, mitigado de leves simpatias pela social-democracia sueca.

Papai, com toda a sua revolta contra o *comunismo* que conhecera, isto é, o stalinismo de guerra, em meio à horrenda engrenagem do holocausto, recomeçou a vida no Brasil do Marechal Dutra. Muitas vezes tentei imaginar o terrível choque cultural do polonês sem dinheiro, quase toda a família trucidada na guerra, todos os sonhos de jovem destroçados, descendo do navio nos trópicos, num país desconhecido, com outra língua, outro clima, outros valores e mentalidades.

Ainda por cima, ao descer, passou uns dias preso no DOPS e quase foi expulso ao ser denunciado como... agente comunista! pelo marido de uma passageira com a qual teve fugaz aventura, algures sobre o oceano Atlântico! O comunismo tornou-se o culpado dos seus anos perdidos e traumas de guerra. Seu ódio original foi se moldando em ideologia ao sabor das leituras de guerra fria e das amizades nos círculos de emigrados poloneses.

Papai tem orgulho de definir-se como anticomunista ferrenho, e eu, naturalmente, conhecendo todas aquelas histórias, segui as suas opiniões e as leituras que ia me indicando. Na política brasileira de antes de 1964, o líder carismático que melhor dava vazão ao seu anticomunismo baboso era Carlos Lacerda.[11] Homem de rara inteligência, magnetismo e talento oratório, expressava melhor que ninguém os sentimentos da pequena-burguesia conservadora, moralista e temerosa de tudo e de todos.

No dia 31 de março de 1964, à saída do Andrews, acorri com meus 13 anos e minha pasta de colégio debaixo do braço ao Palácio Guanabara. À semelhança de vários outros futuros participantes do movimento estudantil, e mesmo de algumas lideranças como o Jean Marc, quis "defender o Lacerda", que lá se entrincheirara com a PM, futura adversária.

Acompanhei pelo rádio a progressão das tropas de Minas Gerais que depuseram o governo de Jango. Meus olhos enchiam-se de lágrimas ao som das marchas e dobrados militares. Eu gostava deles naquela época e queria ser piloto da FAB, como o capitão-aviador casado com a minha tia, meu herói familiar.

Este tio, o capitão Plínio Lemos de Abreu, morreu no início de 1965 de câncer. Era um homem de grande integridade pessoal. Vivia no mundo dos céus com os seus jatos, triste de não ter nascido noutra época e ter podido participar das batalhas aéreas que me contava de olhos brilhantes. Às vezes me pergunto o que teria acontecido se ele tivesse vivido para ver no que resultou a Revolução de 31 de março de 1964, da qual ele participou ao sublevar, com mais alguns oficiais, a base de Cumbica. Também ele era ferrenhamente anticomunista, mas dificilmente consigo vê-lo, com a sua formação cristã e o seu humanismo convicto, aprovando o reino de terror, tortura e superexploração dos humildes que o regime oriundo do golpe veio a nos impor.

A partir de 1965 tornou-se claro para mim que os militares, que haviam tomado o poder a pretexto de defender a democracia, estavam dispostos a continuar exercendo-o, sem consulta ao povo e afastando todos o líderes civis, inclusive o Lacerda. Foi aí que começaram as minhas dúvidas e as minhas primeiras polêmicas com papai. Pra ele, quanto mais autoritário fosse e quanto mais reprimisse tudo o que cheirasse de perto ou de longe à esquerda, melhor o regime. Eu achava que, se o tal comunismo era sinônimo de falta de liberdade, não fazia nenhum sentido acabar com a liberdade e as eleições em nome do anticomunismo. Tinha essas idéias quando entrei para o CAp.

Não tenho dúvidas de que foi, em primeira instância, a carência de amizades e o respeito intelectual o que me aproximou da turminha de esquerda. Até então tinha uma grande dificuldade em encontrar minha turma. A do edifício, à exceção de um ou dois amigos, não correspondia às inquietações. O cotidiano era estéril, no seu consumismo barato, nos seus valores da malandragem ociosa, nas brigas de turma de *cocobóis* da zona sul e nas curras das empregadinhas domésticas. Eu não tinha visão crítica daqueles valores, mas não conseguia me integrar direito naquele parasitismo. As pessoas não eram verdadeiramente amigas, não tinham outras fantasias além de ganhar dinheiro e se vestir, de preferência à custa de algum otário. Algo ia mal, mas eu não sabia direito o que era.

Já com a turma do novo colégio as coisas eram diferentes. Podia bater papo sobre vários assuntos que me interessavam, as meninas sustentavam outras conversas que não as relativas aos ídolos da canção e da tevê, e eu vislumbrava, entre eles, um companheirismo e um sentimento de respeito e apoio mútuo que eu desejava compartilhar. Por outro lado, o nível intelectual era alto, também tinham lido os mesmos livros que eu, diziam coisas que soavam inteligentes sobre filmes e peças de teatro e promoviam dentro do colégio uma pretensa atividade extracurricular.

Os poucos alunos de direita que a eles se opunham abertamente eram antipáticos, fascistóides, e alguns viviam dizendo que iam denunciar ao DOPS os *comunas* do colégio, o que revoltava o meu liberalismo. Assim, durante vários meses eu sustentei grandes polêmicas com a turma de esquerda, quando se tratava de temas ideológicos, mas seguia-os nas atividades extracurriculares e os apoiava na luta contra a diretora.

4
A Forja, dona Irene e o LSD

Dona Irene era uma soberba cinqüentona de generosos decotes. Transbordava autoritarismo pela voz um tanto grossa e pelos grandes olhos azuis, que ainda ostentavam os restos da sua ariana beleza maltratada pelo tempo. Bem afinada com a reitoria da Faculdade de Filosofia, a "Filô", e com o ministério, tentava impor a ordem naquele notório antro de "idéias exóticas". De pavio curto, tinha incompatibilidade de diversas ordens com muitos professores e alunos. Apenas contava com os coordenadores de disciplina e os inspetores, caninamente fiéis, a quem chefiava qual um coronel de saias.

Rapidamente informada das minhas polêmicas com a turminha de esquerda, tentou, durante algum tempo, captar minha simpatia, na esperança de arregimentar um bloco de alunos em oposição ao grêmio. Como eu não estava disposto a trair a minha amizade por eles, muito menos virar *peixinho* da direção, logo me incompatibilizei com ela e passei a devotar-lhe os mesmos sentimentos que a maioria dos alunos. Ocorria que ela exercia o cargo interinamente havia um tempão, em substituição ao diretor-fundador do colégio, um mestre muito liberal e querido de todos, que não cheguei a conhecer. Era vista então como uma espécie de usurpadora e dizia-se, à boca pequena, que o afastamento do diretor não fora motivado apenas por problemas de saúde, mas também pela disposição do MEC de "normalizar" aquele liceu, onde os alunos gozavam de um "excesso de liberdade".

Assim, o jornal dos alunos, *A Forja*, passou a ser censurado. A equipe redatorial, dirigida pelo Zé Gradel, gago de falas, agudíssimo de escritas, decidiu certa ocasião publicá-lo com os espaços em branco correspondentes às matérias vetadas. A aparição do nosso jornaleco com enormes claros motivou gritaria no pátio e uma pequena manifestação pelos corredores. A diretora instaurou um inquérito disciplinar para apurar os responsáveis e toda a equipe foi chamada a depor, inclusive vários amigos meus, como o Carlinhos,[12] o Mecha[13] e o Zé.

Depois veio a proibição dos murais de turma, onde colávamos recortes com artigos de jornal. Finalmente o mural afixado no pátio, feito com artigos de alunos, caricaturas, fotos etc. Neste dia cometi meu primeiro ato terrorista. Passando pela janela aberta do gabinete da diretoria, esguichei toda a tinta da minha caneta Parker na sua cortina amarela.

Depois, exultante, fui exibir a manchona ao Álvaro, presidente do grêmio, e ao Minc, um dos meus amigos da patota.

A partir de certa época, ficou patente que o DOPS mantinha informantes no CAp e que listas com os nomes dos alunos mais ativos seguiam para a rua da Relação. Um dos inspetores de disciplina, o Marcos, um alcoólatra inveterado, era alcagüete. Alguns licenciados da *Filô*, presos numa passeata, cruzaram com ele nos corredores do casarão do DOPS. Ele tentou se esconder, mas no dia seguinte já tinha a alcunha de "Marcos-policial". Corria também que o seu Oscar, coordenador de disciplina, era quem elaborava tais listas. Os demais inspetores, se não eram informantes, ao menos comportavam-se enquanto tal, viviam atentos nos vigiando.

Em setembro estourou a crise. Começamos a discutir a eventualidade de uma greve por causa do problema dos jornais-murais, quando a diretora se antecipou, suspendeu as aulas e fechou, mediante portaria, o Grêmio Odilo Costa Neto. Condicionou a volta de todo e qualquer aluno às futuras classes à assinatura de um documento onde nós devíamos nos comprometer a acatar todas as suas disposições disciplinares.

Na minha turma, o 1º clássico, havia vários colegas dispostos a assinar tal papel e eu, como elemento *ideologicamente insuspeito*, fiz meu primeiro discurso agitativo, cheio de nervosismo e emoção incontida, citando Voltaire e outras jóias do pensamento liberal. Consegui convencer a maioria dos colegas da faixa não-esquerdista a boicotar também aquela imposição. Nas duas semanas em que o colégio esteve fechado, participei das reuniões feitas na casa de alguns de nós e me integrei numa das comissões de luta: a Comissão de Imprensa, que devia correr os jornais para explicar as nossas posições.

A diretora fizera veicular, pelo *O Globo*,[14] uma série de histórias tenebrosas e totalmente falsas sobre *subversão*, apologia do LSD e outros horrores, acusando três alunos do 3º clássico, entre os quais o Mecha e o Zé, que tinham sido suspensos. Escrevemos uma carta ao jornal desmentindo e repondo a realidade dos fatos, mas este negou-se a publicá-la. Tivemos mais sorte com outros jornais. O *Correio da Manhã*, a *Tribuna da Imprensa* e a *Última Hora* reproduziram o nosso desmentido e fizeram várias matérias favoráveis aos alunos.

A Comissão de Imprensa, que tantos dissabores deu à diretora, era composta por mim e pelo Brandi,[15] aluno do 3º ginasial, filho do Paulo de Castro,[16] editorialista do *Correio da Manhã*. O refugiado português, veterano da guerra da Espanha e escritor de renome, nos ajudou muito. Eu já tinha lido o seu livro *A terceira força* e sempre que ia à casa do Brandi batia papo com ele. Foi quando comecei a me dar conta de que era possível lutar por um socialismo diferente do soviético e que o terceiro mundo devia buscar o seu próprio caminho, fora da órbita dos grandes blocos.

Nas duas semanas em que o CAp permaneceu fechado, nos reuníamos, todos os dias, em frente ao colégio, por vezes às vistas de alguns sabujos do DOPS que rondavam pelas imediações. Delegações de duas outras escolas, Pedro II e André Maurois, vinham manifestar o seu apoio. Álvaro,[17] presidente do nosso Grêmio Odilo Costa Neto, recém-fechado pela diretora, começava a falar, nas suas intervenções, no movimento estudantil.

Outros colégios também estavam em luta e o mesmo acontecia com várias faculdades. Entendi então que a nossa briga não era isolada, que não era apenas contra uma diretora arbitrária, que queria tolher a nossa liberdade de expressão e debate. Era um fenômeno mais geral, era toda uma política educacional destinada a embotar, castrar intelectualmente a juventude. Então, os universitários que faziam aquelas passeatas no centro da cidade não eram baderneiros, interessados apenas em promover agitação e bagunça. Estavam em luta porque tinham problemas parecidos com os nossos. Passei a sentir uma grande revolta, já não apenas contra a repressão no colégio, mas contra toda a política educacional, o governo e a imprensa de direita, que nos caluniava sistematicamente. Revolta que aumentou mais ainda no dia em que papai voltou para casa trazendo o seu *O Globo* debaixo do braço e me disse colérico:

– Agora já sei o que está acontecendo nesse seu maldito colégio, nesse ninho de drogados e comunistas.

Tentei explicar-lhe que não era bem assim, que o que tinha saído n'*O Globo* não era verdade. Nós nunca tínhamos feito propaganda do LSD no *A Forja*, apenas um artigo com opiniões prós e contras, com depoimentos de médicos, cientistas e artistas de variadas posições sobre o assunto. Nem era verdade que "uma minoria de agitadores profissionais impedia os alunos de estudar". A imagem de *estudantes profissionais a soldo de Moscou* pouco tinha a ver com a realidade. Mas papai lia o seu jornal como quem lê o evangelho e já sabia mais sobre os horrores da "solerte e licenciosa infiltração bolchevique" na minha escola que eu, aluno e testemunha ocular dos fatos.

5
Pichando muros

Alguns dias depois da primeira passeata, Carlos Minc[18] me propôs aos cochichos secretíssimos, durante o recreio, participar duma pichação naquela noite. Era a terceira incursão noturna no colégio, desde o início da crise. Por duas vezes já tinham atacado, a pincel e balde de piche, o muro branco do pátio aberto dos fundos, junto à quadra de futebol de salão.

Na segunda, o ABAIXO A REPRESSÃO, todo torto, já apareceu coberto de pudica tinta branca, às 8 horas, antes da entrada dos alunos. A diretora contratou um vigia armado, que passava as noites sentado num banco à entrada. Pensou que isso, mais os inspetores-pintores, seria suficiente para acabar com a onda dos grafites. O plano era escalar o muro dos fundos e pichar todos os pátios, corredores e salas de aula. Uns 15 a 20 muros. Com novos métodos:

– Pincel já era. Dessa vez vamos de *spray*, de *colorjet*. Pichar o CAp de cima a baixo pra não dar tempo de eles apagarem.

O Minc me antecipava detalhes. Marcou um *ponto* na hora da saída, às margens da Lagoa. Viriam também os demais companheiros do grupo operacional.

Uma das maneiras de me auto-afirmar ante o pessoal da esquerda era a disposição pras coisas arriscadas. Fiquei feliz em constatar que, apesar das nossas divergências ideológicas, para essas coisas eles confiavam mais em mim do que em muita gente da turminha. Eu já tinha me proposto ao Álvaro como voluntário para essas coisas. Naquela manhã ele me avisou que no recreio o Minc me contataria para "algo importante". Engoli o medo que me acossou quando ele acabou de explicar o plano. Topei. Tava ótimo, uma barbada.

Na margem da Lagoa, com as águas sujas e oleosas marolando docemente sob a brisa cálida do meio-dia, os últimos retoques pra incursão. Além do Minc, iam participar o próprio Álvaro, o Zé e o Natan. Este último também não pertencia propriamente à turma de esquerda. Ele era sionista, ligado ao Hashomer. Mas nunca polemizávamos, ele não queria saber de discussão política, queria ação. Era o nosso melhor homem pra porrada, forte feito um cavalo. Junto com o Minc, tinha feito as primeiras duas incursões a pincel. Agora ampliavam o time e incrementavam os apetrechos: cinco homens, três *sprays* e um carro para a fuga. O Fusquinha verde do Zé Gradel.

Rodamos pela Gávea e adjacências quase duas horas, passando em frente ao colégio de meia em meia hora. O vigia com o seu Taurus 32 continuava acordado, sentado junto à entrada, lendo o *Jornal dos Esportes*. Era exasperante. O Volks bandeiríssimo, com nós cinco apertados, rondava a zona repetidamente. Várias vezes cruzamos com camburões e jipões da PM. Os *homis* olhavam para aquele fusca apinhado de jovens.

Mais um passe pelo portão e percebemos que o vigia tinha entrado numa sala de luz apagada, onde devia estar tomando umas biritas pra dormir, até às 5 horas, quando começavam a chegar os inspetores do CAp. Era a nossa chance.

Zé encostou na pracinha dos fundos do colégio. Álvaro ficou no carro com ele, supervisionando a operação, e nós três saímos para saltar o muro. Tínhamos que proceder silenciosamente, tomar cuidado com o vigia e também com os dois PMs que ficavam de sentinela na casa do governador Negrão de Lima, a uns cem metros do portão gradeado dos fundos do CAp, que escalamos sem fazer barulho. Pulei com meu tênis preto no chão do pátio e foi me dando uma grande calma, o fim da tensão que me azucrinava desde o recreio daquela manhã.

Puxei mais pras orelhas a boina preta que trazia para esconder a cabeleira loira e empunhei o *spray* vermelho contra o primeiro muro que apareceu pela frente. Letras tortas pela parede coberta de branco das duas pichações anteriores. Terminei a frase e passei pra outra: ABAIXO A REPRESSÃO/VIVA A LIBERDADE... GRÊMIO LIVRE... FORA O MEC-USAID... DITADURA NÃO...

– Será que reconhecem minha caligrafia?

Eu ouvia perfeitamente os *shhh* do *colorjet* de Natan, o *blem-blem-blem* do baratinho repicando dentro do seu *spray* depois de cada muro. Ele foi dar uma olhada na entrada principal e voltou reclamando do barulho. O vigia devia estar dormindo, senão já teria ouvido.

Subiu a rampa para as salas do ginásio, enquanto eu atacava no pátio coberto. Minc, mais à frente, fazia-se de olheiro. Com as mãos lambuzadas de vermelho, continuei a traçar enormes garranchos subversivos, aspirando contente o cheiro sensual da tinta que esguichava sobre os muros do educandário.

Lá pelas tantas, o *shhh, blem-blem* entupiu e voltei até o portão, fazendo sinal ao Álvaro pra trazer o outro, lá do carro. Reabastecido, decidi atacar a porta do almoxarifado com um ABAIXO A... quando vi chegar, correndo, a altos berros, o vigia.

Escalei umas caixas de Coca-Cola empilhadas junto ao muro para pular, quando passou por mim, como um bólide, o Natan, que saltou o portão gradeado, de primeira, fazendo um escarcéu de despertar os defuntos. Minc tinha cruzado mais abaixo, perto da quadra de futebol. Já entrava no carro enquanto eu e Natan fugíamos pela pracinha perseguidos pelo vigia berrando: PEGA LADRÃO!

O Volks verde arrancou e sumiu na esquina para nos esperar no fundo da viela arborizada, mas nós corremos para o outro lado, na direção da Lagoa, sem lembrar que íamos dar em frente à casa do governador. Notamos no fim da corrida, tarde demais. O vigia ficou para trás, mas, em compensação, demos de cara com os dois policiais de sentinela. Paramos de correr, tentando disfarçar.

Éramos o par de sujeitos mais suspeitos que aqueles guardas podiam ter visto. Natan de camisa aberta, ofegante. Eu de boina preta puxada sobre as orelhas, capote negro e as mãos lambuzadas de tinta vermelha, tudo em plena primavera carioca, quente e abafada, sob uma brisa morna e fétida vinda da Lagoa. Tinha que dizer alguma coisa ao passar junto aos guardas, que nos olhavam estarrecidos...

– Puta que pariu... A festa tava uma merda – saiu num esgar entredentes, tentando tapar a respiração ofegante. Papo mais absurdo, em noite de quinta-feira, por si só merecedor de uma voz de prisão dos espantadíssimos meganhas. Tão espantados que nem se mexeram quando deslizamos por eles, a passo de *lord* britânico, até a esquina mais adiante. Dobramos devagarzinho e aí desandamos a correr, desabalados, até a transversal onde surgiu, por milagre, o Volks verde do Zé. Pulamos pra dentro espremidos, a porta bateu e sumimos em direção ao Jardim Botânico, os pneus cantando pelas ruelas escuras.

6
Aula de latim

Dia seguinte cheguei muito cedo ao colégio. Demorei um pouco no bar da esquina, saboreando meu café com paranóias.

– Tô fodido – pensava –, já sabem de tudo... Chego lá, vão estar na entrada o vigia noturno, os dois guardas do Negrão, o Marcos-policial, seu Oscar, mais a diretora, furibunda. O vigia vai me dedar: "Foi esse louro cumpridão aí!"

Os PMs confirmam: "É ele mesmo." Olham as minhas mãos... Isso dá expulsão do colégio, na certa. Quiçá pior, uma passagem pelo DOPS? Cadê o porra daquele panfleto contra o MEC/USAID? Deixei na carteira, a essa altura já revistaram, já acharam tudo... Olhei de novo pras mãos. A tinta ferozmente grudada até o antebraço não tinha desaparecido de todo, apesar dos sabonetes, sabões em pó e vidros de água sanitária que consumi em frenéticas toaletes noturnas.

Fiz tanto barulho que mamãe acordou me flagrando na limpeza das provas corporais do crime perpetrado contra a segurança nacional. Foi um tremendo sermão de não acabar mais. Depois ficou me ajudando a lavar a tinta colada entre os dedos. Repreendia-me em polonês pra soar mais maternal ainda. Eu defendia minhas convicções, floreadas de carioquíssimas expressões e jargões políticos intraduzíveis que metia a facada no nobre idioma eslavo, criando uma língua à parte: o polonhoguês.

Lavei as mãos pela última vez no mictório do bar da esquina e fui pro abatedouro às 8 horas pontuais. Respirei fundo e entrei. Tudo na santa paz. O inspetor sonolento nem me olhou. Entrei cumprimentando os colegas ao portão e ansioso fui ao pátio coberto.

Cheguei incrédulo – será que foi tudo um sonho? – de volta aos muros brancos e só aí notei meus garranchos, já recobertos de virtuosa tinta branca. Rosados, mas ainda visíveis...

– Viu, viu? Picharam o colégio – murmurava perto de mim uma das meninas da patota das festivas.

Eu, com aquele ar de quem está nas altas jogadas, fingi admirar-me, depois sorri enigmaticamente:

– E já sabem quem foi?

Ela assumiu um olhar de condenação.

– Com-pa-nheiro, isso não me interessa. Cada um deve saber apenas o que é indispensável.

– Não é isso. Quero apenas saber se eles já sabem de alguma coisa, se suspeitam de alguém, se vão chamar a polícia.

Ela não sabia.

Subi à classe para duas aulas seguidas de latim, das 8 às 10h30, com dona Emília. Eu não suportava o latim. Estava de *bagus plenus*, de *bagus plenissimus* daquelas traduções e versões do Bellum Gallicum, ou como se chamava aquela porra?

Dona Emília era um dos mais soberbos professores do CAp. Um monumento. Gordinha, quarentona, de olhos vivos e modos sempre irônicos. Eu nutria-lhe sentimentos ambíguos. Por um lado, respeitava-a por ser uma mestra culta e competente. Até explicava bem as coisas, mas eu não conseguia concentrar-me nas suas explanações porque detestava o latim. Exigente, dona Emília só reconhecia como interlocutores válidos os bons alunos da sua matéria. Era mais pro conservador, mas tinha amizade com vários alunos da turma de esquerda, sobretudo o Mechinha, bom latinista.

De mim não gostava, nem um pouquinho, porque mal escondia meu pouco interesse pela exasperante gramática daquela língua morta, apesar de curtir aulas de literatura romana, que ela também ministrava, só que na proporção de um para cinco. Naquele dia, por felicidade, era literatura. A *Eneida* de Virgílio, história das andanças de Enéias, o último dos troianos. O amor de Dido, a rainha da Sicília. Grandes matanças, estilo Homero, cenas de sacanagem com a desinibição milenar dos antigos.

Sentei na carteira da primeira fila, bem na frente, decidido a fazer uma média com ela, mas também sinceramente interessado pelas desventuras de Enéias e pela paixão de Dido.

– Meu filho, você está todo sujo de tinta vermelha, melhor lavar isso mais uma vez – murmurou dona Emília, passando por mim, com um terrível sorriso irônico.

Ninguém ouviu, mas fiquei preocupado. As manchas já eram quase invisíveis, como que ela reparou? Com certeza dona Emília não me denunciaria, mas, se ela tinha percebido, outros também podiam... No primeiro intervalo deu-se a invasão do portão da frente por um grupo de uns vinte ex-alunos do colégio, agora quase todos membros da UME. Era um ato de apoio à luta do CAp, contra o fechamento do Grêmio Odilo Costa Neto. A pichação da véspera fora concertada com este minicomício relâmpago.

Lá estavam o Cid Benjamin,[19] irmão de Cesinha,[20] o Franklin Martins,[21] presidente do DCE, o Carlos Wainer[22] e outros ex-alunos da safra anterior.

Cid fez um discurso meio confuso, que o seu irmão Cesinha gozou profusamente nos comentários do bar posteriores ao evento. Nem esse irmão mais novo e admirador incondicional gostou, mas nunca batemos tantas palmas como ali, a cada frase esculhambando a diretora e o *status quo* em geral. Os inspetores, putos da vida, não sabiam o que fazer. Um ainda tentou fechar o portão gradeado, mas o olhar feio e o muque do orador, faixa preta de judô, o fez afrouxar e dar passagem. Foram cinco minutos de gritaria e abaixos a muita coisa. Até que, sob os aplausos da torcida capiana, os ex-alunos se retiraram e desapareceram na direção da Lagoa.

O moral subiu em flecha. Não estávamos sozinhos. Os universitários nos apoiavam. Quanto à pichação, agora todo mundo ia pensar que foram eles. Com efeito, dias mais tarde, correu o seguinte boato: a diretora garantira, pelo telefone, ao reitor, que os pichadores noturnos "certamente não eram alunos do colégio". Devem ter chegado à conclusão de que foi o Fidel Castro em pessoa...

7
Guigui e o homem da capa preta

Fim do intervalo, voltamos à sala de aula, em grandes grupos, comentando os lances do portão da frente. Era aula do Darci. O professor de português e literatura brasileira era gordinho e pálido, tinha uns trinta e tantos, cara de bebê grande, olhos azuis muito claros. Era sensível e amigão de todos os alunos. Morava na minha rua e eu ia visitá-lo, às vezes. Casara havia pouco e tinha um filho recém-nascido nas fraldas.

Mineiro prudente, não se metia em política, embora pendesse para as idéias progressistas e democráticas. Em pequenas frases sutis, deixava transparecer seu desgosto pelo regime. A gente podia fazer reunião de turma durante a sua aula, sempre que necessário. Ele lecionava com prazer e conseguia a participação de todos nas aulas. Naquela época, dava o *Grande sertão, veredas*, de Guimarães Rosa. Um colega dissertava sobre a obra, outro discordava das suas opiniões, e o debate seguia com o Darci, todo contente, arbitrando. A maioria dos professores eram nossos amigos. Eram quase todos muito bons e buscavam sempre os métodos mais modernos de ensino. Mas o CAp também tinha certos casos patológicos no corpo docente. O mais divertido era o Guigui.

Professor Guilherme, de desenho, lecionava também no Colégio Militar. Pequeno, muito ereto, cabelo escovinha, grossas sobrancelhas franzindo sobre os óculos e um bigodinho quase hitleriano, meticulosamente tratado. Tinha um problema de pronúncia e um tom agudo, esganiçado, que eram alvo de muitas imitações e deboches. Sua primeira aula, para marmanjos de 16 anos, ano após ano, consistia num ritual e complicadíssima explanação de como se apontava o lápis Faber II.

– Pega o lápis, introduz devagar no apontador, depois sopra eventuais detritos junto à lâmina. Roda no sentido do relógio, primeiro devagar, depois rápido, depois devagar de novo. Verifica periodicamente o grau de pontiagudosidade deste magnífico Faber e, ao estar tudo em ordem, dá um retoque final com a gilete. Assim, caros alunos, aponta-se o lápis, aprende-se algo singelo, porém inestimável para a vida de estudos.

As primeiras aulas do ano de Guigui provocavam a afluência em massa de alunos das turmas mais adiantadas do 3º e 2º clássico e científico. Guigui sentia-se sobremaneira lisonjeado e surpreso com tanto interesse. Parecia nunca ouvir os risos abafados, incontidos, os cochichos galhofeiros, que ano após ano provocava a sua primeira lição, no colégio de "elite".

Guigui não só tinha imitadores vocais em profusão como também um ilustrador de raro talento. Era o nosso colega Marcelo Gomes. Fazia a estilização inconfundível do professor de desenho aparecendo como figurante das historietas do nosso jornal mural, que mostrava diferentes lances da vida do colégio. Uma vez quase estouramos de rir quando o Marcelo entregou à dona Emília o seu trabalho de literatura latina. Ilustrou a capa de cartolina com várias cenas da vida romana, sob forma de *cartoon*, estilo Asterix. Entre as caras de legionários, senadores, leões e aurigas, aqui e lá, ora como gente, ora como bicho, a estampa inconfundível e o bigodinho do nosso Guigui.

Marcelo era o melhor *chargista* daquela nova geração (excetuando-se o Henfil, que já na época era *hors-concours*). Começava a aparecer nos jornais e revistas. No 1º clássico, havia ainda dois outros bons caricaturistas, Miguel Paiva[23] e Paulo Afonso. Mas o Marcelo era o que vinha com mais força. Para nossa tristeza morreria dois anos mais tarde, num desastre de carro estúpido, em Botafogo, na traseira dum caminhão, depois de uma noite boêmia.

A manhã da pichação e do comício dos ex-alunos terminou sem problemas. Foi só uma semana mais tarde que surgiu nova peripécia de cunho paranô. Chovia a cântaros e fui ao colégio com uma imensa capa preta, impermeável, que, por sinal, não era a mesma que usara na incursão noturna ao CAp. À entrada, um dos inspetores que nós apelidamos de Boa Gente – não porque fosse boa gente, mas por assemelhar-se a um personagem com esse nome criado pelo Paulo Afonso – acercou-se de mim e disse, sacanamente:

– Olhaí o homem da capa preta!

Sabíamos que o vigia dissera aos inspetores que um dos que tinham pichado o colégio era "o homem da capa preta". Agora o inspetor estava lá, jogando verde. Ou será que já tinha colhido maduro?

Foram várias semanas de preocupação, até dezembro. Corria um rumor que havia uma lista de 14 alunos que não iam poder renovar a matrícula. Convenci-me de que nela eu figurava e passei dias nebulosos antecipando a tremenda confusão que ia se armar lá em casa, se fosse expulso do colégio.

(– Oh, meu filho, quantas vezes, quantas vezes sua mãe disse pra você não se meter nessas coisas... Quantas vezes... Mas você sabe melhor, sabe tudo! Não ouve os pais, que têm a experiência da vida. Os pais, que se sacrificam pra você ter sempre o melhor! A instrução superior que nós não tivemos... A instrução pra amanhã você ser feliz! Pra sua própria felicidade... Mas você não ouve, parece surdo... Presta atenção quando mamãe está falando contigo!!!)

Eu já tinha o discurso imaginário da mamãe todo pronto na minha cabeça. Se fosse mesmo pro listão, não tinha mais remédio. Mas pelo menos não ia dar vexame nas notas finais. Ser expulso e ainda por cima ficar pra 2ª época em latim era um cataclismo que nem sequer ousava conceber...

Fiz as provas e passei com boas notas em tudo, menos o cinco e meio conferido, com justiça, por dona Emília. Naquela mesma época fui informado por dona Laís, uma professora do SOE, nossa amiga, que não existia listão nem haveria recusa de matrículas. Alívio.

Mas muita gente ia deixar o colégio. A patota ia ficar desfalcada dos seus elementos mais ativos e liderantes. Álvaro, presidente do grêmio fechado, teve que sair do CAp depois de ser reprovado, na segunda época, pela professora de português do ginásio, sua inimiga íntima. Na hora da prova, disparou à queima-roupa:

– Veio aqui pro colégio fazer agitação. Não estudou. Agora agüenta as conseqüências!

Pelo regulamento da escola, ninguém podia repetir de ano mais de uma vez. Isso já lhe tinha ocorrido alguns anos antes. Foi assim afastado do colégio, discretamente, sem escândalo.

Zé e Mechinha também saíram. Tinham completado o 3º clássico e iam para um cursinho pré-vestibular. O Minc também pensava em deixar o CAp, para fazer "coisas mais importantes". O ano letivo terminou num dia claro de dezembro. Fomos passear pelas margens da Lagoa até Ipanema. Eu, pensando nas férias de verão no sítio, perto de Vassouras. Antes de ir, porém, tinha de discutir as coisas com o pessoal. Queria que me indicassem alguns livros. Me dispunha a ler muito até desfazer a confusão ideológica que ia pela minha cabeça. Examinar as coisas sem preconceito. Ver bem as idéias.

Fui matutando e subindo até a Visconde de Pirajá. Ali entrei numa livraria. Só havia um funcionário distraído na caixa e dois clientes que lhe perguntavam coisas. Numa estante, várias obras de marxismo e livros políticos. Em azul, bem grosso, *Trotski, o profeta armado*, de Isaac Deutscher, sobre o qual o Minc já me falara. De olho no vendedor distraído, espichei o braço e coloquei o livro entre os meus do CAp, depois saí da livraria, pisando macio.

Parte II

Geração 68

1
Vietcongue

Passei o verão no sítio. Nos intervalos das cavalgadas, caçadas e paqueras nos lugarejos de veraneio, eu lia. Na rede da varanda ia concatenando idéias em contato com a natureza. Nas noites muito estreladas, ao coaxar dos sapos, e cintilar dos vaga-lumes, a mente navegava pelo mundo da política. O segundo volume das *Obras escolhidas* de Marx, editado pela Vitória, tinha ainda cheiro de papel novo. Um colega me emprestara junto com *A história da riqueza do homem*, de Leo Huberman. Balançando na rede, eu lia maravilhado. A sede de leituras começara uns tempos antes do fim das aulas, depois de uma discussão com a Flávia, uma das companheiras da turma. Eu tinha chamado o marxismo de "teoria desumanizada".

– O que você já leu de marxismo?

Eu não tinha lido nada, mas, pra não dar o braço a torcer, retruquei com ar de sapiência:

– Já li *A história da riqueza do homem*, do Leo Huberman. Também já li *O capital*, do Marx...

Me traí. Qualquer pessoa minimamente familiarizada com essa bibliografia sabe que é impossível ler *O capital* sem antes ter lido muitos outros livros mais elementares. O tijolão do velho Marx é obra para os já iniciados em economia política. Fiquei envergonhado e dei-me conta de que minhas posições eram cada vez menos convincentes, meu lacerdismo era insustentável.

Vi, na época, uma série de artigos do ex-governador da Guanabara na *Tribuna da Imprensa*. Era chocante a sua total falta de visão mais profunda dos problemas do país, das suas raízes sociais. Seu discurso era um repetir amargo das fulanizações, agressões individuais, uma imensa carga de frustração pessoal. Apenas escritos com todo aquele talento e o poder de argumentação brilhante do líder civil da Revolução de 1964, logo afastado pelos militares. Tinha formado a Frente Ampla com Juscelino e Jango. As últimas três-marias do céu das estrelas de generais. Três-marias cansadas. Lacerda tinha engolido o sapo terminal da sua turbulenta vida política, fora buscar o diálogo com Jango e JK. Um dia, na saída do colégio, interpelei Álvaro com meu guarda-chuva em riste. Me olhou espantado enquanto eu atravessava as poças da tromba-d'água, que cessara há pouco, em meio às últimas trovoadas.

– Estou na Frente Ampla com vocês, como manda o mestre.

Ele riu com seu ar de raposa. Mas naquela época eu já estava me convencendo de que faltava ao Lacerda a dimensão de Brasil e de povo brasileiro, a generosidade dos ideais de transformação social.

A percepção do extremo grau de injustiça social vigente no Brasil só escapava a quem queria, a cego de não olhar pra ver. Mesmo morando na zona sul da grande metrópole, me dava conta, facilmente, da atroz miséria em volta. Aí estavam os morros, as favelas, as crianças mendigando. Conhecia os índices de mortandade infantil, subnutrição, analfabetismo e moléstia das grandes multidões do povo brasileiro, às quais são negados os direitos humanos, a vida, a saúde, a educação. Essa realidade me atormentava havia muito tempo, mas até uns meses antes eu só conseguia explicá-la como conseqüência do subdesenvolvimento. Quando o Brasil se desenvolvesse economicamente, aquelas seqüelas desapareceriam, haveria pão para todos.

O país se desenvolvia. Mas os pobres ficavam cada vez mais pobres, os salários reais dos trabalhadores baixavam desde 1964. Se o povão estava na pior, o mesmo não podia dizer-se de uma minoria privilegiada.

Por exemplo, os cães domésticos da alta sociedade. Totozinho de madame come *filet mignon* todo dia. Tossiu, cagou mole, tem veterinário. Até psicólogos caninos, nos EUA, pros mais excêntricos. Muito ser humano, cidadão da república patropi, sonhava com um veterinário que o poupasse da fila ou da falta do INPS. *Filet mignon* nunca ouviu falar. Nem alimentação digna, lar, educação, proteção familiar. É ver os filhos nascer e morrer uns atrás dos outros até tudo se acabar duma doença ou do cansaço da vida. Nenhum direito ao prazer, só trabalho, privação e sujeira. Com a violência do regime militar, a questão social no Brasil se exacerbava. Não era um problema de subdesenvolvimento, era resultado de um sistema, de um modelo de economia e sociedade, imposto pela força. O preço do *surplus* de caviar era a caloria a menos do pobre...

Todas as coisas estavam dialeticamente ligadas dentro da engrenagem da exploração do homem pelo homem, diziam os companheiros. Suas explicações tinham um jargão próprio cheio de mais-valia, luta de classe e outras expressões que soavam a slogan aos meus ouvidos, mas decidi ler para poder julgar com conhecimento de causa.

Devorei boa parte das *Obras escolhidas*, da Vitória, depois o livro de Leo Huberman e duas apostilas de Mao Zedong: "Sobre a prática" e "Sobre a contradição". Depois o elementar "Manifesto comunista", mais "Trabalho assalariado e capital", "Salário, preço e lucro" e "Do socialismo utópico ao científico", passando pela "Origem da família, da propriedade privada e do estado".

– *Hay capital? Yo soy contra...*

O marxismo era todo um universo e tinha o atrativo da lógica, a tentação do maniqueísmo e a justa cólera dos revoltados. Tinha a grande solução. Era uma religião sem ser.

– É uma ciência, não uma ideologia – explicava uma colega.

Então, se era científico, era infalível! A arma infalível da justiça social e histórica dos povos, dos explorados e oprimidos!

Infalível?

Explicava tudo direitinho, tinha teoria pra tudo. Na denúncia do capitalismo era perfeita, punha a nu todos os seus mecanismos. Um senão: Marx morrera antes do desabrochar do século XX e das suas guerras e revoluções. Estava a três eras capitalistas de distância da nossa realidade latino-americana, do mundo dos computadores e das multinacionais. Seu insuperável estudo de uma vida sobre o capitalismo da livre concorrência na Europa e, particularmente, na Inglaterra não explicava nem previa muitos desdobramentos posteriores do século XX.

Mas a vulgata das leis dos seus escritos era amplamente difundida ao pé do ouvido e as simplificações do marxismo davam pra tudo. Eu me espantava: como podiam defender cinco ou seis posições diferentes, todas perfeitamente fundamentadas no marxismo? Mas, afinal, era ou não era uma ciência?

Depois daquelas primeiras leituras, passei a uma série de romances históricos, a começar pelo *Desarmado* e pelo

Banido, de Isaac Deutscher, que fui subtraindo sucessivamente às livrarias. Nas leituras históricas, eu buscava a solução para a grande questão não respondida pelos clássicos: por que o socialismo soviético, produto da grande Revolução de 1917, dera num regime de tal modo despótico, repressivo e conservador? Na época, a explicação de Deutscher sobre o stalinismo soava convincente. Também soava convincente a argumentação – é, na União Soviética e nos países do Leste degenerou, mas taí a alternativa. Tem a China, que está buscando outro caminho com a Revolução Cultural. Tem Cuba e o exemplo do *Che*. Um modelo falhara, mas havia outros.

Em todo caso, para o Brasil o negócio era um socialismo adequado às nossas necessidades. Nisso o pessoal do colégio concordava. Eu sabia que eles não eram da *linha Moscou* nem da *linha Pequim* (na época nem sequer sabia o nome das organizações). Eram de outra linha. A linha do exemplo do *Che*, aquela coisa bonita. Porque o *Che* mostrava o pau de matar a cobra. Explicava *como* fazer a coisa. Ela não ia explodir assim de uma hora pra outra. Tinha que ser preparada. Depois, não ia ser pacífica, a ditadura estava ali pra impedir. Impunha a sua lei a ferro e fogo. O povo ia se revoltar. Tinha que se revoltar... Na mesma época, saiu na revista *Realidade* uma matéria sobre a vida e morte do *Che*, que me impressionou muito. Era notável o gesto daquele homem, que chegara a ministro do governo cubano: largar tudo para ir combater pela liberdade de outros povos. Isto, sim, é que era coragem.

No artigo vinha uma foto dele de página inteira, a famosa da boina com estrelinha. Arranquei cuidadosamente e coloquei dentro da moldura branca onde andara a foto de Kennedy, que foi pro lixo. Não havia livros do Guevara à venda, mas o Minc me disse que tinha um, editado ilegalmente, *Guerra de guerrilhas*. Pedi emprestado e devorei numa noite. Naquele fim de verão de 1968, sob os eucaliptos e bananeiras do sítio, outra coisa me impressionou enormemente, na sensação dos noticiários de rádio: a ofensiva do Tet,[24] no Vietnã. Convertido à causa vietcongue, eu acompanhava, eletrizado, o cerco a Khe San e a batalha de Hué. Os noticiários de rádio, na bucólica varanda, ao som das cigarras, pareciam verdadeiras finais de copa do mundo, papai torcendo pelos *marines*, eu pelos vietcongues. Era mais ou menos assim:

– E atenção: Saigon, urgente! Caças-bombardeiros norte-americanos realizaram mais de 150 incursões contra alvos ao norte e ao sul do paralelo 17. Os arredores da base de Khe San foram novamente alvo de centenas de toneladas de bombas despejadas sobre os vietcongues pelas gigantescas fortalezas voadoras B-52...

– *Napalm* neles. *Napalm* neles – torcia papai, contente.

– ... segundo o comunicado do comando militar em Saigon, nas últimas 24 horas, foram liquidados 1.645 vietcongues. As tropas americanas: 3 mortos, 8 desaparecidos e 41 feridos...

– Tudo mentira! Tão inventando – desdenhava colérico.

– ... ainda não confirmaram notícias de correspondentes e agências de informações, provenientes desta capital, relativas à derrubada, nas últimas 24 horas, de dois jatos F-4 Phantom e seis F-105 pelas baterias e mísseis norte-vietnamitas perto de alvos nas regiões de Hanoi e Haiphong...

– Muuuito bem! É pau nos gringos, é fogo no imperialismo! Ho! Ho! Ho-Chi-Minh! – berrava saltitante pela varanda. Papai se indignava:

– Subversivo! Baderneiro! Vou ter um enfarte por tua causa! Ah! esse maldito colégio...

2
Passeata sobre as costelas

O ano letivo de 1968 no CAp começou em clima de excitação. Logo no primeiro dia, fomos ameaçando fazer e acontecer, não nos fossem devolvidas as duas aulas de sociologia e de história, suprimidas do programa.

– Não querem que tomemos contato com a realidade social – denunciamos.

Surpreendentemente, as reivindicações foram aceitas, sem pestanejar, pela diretora, que começou o ano cautelosa. Restituiu as aulas reivindicadas, mas recusou-se a sequer discutir a reabertura do grêmio. Queríamos o grêmio e logo nos primeiros dias pintou comício relâmpago no pátio coberto. Fui indicado pra falação, pois – segundo o Minc –, como "ex-liderança da direita", era o mais indicado para sensibilizar outros setores que não a esquerdinha do colégio. Comecei relativamente bem, mas lá pelas tantas empaquei, não conseguia sair mais nada. Providencialmente a claque começou a bater palmas e a gritar GRÊMIO LIVRE! GRÊMIO LIVRE! E o vexame foi consideravelmente atenuado.

Dias mais tarde, o Minc anunciou-me confidencialmente que ia deixar o CAp pra fazer "outras coisas, mais importantes". Pela mesma época, quase todos os colegas mais experientes da turma, com o mesmo ar de mistério, disseram que não podiam mais se encarregar da coordenação do Grêmio Livre e demais agitações capianas. Tinham assumido "outras tarefas" e não podiam "se queimar".

Eu não entendia bem. De repente, a coordenação do Grêmio Livre recaiu sobre a leva mais nova. Os que tínhamos entrado no processo de 1967. Na executiva da entidade,

Jaime,[25] Cesinha e eu. Não tinha a menor preparação para assumir esse nível de responsabilidade e fiz um monte de cagadas, sobretudo na maneira de tratar com as pessoas. A liderança tornou-se um problema de auto-afirmação, dava vazão a posturas mandonas. Eu tinha muitas idéias, era dinâmico e entrava num ritmo de tarefeirismo doido. Fazia muita coisa, mas desperdiçava imensa energia. Os outros também eram bem verdes. O caso do Jaime era parecido. Cesinha tinha uma atitude melhor, mas também não sabia direito como fazer as coisas. Tinha, nessa época, 14 anos o benjamim da tribo.

O nosso trabalho foi perdendo as suas características de mobilização interna. Passamos a ser mais uma caixa de ressonância do movimento estudantil. A esquerdinha capiana continuou a crescer, mas em função da dinâmica externa: a esquerda estudantil crescia em toda parte. Nós vivíamos em função do movimento universitário e tentávamos trazer seus momentos para dentro do CAp e levar os estudantes do CAp às suas passeatas.

Dos 350 alunos, uns quarenta participavam, uns cem eram eventualmente sensibilizáveis para atividades dentro do colégio, sempre que não radicalizássemos demais. O resto não queria saber de nada e, no 1º e 2º científico, havia uma patotinha de direita que, em alguns momentos, tentou se articular. Mas nunca conseguiu passar das pequenas gozações às vias de fato. Eram poucos, quase todos muito burros. Não tinham garra. Esta correlação, comparada com a média dos educandários, era muito boa, mas se tivéssemos levado uma ação menos verborrágico-ideologicista, menos voltada para o constante confronto, para correria atrás dos ritmos do movimento universitário, teríamos conseguido muito melhores resultados.

Só no segundo semestre é que entenderíamos isso, tentaríamos dinamizar, de novo, as atividades extracurriculares: filmes, shows, debates, peladas, piqueniques etc. Apenas nessa época voltaríamos a lutar, mais seriamente, pela legalização do Grêmio Odilo Costa Neto. Durante algum tempo, chegamos a colocar em surdina também isso, esquerdisticamente convencidos de que mais valia um grêmio ilegal, diretamente político, do que um legal, que tivesse que se submeter aos condicionalismos da direção.

Teria sido impossível obter a reabertura da entidade, de uma ou de outra maneira, mas com a perspectiva adotada deixamos cair uma bandeira de luta que poderia ser muito mais bem aproveitada. Durante a maior parte do ano, a nossa ação se concentrou em promover o apoio da vanguardinha do colégio às lutas das faculdades, o seu enquadramento em grupos de estudo com fartas bibliografias marxistas. Por influência dos ex-alunos e do pessoal mais experiente, que pouco participava no colégio, entramos na onda *formação individual*. Uma preparação de quadros meio biônica: estudar os clássicos e as apostilas, aprender judô ou aiquidô e entrar em prolixos e intermináveis processos de discussão, com esta ou aquela organização misteriosa.

Naquela época, nem os mais antigos estavam ligados às organizações clandestinas, situação que duraria até fins de 68. Mas já reproduzíamos, na nossa prática, a mentalidade imediatista e predatória que eles tinham em relação ao movimento de massas. Embora naquele momento ninguém o teorizasse assim, no fundo, o próprio movimento estudantil era visto como um fator apenas conjuntural, um celeiro de futuros quadros para formar os teóricos de vanguarda do proletariado.

Só se corrigiria, parcialmente, essa visão e se articularia uma estrutura secundarista intercolégios no fim do ano, em condições de repressão cada vez mais difíceis. A AMES, entidade secundarista do Rio, funcionava pifiamente e reproduzia no seu interior, em baixo nível, as mesmas polarizações de inspiração partidária que dividiam o movimento universitário.

Logo no início do ano letivo, realizou-se uma passeata da AMES para protestar contra a repressão em vários colégios, onde houve expulsões, e também em solidariedade com os estudantes do Calabouço. Irrompemos na Rio Branco uns quinhentos secundas, apoiados pelo pessoal da FUEC (Frente Unida dos Estudantes do Calabouço), que na sua maioria eram de escolas técnicas ou universitários. A passeatinha, meio borocoxô, foi descendo entre os carros até a esquina com Ouvidor. Neste ponto, dois sujeitos parrudos de camisa esporte se desentenderam com os estudantes que iam na frente, com uma faixa. No tumulto, um conseguiu se apossar dela e, depois de tentar rasgá-la sem conseguir, jogou no chão e ficou pulando em cima dela numa cena meio cômica. Foi tão surrealista que fiquei parado um momento, pensando tratar-se de dois paisanos quaisquer em briga com os companheiros. Mas, enquanto o gordo pulava sobre a faixa de pano inanimada no asfalto da Rio Branco, vi aparecer a coronha sob as fraldas da sua camisa.

Peguei três pedras no passeio. Natan, que vinha do meu lado, idem. Lá na frente o incidente continuava, um deles tinha sacado o revólver e tentava prender uma companheira, que se desvencilhou e fugiu. A primeira pedra foi longe, a segunda mais perto – num carro parado atrás dele –, a última pegou de raspão, passou queimando a orelha do parrudão careca, com o Rossi 38, cano curto, cromado, na mão.

Lusco-fusco, muita gente, ele não detectava de onde vinham os projéteis quadrados e brancos, arrancados ao passeio.

Natan acertou uma pedrada no peito do outro, mais jovem, que caiu sentado. Vendo o amigo fortão de camisa bege pelo chão, o careca meteu bala. O estampido ecoou pela avenida, estabelecendo o corre-corre geral, entre os carros, pelas calçadas apinhadas de gente.

No meio da corrida, pisei no cadarço de sapato desamarrado e me estatelei junto ao meio-fio. Por cima de mim passou o tropel revolucionário em retirada. Voltei pra casa todo dolorido e machucado, como se meia manifestação tivesse desfilado pelas minhas costelas: meu primeiro ferimento de guerra.

3
Crime no Calabouço

— Vem já pro Calabouço... Mataram dois estudantes.

A voz nervosa ao telefone interrompia o jantar. Abandonei a ceia familiar na hora do bife, sob imprecações paternas.

– A repressão fascista assassinou dois companheiros – lancei-lhe e saí batendo portas elevador abaixo até a praia do Flamengo, onde tomei um ônibus para o centro.

O Calabouço ficava perto do aeroporto Santos Dumont. Um fétido galpão escondido entre outras construções, nos fundos de um pátio mal iluminado. Desci a alguns quarteirões de distância e fui andando naquela direção. Quase dei de cara com os vultos de capacete, silhuetas de azul e negro contra o branco sujo dos muros do galpão. Eram uns quarenta soldados da PM, vários jipões e radiopatrulhas obstruíam a entrada. Uma selva de cassetetes e canos de INA.

Desguiei pela esquina e subi de volta à avenida Presidente Wilson. Nas proximidades do edifício verde *ray-ban* da embaixada dos Estados Unidos da América, um grupo de soldados da Aeronáutica montava guarda. A fachada envidraçada com grandes buracos de pedradas, o calçadão e a entrada de mármore cobertos de pedras, paus e garrafas. Lá de dentro, dois *marines* armados perscrutavam o lado de fora. Continuei ligeiro do lado oposto da avenida.

– Por aqui passaram – comentei com meus botões.

Das proximidades do Obelisco vi que a Cinelândia estava ocupada pela PM. Vários choques na calçada do Teatro Municipal. As escadarias da Câmara Municipal, na época Assembléia Legislativa do estado da Guanabara, tomadas pelos capacetes. Espantado com aquele aparato de repressão pelas ruas, fiquei sem saber o que fazer. Não se via um único estudante.

Decidi terminar de jantar numa lanchonete.

– Olha u chisbuuurg... E três sandish de marshmééélu.

O servente exausto e hiperexcitado servia ao balcão os últimos sanduíches. A cortina de metal gradeado já estava semi-arriada. O mulatinho com ar secundarista que trincava sôfrego, no canto, um cachorro-quente estudava no Pedro II. Nos reconhecemos.

– Loucura negão, loucura – ele coçava a nuca febril –, maior loucura! Távamos fazendo uma manifestação por negócio de comida, lá no Calabouço. Aí chegou um jipão da PM. Começamos a vaiar os meganhas. Deu confusão. Meteram bala! Quando acabou o foguetório e a gente olhou em volta, tinha dois no chão. Mortinhos. Um banzé geral. A gente saiu em passeata carregando os corpos. Quebramo a embaixada toda. Cada pedrada, rapaz, que os gringos se escondiam lá no fundinho. Daí a gente capou pra Assembléia Legislativa. Entramos na marra. Os deputados ficaram todos apavorados, deu uma confa geral, mas acabou que alguns ficaram do nosso lado e começaram com uma discurseira doida. Pusemos os corpos na presidência da mesa. Toda hora chegava boato que os meganhas iam invadir. E aí o mais incrível... Lá pelas tantas, um dos presuntos ressuscitou. Levantou assim de supetão, assustado, gemendo: "Ai mamãe! Ai mamãe!" e foi uma debandada geral, deputados do MDB, estudantes, jornalistas, tudo fugindo da ressurreição! Mas o outro não, coitado. Estava mesmo mortinho da silva, com um rombo dessa idade nos peitos. Um menino novo, um tal de Nélson...

Chamava-se, na verdade, Edson Luís. Tinha 17 anos, era estudante de artigo 99 do Calabouço. Morto com um tiro de 38 da arma regulamentar do aspirante Raposo, que comandava a patrulha do jipão da PM. Era o primeiro estudante brasileiro assassinado pela ditadura. O corpo foi velado toda a noite na Assembléia Legislativa, sempre cercada pela PM.

De manhã, porém, a polícia foi embora e a praça da Cinelândia começou a se encher de gente. Ao chegar às 8 horas ao CAp, disposto a fazer a maior agitação da paróquia, encontrei a escola fechada: o ministro Tarso Dutra decretara suspensão das aulas em todo o Rio de Janeiro. Boa parte dos alunos, uns cem, permanecia em frente ao portão. Fizemos uma assembléia rápida e decidimos seguir todos para o Pedro II do Humaitá, onde estava previsto um comício-relâmpago secundarista. De lá seguiríamos para o centro.

Na frente do Pedro II reinava a mais completa confusão. Dois oradores falavam ao mesmo tempo. Propostas contraditórias:

– O negócio é descer pela São Clemente, até a praia. Ir fazendo pedágio, companheiros, recolhendo fundos pro grêmio...

– São Clemente é aventureirismo, companheiros. Tem um quartel da PM e a casa do embaixador americano. E outra coisa: não podemos descer na contramão, violar as leis do trânsito.

– Reformista! Bundão! Consulte as massas. Vamos ou não vamos companheiros???

Gritaria, confusão, divergências. Imperceptivelmente, enquanto a vanguardinha brigava, as massas secundaristas de cinza, CAp, e azul-marinho e branco, Pedro II, iam minguando da praça, em frente à escola. Cuidar da vida, pegar uma prainha.

– Esses caras do Pedro II não sabem fazer trabalho de massas – comentei com o Cesinha. Alguém da platéia embaixo do poste propôs pegarmos todos um ônibus direto para o centro.

– É lá que interessa, companheiros! Zona sul só tem pequena-burguesia!

A proposta foi aclamada e a estudantada correu para os pontos de ônibus deixando o reformista no poste, nas primeiras sílabas do contra-argumento.

A praça em frente à Assembléia Legislativa e ao Teatro Municipal estava apinhada de gente. Não se via repressão. Pela primeira vez notava-se uma forte presença de não-estudantes. *Boys* de escritório, empregados do comércio, bancários. Gente já de meia-idade, terno e gravata, senhoras. Alguns velhinhos. Montes de curiosos. Todo mundo revoltado com a morte de Edson Luís. MATARAM-UM-ESTUDANTE, PODIA-SER-SEU-FILHO!

Lá estava a classe média carioca. A mesma que desfilara, família com Deus pela liberdade, saudando o golpe militar, apenas quatro anos antes, gritando UM-DOIS-TRÊS! BRIZOLA NO XADREZ!

Classe média desiludida. Em plena oposição ao governo Costa e Silva. Os jornais daquela manhã, inclusive o conservador *JB*, faziam um grande escarcéu por causa do crime do Calabouço. A foto de Edson Luís com um rombo de bala nos peitos, estampada sob as manchetes.

4
Quebra-quebra do 31 de março

Comovente foi a intervenção de Otto Maria Carpeaux,[26] velho intelectual socialista, com seu carregado sotaque e a dicção difícil por causa de uma antiga lesão na garganta. Fazia um esforço incrível pra falar.

– Não esqueçam... Não esqueçam companheirrrros de passarr com o corpo... com o corpo, em frente ao Palácio Guanabarrra. Mostrar pro Negrrrão de Lima!

Aplausos, aplausos, gritos NE-GRÃO NO PAREDÃO, assovios da multidão cada vez mais numerosa, mais de 20 mil pessoas, que enchiam a praça. O velho Otto desceu das escadarias carregado pelos estudantes.

Desde a manhã, os discursos se sucediam em frente à Assembléia Legislativa. Falavam lideranças de DAs universitários e das entidades UME, AMES, FUEC, grêmios, jornalistas, artistas, intelectuais, mães etc. Alguns discursos eram tétricos. Um frangote com grandes óculos e voz fanhosa dizia que os problemas do país só se resolveriam no dia em que fosse implantada do Oiapoque ao Chuí a ditadura do proletariado...

– Porra, tamos fartos desta ditadura aí e o babaquara vem propor outra pra substituir...

Felizmente, nessas alturas pouca gente prestava atenção à arenga, na praça de Babel, da multidão flutuante, ora atenta, ora entediada.

Os oradores mais em evidência, naquele dia, foram o Brito e o Vladimir. O líder da inquieta massa do Calabouço tinha um vozeirão que parecia capaz de atravessar a cidade, da Cinelândia até a praça Mauá, com os marinheiros nos seus botecos pedindo: "Neguinho, fala mais baixo." Era um bom agitador, conseguia emocionar a gente, embora dissesse também algumas besteiras, quando embalado. Já o Vladimir era o explicador nato. Numa linguagem muito simples e acessível, ia conduzindo a mobilização, explicando os porquês, dando as dicas.

A passeata saiu no meio da tarde, rumo ao Flamengo. Já era a maior de todas, umas 40 mil pessoas. Cruzamos as praias do Flamengo, de Botafogo e, depois de quase duas horas de caminhada, entramos na General Polidoro, do cemitério São João Batista. O caixão ia à frente sobre uma caminhonete dos bombeiros. A repressão desaparecera das ruas do Rio...

Escurecia e, depois de tantas palavras de ordem, era hora dos hinos – *Liberdade, Liberdade, abre as asas sobre nós, das lutas na tempestade, dá que ouçamos tua voz...*

Silêncio, hospital. A instrução veio lá da frente e a massa disciplinada calou. Uma centena de metros mais adiante, já no cemitério, foi o Hino do Ipiranga, cantado baixinho.

O cemitério invadido por aquela massa humana parecia o dia do juízo final, com os defuntos ressurrectos e rejuvenescidos, reunidos em torno do Vladimir, que proferia a homenagem final a Edson Luís. Sem megafone, ouvia-se mal e os manifestantes, cansados de tanta caminhada e gritaria e discurseira, começavam a dispersar. Os casais de namorados surgiam de mãos dadas sentados nas lajes dos túmulos, ou se esgueiravam rumo às profundezas daquele jardim do além.

Fui embora cansado, arrastando as pernas trôpegas até a Voluntários. No dia seguinte me contaram que nos momentos finais da dispersão a PM apareceu com dois choques, baixando o pau nos últimos que saíam pelo portão principal. Houve gente que de tão assustada pernoitou no cemitério, só saindo no outro dia de manhã, misturada com os primeiros enterros.

A segunda passeata para protestar contra o assassínio de Edson – que o governo e certos jornais tinham a cara-de-pau de atribuir aos próprios estudantes do Calabouço – foi no dia 31 de março, quarto aniversário do golpe. Decidimos festejar à nossa maneira. Desde a morte de Edson Luís, acabara o ar de brincadeira, o desprezo folclórico pelos meganhas se transformou em ódio para valer.

Pela primeira vez se formaram grupos de choque com porretes e atiradeiras. O centro da cidade, na hora do rush, fervilhava de excitação. Pequenos bolinhos de estudantes em toda parte, e a massa de transeuntes parecia atenta, esperava algo. A PM ocupava os pontos estratégicos: Cinelândia, MEC, a embaixada americana.

Nesta noite não houve uma passeata, mas dezenas de pequenas, que evoluíam por todo o eixo compreendido entre a Cinelândia e a praça Mauá, o largo da Carioca e a praça XV. O nosso grupo se integrou numa manifestação de uns quinhentos estudantes onde estava concentrada parte do pessoal da FUEC. Levavam umas minúsculas bandeirinhas do Brasil pregadas nos respectivos mastros, uns respeitáveis porretes de carvalho. Outros, estilingues com bilhas de aço.

Naquela noite foi sem o menor receio e com muita raiva que avançamos em cima da PM. Dos edifícios chegavam aplausos e choviam papéis picados. Numerosos empregados de escritórios, comerciários, operários das obras vizinhas se juntaram a nós. Os vultos azuis de capacete, concentrados em duas filas no calçadão do ministério, receberam uma chuva de pedras e bilhas de aço. Um dos grupos foi totalmente pulverizado, fugiam pra todos os lados, em pânico. Alguns tentavam forçar os portões dos edifícios próximos para se refugiar. A outra fila se mantinha compacta, mas recuava lentamente debaixo de tanta pedrada. Quando ecoaram os primeiros tiros, dispersamos em pequenos grupos e fugimos de volta para a Nilo Peçanha, lá embaixo.

Na retirada começou o quebra-quebra. Tentávamos impedir que se generalizasse. Os estudantes, em geral, obedeciam fielmente à orientação de só quebrar carros oficiais e bancos, mas os populares que aderiam eram incontroláveis.

Curioso, quebravam, mas não saqueavam, apesar de alguns parecerem paupérrimos. Vi um engraxate rebentando com um pedregulho uma luxuosa sapataria. Os vidros voaram para todos os lados e os sapatos ficaram expostos entre milhares de cacos. O engraxate não pegou nada, riu todo contente, pegou mais uma pedra, duma obra aberta na rua, e partiu pra sapataria seguinte, a uns metros dali. Dois estudantes tentaram dissuadi-lo:

– Ô negão, num pode quebrar loja, não. Só carro oficial e banco.

O engraxate não entendia por quê...

A cidade parecia imersa numa nuvem de gás lacrimogêneo. O cheiro acre queimava as vias respiratórias e eu me sentia meio sufocado, na confusão me perdi do meu grupo do CAp e por acaso encontrei um dos nossos colegas meio machucado, levara nas costas uma pedra perdida. Fomos saindo da área conturbada e acabamos pegando um táxi. O motorista, que nos identificou, logo ria de contente:

– É isso aí... Vi passar uma ambulância dos *homis*, tava cheia com os *homis* todos feridos. É isso aí... Ocês tão certos!

Naquela noite de 31 de março, quarto aniversário do golpe, a repressão levara a pior. Havia um popular morto a tiros pela polícia, uns vinte feridos e umas centenas de presos, mas o pandemônio no centro demorara mais de quatro horas e desta vez dezenas de policiais tinham baixado ao hospital. O comando da PM, em comunicados alarmistas, chegou a anunciar vários feridos à bala, mas depois foi obrigado a se retratar, nada mais que bilhas e pedras.

A repressão se vingou dias mais tarde, na missa de 7º dia de Edson Luís, na Candelária. À saída da igreja, a PM avançou com a cavalaria sobre a massa, promovendo um autêntico massacre, na cidade deserta do dia feriado. Nós havíamos discutido previamente a situação e decidimos não ir à missa naquele dia, pra um encontro a sós, com a repressão, dias antes ultrajada. Macaco novo – vivo – também não mete a mão em cumbuca.

5
A crise universitária

As assembléias universitárias se sucediam naquele fim de maio. Eu ia quase todos os dias à Faculdade de Economia, na Urca, e ao Instituto de Ciências Sociais, em Botafogo, saber das coisas. Gostava de assistir às discussões do movimento universitário, buscar idéias e inspirações para o trabalho no CAp. Aos poucos ia me inteirando da situação. Não só entendia melhor os mecanismos da crise universitária como começava a identificar as polêmicas entre as tendências existentes no ME.

Até que não eram muitas, naquela época, se vistas desde o enfoque das escolas. Havia a *linha da UME*, liderada pelo Vladimir, pelo Franklin e pelo Muniz,[27] que controlava também o DCE e a maioria dos DAs. E a *linha da UNE*, liderada pelo Travassos e pelo Jean Marc,[28] com força sobretudo na Faculdade de Química. Havia uma terceira linha, que era representada pelo Brito[29] e pelo Marco Medeiros. Pesava pouco e fechava ora com uns, ora com outros.

Em termos de massinha organizada, o peso das duas principais correntes era parecido. Foi mais tarde que soube melhor das organizações que estavam por trás daquilo. A que controlava a UME pertencia à dissidência comunista da Guanabara, a DI-GB, um racha do partidão. A tendência representada pelo Travassos era a *frente* entre a Ação Popular, de origem cristã (na época já era maoísta), e PC do B, em termos de entidade, majoritários nacionalmente, mas minoritários no ME carioca. A outra tendência correspondia a um racha do partidão diverso da dissidência, a *Corrente*, que depois passou a se chamar PCBR. Quanto ao partidão, não tinha expressão no ME daquela época, controlava apenas um DA, o da Medicina.

No plano secundarista, dentro da AMES, atuávamos enquanto um bloco de colégios, a maioria da zona sul, que, certa época, se denominou CIG (Comissão Intergrêmios). No geral, nos inclinávamos mais pela tendência UME, apesar de não termos nenhum vínculo com a respectiva organização. Esta, ao contrário da *linha UNE*, não dispunha de presença própria no movimento secundarista.

No CAp, os poucos que naquela época transitavam pelo intrincado e misterioso mundinho das organizações tinham contato com uma área política diferente, que quase não existia no movimento universitário carioca, mas tinha força no paulista e no mineiro. Eram dois pequenos rachas, um do partidão, outro da AP. A DI-SP, dissidência de São Paulo, também conhecida como DDD (Dissidência da Dissidência), e o NML, Núcleo Marxista-Leninista. E também um grupo de Minas que depois se chamou COLINA (Comandos de Libertação Nacional).

Eu não era sequer um iniciado naquele estranho mundo. Ouvia fiapos de conversas e ficava interessado, mas ao mesmo tempo perplexo. Pra que tantas siglas? Deviam era se juntar... As divergências entre uns e outros eu também não pescava bem.

Eu entendia por que não o partidão: era ligado à URSS, e defendia a "transição pacífica". Transição pacífica, se pudesse, até era bom. Mas no Brasil não ia dar pé. Quanto à URSS, aquele modelo, nem pensar! Tinha que ser outro, com mais liberdade.

Havia companheiros que garantiam que a China era diferente, a Revolução Cultural era a grande festa da verdadeira democracia. Mas a minha inspiração não vinha daqueles países longínquos. Eram muito diferentes da nossa realidade. Cuba era mais próximo e indicava o caminho, segundo alguns. O mais vivo, porém, era o exemplo do *Che* e o estouro da juventude por todo aquele mundo de 1968.

Maio de 68. A juventude francesa, revoltada, tomava Paris. Nos noticiários chegava o confuso reflexo do que alguns já chamavam o "poder jovem". De Gaulle vacilava, Daniel Cohn-Bendit, "Dany-le-rouge"[30], era senhor da Sorbonne e das barricadas do Quartier Latin. Os operários se juntavam e faziam greve. Nos próprios Estados Unidos, a juventude e os negros se levantavam contra a guerra do Vietnã, as universidades e os guetos ardiam. Papai, depois de ler *O Globo*, dizia tudo ser culpa do satânico dr. Marcuse.[31] Já que era assim, eu procurava algum livro dele para ler, mas ninguém tinha. O movimento estudantil explodia. E também no Uruguai, no México. Guerrilhas na Bolívia, na Venezuela e na Guatemala. E sobre aquilo tudo pairava o Vietnã, que resistia e vencia debaixo das bombas.

Ano louco, com tanta sede de liberdade, que estremeceu também do outro lado. A juventude e os operários tchecos deram o pé na bunda do stalinista Novotni. Uma nova direção, liderada por Alexander Dubcek,[32] queria implementar um socialismo com rosto humano.

A Primavera de Praga e depois a invasão soviética geraram muitas polêmicas. Havia os que sustentavam que em país socialista não podia haver contestação, senão o imperialismo podia se aproveitar. Eu achava que o imperialismo aproveitava mesmo era a intervenção, e, ao invadir a Tchecoslováquia, a URSS assumia o mesmo comportamento que os EUA no Vietnã. Mas essas discussões se limitavam aos grupos de amigos. Nas assembléias e reuniões estudantis ferviam outros problemas. A crise universitária e o arrocho de verbas imposto pelo MEC.

Era um xeque-mate na velha e agonizante universidade liberal, resquício do Brasil democrático dos anos 1945-1964. Queriam asfixiar a universidade pública e quase gratuita, promover uma reforma que adequasse as faculdades aos imperativos do regime e do modelo econômico. Era um processo que já vinha dos anos anteriores, com a imposição das anuidades, a proibição da UNE e da UME, com a repressão nas escolas. Agora dava mais um passo pegando na jugular das escolas, atarraxando a torneira. Paravam os cursos, fechavam laboratórios, atrasavam os salários dos professores e funcionários. Corriam, à boca pequena, listas de professores que seriam afastados, cursos que simplesmente deixariam de existir.

Esta situação sensibilizou setores estudantis que nunca tinham participado antes. A luta por mais verbas ganhava cada vez mais adeptos. No início, ela se concentrou sobretudo na Química, cujo DA era presidido pelo Jean Marc e seguia a tendência UNE. Logo, porém, a coisa se alastrou a quase todas as escolas. No CAp, onde este problema específico não existia, era possível também despertar o interesse dos futuros universitários. Tentar ligar a luta contra a repressão interna a questões mais gerais, como a elitização do ensino, o grande funil dos cursinhos de vestibular. O grande escândalo da escola secundária pública: não preparar os alunos para o acesso às faculdades, deixando-os à mercê do ano suplementar ministrado apenas pelos cursinhos particulares, traficantes de ensino, negocistas de portão de universidade.

No nível secundário, o MEC também preparava surpresas. Pretendiam introduzir a especialização técnica e a estanquização de campos de estudo já no segundo ciclo. A grande massa seria desviada para esse tipo de ensino utilitário e ultraparcializado, bitolado, destinado a abastecer diretamente o mercado de trabalho das grandes empresas. Apenas a elite dos colégios particulares, de "gente bem", é que continuaria a ministrar uma formação mais globalizante, preparando o estudante para o cursinho pré-vestibular privado e faculdade.

A política educacional era espinafrada em assembléias cada vez mais caudalosas. Apesar da rivalidade de tendências, todos convergiam nas lutas concretas e as divergências se apagavam na mobilização da massa estudantil, e nunca privavam os respectivos líderes e vanguardinhas de convívios boêmios, sólidas amizades e namoros.

Havia, por outro lado, uma grande preocupação em não permitir que as divergências afastassem os setores de recém-incorporados à luta estudantil, na campanha por mais verbas. Na primeira passeata daquele fim de maio, início da mobilização, só se gritaram palavras de ordem reivindicativas, sem nenhuma alusão política. A turma do CAp era mais radical e reclamávamos do reformismo dos universitários. Na avenida Uruguaiana, nosso grupinho tentava puxar abaixos à ditadura que eram soterrados pelo disciplinado coro de MAIS VER-BAS! MAIS VER-BAS! Irritado, eu berrava MER-DAS! MER-DAS!

6
Cavalaria

O lotação seguia pro centro da cidade. Mal misturados aos passageiros, íamos nós, uns dez secundas, ar mais estudantil desse mundo. Calça Lee, camisa esporte e *topa-tudo*, um tênis alto de lona verde-oliva e sola de borracha, bom de correr. Virou moda nas escolas, espécie de símbolo.

Alex, com seu uniforme do Pedro II, lia o *JB* no banco de trás. Minc, de braços dados com uma companheira, vinha mais à frente. No outro banco, junto ao trocador, mais dois colegas do CAp. Todos fingindo não se conhecer. Da mesma maneira que os seis do grupo do André Maurois, nos bancos laterais, junto do motorista. Os passageiros ruminavam a vida, no abafado das 11h45. Apesar de inverno, fazia calor. A primavera fora quente demais...

Suores, cansaços e uma imperceptível libido temperavam os solavancos do coletivo apinhado de cabeças, camisas, bundas, coxas e manchetes de jornal de crime, escancaradas. Pessoas de todas as cores e jeitos da fauna patropi. Eu ia curtindo as caras, até que deparei com um par de olhos.

Me fixava enviesado, às esguelhas de um banco, do outro lado. Meia-idade, barrigão, careca e um bigodinho bem tratado. Terninho passado. As calças curtas demais deixavam ver um par de canelas de galinha em meia de náilon branca, uns sapatos lustrados ao detalhe. As pupilas pequeninas, febris, raios X na minha pasta, nos bolsos estufados. Olhava em volta e examinava cada estudante. Fiz cara feia, senti que se intimidou. Ficou olhando pro jornal do vizinho à janela. O ônibus parou no ponto, na altura do Passeio, e descemos todos em bando, nos traindo definitivamente para os passageiros curiosos.

O ônibus foi embora e vi, de relance, as pupilas de raios X do careca que nos olhava com ar de arreda satanás. Nos embrenhamos entre os carros, rumo à Rio Branco. Chegávamos meio atrasados. Desta vez a manifestação fora marcada para o meio-dia. Coisa séria.

As passeatas de fim de tarde, na hora do rush, vinham suscitando, no geral, reações de simpatia do povão do centro. Mas saindo dos escritórios, cansado, preocupado com os engarrafamentos, ansioso pra chegar em casa, era menos suscetível de participar. A cidade se esvaziava irremediavelmente antes das oito. Marcar para o meio-dia parecia uma temeridade. Era perder aquele lusco-fusco, fim de tarde, aquele anonimato de quase noite, cheio de tons de cinza, quando os gatos parecem mais pardos.

Desfilar assim ao sol do meio-dia era mais arriscado. Não havia aqueles engarrafamentos que retardavam as forças da repressão de quase uma hora. Que obrigavam os choques da PM a deixar os veículos e seguir a pé, pelas calçadas hostis e tensas, roçando no medo e no ódio dos transeuntes. Meio-dia era mais fácil. Do quartel da PM, na Evaristo da Veiga, até a Rio Branco eram uns três minutos, no máximo.

Ia fazendo os cálculos. Ao entrarmos na avenida, já não passavam carros. Um clarão de asfalto desempedido e um quarteirão à frente, o recém-estourado vozerio: MAIS VER-BAS! MAIS VER-BAS! Mergulhei na massa barulhenta de universitários que começavam a passeata. Eram uns quinhentos barulhentos e sorridentes. Trepado num carro, o Jean Marc, do DA da Química, discursava. Diferente do tipo alagoano do Vladimir, ou do jeitão mexicano-zapatenho do Brito, o Jean era o tipo característico do estudante carioca, zona sul. Também ex-lacerdista presente ao Guanabara em 1964, agora agitava a Química, que terminou dando umas misturas explosivas.

Esgotei rapidamente os panfletos, recolhidos por vários transeuntes e automobilistas curiosos. Muita gente nas calçadas, aqui e ali, batia palmas. No ar bailavam os primeiros papéis picados. ABAIXO A DITA-DURA! ABAIXO A DITA-DURA! A coisa ia tomando jeito de passeata, com o afluxo de centenas de estudantes que chegavam. O número de curiosos aumentava, mas as lojas iam fechando, uma atrás da outra, com um ferrilhar frenético de cortinas metálicas e um afoito bater de portas.

Iam mais de três mil, organizados em grupos diferentes, escolas e universidades da zona norte, sul e subúrbios. Esperavam-se mais uns cinco mil estudantes *por la libre* bem como a adesão do glorioso povão do centro da cidade. O clima social estava tenso. A baixa classe média, predominante na cidade, era explosiva e politizada pela vida, no centro político-financeiro da antiga capital. Espontaneamente ia quebrar os bancos, apenas começasse a confusão com a polícia. Se parasse por aí, ainda dava, mas a coisa sempre arriscava ser geral, joalherias, lojas grandes, instituições imponentes tipo companhias aéreas e concessionárias de automóveis. Era tudo um alvo potencial da revolta latente no sujeito anônimo e humilhado, que passava oito horas num escritório fazendo uma coisa chata qualquer e vendo o salário comprar cada vez menos. Possuir, destruindo aquelas coisinhas inacessíveis da faustosa sociedade de consumo que estourava escancarada na praça. Os besourões metálicos cromadinhos, nos anúncios da televisão. Sonhados, sonhados, mas a tantos anos-luz do salário mínimo.

– Só pode quebrar carro de polícia que nos atacar; fora disso, qualquer quebra-quebra é considerado provocação – iam os grupos mais organizados advertindo os afluentes. Tentávamos organizar filas de braços dados.

A passeata já passava de cinco mil, quando se juntou outro cortejo, vindo do largo de São Francisco. Juntos seguimos para o MEC. Era a maior manifestação depois do enterro do Edson Luís!

Surgiram de uma esquina, em formação cerrada, os escudos e capacetes brilhando ao sol. Pareciam um exército medieval. Estrondo. Zuniam meus tímpanos... Nuvem acre, corrosiva. Outro estrondo. Gente correndo, tossindo. Apesar das nuvens de gás lacrimogêneo, ninguém arredava pé dali, choviam pedras e bilhas sobre os escudos azuis. Logo começaram os tiros. Alguns agentes do DOPS à paisana disparavam sobre a indecisa massa de estudantes.

– É festim. É festim. Ninguém corre – comandava uma voz vinda do meio da confusão.

Mais tiros, correrias, e a passeata voltou à Rio Branco. Fiquei zanzando pela zona do edifício Avenida Central, e depois decidi pichar uns costados de ônibus. Fazer o nosso protesto circular pelo Rio afora. "Mais verbas", na lataria. Pescoço de fora, alguns passageiros tentavam ler os garranchos vermelhos, sangrentos, de cabeça pra baixo.

Sirenes. Fragor de vozes, tiros. A avenida enchia-se de rolos espessos de gás e fumaça, que subiam lentamente rumo ao céu do meio-dia. Largo da Carioca. Junto à entrada da Uruguaiana, ardia uma perua da polícia virada. As chamas pequenas e alaranjadas dançavam pela lataria soprando um preguiçoso e espesso rolo de fumo negro.

– Olha os cavalos!

A U. S. Cavalary, toda de azul, pintou no saudoso Tabuleiro da Baiana, os sabres em riste arremetendo contra nós, tupiniquins. Eram uns quarenta, em dois esquadrões, formação cerrada, chegavam sem muita pressa, a passo.

A massa instintivamente evitou o choque com a cavalaria na praça e recuou para a Uruguaiana. Alguns grupos esparramavam pelo chão bolas de gude e rolhas. Não tinham terminado, quando chegaram os cavaleiros, os sabres zunindo no ar.

7
Redoxon

Esperamos passar escorados atrás das árvores, carros e esquinas. Depois voou pedra das calçadas. O primeiro esquadrão, de vinte, sofreu apenas algumas pedradas e o escorregão em bola de gude de um dos animais. O segundo levou mais azar. Uma das montarias patinou espetacularmente, projetando o respectivo meganha para o asfalto, onde foi colhido por uns quantos chutes e porradas.

Carregavam as piruetas e galopadelas pelas calçadas, os sabres zunindo sobre todos, democraticamente. Estudantes, comerciários, transeuntes assustados, senhoras gordas com crianças, senhores posudos de terno, porrada ampla, geral e irrestrita. Em troca, levavam pedras e mais pedras. Vi mais dois PMs caírem dos cavalos, que, livres, trotavam pra fora do sururu.

Cena cinematográfica: o companheiro pegou a pá enferrujada numa obra da SURSAN e buscou o cavaleiro mais próximo. Deixou vir em cima, agachou num rodopio evitando o sabre e, levantando o corpo num movimento elástico, vibrou uma tremenda pazada nos peitos do outro, que voou por sobre as ancas do corcel, caindo estatelado junto ao meio-fio.

Aplausos na avenida.

A cavalaria se retirou rumo à avenida Presidente Vargas, debaixo de vaias. Do alto dos edifícios, choviam sacos plásticos com água, cinzeiros, garrafas. Embaixo, entre os escombros da refrega, vitrines partidas, lixeiras viradas, alguns manifestantes disputavam um capacete azul. Um grupo organizado impedia o linchamento de um dos cavaleiros, bastante machucado, que acabou sendo deixado numa farmácia. Tinha um braço partido e a cara coberta de sangue.

O seu cavalo fugira para uma transversal e olhava vitrines, assediado por um batalhão de curiosos. De vez em quando, ensaiava umas trotadelas pela rua do Ouvidor, os estribos vazios balançando contra os flancos, a multidão batendo palmas e correndo atrás, num deslumbramento de criança. Alguns tentavam até montar, mas o eqüino, desacostumado àquele fã-clube, refugava.

Do largo da Carioca chegavam rumores de sirenes e detonações; corremos para lá de novo. A correlação de forças ficou dúbia: acabavam de arribar quatro choques da PM e uns seis camburões do DOPS. As filas de capacetes, baionetas brilhando, escudos azuis e cassetetes avançavam.

Em frente ao Bob's, o massacre. Era pau pra todo lado, na confusão de corpos agachados, do corre-corre. Os cachorros-quentes e sorvetes atirados ao chão. E a pauleira prosseguia pelas galerias do edifício Avenida Central.

Muitas prisões, com os policiais arrastando as pessoas pelos cabelos, debaixo de pau, até os camburões parados no meio da praça. Naquela zona indescritível, encontrei, por acaso, uma colega de turma do CAp, a Ruth,[33] que se perdera do seu grupo. Saímos da zona do quebra-pau e conseguimos um táxi parado na Nilo Peçanha, que desembarcava um passageiro.

– Pro Flamengo...

O motorista era um portuga assustadíssimo. Pegou o caminho mais curto, que era pela própria Rio Branco. Estava desimpedida, mas, ao passarmos junto o Teatro Municipal, mergulhamos numa densa nuvem de gás lacrimogêneo. Os prédios do outro lado do passeio sumiram naquele *fog* tóxico que queimava os olhos e as narinas.

Tossia... Tossia...

Por entre os carros passavam pequenos grupos de PMs caçando estudantes. Cercaram um Volks parado uns vinte metros a nossa frente, fizeram descer os passageiros jovens, obrigaram a deitar no chão. Os cassetetes esbordoavam rins e costelas. Tossia... Era acre, horrível. O vidrinho de amoníaco voara contra os cavaleiros da Uruguaiana, no calor da refrega. O lenço no rosto era inútil, ardia do mesmo jeito.

A companheira também tossia agonicamente, parecia sufocar.

– Ai, Jesus, ai, Jesus – o portuga tentava avançar rumo ao invisível obelisco.

Pus na boca uma pastilha de Redoxon. Ficou borbulhando numa papa adocicada que refrescou um pouco, mas os olhos continuavam a arder, intensamente. Surgiu um claro na pista enevoada e o táxi avançou para fora do *fog* tóxico que cobria a Cinelândia. O portuga em voz alta agradecia à Nossa Senhora de Fátima. Tossíamos amém.

Tomei um beatificante banho de banheira, enquanto ouvia o rádio noticiar a continuação dos distúrbios no centro, que agora se alastravam para lá da Presidente Vargas, até a praça Mauá. Telefonei para a casa da Bia, onde deviam se reunir os responsáveis dos grupos do CAp, verificar se alguém tinha dançado. Se houvesse, avisar os pais. Ninguém em cana, todos bem.

Fui à Faculdade de Economia, onde se discutia animadamente aquele dia de tremendos folclores. A má notícia era a queda do Jean Marc. Foi preso em pleno Flamengo, quase nas proximidades do saudoso prédio da UNE. Vinha distraído, relaxando das peripécias da cidade, quando viu um sujeitinho fazer o motorista parar e descer correndo rumo a um choque da PM que vigiava a antiga sede, queimada em 1964. Quando deu pela coisa, o ônibus estava cercado. Os guardas de cassetete subiam no coletivo com o homenzinho à frente, de dedo-duro.

– Foi aquele lá! Foi ele que tocou fogo na viatura do I Exército. Prende ele!

À noite na tevê saiu uma nota do I Exército. O presidente do DA da Faculdade de Química, escola onde tinha se iniciado a luta por mais verbas, era acusado pelo general Sizeno Sarmento de ter chefiado o incêndio de uma Rural Willys do Exército. Ia ser julgado por tribunal militar, com base na Lei de Segurança Nacional. A televisão fez do homenzinho herói nacional. Convite pra tevê. Contava às câmeras como tinha seguido, horas, o bando de moleques arruaceiros que tinham virado a Rural Willys do I Exército que ele dirigia.

Na verdade, fugiu apavorado e depois passou a seguir grupos de estudantes que saíam do centro da cidade. Escolheu o Jean Marc, que vira discursando num poste, e assim fabricou o chefe dos incendiários.

LIBERDADE PARA OS PRESOS! virou a nova exigência do ME em ebulição. Para o dia seguinte, quinta-feira, estava marcada, na reitoria, uma assembléia geral dos estudantes cariocas. A orientação da UME e do DCE era mobilizar todos os colégios e faculdades e mandar para a assembléia.

Palavra de ordem central: libertação dos quinhentos estudantes e populares que amargavam a cana nos quartéis da PM e no DOPS. Tinham todos passado em *corredor polonês* e, segundo os primeiros a sair, o ambiente na PM era apocalítico. A repressão tivera uns cinqüenta feridos e muitos casos de distúrbios psíquicos entre os soldados. Havia oficiais que protestavam contra o fato de a corporação ser enviada contra os estudantes. Outros juravam vingança. Em Brasília, reunia-se o Conselho de Segurança Nacional, presidido por Costa e Silva. A boataria pairava densa no ar da cidade, dissipadas as nuvens de gás.

8
Massacre na reitoria

A assembléia geral começou à tarde, sob a direção do Vladimir e com a presença de todas as outras lideranças estudantis do Rio, menos o Jean Marc, preso incomunicável. Demorei à saída do CAp em discussões organizativas.

Quando cheguei atrasado à avenida Pasteur, estava tudo tomado. Quatro choques da PM em frente ao portão da Universidade. Camburões do DOPS e da polícia civil, tiras à paisana nos bares e bancos de praça.

Dei meia-volta. Com meu uniforme de colégio, entrando na boca do lobo? Sem essa. Enquanto voltava na direção do Canecão e dos túneis, passaram por mim mais três choques e vários jipões. Voltei pra casa e telefonei pro Jaime. Ele também tinha passado por ali, um pouco antes, mas voltara pra casa. Vários outros colegas do CAp tinham ficado na assembléia e agora estavam lá entalados, junto com os demais três mil estudantes.

Era o pessoal mais novo, nos roíamos de preocupação. Mais tarde recebi outro telefonema dele.

– A PM invadiu a reitoria. Tremenda batalha campal, junto aos portões. Diz que o Vladimir foi preso. Brito também. Parece que houve mortos.

Marquei com ele e outros dois companheiros nos encontrarmos no bar Cervantes. Antes decidi passar novamente pela zona conflagrada. Ver como estava. Se o pau continuasse com os estudantes agüentando firme, iríamos do Cervantes, quixotescamente, túnel abaixo até a avenida Pasteur, salvar nossos colegas. Idéia louca, mas no telefone nem vacilamos. Me esperavam no bar do posto 2 e eu estava ali, passando de novo pela zona do agrião, de 574, São Salvador–Leblon, circular.

O ônibus parou num sinal; à saída da rua da Passagem. Gritaria. Cruzando a larga pista da saída do túnel, passou por nós um grupo de estudantes esbaforidos. Escassos metros atrás, vinham os meganhas. Possessos.

Junto à esquina do sinal, agarraram um estudante magrinho de barba, que atiraram para o chão junto ao nosso ônibus. A primeira porrada do roliço cassetete foi bem na boca, deve ter partido os dentes. Num gesto instintivo ele virou-se de costas e ficou em posição fetal, soltando gritos lancinantes, altíssimos, enquanto uns cinco ou seis PMs o moíam de pau.

Eu nunca vira uma cena de violência durar tanto tempo, tão perto. Os berros eram impressionantes e parecia que iam matar o rapaz. Os demais passageiros olhavam aquilo lívidos, o terror espantado nas faces. Mas ninguém comentava. As senhoras se benziam:

– Ai, meu Deus. Ai, meu Deus.

Lá do fundo do ônibus chegou sonoro o comentário, voz trêmula de gozo, o tom de prepotência:

– É isso mesmo! Tem que matar. Tudo duma vez! Matar esses comunistas.

Era um jovem baixinho e pálido. De polegar empinado para os *homis*, degustava a cena com grande prazer.

– É pau nele, seu guarda, rebenta, esfola, que isso aí não é gente!

O ônibus entrou no túnel novo. Me agarrava ao barrote de ferro do assento dianteiro. Ódio. Ódio sufocante. Quebrar os cornos desse filho-da-puta. Ódio impotente. Fiquei encarando-o quando saímos do túnel. Percebeu, disfarçou puxando conversa com o passageiro do lado. Lancei-lhe mais um olhar de fúria e desci no ponto da Barata Ribeiro. Rumo ao Cervantes.

Lá estavam os três, aos quais contei a cena ocorrida. Eram só correrias. Aparentemente a PM já ocupara a reitoria e as faculdades anexas. Uma hora depois estava claro. Pelo menos o Carlinhos e a Regina presos, encurralados no estádio do Botafogo. Brandi, Rui e Fábio[34] tinham escapado. Este último, com uma enorme marca roxa nas costas, mas o moral muito alto, contou-nos mais tarde as peripécias.

O vice-reitor, Clementino Fraga, negociara com o comando da PM a saída pacífica dos estudantes da assembléia geral. No entanto, quando mais de metade dos três mil estava na rua, os *homis* caíram em cima. Naquele espaço aberto, encurralados entre a PM e o portão, as sucessivas filas foram forçando passagem à pedrada. Muitos iam sendo agarrados e presos, mas um grupo bem compacto, integrado pela segurança da UME e pelas lideranças presentes na assembléia, conseguiu abrir uma brecha através da qual, ao contrário dos boatos, tinham escapado o Vladimir, o Brito e os outros. No entanto, uns mil e quinhentos estudantes ficaram para trás. Os meganhas que conseguiram refazer a formação os encurralaram totalmente. Uma parte foi presa e espancada ali mesmo, o resto tentou uma fuga para o estádio do Botafogo.

O gramado do time da estrela solitária virou ratoeira gigante. Centenas de estudantes presos e enfileirados, debaixo de corredor polonês. As arquibancadas desertas testemunhavam o circo sádico. Porrada todo o tempo, mijavam na cara das meninas, vexavam sexualmente, tentando enfiar o cassetete. Ainda sobrou farta pauleira para alguns jornalistas e fotógrafos nos ossos quebrados do ofício, que, ainda assim, conseguiram encher as primeiras páginas dos matutinos com fotos e descrições de arrepiar. Mais de mil estudantes tinham sido presos naquela noite, mil famílias de classe média carioca em polvorosa.

O assalto à reitoria acabou sendo uma vitória de Pirro para a repressão. As lideranças do ME escaparam, todas, a população ficou indignada com a violência, os jornais, o MDB e as vozes liberais se levantaram contra o regime. No dia seguinte, sexta-feira, havia nova passeata, marcada no centro da cidade. Meio-dia.

De manhã encontramos o CAp fechado por ordem do MEC. Os colegas estavam amontoados junto ao portão. Sentia-se aquele *algo* no ar. Até os inspetores vinham para junto de nós puxar conversa. Só o Marcos-policial, já completamente bêbado às 8 horas da matina, não se aproximava. Seguia com os olhos as idas e vindas dos alunos mais ativos naquele frenesi geral, na entrada. Fizemos uma assembléia campal em frente ao colégio, debaixo de uma mangueira do pátio da igreja envidraçada, próxima às margens da Lagoa.

Falei em nome do Grêmio Livre. Gostava de agitar as massas e nesse dia me sentia inspirado. O discurso bem cadenciado brotava e fluía com vivacidade e eu ia encontrando, sem tropeços na língua, as imagens mais expressivas. Minhas exortações pareciam sensibilizar os estudantes reunidos num semicírculo à volta da árvore.

As palmas e os olhares de aprovação aumentavam o meu embalo. Até os colegas reacionários do 2º científico, que às vezes nos sacaneavam, ouviam calados, com atenção. Terminei falando sobre os nossos companheiros presos na véspera, no Carlinhos, amigo de todos, nas mãos da repressão. Só havia uma resposta possível ao massacre da reitoria. Ia ser dada logo mais, ao meio-dia.

– ... lutar pela liberdade, custe o que custar!

9
As vidraças do imperialismo

Saí de alma lavada, junto com um grupo de vinte companheiros, rumo ao ponto de ônibus. À porta do bar da esquina, ainda fiz outro discurso para os operários de obra que tomavam café. Este menos feliz. Só um bateu palmas, e outro nos gozou prognosticando alegremente nossa prisão.

Desta vez a passeata partiria de vários pontos e abriria caminho em direção ao MEC. Os secundaristas deviam confluir para a praça Tiradentes. A tática era boa, sair por baixo. A repressão devia imaginar que tudo começaria novamente na Cinelândia. Mas nós trocamos os velhos cinemas pela estátua do mártir da Inconfidência Mineira.

As ruas do centro pareciam de um dia normal, sem grande policiamento. Apenas mais pessoas paradas junto às manchetes dos jornais expostos nas bancas. Vendo as fotos da véspera: moças estudantes brutalizadas, pauleira em gente indefesa, tudo escancarado nas primeiras páginas dos matutinos.

Na praça Tiradentes, o Vladimir, trepado num poste, agitava um grupo de umas trezentas pessoas, que foi crescendo rapidamente. As lojas fechavam, os assustados se afastavam, os curiosos convergiam. Do meu lado, ia o Alex Polari,[35] do Pedro II. Pegamos umas pedras pela rua e nos metemos na passeata que saía em direção à Uruguaiana. A reação do público das calçadas era surpreendentemente cálida, superior ao habitual. Batiam palmas, muita gente dando força. Cruzamos a Uruguaiana, a passeata engrossando. Já éramos quase uns dez mil e não se via repressão nenhuma nas ruas. Juntamo-nos a outro cortejo, menor, que vinha da praça XV.

Na passagem da Nilo Peçanha começou a violência. Um Volks vermelho, lustroso, arremeteu contra a passeata derrubando vários companheiros. Foi avançando sobre nós. Uma saraivada de pedras impressionante desabou sobre o carro. A lataria ia amassando de todos os lados e um enorme pedregulho rebentou o pára-brisa, abrindo a testa do sujeito de terno ao volante. Vão matar o cara, pensei, e saí de braços abertos berrando: PÁRA! PÁRA! Vários manifestantes adotaram a mesma atitude, mas foi difícil segurar toda aquela tensão acumulada que explodira com o atropelamento. Foi só quando cercamos o Volks, ao risco das pedradas que zuniam, é que cessou. Retiramos do carro o sujeito ensangüentado, meio zonzo, mas sempre querendo brigar. Puxou um revólver, que um companheiro lhe arrancou da mão, evitando com o seu próprio corpo nova lapidação do histérico cidadão do Fusquinha vermelho.

Foi um custo tirar o imbecil do meio da massa que fremia e depositá-lo num banco, do outro lado da rua. Continuou xingando. Acabei sem descobrir quem era. Tira? Militar? Senhor da maioria silenciosa? Nunca soube. Terminado o incidente, dei um pique para recobrar meu lugar na passeata, que continuava a fluir num sem findar de gente. A dianteira já devia alcançar o MEC. As sacadas dos edifícios estavam cheias. Chovia papel picado, as cabeças e os ombros se apinhavam nas janelas dos escritórios. ABAIXO A DITA-DURA! ABAIXO A DITA-DURA! O fragor das gargantas subia Graça Aranha acima para o mastodonte MEC. Símbolo envidraçado da política educacional antiestudantil. Nossos olheiros retornavam de uma volta pelas adjacências. Não havia nenhum policiamento, nem no MEC nem na Cinelândia. Coisa muito estranha. Corria o boato de que o governo mandara retirar a repressão das ruas.

Nos esparramamos sobre o pátio em frente ao MEC. O Vladimir discursava e dos edifícios do outro lado da rua vinham palmas repetidas. Das janelas de todos os andares.

– DESCE! DESCE! DESCE! – gritávamos pro povão da vertical.

No pátio do MEC, a multidão votava o próximo passo:

– Embaixada! Embaixada!

– Tá certo, mia gente – ponderava Vladimir –, mas ninguém pode quebrá, não! Vamo lá, marcá nosso protesto contra o imperialismo ianque, mas nada de quebra-quebra, nada de provocação. Disciplina e muita calma, companheiros!

Formamos um cordão junto aos fundos da embaixada, para impedir depredações e tentar parlamentar com os guardas da PM, de uniforme e quepe, que estavam parados na nossa frente, de revólver na mão.

– Nada de provocação, ninguém quebra nada – insistia o Vladimir, dum poste na esquina da rua México com Santa Luzia. Falava da luta heróica do povo do Vietnã debaixo do *napalm* do imperialismo ianque... pá, pá... pá... soaram secos, os tiros de 38.

Outra salva e me abaixei, instintivamente, embora pensando que fosse festim. Os três meganhas atiravam e os manifestantes corriam pra todos os lados. O Vladimir, apesar da barriga, saltou do poste com uma lepidez impressionante e desapareceu na multidão, que jogava as primeiras pedras na embaixada. Um grupo de uns cinqüenta companheiros deu a volta e apedrejou a fachada frontal da U. S. Ambassy. Os policiais continuavam atirando, de trás do parapeito do jardim; as suas balas eram de verdade e atingiam os carros parados, as paredes, as vitrines de lojas e as pessoas. Uma moça estava caída no chão, com a perna ensangüentada. Tiro na coxa. A liderança deu a palavra de ordem de dispersão, sensata. Havíamos juntado quase vinte mil estudantes, desfilado pela cidade por quase uma hora com muita adesão popular. Era uma vitória.

Mas os tiros continuavam no quarteirão da embaixada. Um grupo de agentes do DOPS surgiu atirando. Começava a pauleira geral com a embaixada de linha de frente. Grupos de companheiros corriam em volta do prédio envidraçado – cujos três primeiros andares estavam totalmente partidos

– como índios em volta da caravana. Um grupo de estudantes do Calabouço subiu no edifício do outro lado da rua e rebentou mais uns vidros fumês do sexto com bilhas de estilingue e rojões de São João, que pela primeira vez incorporavam o nosso arsenal. A orientação que vinha era de voltarmos todos ao MEC. Seguimos novamente em passeata, naquela direção, e vi por uma transversal quatro choques da PM enfileiradinhos, as baionetas e os capacetes azuis cintilando ao sol, entrando na praça da Cinelândia.

No MEC veio novamente a orientação de dispersão e eu desci para a Erasmo Braga. Mas, ao cruzar a Nilo Peçanha, vi outra passeata. Era um grupo grande, umas duas mil pessoas da cauda da passeata que, na confusão, tinham ficado para trás, às voltas. Havia muitos estudantes, mas a maioria era de populares do centro. Escriturários, comerciários, operários de construção, bancários, biscateiros, vendedores ambulantes, faxineiros etc. Foi engrossando e subindo a Rio Branco de volta, rumo à Cinelândia. Durante algum tempo parecia sem direção, mas encontrou, pelo caminho, algumas lideranças universitárias, entre as quais o Franklin, que sobressaía graças ao seu metro e noventa e tantos de altura.

A progressão, porém, estava bloqueada: uma formação de dezenas de PMs avançava de cassetete em punho, perseguindo um grupo de estudantes que se adiantara ao grosso da coluna. De repente os acossados pararam. Viraram-se para os perseguidores e mandaram pedras. Nós chegamos para reforçá-los. A primeira fila da PM se imobilizou. Avançamos pelo centro da avenida jogando tudo o que houvesse à mão. Do alto dos edifícios, as mãos que antes batiam palmas agora arrojavam garrafas, cinzeiros e pesos de papel sobre a formação azul. Um grupo de segurança da

UME, armado de bastões, atacou-os frontalmente, estabelecendo-se naquela confusão um espetáculo insólito. Estudantes perseguindo a PM Rio Branco acima, até a Cinelândia.

10
Sexta-feira sangrenta

Os PMs corriam e na fuga deixavam cair alguns capacetes, cassetetes e bombas de gás, não deflagradas, que viravam troféus valiosos nas mãos mais rápidas. Chegou nova orientação de dispersão, mas decidimos permanecer, porque havia cada vez mais gente na rua, populares que desciam dos edifícios, saíam dos bares e das lojas. Na altura do velho Cineac, o precursor da pornochanchada dos anos 1950, ergueu-se uma tosca barricada com bancos de rua e tabuletas de obras da SURSAN.

Nessa altura, voltaram os policiais. Ninguém se intimidou. Pedras na mão, esperávamos que chegassem mais perto. Eu combinava com um companheiro a conquista de um capacete. Já estavam a uns 30 metros, em duas filas compridas, sob as marquises, para escapar do granizo dos edifícios. Não brandiam os cassetetes, nas mãos apenas os 38 reluzentes. Numa fração de tempo perdido, pipocaram dezenas de armas. O foguetório ecoou pela Rio Branco, ao mesmo tempo que estouravam, num jorro branco, as bombas de gás lacrimogêneo.

– É festim... é festim... ninguém corre!

Passaram uns segundos irreais, durante os quais mandei umas pedras. Aí vi várias pessoas no chão, feridas. Um rapaz com uniforme de estafeta da Western Telegraph, a uns metros dali, atingido na cabeça. Caiu como um fardo de roupas, todo mole, e ficou deitado numa pose estranha, em cima do braço dobrado. Ajoelhado atrás de um poste, vi quando alguém o virou de barriga pra cima. Um pequeno orifício no centro da testa. Simétrico, anti-séptico, quase sem sangue.

Seriam uns vinte feridos, mas não me preocupei em contar. Fiquei pensando no próximo lance. A balaceira continuava. Se levanto, levo chumbo; se fico, me prendem. Levantei, num salto, e me grudei à parede do edifício. As balas assoviavam, partiam vidros e ricocheteavam no mármore dos prédios. Os *homis*, a meio quarteirão dali, não avançavam para além da barricada abandonada. Dos edifícios desabavam cadeiras, gavetas, lixeiras e tampas de privada, num escarcéu ensurdecedor:

– AS-SAS-SI-NOS! AS-SAS-SI-NOS! AS-SAS-SI-NOS!

A avenida enchia-se de gás acre e tóxico, a passeata começou a dispersar pelas transversais. A alguns quarteirões dali reinava um simulacro de calma, cortado apenas por detonações longínquas, abafadas pelo cimento.

Voltei à praça Erasmo Braga e tomei um ônibus, que subiu lentamente a Presidente Antônio Carlos e passou diante da embaixada americana na Presidente Wilson. O prédio tinha os vidros quase todos partidos, mas já colocavam tábuas para substituí-los, provisoriamente. O imperialismo já previra vidros quebrados. O quarteirão, azul de policiamento, com os *homis* de mosquetões, baionetas e metralhadoras. Ao passar pelo Passeio, ainda vi, ao longe, uma carga da PM sobre populares. Ali não houvera manifestação nenhuma, mas a porrada comia igual e o gás lacrimogêneo subia para os céus em espessos rolos, brancos como a neve.

Cheguei em casa, tomei banho e telefonei pro pessoal.
 Me perdera do Minc, do Alex e do resto do meu grupo

original, durante o primeiro quebra-pau atrás da embaixada. Ainda vira o Minc jogar um monumental paralelepípedo na vitrine de um banco, ao começarem os tiros. O Alex sumira na mesma altura. Cansado e meio impressionado com as cenas de tiros e mortes na Rio Branco, deitei-me pra descansar um pouco. Inútil. Mal fechava os olhos, desfilavam pela retina choques da PM, capacetes azuis cintilando ao sol. Camburões pretos e brancos. Sentia cheiro de gás lacrimogêneo no meu quarto. Muito agitado, desisti e liguei o rádio. Falava de "clima de guerra" no centro da cidade. Exagero, pensei. Segundo o noticiário, prosseguiram os distúrbios no centro. Recebi com uma certa incredulidade a notícia. Como, se já tínhamos todos voltado pra casa?

Tocou o telefone. Era um companheiro que acabava de falar com o escritório do irmão, na Presidente Vargas: pandemônio na cidade! A repressão atirando sem parar, inclusive rajadas de metralhadora. O povão em briga construindo barricadas, queimando camburões. Dos edifícios, igualmente alvejados, chovia a mobília.

Me levantei, mudei de roupa e fui ao Instituto de Ciências Sociais, em Botafogo, saber das novas. A maior parte do pessoal, inclusive as lideranças universitárias, estava por lá. Parecia que os estudantes organizados, dos grupos das escolas, já estavam em casa ou nas faculdades comentando as peripécias do centro. Mas então quem é que estava no centro quebrando o pau com a polícia? Lá pelas cinco, chegaram companheiros da cidade. As histórias eram impressionantes: centenas de feridos, barricadas, carros incendiados. O centro imerso numa gigantesca nuvem de gás visível lá de Niterói.

Só ao fim da tarde é que a repressão recuperou o controle da cidade. A PM sofrera mais de cem feridos, tinha as enfermarias lotadas. Um policial morto. Recebera um balde de cimento, do oitavo andar de uma construção. As últimas escaramuças e corre-corres só cessaram ao anoitecer, quando se deu a entrada de tropas do Exército em vários pontos do centro. O saldo do dia: uns 14 mortos e centenas de feridos. Desta vez o protagonista fora o povão. Nós, apenas o rastilho. Voltei para casa a pé, ruminando as peripécias.

Mais tarde, lá apareceu o Alex. Já estávamos preocupados com o seu sumiço. No tiroteio da embaixada sobrou para o lado da Cinelândia, onde acabou encurralado por uma carga da PM na calçada dos cinemas. Refugiou-se num laboratório de análises de sangue cantando a enfermeira a lhe passar um atestado de doador. Brandindo o papel, passou a revista improvisada pela PM embaixo, cujo critério era simples. Menos de 30 anos, cana. Mas o atestado de doador de sangue valeu-lhe de passe para sair da sexta-feira sangrenta para o santuário da zona sul.

11
Cem mil na contramão

VOCÊ QUE É EXPLORADO/NÃO FIQUE AÍ PARADO! Não eram mais os córregos de estudantes na contramão, por entre os carros. Era o rio de povão que ocupava quarteirões e mais quarteirões da Rio Branco. Depois do enterro de Edson Luís, era a primeira passeata legal, tolerada pelo governo. A indignação da opinião pública pela "sexta-feira sangrenta", as violentas críticas de quase toda a imprensa, o anúncio por parte de setores da Igreja, intelectuais e artistas e associações de mães de que iam todos participar da nova manifestação estudantil convocada pela UME obrigara o regime a um pequeno recuo, apesar de a *linha dura* militar pressionar pela decretação do estado de sítio. Recuo enorme, pareceu-nos na época...

De manhã, a cidade já estava toda cheia de gente. Uma greve geral tácita paralisou o centro, o povo todo foi para a rua. Levamos mais de quinhentos secundaristas de vários colégios da zona sul. No CAp a mobilização foi boa, mais de cinqüenta. Como não ia haver pauleira – o governador Negrão de Lima garantira, na véspera, pela televisão, a ausência da PM –, fomos todos apetrechados para a luta pacífica. *Sprays*, panfletos e cordas vocais.

O estoque de *colorjets* das lojas de tintas do centro se esgotou num piscar de olhos. Era a veia pictórica de muitos que despertava naquele dia. A arte livre, em feios garranchos, riscava os muros da cidade. LIBERDADE. O Cesinha escreveu lentamente, jorrando em letras vermelhas num prédio da Rio Branco. Terminou e, sem saltar da laje de mármore, ficou apreciando a obra. Depois, perfeccionista, esguichou um ponto de exclamação. O gesto saiu nos jornais no dia seguinte, numa foto que ficou famosa.

Caixas de papelão cheinhas de *sprays* eram repartidas pelas calçadas e todos fomos deixar nossa marca pelo cimento da metrópole. O centro ficou prolixamente coberto de frases contra a ditadura e reivindicações estudantis. Depois que terminou o preto e o vermelho, de todas as cores: azul, verde, dourado, prateado e rosa-choque. Na Cinelândia, de volta às escadarias da Assembléia Legislativa, ao lado do Teatro Municipal, o Vladimir e outros líderes estudantis davam o recado. O presidente da UME, de terno azul-marinho, barbeado, penteado e com ar de gente bem, pra não assustar as famílias. Na ausência da repressão, a calma era total. As lojas fechadas tinham começado a levantar suas cortinas de metal, uma atrás da outra, sob o aplauso dos manifestantes. ABRA SUA LOJA/QUEM QUEBRA É A POLÍCIA!

O grande comício na Cinelândia durou horas. Vladimir, muito didático, expunha o sentido da nossa luta. Numa linguagem acessível, explicava a situação política. Às vezes despaginava uma tirada humorística, que fazia rir toda a praça. O Brito, com seu imponente vozeirão, dava seu recado. Depois, intervieram alguns oradores não-estudantis, o psicanalista Hélio Pelegrino,[36] uma representante das mães, um artista.

Findo o comício, a passeata, que se calculava de umas cem mil pessoas, desceu a Rio Branco, rumo à Candelária. Era o carnaval na avenida. Num balcão, duas funcionárias picavam freneticamente o catálogo telefônico, em confetes grandes, que a brisa espalhava, voando graciosamente, alvos, depois dourados, das Páginas Amarelas.

Discursei pelas esquinas. Subia no poste e mandava o verbo pros curiosos, desancando o regime vigente. Agitava as reivindicações básicas do ME: mais verbas, reabertura do Calabouço, libertação do Jean Marc e dos outros presos da semana anterior. O finalzinho apoteótico era dedicado à derrubada da ditadura. As pessoas aplaudiam e eu pulava do poste convencido de ter ganho uns tantos futuros revolucionários.

A passeata era enorme. Já chegava à Candelária e ainda havia gente na Cinelândia. Os cordões de gente sorridente, gritando, os braços entrelaçados, avançavam lentamente. Eu descobria aqui e ali amigos de infância que nunca mais tinha visto, pais de amigos, professores. A classe média carioca comparecera em peso. Era a réplica, em sentido inverso, da *Marcha da Família*, com a qual essa mesma classe média saudara o golpe de 1964. À qual eu próprio assistira pela televisão, junto com a família unida, fazia apenas quatro anos.

A classe média. A da zona sul, bem-tratada, queimada de sol. A do centro, nas suas múltiplas facetas do terno e gravata. Mas também a cabeça de jornal do pedreiro da construção. A classe operária, porém, estava ausente. Naquele dia, as fábricas nos subúrbios e no Grande Rio funcionaram normalmente.

– Devemos ter consciência de que as classes mais exploradas ainda não estão presentes na nossa luta – dizia o Vladimir, desta feita nas escadarias da Candelária, onde desembocara a *passeata dos cem mil.* O mar de cabeças cada vez menores perdia-se ao longe na Presidente Vargas. Da esquina com Rio Branco continuava a chegar gente.

Depois falou o Zé Arantes,[37] vice-presidente da UNE, que vinha de São Paulo. Era um excelente agitador e sacudiu aquela multidão, lembrando o exemplo de *Che* Guevara.

– Criar dois, três, dez Vietnãs, companheiros!

E a multidão gritava GUE-VA-RA/GUE-VA-RA/GUE-VA-RA! No mesmíssimo ponto, onde quatro anos antes terminara a *Marcha da Família*, com vivas ao 31 de março, a Mourão Filho e a Lacerda.

Em seguida discutimos se passaríamos ou não pelo Calabouço. O pessoal da FUEC queria reabrir o restaurante na marra, mas, depois de muita polêmica, desistiu-se da idéia, porque era o único ponto da cidade ocupado pela repressão. Os PMs estavam armados de metralhadoras e queríamos evitar incidentes.

A passeata voltou a percorrer as ruas do centro. As pessoas das calçadas eram sensíveis ao nosso "não fique aí parado". Davam as mãos e entravam no cordão, na corrente pra frente. Alguns caminhavam apenas um quarteirão e tal e depois voltavam sob aplausos. Outros ficavam na passeata e se enturmavam alegres com a multidão. Uma das nossas colegas do CAp especializou-se em puxar gente pra dentro. Subia na calçada, pegava na mão de um, juntava com os outros e puxava o cordão, toda marota. Era tudo questão de apenas um passo.

A Marcha dos Cem Mil terminou ao crepúsculo, perto da praça XV, com o Vladimir já rouco e um favelado, ferido pela polícia dias antes, que discursou no final e mostrou a perna engessada, dando um toque popular àquela explosão do centro-zona sul carioca. Voltei ao Flamengo fazendo comício dentro do ônibus. Era necessário aproveitar até a última migalha do dia de liberdade conquistado.

Uma delegação da Comissão dos Cem Mil, eleita por aclamação durante o comício na Cinelândia, seguiu à Brasília no dia seguinte para apresentar as nossas reivindicações ao Marechal Costa e Silva, que anunciara o propósito de dialogar com os estudantes.

Estávamos contentes, mas um pouco desorientados. O movimento atingira o seu ponto culminante. E agora? Tentar organizar aquele apoio espontâneo, surgido na população nas últimas semanas. Mas como? Nas faculdades e escolas havia os DAs, os Grêmios e as entidades políticas estudantis. As férias de julho iam começar em breve e fatalmente haveria desmobilização. Programava-se um ambicioso conjunto de atividades e conferências na PUC, que ficaria como uma espécie de ponto de encontro dos estudantes durante as férias. Mas como organizar a população do centro que descera às ruas? Como fazer da Marcha dos Cem Mil mais do que o gesto de um dia?

12
De vara curta cutucando a onça

O diálogo da Comissão dos Cem Mil com as autoridades federais não surtiu o menor efeito. Nenhuma das reivindicações foi aceita. Mas o encontro, no Palácio do Planalto, teve seus aspectos folclóricos. O Franklin e o Marco Medeiros,[38] os dois representantes estudantis que seguiram para Brasília, com Hélio Pelegrino e os demais componentes da comissão, relatavam às gargalhadas o histórico diálogo. Histórico, sim, pois foi a única vez que um presidente militar recebeu representantes estudantis, inclusive o Franklin, que ia em representação de uma entidade oficialmente proscrita, a UME. O diálogo foi marcado por vários incidentes divertidos. Primeiro a segurança do Presidente da República não queria deixar entrar os companheiros no Palácio, porque não estavam de terno e gravata. Enquanto os nervosos assessores do governo vasculhavam o Planalto em busca de duas gravatas, os companheiros marcavam a sua posição de princípio: contra as gravatas, pelas mangas de camisa! A ditadura recuou, neste pormenor... Em seguida foi o sermão do chefe da casa militar. Em nome do sistema militar os advertiu de que estavam "cutucando a onça com vara curta". Finalmente, apareceu *seu* Arthur. Segundo eles, correspondia fielmente à imagem popular. Não entendia direito as coisas, parecia desinformado. E tinha mau hálito, confidenciavam. A conversa foi sumária. O marechal-presidente negava-se a abrir o Calabouço, dizia ser com o STM o caso dos presos e, quanto ao problema das verbas e outras reivindicações das escolas, não prometia nada. Ia nomear uma comissão para examinar o caso. Pavio curtíssimo, irritou-se com a primeira objeção apresentada. Saiu do gabinete batendo portas:

– Os senhores não sabem dialogar!

Voltaram ao Rio de mãos vazias, mas vibrando com a vitória das mangas de camisa sobre o protocolo. Foi convocada nova passeata em protesto contra a recusa às nossas reivindicações. A Passeata dos Cinqüenta Mil. Uma espécie de reprise da anterior, uma semana mais tarde. Em menor escala. O hiato de liberdade chegava ao fim.

A mobilização nas escolas seguia intensa, apesar dos exames do final de semestre. O povão do centro continuou aplaudindo e apoiando, mas veio menos gente. Como fator de pressão política, o ME atingira o máximo das suas possibilidades. Cem mil pessoas nas ruas do Rio de Janeiro e uma presença marcante em todos os outros grandes centros do país: São Paulo, Belo Horizonte, Porto Alegre, Salvador, Recife e Brasília. Agora tendia a refluir. Os outros setores que tinham aderido à luta eram inorganizáveis, por nós estudantes, por mais que se tentasse bolar alguma coisa. Não foi criada nenhuma estrutura política capaz de organizar, permanentemente, sequer uma ínfima fração daquela massa que descera dos edifícios e deixara as calçadas para lutar ao nosso lado.

A manifestação dos *cinqüenta mil* foi simultaneamente o ápice da radicalização ideológica do movimento e o início do seu refluxo. Menos massa que na apoteose da semana anterior, maior radicalização. À intransigência do governo respondíamos com um endurecimento verbal.

SÓ O POVO ARMADO/DERRUBA A DITA-DURA! O grito de revolta diante da muralha que nos cercava, que ameaçava desabar sobre nós com seus enormes blocos de granito.

– Eles tão no poder porque têm armas! Têm um exército. O povo tá esmagado porque não tem armas. O povo tem é que se armá, companheiros! Se armá e se organizá. A ditadura recuou, mas vai avançá de novo, e o povo precisa se prepará e se armá. Respondê à violência com violência!

Palmas, palmas. Os discursos incendiários dos postes animavam a torcida dos pedestres. A passeata corria pelos quarteirões habituais e depois por uma transversal da Rio Branco. Terminou com um comício em frente ao STM, no campo de Santana, aos gritos de LIBERDADE PARA OS PRESOS!

 Começou a desmobilizar-se ali mesmo, pois desistimos de

seguir até a Central do Brasil, a uns 200 metros dali, do outro lado da Presidente Vargas. O ponto de maior concentração e circulação do povão, vindo dos subúrbios, estava tomado não pela PM, mas por vários choques do I Batalhão de Guardas do Exército. Enquanto a coisa se restringia à classe média, era com a PM. Mas, quando entrava trabalhador e Central do Brasil no meio, aí deixava de ser *caso de polícia*, virava *caso de exército*. Fino tino sociológico.

O fim da passeata dos *cinqüenta mil* se deu diante dos uniformes verde-oliva e dos fuzis FAL. Oficialmente, a presença da tropa tinha o propósito de proteger o prédio vizinho à Central, o carrancudo edifício do Ministério do Exército. Decidimos dissolver a manifestação do outro lado da larga avenida e fomos fazendo um cordão junto aos soldados para prevenir qualquer incidente ou provocação. Até então, a passeata fora muito tranqüila, lojas abertas, nenhum quebra-pau. Era preciso manter a coisa assim até o fim. Mostrar claramente que só havia distúrbios por culpa da repressão. De braços trançados com os companheiros, fiquei a perscrutar os rostos dos soldados. Tensos. Hostis. Crispados. Tinham medo. Não estavam equipados para contenção de massa, mas para chacina. Era bom evitar porra-louquices. Ficamos lá, parados em frente aos fuzis-metralhadoras. Não sentia medo. Estava anestesiado pelo cansaço, pelas emoções misturadas, atordoado pelo lusco-fusco do fim de tarde.

À medida que a passeata do outro lado foi se dissolvendo tranqüilamente e o anoitecer cúmplice se impunha às últimas luzes do dia, eles foram ficando mais calmos e relaxados, daí a pouco começariam as conversas e as piadas de um cordão ao outro. Teve um que pediu cigarro e ficamos batendo papo sobre futebol, mulher e trivialidades, até que veio o sargento e mandou calar a boca. Nada de conversa com estudante. Ainda jogamos uns cigarros escondidos para os mais descontraídos, antes de desfazer o cordão e dispersar rapidamente.

A tropa ficou ali por muito tempo ainda. Um destacamento da PE chegou para reforçar e ficou desfilando pelo amplo saguão da Central. O povão, que voltava do trabalho para abarrotar os trens e ser despejado nalgum dos subúrbios distantes da linha, devia sair da cidade com a lembrança. Ver bem quem é que tinha as armas.

Parte III
Sinal fechado

1
Formatura

Recolhi o "material subversivo" das estantes e dos armários. Papelada do Grêmio Livre do CAp, livros de esquerda. Fui enfiando tudo numa sacola bege, velhusca. Puxei o zíper emperrado e levantei um pouco pra sentir o peso. Depois sentei novamente na cadeira do meu quarto, buscando uma explicação. Era tudo irreal.

– A orientação é todo mundo se picar de casa. Pode ser pra hoje a noite Indonésia! A Operação Jacarta...

Na saída da formatura, o grupo dirigente do grêmio se reunira para discutir a situação de segurança. O golpe dentro do golpe, que se esperava há meses, agora estava na televisão. Nas ruas.

Foi no dia 13 de dezembro de 1968 a formatura dos alunos de 4º ginasial e 3º colegial, promovida pelo grêmio. Como no ano anterior, foi realizada no Colégio São Vicente de Paula, sob a asa protetora dos padres progressistas. Padre Dario nos cedeu o salão novamente e com boa cobertura de imprensa marcamos a cerimônia para o dia do azar, embora não sexta-feira.

A formatura ia transcorrendo normalmente. Eu presidia a mesa, representando o grêmio livre. Falaram os oradores de turma. A platéia de alunos e pais, uns duzentos no máximo, escutava atenta e batia palmas. Novamente tínhamos o *Che* Guevara de paraninfo. Apenas este ano, em vez do Álvaro, era eu que me atrapalhava com o microfone.

A grande estrela da noite era o Franklin Martins, ex-aluno do CAp agora presidente do DCE, que acabava de sair da prisão, por *habeas-corpus* do STF, depois de ter dançado, meses antes, no malfadado congresso da UNE, em Ibiúna. Compridão, a barba por fazer, as pernas longuíssimas cruzadas debaixo da mesa, fez um discurso eletrizante. Me lembro do mote final:

– Podem arrancar uma flor, muitas flores, mas não deterão a primavera.

Eu ouvia atento, quando um companheiro da nossa segurança me veio cochichar ao ouvido:

– Negão... Pessoal escutando rádio diz que tá tendo golpe...

Mandei-o saber de detalhes. Voltou dez minutos mais tarde. Dera no rádio a decretação do Ato Institucional número 5. Era o golpe no golpe. Pela terceira vez faziam tábula rasa da legalidade por eles próprios imposta para alargar o alcance do arbítrio. Não era surpresa. Nas últimas semanas vínhamos fazendo muitas reuniões para discutir o iminente endurecimento do regime. Vários alarmes falsos. Mas também alguns informes fidedignos, provenientes da área militar com a qual alguns colegas tinham laços familiares.

Uma coisa era certa: Costa e Silva ia ceder à *linha dura*, que galgava o poder. Havia versões de que este xeque ao rei, no Planalto, coincidiria com uma *noite Indonésia*, um massacre de lideranças estudantis, jornalistas e oposicionistas de variada espécie. Sabíamos, de fonte segura, que no segundo semestre de 1968 um grupo do PARASAR planejara seqüestrar o Vladimir e outras lideranças estudantis e jogar no mar, de helicóptero.

Me surpreendia. Como era possível acontecer, na FAB? Pensava no meu tio aviador, que morrera sem ver essas coisas. Mas a fonte também dava outras dicas: havia oficiais que se tinham rebelado contra esse uso macabro de uma tropa de elite destinada a tarefas humanitárias. Havia a outra hipótese, que indicava apenas muitas prisões de lideranças estudantis e invasão dos últimos bastiões do ME: a PUC, no Rio, e o CRUSP, em São Paulo. Fosse como fosse, a orientação era *limpar* tudo e sair de casa.

Concluí a formatura com um discurso confuso e embananado, apelando pra moral: faz escuro mas eu canto, ousar lutar, ousar vencer, fé no povo, pé na tábua. Eles tinham dado o golpe final, se desmascarado definitivamente. A luta continuava e o povo era invencível. A história na mão.

– Como disse o companheiro: podem podar muitas flores, não podam a primavera!

Abri de novo o zíper para enfiar mais dois livros comprometedores, em que não reparara antes. Por via das dúvidas, também o *Guerra e paz*, do Tolstoi. Autor russo, podia parecer um manual de guerra psicológica adversa e paz falaciosa do comunismo ateu. Então os *homis* já não tinham apreendido *A capital* de Eça de Queiroz, por confundir com o homônimo masculino do "subversivo Marques"? Gozei a situação e fiquei zanzando nervosamente pelo quarto.

– A polícia pode chegar a qualquer momento. Não convém facilitar.

Olhando o meu quarto velho de guerra, a cama onde cresci noite após noite, os mil e um objetos que ia deixar para trás. A névoa de fluidos familiares, neurótico-aconchegantes. O útero no 10º andar da barulhenta artéria do Flamengo. Sumira aquela sensação fulgurante, maravilhosa do *sair-de-casa* que antegozara, tantas vezes, nas últimas semanas. A emoção de ir se esconder do DOPS em nome de uma causa mais elevada. Trocar o conforto pequeno-burguês do lar pela misteriosa clandestinidade da luta junto ao povo. Fazer a minha "opção de classe" sob a escalada da repressão. Mas o antegozo pleno de predisposições heróicas se escondera em algum canto perdido da mente, e sentia apenas o cansaço do dia, tenso e abafado. E uma preguiça sem mais tamanho diante da mão-de-obra que era esconder a papelada numa casa, depois rumar para outra, de uma família desconhecida que devia me abrigar.

Além disso, não conseguia levar muito a sério a situação. Conceber a polícia ali, invadindo aqueles domínios. Fuçando minhas roupas de todos os dias, meus livros e meus velhos brinquedos esquecidos no fundo do armário. Meus aviões de armar empoeirados sobre a estante, minhas velhas chuteiras, minha coleção de revistinhas de sacanagem do Carlos Zéfiro.

Certamente eu vinha bem colocado no listão dos "agitadores" do CAp e, como tal, estava fichado pelo DOPS. Certamente fora plotado também nos infiltradíssimos plenários da AMES, a caótica entidade secundarista. Por via das dúvidas, não convinha facilitar. Também não quis ficar mal diante dos companheiros que levavam muito a sério toda aquela encenação do dirigente-procurado-entrando-na-clandeca. Desisti de esperar mamãe e resolvi telefonar-lhe mais tarde. Desci com a maleta estufada de papéis e livros e uma sacola de roupas. No táxi que subiu lentamente a rua, rumo à praia de Botafogo, fui matutando a situação. Na cabeça, o filme passando ao contrário.

2
A fábrica fantasma

Sinal fechado no final da Marquês de Abrantes. O táxi parou e fixei aquele olho vermelho, mecânico, que detinha os veículos. Eu não olhava para aquele amontoado de metais cromados e luzes nem via os transeuntes que cruzavam a rua. Apenas aquele olhinho vermelho, enigmático. No seu brilho, o revés do tempo, o refluxo da onda, o estouro do balão colorido...

O ME minguara no segundo semestre debaixo de pau e tiro. Logo no início das aulas, a notícia da prisão do Vladimir. Respondemos no mesmo dia com uma passeata pequena em Copacabana, marcando uma grande para o dia seguinte, na Cinelândia. A cidade amanhece ocupada pelas Forças Armadas. Tanques, fuzileiros navais, ninhos de metralhadora, soldados da PM e da PE em pequenos grupos, patrulhando cada quarteirão. A manifestação é transferida para o Méier, mas o subúrbio também está totalmente tomado. Nesse dia, nada de passeata, apenas prisões.

Dentro das faculdades havia um certo refluxo em comparação com o ponto alto alcançado em fins de junho. Os setores menos politizados que haviam participado se afastavam. As vanguardas, passado o momento da grande euforia unitária, se digladiavam com vistas ao congresso da UNE. O movimento secundarista repetia, em caricatura, todos esses problemas e estava tão dividido que não conseguíamos sequer eleger uma direção para a AMES. No CAp, porém, houve uma certa melhora, já que o refluxo do movimento universitário nos obrigou a uma maior intervenção sobre os problemas específicos do colégio. As atividades extracurriculares do grêmio livre se intensificaram, bem como o contato com o pessoal de outros colégios. Das "outras instâncias" chegavam teorizações sobre a situação. Era natural que o ME e o movimento de apoio da classe média refluísse. Afinal, a pequena-burguesia era oscilante por excelência, diziam.

– É a classe onde as contradições perdem as suas arestas –, como diz o velho Marx.

Sozinha ela não fazia nada. Precisava da classe operária, da sua liderança, explicavam. E a classe operária, pensávamos, estava em franca ebulição. O grande símbolo eram as greves de Contagem e de Osasco. Ao recomeçarem as aulas, no segundo semestre, intensificamos as coletas de fundo e os comícios-relâmpago de apoio à greve de Osasco.

Eclodiram na Cobrasma e na Brown-Boveri, se alastrando a outras três fábricas, com paralisações, ocupações e seqüestro dos patrões nos escritórios. Em menos de 24 horas a repressão tomou tudo, prendeu e espancou centenas de operários e interveio no sindicato dos metalúrgicos, que liderara a greve. Pela leitura dos jornais fiquei com a impressão de uma derrota, mas os companheiros mais ligados ao trabalho operário garantiam que não. Que a greve durara muito mais tempo do que se dizia e que era apenas a chispa que ia inflamar a pradaria: o ABC todo estava prestes a explodir. Em breve a poderosa classe retiraria das nossas frágeis e inexperientes mãos estudantis a direção do processo e aí, sim, as coisas iriam começar a sério.

Nesta época fui incumbido pelo Álvaro da minha primeira tarefa extra-estudantil. O pessoal "mais seguro" da vanguardinha do colégio foi incumbido de fazer o levantamento de algumas fábricas. Checar horários de entrada e saída, segurança, muros próximos bons de pichar, pontos de ônibus e bares onde se concentravam os proletas etc. Vibrante de emoção, fui com o Carlinhos até Honório Gurgel fazer o levantamento da fábrica têxtil que nos coubera. Ficava no fim da rua Tacaratu. Demoramos um tempão em trocas de ônibus pelos subúrbios e já íamos chegando atrasados para a saída dos operários. Em todo caso, decidimos, valia a pena dar uma olhada na fábrica. Chegamos quando já estava escuro. Fomos direto ao portão principal. Todo enferrujado. Pelas frestas via-se o pátio coberto de grama alta, parecia um pasto...

A fábrica estava fechada fazia mais de dois anos, vítima da recessão e da monopolização forçada dos primeiros anos do regime. O respectivo burguês nacional falira e as instalações estavam entregues aos ratos, que passavam às carreiras debaixo do portão, e aos gatos, que miavam de cima dos muros. A fábrica fantasma! Assim se frustrou meu primeiro contato com a classe operária...

Foram passando as semanas, os meses, e nada de o ABC explodir. Eu não entendia direito. Achávamos que a classe operária tinha propriedades inatas de combatividade e liderança, qualquer coisa que fizesse seria forçosamente grandiosa e irresistível. Que o arrocho salarial, a superexploração eram fatores que automaticamente geravam combatividade e predisposição para a revolta. Faltava apenas o fator consciência, que – segundo os clássicos – vinha necessariamente de fora da classe, da vanguarda preparada teoricamente.

A greve de Osasco era o primeiro sintoma do novo e irresistível ascenso operário? Ou era um momento de inflexão do grande descenso, iniciado com o golpe de 1964, o último sobressalto daquele período de lutas abortado pela repressão? Acreditávamos, piamente, na primeira hipótese, mesmo porque o contrário seria falta de confiança na classe e derrotismo. Se os operários não se mexiam fora dos dois espasmos de Contagem e Osasco, isso se devia, a nosso ver, exclusivamente à repressão policial-militar. Quem sabe o próprio movimento de massas já não era possível, por esta mesma razão? Alguns companheiros diziam que no nível de repressão ao qual estávamos chegando, ele não mais poderia se manifestar das formas tradicionais: mobilizações abertas, assembléias, passeatas etc. Teria que assumir outro nível, aprender a responder violência com violência, assumir táticas cada vez mais sofisticadas.

O sinal vermelho da esquina da Marquês de Abrantes com praia de Botafogo abriu e o táxi avançou lentamente. Mas o seu brilho rubro de PARE continuava preso à minha retina. Veio a imagem da passeata de Santa Luzia: a cidade toda quadrilhada por grupos móveis da PM com ligação por rádio. Corre-corre ao meio-dia. A aglutinação frustra-se na rua Santa Luzia. Mal começa a se juntar o primeiro grupo de estudantes batendo palmas e coreando palavras de ordem contra o assassinato de um estudante em São Paulo, surge um grupo à paisana metendo bala. Tiros, tiros, correria. Consigo acertar uma pedrada num camburão que investe rua acima. Um protesto inútil, pequeno amassão de lataria. Tiros. Perto, um rapaz cambaleia com a mão furada, esguichando sangue. Três choques da PM chegam ao local. Corro pra Cinelândia. Tudo cercado. Única hipótese, as ruelas dos velhos cinemas. Lá não se vêem as formações cerradas de capacetes azuis, só alguns grupos móveis. Correr, correr. Uns metros atrás, tremenda gritaria. Olho pra trás e vejo o Brandi ser atirado no chão e espancado pelos meganhas.

Desastrada passeata de Santa Luzia. Depois dela não tentamos mais realizar passeatas *abertas* na cidade. Quer dizer, manifestações com convocação pública. Na ocasião seguinte, protesto contra a repressão ao congresso da UNE em Ibiúna e prisão em massa de toda a liderança universitária presente, respondemos com uma passeata *fechada*, de surpresa.

Menos de mil estudantes previamente organizados nas escolas, dirigidos pela única liderança ainda em liberdade, o Muniz, novo presidente da UME, que não fora a Ibiúna. Com a nova tática, o ME seguiu marcando a sua presença nas ruas de vez em quando. As passeatas, porém, foram perdendo o seu caráter de massas para se converterem em ações de vanguarda organizada. Até que veio o último grande sobressalto daquele 1968 carioca, às vésperas do sinal fechado.

Tudo começou nas proximidades da faculdade de Ciências Médicas, em Vila Isabel. Durante uma mobilização dos estudantes, em torno de questões reivindicatórias, apareceram várias viaturas do DOPS, estabelecendo-se um quebra-pau que terminou em assassinato. Um estudante foi morto a tiros e vários outros feridos pelos *homis*, que descarregavam as armas na massa, a qual se refugiou no vizinho hospital. Ainda jogaram dezenas de bombas de gás lacrimogêneo hospital adentro.

Quase cinqüenta mil pessoas participaram do funeral no dia seguinte. O cortejo atravessou a zona norte até o cemitério do Caju. Uma parte acabou dirigindo-se para o centro, via Presidente Vargas. A massa queria empastelar o poderoso jornal de Roberto Marinho e foi nas suas proximidades que se deu o massacre. Grupos da PM e do DOPS abriram fogo de metralhadora sobre os manifestantes, estabelecendo-se durante quase meia hora o absurdo duelo das pedras e rojões de São João com as INAs e as Winchesters 44. Nunca se saberá quantos mortos houve naquele dia.

A cifra oscilava entre o número oficial de dois e versões recolhidas junto ao IML que davam mais de dez. Sem contar os muitos feridos. Agora reprimiam as passeatas a rajada de metralhadora...

3
Apoio a Marig...ela

Meter bala no sinal fechado. O táxi prosseguiu pela praia de Botafogo, eu alimentando uma certeza. Era demais. Estavam sufocando tudo. O sufoco da Nação era geral, tinha que gerar revolta. Era o que discutíamos em reuniões intermináveis: a ditadura deixa cair a sua última máscara. Une todo o povo contra ela, fica na mesma situação do Batista em Cuba, antes da revolução. Outras correntes do ME viam a coisa ainda mais triunfalisticamente:

– A ditadura está sentada sobre um barril de pólvora! Agora acendeu a mecha!

Eu achava que a coisa ia ser longa. Mas que valia a pena, porque a Revolução era a grande aventura da vida. Nos últimos meses do ano tinha surgido a guerrilha urbana. De início, assaltos a bancos em São Paulo e Minas. Depois, captura de armas de guerra e explosivos. Os jornais começavam a dar relevo ao fenômeno. No Rio ocorreu um assalto a banco, no posto 6 de Copacabana, reivindicado pela COLINA (Comandos de Libertação Nacional), os mesmos que haviam realizado ações em Minas de apoio à greve de Contagem.

No mesmo dia da prisão em massa de mais de mil estudantes no congresso da UNE, em Ibiúna, um comando metralhou, à porta da sua casa, o capitão Chandler. O militar norte-americano teria sido morto por pertencer à CIA e organizar grupos do CCC na universidade Mackenzie, onde era bolsista. Isto depois de sua missão anterior, na Bolívia, onde participara do cerco e morte de Guevara. Na ótica dos autores, o *Che* estava vingado.

Pouco tempo mais tarde, foi a bomba no QG do II Exército. Dias antes, falando na tevê sobre o roubo de uma dezena de FALs no Hospital Militar, o comandante do mesmo, general Carvalho Lisboa, desafiara os autores a fazer a mesma coisa no quartel dele. Fizeram, só que exageraram. Uma perua carregada com uns 20 quilos de dinamite foi atirada contra o quartel-general, visando entrar portão adentro e mandar pelos ares os alojamentos de oficiais e comando. Os sentinelas perceberam e abriram fogo, ferindo o motorista, que pulou antes do tempo. A perua se desviou e bateu no muro. Ficou parada e depois estourou, num estrondo que sacudiu meia São Paulo. Matou um cabo do Exército, que virou herói nacional.

– Esse negócio é uma porra-louquice. Tá errado politicamente.

Era mais ou menos o nosso consenso nas reuniões e nos papos de bar. Guerrilha tinha que ser no campo. Coisa nobre, feito fazia o *Che*. Esse negócio de bomba pegava mal. Era coisa de *narodnik*. Eu tinha poucas informações sobre a guerrilha urbana. O Minc tinha contatos com organizações, às vezes me dava umas dicas. Havia pelo menos quatro grupos distintos. Um era do Marighela.[39] Um racha do velho PCB que optara pela linha do *Che*. Era quem fazia a maioria dos assaltos a bancos em São Paulo. Estava juntando fundo pra financiar a guerrilha rural. Depois tinha uns ex-sargentos, expurgados em 1964. Tinham se juntado com o pessoal da cisão da POLOP, dos quais alguns atuavam no movimento operário de Osasco.

Era a VPR, Vanguarda Popular Revolucionária. Falava-se também na COLINA e num tal Grupo de Caparaó. Nenhuma dessas organizações tinha grande presença no ME do Rio, dividido entre o bloco AP-PC do B e a Dissidência Comunista da Guanabara, outro racha do PCB, o "pessoal da UME".

Achávamos que o momento ainda não era de luta armada. Mas compreendíamos as razões deles. Em muitos casos, era gente que vinha sendo perseguida desde 1964. Inúmeros ex-sargentos e suboficiais tinham sido presos e torturados. Um deles, Manuel Raimundo Soares, foi o primeiro caso mais conhecido de morte sob tortura no Brasil. Em 1965. Já em 1964, Marighela fora baleado, pelo DOPS, dentro de um cinema. Esses já estavam em guerra há tempos. Há muito, também, não tinham nenhuma possibilidade de atuação política legal. Será que era também o nosso destino? O AI-5 estava ali pra dizer que sim.

Mas o movimento secundarista ainda tinha possibilidades. Íamos nos organizar numa estrutura clandestina intercolégios. Abrir trabalho nos subúrbios e favelas. Um ME em novos moldes, junto às camadas mais desfavorecidas da classe média e ao proletariado dos subúrbios. Entre os que trabalhavam de dia e estudavam de noite. A repressão frontal nas universidades certamente faria o ME refluir momentaneamente. Mas os colégios eram um terreno virgem, cheio de potencialidades. Meu sonho era sair do CAp e ir fazer trabalho de massa num colégio de subúrbio. Isso era quase como fazer trabalho operário...

O futuro exército revolucionário, formado, como ensinava o *Che*, a partir do foco rural, ia precisar de apoio político nas cidades. Era necessário manter acesso ao movimento de massas. Era a nossa maneira de meter bala no sinal fechado. Era preciso também pensar na autodefesa. Montar grupos de choque permanentes, bem treinados, não como aqueles improvisados, "nas coxas", pras passeatas.

Me lembrei da nossa última ação, semanas antes. A imprensa toda badalava o nome de Carlos Marighela, que, segundo algumas versões, chefiara o assalto a um carro-pagador no Rio. Os jornais garantiram que fora baleado e que a sua captura era iminente. Nós torcíamos pelo velho Mariga e decidimos fazer uma pichação de apoio a ele. Coube ao meu grupo a zona do fim da praia de Botafogo e entrada do túnel do Pasmado, onde havia uns bons muros brancos.

– Shik, shik... blem, blem – no muro do clube Guanabara, à entrada do túnel. Carlinhos, de olheiro, vigia do outro lado das pistas.

De repente o sinal.

– Olha o cambura!

Escondo o *colorjet* e caminho assoviando na direção do túnel. O camburão passa embalado, só com o chofer, nem liga pros noctâmbulos. Volto à pichação interrompida, desenhando ligeiro os garranchos finais, antes de desguiar rumo à Voluntários da Pátria. De manhã passei de ônibus pelo local. Lá estava, à entrada do túnel do Pasmado: APOIO A MARIGELA, sem agá. Fiquei possesso, mas o companheiro que ia do lado me consolou:

– Deixa pra lá. Com agá ou sem agá é a mesma coisa. As massas vão entender igual. Podem até pensar que foi algum proleta que pichou, espontaneamente.

4
"Opção proletária"

A rua de paralelepípedos acabou abruptamente. Continuei pela terra batida, deixando para trás as últimas casas de cimento e tijolo. À frente, um terreno baldio semeado de detritos, um boteco e uma venda. Depois a pequena ponte que dava para os primeiros barracos da favela do Jacarezinho.

Havia um caminhão parado em frente ao bar. Cinco operários de uma empresa próxima conversavam encostados na amurada da ponte. Algumas pessoas biritavam no botequim. Na outra extremidade do baldio, chamando a atenção de todo o mundo, dois grupinhos inequívocos. As companheiras levavam o cabelo preso e o vestido mais discreto. Os rapazes disfarçavam a pinta zona sul com calças velhas e camisas brancas. Eram 17h25. Atrás de mim chegou mais um grupinho, encarregado de fazer a segurança na rua de paralelepípedos. Era a nossa primeira ação de *agit-prop*. O batismo de fogo da COSEC.

Comissão secundarista ou *comando secundarista* era a estrutura que formamos, unificando as vanguardinhas de diversos colégios da zona sul: CAp, André Maurois, Pedro II e outros, que começava a se espraiar também em direção à zona norte e subúrbio. Era uma organização estudantil independente, apesar de manter contato com dois pequenos grupos *foquistas*, o Núcleo e a DDD, com os quais trabalhavam, respectivamente, o Minc e o Álvaro. Na COSEC, apenas duas pessoas, o Ernesto e a Bia,[40] eram ligados a eles. Ambos grupúsculos, estavam em processo de fusão com uma organização um pouco maior, a COLINA, que gozava do prestígio de "ter força no movimento estudantil e operário de Minas", de já ter realizado ações armadas contra o regime e, dizia-se à boca pequena, estar preparando o foco guerrilheiro.

O pessoal secundarista mais seguro estava organizado em dois grupos de formação, orientados pelo Ernesto e pela Bia. Devíamos ser uns 15. Os secundaristas restantes, uns sessenta, enquadrados em grupos de estudo dos colégios que se encarregavam de ministrar a formação política elementar. Havia mais uns duzentos, que de uma ou outra maneira estavam ligados à COSEC, quase sempre sem saber, através dos grêmios e atividades extracurriculares, nos diversos colégios. Com o passar do tempo, a COSEC foi assumindo uma estrutura cada vez mais complicada, cheia de organismos distintos, muitas vezes congregando as mesmas pessoas. Numa certa época cheguei a estar em sete ao mesmo tempo. A COSEC funcionava simultaneamente como organismo coordenador do trabalho nas escolas secundárias e organizador de grupos de *agit-prop* para apoiar o trabalho das *outras instâncias*, da tríade COLINA, Núcleo, DDD, e formar futuros quadros. O comício do Jacarezinho foi a nossa primeira ação depois do AI-5.

Subi na traseira do caminhão às 17h30 em ponto. A claque começou a bater palmas. Um grupo jogava panfletos para o alto. Encostadas na amurada da ponte, as massas para as quais nos dirigíamos: os cinco admirados operários.

– Com-pa-nhei-ros: a ditadura dos patrões decretou o AI-5 pra explorar ainda mais o povo! Mas a classe operária resiste! Sabe que à violência tem que responder com violência, à prepotência com coragem! É olho por olho, dente por dente!

Os aplausos frenéticos da claque embaixo do caminhão inflamavam minha oratória, e eu imitava a gesticulação de Lenin, que vira num documentário, pros favelados de olhos arregalados, espantados com aqueles marcianos que haviam pousado seu disco voador em pleno Jacarezinho:

– Sozinhos, não somos nada, companheiros! Organizados, somos a força que vai acabar com a ditadura dos patrões e fundar um Brasil novo, em que os operários sejam os donos das fábricas!

E já falava do Vietnã heróico, quando vi o Ernesto surgir excitadíssimo do meio da claque e gritar pra mim:

– Desce! Desce, que vem polícia!

Cortei o discurso, dei um abrupto viva à Revolução – devem ter pensado que era a de 1964... – e pulei do caminhão disparando favela acima, seguido pelos demais secundas, que ainda ensaiaram um ABAIXO A DITADURA. Tomei um beco, outro e fui subindo. Já me sentia seguro quando fui dar de cara com o posto da PM. Dois guardas montavam guarda, mas ainda não tinham sido avisados da subversão que ocorrera mais embaixo. Por isso, apesar do susto, passei assoviando por eles e, depois de mais meia hora de voltas naquele labirinto de barracos e poças de lama e miséria humana, encontrei outra saída, que dava na direção da avenida Suburbana, onde peguei um ônibus para o centro.

Semanas mais tarde, fizemos outra agitação, na favela de Nova Brasília. Desta feita não houve contratempos, juntaram algumas pessoas e teve até uma que bateu palmas para valer (prova cabal de que a nossa voz chegava às massas exploradas). Eu tinha a sensação do empenho total pela Revolução. Saíra do CAp, desistira do vestibular em meio à tragédia familiar e agora sacrificava meu grande sonho de tantos anos, prestes a se concretizar: uma viagem a Paris. Mamãe me inscrevera num curso de férias na Sorbonne e eu devia embarcar em fins de dezembro. Eu queria ir. Afinal, fizera um bocado de coisas pelo ME durante todo o ano. Um mês de férias e a descoberta de Paris, pós-maio 68, era uma boa.

Essa pretensão, porém, contrariava, segundo parece, as exigências do processo revolucionário. Fui alvo de uma severa crítica, durante uma das nossas sessões de *discussão ideológica*. Nas reuniões de crítica e autocrítica, presididas por Ernesto, procurávamos exorcizar os nossos *ranços pequeno-burgueses* e nos imbuir da ideologia revolucionária do proletariado. Eram reuniões tensas, intermináveis. Algumas tinham o aspecto positivo de levantar discussões mais profundas e até heterodoxas na esquerda de então. As pessoas abrindo os seus problemas existenciais, tentando analisar a própria formação familiar etc. No entanto, a maioria se assemelhava, sobremaneira, às práticas religiosas de certos conventos de frades, na sua busca do *mea culpa*, da expiação da origem impura, do pecado original de ser pequeno-burguês. Naqueles psicodramas se intrincavam as ânsias mais legítimas de uma libertação em sentido pleno, de fazer a revolução também por dentro, a busca do *homem novo*, com estes ritos semi-religiosos, tendendo fortemente para o sadomasoquismo.

Numa destas reuniões, o meu propósito de passar um mês de férias em Paris foi objeto de uma feroz discussão ideológica. Ernesto chegou inspirado. Vinha de terno e gravata e transbordava de têmpera bolchevique. Expus brevemente a minha vontade de viajar. A utilidade que eu achava que isso podia ter para a minha formação política. As razões pelas quais esta breve ausência não prejudicaria o nosso trabalho etc.

Ele ouviu até o fim e depois estigmatizou implacavelmente os mil e um desvios pequeno-burgueses nos quais eu incorria. Falou apaixonadamente dos operários, dos camponeses que nem sabiam que Paris existia, que passavam fome. Do momento vital, histórico, único que vivia o proletariado. Eu tinha que optar. Escolher a luta ou a vida burguesa. Ir para Paris, deixar-me levar pelos meus impulsos de classe, ou optar pela Revolução, de maneira clara, inequívoca, sem hesitações. Isto equivalia a não ir a Paris e não perder uma única reunião daquele organismo. Terminou fazendo um apelo patético. Apesar de tantos liberalismos e da minha *atual crise ideológica*, eu era um militante valioso, de muito potencial. Além disso, era um dos poucos que sabia atirar bem e fabricar bombas, a COSEC ia necessitar destes talentos para os dois grupos de choque que estavam sendo montados. Ele tinha fé na minha decisão, eu não decepcionaria a causa revolucionária.

Fiz uma linda autocrítica:

– Sim, companheiros, sou um pequeno-burguês! Deixei levar-me pelas minhas deformações de classe e pela família. Fraquejei diante da tenacidade de mim exigida pela Revolução, achando que podia tirar umas férias. Mas o revolucionário não tem férias. Acho que o próprio Lenin já disse isso nalgum lugar. Sinto que tenho uma contribuição a dar, agradeço de todo o coração o rigor das críticas que me foram feitas.

De lágrimas nos olhos, agradeci a Ernesto a sua firmeza, o ter me conduzido de novo ao justo caminho da Revolução. Durante muitos meses devotar-lhe-ia um reconhecimento sem limites. Considerei aquele momento decisivo na minha "opção de classe".

No dia seguinte, tive uma briga tremenda com minha mãe, que, inclusive, já pagara parte do curso na Sorbonne. Gritos, choradeira – "Meu filho, não faça isso comigo!" –, cena familiar típica. Eu, bolchevique até a medula, permaneci implacável. Não podia só pensar na minha mãe, tinha que pensar também nas mães da classe trabalhadora, em todas as outras mães.

Semanas mais tarde, apunhalei de novo o coração materno, qual o campônio da canção de Vicente Celestino, anunciando, em nome da classe operária, que desistira do cursinho pré-vestibular e que ia me matricular num colégio de subúrbio. Fiz exame para o primeiro científico do Colégio França Júnior, na Penha, depois de estudar matemática nas férias. Pela Revolução. Começou o ano letivo de 1969 e eis o garotão zona sul vestindo as roupas mais feias, cortando o cabelo curtinho, tacando brilhantina e tomando, todo dia, dois ônibus para os subúrbios da Leopoldina.

5
Lírica secundarista

Caí de pára-quedas no França Júnior. Não conhecia ninguém. Tinha que começar do nada. Os novos colegas pareciam todos absolutamente despolitizados e, por mais que eu tentasse enturmar, havia sempre uma diferença palpável na maneira de falar e na própria aparência. Tempos mais tarde, porém, chegou, via "outras instâncias", um contato. Um companheiro que estudara naquele mesmo colégio mandou-me procurar dois colegas, que acabei descobrindo.

Etelvino era magro e ferino. Tinha um nariz pontudo, olhos escuros. Era muito esperto e já tinha um nível elementar de formação política. Amâncio era alto, pálido, delicado e assustadiço. Trabalhava para sustentar a família e estudava de noite no colégio. Criou-se entre nós uma certa amizade e formamos um grupo de estudo junto com um terceiro companheiro, o Zeca, que era mais retraído e parecia já ter algum outro contato político. Eu desconfiava de que era com os maoístas.

Descobri depois que outra corrente também atuava no colégio. Era chefiada por uma menina de óculos, com a qual eu já tinha brigado em conselhos de AMES. Recebeu a minha entrada no colégio como uma invasão indébita do seu território e nunca conseguimos nos entender. O Zeca a odiava e acabamos concorrendo em chapas diferentes para o grêmio do França Júnior. Ganhou a dela, mas, como a repressão interna não era sopa e ela bastante queimada na escola, a posse da sua chapa foi impugnada em meio à indiferença geral dos embrutecidos colegas que vinham aos cursos noturnos.

O ME, como um todo, estava em descenso. O famigerado Decreto 477, a invasão e a pauleira em várias escolas: PUC, Engenharia do Fundão, Economia etc., assim como a prisão ou entrada na clandestinidade das principais lideranças, tiveram efeitos bem desmobilizadores. No plano universitário, a UME ainda conseguia manter organizadas umas poucas centenas de estudantes. O nosso trabalho secundarista crescia em termos quantitativos. Ampliávamos contatos nos subúrbios. O Alex fora deslocado para o Pedro II de São Cristóvão e o Carlinhos para o Visconde de Cairu. Na zona sul, reforçávamos os nossos bastiões no CAp, no André Maurois e ampliávamos para novos colégios, inclusive o Andrews.

Considerávamos normal o refluxo do ME. Coisa temporária, calmaria antes da tempestade. A nossa tarefa era preparar o novo ascenso do movimento, que, na nova situação de repressão vigente, assumiria, necessariamente, formas político-militares, segundo nosso jargão. Devíamos criar grupos capazes de ajudar as massas a enfrentar a repressão e a responder à sua violência. Eu era um dos poucos que tinha alguma experiência no manejo de armas. Fora, anos antes, da equipe de tiro ao alvo do Fluminense. Tinha uma carabina 22 no sítio, onde, desde criança, costumava caçar, e uma pistola CZ, 7.65, doada patrioticamente a pedido de "outras instâncias". Fui encarregado do SPM (setor paramilitar) da COSEC. Começamos a reunir o nosso arsenal em dois aparelhos.[41] A antiga casa do Rui, tantas vezes *queimada* por excesso de reuniões e encontros amorosos, e tantas vezes reativada, por falta de outro lugar, que foi batizada de *Fênix* (a que renasce das cinzas) e o apartamento vazio da avó do Carlinhos.

Porretes, correntes, atiradeiras com bilhas, sacos de clorato de potássio, latas de gasolina, vidros de ácido sulfúrico encheram o velho armário da anciã, que se mudara pra Israel. Dois preciosos Taurus 32 foram adquiridos, a duras penas, para reforçar o arsenal, até então reduzido ao revólver niquelado, de cinco balas, da guerra do Paraguai. Com esse armamento imponente, fomos fazer os nossos treinamentos. Em geral, eram nos fins de semana, no meu sítio ou no do Vic,[42] o nosso líder do André Maurois. Crivávamos de balas um boneco de madeira batizado *Teo*, em alusão ao Teobaldo, temido inspetor do DOPS que prendera alguns companheiros universitários. Aprendíamos a fazer coquetéis *molotov* com bucha de clorato, bomba termita (incendiária) à base de nitrato de alumínio, bomba C-2: cano simples, roscas, clorato e enxofre. Depois do dia fatigante de marcha pelo mato, tiros e explosões, comíamos nossa bucólica ceia, fazíamos reuniões de crítica e autocrítica, ou batíamos papo até altas madrugadas, vendo o céu estrelado.

Neste contexto, puxando pro romântico, faltava a companhia feminina. Os treinamentos eram só para os companheiros de OPP. Nesse nível, de mulher, apenas a Bia, que, nas funções de orientadora política e minuciosa organizadora, se transformava num ente deserotizado, embora fosse bonita. Fora dos treinamentos, que eram secretos, a COSEC acabava funcionando como um vasto clube de amigos, onde todo mundo se conhecia. Entre as vanguardinhas dos vários colégios, floresciam as amizades e os namoros, os programas juntos: cinema, teatro, passeios e até um acampamento em Rio das Ostras, que foi batizado de Sonambulaia pelo Carlinhos.

Era uma época de despertares e de busca das outras pessoas. Os problemas eram parecidos: ruptura com a família, primeiros namoros com sexo, a aventura cintilante da militância revolucionária. Até então, a minha vida sexual se limitara à santa punheta e a esporádicas aventuras com as empregadinhas domésticas do edifício. Uma delas, negrinha ágil de seios grandes, foi quem me desvirginara, não fazia muito tempo.

Mas eram umas trepadas mal dadas, de pé na casa de máquinas do elevador, ou no incômodo e rangente sofá da sala, quando não havia ninguém em casa. A última "trepada alienada" foi em fins de 1968. O Roque, um amigo dos tempos do Andrews, arranjou três gatas. Chamei o Pedrinho, um colega do CAp. Rita era morena, tinha uma pele macia e uns seios pequenos, durinhos. Seu corpo era magro, felino, e o sexo, pequena mancha de pêlos macios, convidava às maiores diabruras. Me tranquei com ela no quarto, onde trepamos em silêncio, meio envergonhados. Acabou rápido e fui dar uma vistoria nos demais parceiros.

No sofá da sala, a bunda branca do Pedrinho subia e descia em cima de uma gorducha oxigenada que lhe coubera, apesar de grandes reclamações. Roque, no outro quarto, enrabava a outra, já balzaquiana, com ajuda dum creme de barbear Gilette. Mal terminou, elas, depois de uma ritual passadinha no banheiro, já se emperiquitavam pro programa seguinte. Roque entrava na maior discussão sobre a tardia pretensão da parceira de ver remunerado o michê. Reclamava:

– Pô, tu num me avisou nada!

Acabou-se chegando a um entendimento quanto ao preço e ele assumiu a responsabilidade, já que era o organizador do programa. Foram embora – Rita me lançou um olhar lânguido, mas também foi –, e nós, os machos, menos satisfeitos que moralmente confortados pela façanha, fomos ao bar tomar umas biritas e glosar as peripécias da noite. À medida que ia entornando e ouvindo os detalhes mais promíscuos do que sucedera nas outras camas, foi me dando uma frustração cada vez maior. Lembrei-me de uma conversa com o Minc um dia, no ônibus, voltando do CAp.

– O bom mesmo é a gente trepar com a namorada da gente, com alguém de que a gente gosta.

Na época a afirmação me soara perversa. Pô, namorada a gente tem que respeitar, não pode comer assim, sem mais nem menos, como se fosse puta ou doméstica, pensei. Com o passar do tempo começou a fazer sentido. Era um dos âmbitos da Revolução que tinha que se fazer dentro da gente. Naquele fim de noite, já meio de porre, decidi que fazer programa com empregadinhas era contra-revolucionário. O Roque me olhava admirado, sem entender.

Depois começou a fase dos amores impossíveis. Aninha tinha um vestido cor-de-rosa e um sorriso que me dava calafrios de ternura. Fazia parte do meu grupo de levantamentos para as *agit-props* de porta de fábrica. Fazíamos longas viagens de ônibus pelos subúrbios. Eu nem prestava atenção nas fábricas, só tinha olhos pro seu sorriso meigo. Depois, de volta à civilização, íamos passear na praia.

Ela namorava um companheiro havia mais de cinco anos. Um caso sério. Eu, todo tímido, não ousava confessar-lhe minha paixão. Depois o grupo de levantamentos acabou e ficou cada vez mais difícil encontrá-la. Cheguei à conclusão de que não dava mais pé e, ao som de Noel Rosa, decidi sacrificar o meu amor. De qualquer jeito ia acabar sendo preso, então não valia a pena...

Ainda estava triste quando começou a acontecer uma coisa terrível-maravilhosa. Luzia era lourinha, pequena. Tinha uma carinha divertida e uma conversa ótima. Entre nós, só amizade, porque ela namorava o Vic, um dos meus melhores amigos na COSEC. Mas discutíamos muito a famosa teoria das relações múltiplas, da relação principal e das secundárias. O tópico era muito badalado na época e a monogamia encontrava-se sob cerrada crítica. Nos intermináveis papos de noite na praia do Leblon, com o céu estrelado e o mar batendo forte, foi mexendo-se qualquer coisa. Eu, cheio de escrúpulos, não ousava passar do cafuné incestuoso.

Um dia, durante um passeio pelas matas do Cosme Velho, pintou o primeiro beijo incontido, bem comprido, de línguas entrelaçadas. No fim da semana seguinte, aproveitando a ausência dos meus pais, que tinham ido para o sítio, aconteceu a coisa. Ela chegou com o disco novo do Caetano e trepamos ao som do "navegar é preciso, viver não é preciso" e "quero ver Irene dar sua risada..."

Semana seguinte o desastre. Vic ficou puto da vida, quis terminar com ela. Passou a me olhar de cara feia. Ela sumiu. Marcava, não aparecia. Eu telefonava, ela não atendia. Finalmente, fui emboscá-la à entrada do seu edifício, de noite. Apareceu tarde, surpresa e escorregadia. Marcamos um papo para o dia seguinte. Tinha o jeito completamente mudado, o que ia confirmando minhas piores paranóias.

Zanzando a pé pelo calçadão da avenida Atlântica, comecei a fumar para dar vazão ao desespero. No dia seguinte, a tragédia final. Fui chutado das pedras do Arpoador, onde discutíamos, até algum ponto obscuro no fundo do oceano. Ela foi embora sem olhar pra trás... Voltei pra casa, pus música clássica na vitrola, reli as suas cartas, rasguei uma por uma e desandei a chorar. Depois fui afogar as mágoas na casa do Alex, confidente das minhas desventuras amorosas. Ia esquecer Luzia, me dedicar exclusivamente à Revolução.
 O proletariado sofria na carne a exploração capitalista e

pouco se importava com a minha dor-de-cotovelo. Eu ia ser duro, stalinista, implacável...

Sublimei a tristeza caindo no mais patético tarefeirismo. Virei um ferrabrás ideológico, totalmente dedicado ao trabalho organizativo. Coadunava pouco com meu estilo mais pro boêmio, mas era uma forma de não sentir aquela dor, sempre à espreita. Foi com essa disposição que vi chegar a Semana Rockefeller.

6
O camburão

Saímos do colégio às 23 horas. Chovia uma garoa pegajosa, enquanto Etelvino, Amâncio e eu esperávamos, inutilmente, o Cesinha no ponto final do ônibus da Vila da Penha. Naquela noite, íamos pichar os muros do Curtume Carioca e adjacências, contra a visita ao Brasil de Nelson Rockefeller, enviado especial de Nixon que já tinha sido recepcionado na Venezuela, Colômbia, Argentina e Uruguai com manifestações e bombas. Em Montevidéu os Tupamaros tinham estourado uma bomba na General Motors. Em Buenos Aires um grupo guerrilheiro incendiara 16 supermercados Minimax, pertencentes ao Chase Manhattan Bank, de *Rocky*.

Não sabíamos se as organizações estavam preparando alguma coisa; corria, à boca pequena, que o Marighela ia explodir a embaixada americana. No movimento estudantil, formamos uma coordenação única com a UME e planejamos minuciosamente a *Semana Rockefeller*: passeatas *fechadas*, comícios-relâmpago, pichações e panfletagens.

Na véspera, em plena avenida Copacabana, fizemos a última passeata daquele período. Os quinhentos derradeiros gatos-pingados do ME, liderados pelo Jean Marc e pelo Muniz, irromperam entre os carros, na hora do rush. Caminhamos alguns quarteirões coreando FORA ROQUI-FELÊ! e pichando os costados dos ônibus. O grupo de choque do SPM secundarista ia à frente da passeata. Alex, Cesinha e eu, de 32 na cintura, seguidos de Bia e Carlinhos com duas bolsas cheias de coquetéis *molotov*, cujo fedor de gasolina e ácido era perceptível a distância. Havia outro grupo armado, de universitários, encarregado da proteção dos oradores. A manifestação durou meia hora e dispersou sem contratempos. Mas a reação das calçadas já não era a mesma de 1968. Ninguém aplaudia, nada de papel picado. Alguns olhavam assustados, outros fingiam que não viam e passavam apressados para sair das imediações.

No ponto de ônibus da Penha, na noite seguinte, eu trazia dois *sprays*, duas garrafinhas de acetona para limpar as mãos e dois revólveres 32. No levantamento, tínhamos detectado nas redondezas a presença de um guarda noturno. Calculei que dois companheiros armados seriam o suficiente para neutralizá-lo e faturar uma arma e um apito, caso aparecesse. O Cesinha devia vir para ficar com a outra arma. Mas houve uma confusão de pontos de ônibus e o Cesinha Kid não apareceu no local, onde o aguardamos até às 23h30. Etelvino e Amâncio nunca tinham atirado na vida. Passei uma das armas, dentro do saco plástico, para o Etelvino, com instruções de esconder, se houvesse confusão. Fiquei com o outro 32, mais novo.

Fomos aos muros. Eu na segurança, a mão no cabo do Taurus, Amâncio do outro lado, de olheiro, e Etelvino no shik-shik, blem-blem. Assim fomos subvertendo as paredes brancas e amareladas das chuvosas ruas da Penha. Pichamos uns dez muros e estávamos nos aproximando do Curtume Carioca, quando, movido pelo cheirinho sensual da tinta e pela veia artística, peguei o *spray* com Etelvino numa transversal que ia dar nas imediações da avenida Brasil, uns dez quarteirões mais abaixo. Chovia mais forte e as lâmpadas das casas da rua arborizada estavam todas apagadas. Apenas um poste na esquina projetava uma luz desfalecida sobre o muro onde as letras iam tomando forma. Eu pichava perto da esquina, eles de olheiros na transversal. Num certo momento, tive a impressão de que passara um veículo qualquer na rua de cima. Amâncio veio todo agitado:

– Po... lícia...

Fração de segundo seguinte, descíamos a rua na direção oposta. Amâncio e eu à frente. Etelvino um pouco recuado. Mandei-o esconder o saco plástico atrás de uma árvore. Andávamos rápido e, a um quarteirão dali, senti a tensão começar a relaxar.

– O que a gente faz? – Amâncio tinha a voz desfalecida.

Tentando manter a calma, respondi:

– Agora tá tudo bem. Fica tranqüilo, negão, que tá tudo...

Batendo pinos e cantando pneus, surgiu da esquina à nossa frente o camburão. Dera a volta no quarteirão e agora freava em cima. Pularam os *homis*. Vulto de japona azul-marinho, boina, cara chapada de assassino, 38 engatilhado.

– Encosta aí, ô malandro!

Puta-que-pariu, vou cair, vou c-a-i-r... Não vou cair porra nenhuma, pernas pra que te quero! Os primeiros dois passos foram hesitantes, mas, no segundo seguinte, eu voava.

– Pára, seu safado!

– Queima o filho-da-puta!

Passei a 3 metros e ele mandou bala – pá! pá! pá! – cheiro de pólvora no ar. Estava muito perto, mas errou. Eu dobrei a esquina e ele perdeu o campo de fogo. Quando recuperou, eu já ia a mais de 20 metros e a essa distância você não me pega, seu tira filho-da-égua. A rua de casas baixas e árvores era mal iluminada, a barriga deles já passava dos trinta e eu corria pela vida. Tiros... O medo enorme tapava a garganta, mas as pernas compridas e fortes me jogavam rumo à salvação. Mais tiros. Olhei pra trás para ver onde estavam. Virei a cabeça em pleno pique...

Vi o chão subindo, num tombo cinematográfico. Dor aguda no joelho e no antebraço. E lá vinham de novo os *homis*. Levantei o 32. Minha mão tremia... Curvados e lépidos, os dois tiras foram se cobrir atrás duma árvore e eu não puxei o gatilho. A mão tremia. Ia errar, não queria desperdiçar munição e o cagaço não estava lá pra esses faroestes. Corri de novo. Dobrei uma esquina, outra, eles ficaram para trás. Pulei o muro de uma casa e me enfiei debaixo de uma Kombi. Raciocinar, manter a cabeça fria. Eles passaram pela rua e não me viram.

E se o dono da casa aparecer? Senti a disposição necessária para rendê-lo se fosse o caso. O medo diminuía, mas o corpo parecia soltar fagulhas de adrenalina. Dei um tempo, pulei o muro de volta e saí andando na direção da avenida Brasil.

E Amâncio? Amâncio caiu, vi de rabo de olho, numa fração de tempo. Na hora em que o cambura freou e os *homis* saltaram pelas duas portas, ele jogou fora o *spray* dentro de uma casa fazendo um escarcéu dos diabos. Ficou paralisado, grudado à calçada, quando corri. Etelvino? Estava mais em cima, mas deve ter dançado também... A passos rápidos e silenciosos continuei pela rua, que acabou no muro da estação de tratamento de esgotos da CEDAE.

A rua paralela era precisamente a do trágico encontro com os *homis*. Raspando os muros, fui até lá e olhei. Ao longe ouviam-se ainda as vozes deles, o motor da Ford F-100, parada. As luzinhas vermelhas da traseira, olhinhos de sangue brilhando no fundo da rua escura. Será que chamaram reforço pelo rádio? Imaginei a zona cercada por tremendo aparato, as ruas passadas a pente-fino. Tinha que sair dali, rápido, pegar um ônibus na avenida Brasil. O portão da estação de tratamento estava entreaberto. De 32 em punho – se o vigia aparecer, rendo ele – atravessei um enorme pátio de terra. Estava tudo escuro e me senti melhor. Cheguei ao muro junto à avenida. Era baixo, uns 2 metros apenas. Pulei para a avenida Brasil e fui correndo até o ponto de ônibus, onde acabava de parar o Rodoviária–Caxias, abençoado. Subi e sentei no banco de trás, olho atento da retaguarda. Afinal, parece que não vou cair.

Parou na Rodoviária Novo Rio. Desci e entrei na fila dos táxis. Chegou a minha vez, e ia mandando seguir pro Flamengo quando uma mão segurou o meu ombro pela janela. Era um enorme soldado da PM... Me entregou, ato contínuo, uma papeleta onde indicava telefones para "quaisquer queixas do serviço de táxis". Nenhuma queixa, não, seu guarda, o táxi é maravilhoso, o motorista simpaticíssimo.

Tinha que limpar a casa, de novo. Depois de minha volta, semanas depois do AI-5, tinha trazido só o material indispensável. Era pouca coisa, mas tinha que ser tirada. Rascunho de panfletos que redigira pra *Semana Rockefeller*, uns números da revista clandestina da COLINA, *América Latina Rebelde*, e uma apostila de medidas de segurança. Nem Etelvino, nem Amâncio sabiam o meu nome completo ou endereço, mas estes dados figuravam nas fichas de colégio. De manhã já poderiam descobrir. Cheguei em casa, arrumei as coisas e telefonei para o aparelho da avó do Carlinhos.

Eram quase 4 horas quando cheguei. Ele me esperava na portaria, muito excitado, com o revólver da guerra do Paraguai na cintura. Contei-lhe os detalhes do drama, já antecipado pelo telefone, ele ouviu de olhos arregalados. Ficamos o resto da noite conversando e bolando uma maneira de recuperar a outra arma.

Dormi angustiado e acordei umas horas depois. Fui procurar os demais companheiros da OPP. A aventura impressionou todo mundo, era o nosso primeiro quase-tiroteio com a repressão. Mas com dois companheiros presos e uma arma perdida, eu era passível de severa crítica. Carlinhos, cheio de idéias, mandou um casal secundarista do grupo de estudo a que dava assistência procurar o saco plástico branco debaixo de uma árvore, na rua que eu tinha indicado no mapa. Não acharam.

Decidimos ligar pro trabalho de Amâncio para ver se lá já sabiam de alguma coisa. Ele discou, chamou pelo companheiro. Foram ver se estava...

– Alô?

– Amâncio??? Pô, é você?!

7
Um tal de periquito

Era o próprio e sussurrava pelo telefone:

– Tudo bem, mais tarde a gente se vê e te conto tudo.

Fim de tarde nos encontramos no centro. Tomei algumas precauções temendo uma cilada. Olhei bem o bar, de longe. Lá estava ele aparentemente bem, tomando o seu café ao balcão. Em volta pouca gente, ninguém suspeito. Ninguém nos carros estacionados nem nas esquinas. Entrei e nos abraçamos efusivamente. Sentamos à mesa, eu impaciente para ouvir a sua história.

– Quando você correu, dois saíram, mandando chumbo atrás, e o terceiro me pegou. Encostou a arma e me pôs de mãos ao alto contra o muro. Ainda vi quando o chofer saiu com o cambura atrás do Etelvino, que conseguiu sumir. Me deram umas porradas, algemaram e jogaram pra dentro. Os *homis* eram da Invernada de Olaria. Me puseram numa sala. Veio o delegado:

– Ô seu filho-da-puta, tô sabendo que malandro da sua espécie num gosta de dar o serviço. Mas aqui com a gente não tem essa. Só vou perguntá uma vez, só umazinha. Se não contá tudinho pro papai, te penduro aí mesmo. Depois tu vira presunto. Só vou te perguntar uma vez, umazinha: CADÊ A BOCA DE FUMO, SEU FILHO-DA-PUTA???

Não se haviam dado conta os *homis* dos verdadeiros móveis daquele corre-corre, apesar das pichações mais do que visíveis e dos *sprays* que havíamos jogado fora nas suas barbas! É bem verdade que estavam envoltos em algodão e fita isolante, mas ainda assim o desligamento dos bravos detetives foi impressionante. Estavam convencidos de que o louro que fugira era um notório marginal e traficante das redondezas, um tal de *Periquito*.

– Foi o Periquito que escapou de novo! Desgraçado! Daonde tu conhece ele, fala, senão te rebento...

– Não conhecia, não, seu delegado. Veio com mais um amigo pedir um cigarro. Batemos um papinho. Aí os senhores apareceram e ele saiu correndo. Eu nem me mexi. Tenho nada com isso, não. Tô empregado. Trabalho. Olha a carteira profissional, assinadinha da Silva, seu doutor.

O delega revistou os seus bolsos e achou a garrafinha de acetona. Cheirou.

– Ahan... Tomando pico, né, filho-da-mãe?

– Ó... Ó seu delegado, nenhuma marca – mostrou os antebraços –, não sou disso, não. Vou contar a verdade pro senhor porque tô vendo que é homem justo. Que ele ofereceu, ofereceu. Era só uma mutuca de maconha. Não aceitei porque não sou dessas coisas. Mas fiquei batendo papo, pra ver se arranjava companhia. E, quanto ao vidrinho, isso aí é acetona, é pra tirar o esmalte das unhas. – E fixou no delega os seus olhos amendoados.

– Ô Geraldão, registra esse aí. Pega o endereço, depois manda embora. É bicha, mas trabalha e tá dentro da lei. E você não se meta mais nisso, viu? Não é hora de estar na rua, lugar de rapaz trabalhador de noite é cama. Rua é lugar de malandro. Vê se não esquece.

– Seu doutor, pode deixar que não esqueço.

Foi assim que se safou e eu fiquei sabendo que quase levei um tiro por conta de um tal de Periquito. Dias mais tarde contei a história ao Minc, num banco de praia do Leme.

– Você tá correndo demasiados riscos. Tem que se preservar pra coisas mais importantes.

Nos encontrávamos esporadicamente e nessas ocasiões eu ficava sabendo de coisas das "outras instâncias". Coisas importantes. A "fusão histórica" se concretizara. O Núcleo e a DDD tinham entrado para a COLINA e essa estava em processo de integração com a VPR de São Paulo. A VPR era a organização à qual pertencia o capitão Lamarca, um campeão de tiro e perito de antiguerrilha que desertara do quartel de Quitaúna, levando 72 fuzis FAL. Ambas as organizações tinham sofrido quedas importantes em dezembro e janeiro, mas, segundo o Minc, mantinham o seu poderio.

– Temos os melhores quadros militares, as melhores lideranças operárias de São Paulo, Minas e Rio Grande do Sul, muito dinheiro e muitas armas.

Eu vibrava com a notícia da união de todas aquelas organizações. A divisão na esquerda sempre me incomodara. Quanto mais unidos, melhor. Vibrei mais ainda quando me disse o nome escolhido pra organização: VAR (Vanguarda Armada Revolucionária)-Palmares. Referia-se à mais linda das raízes históricas da luta do nosso povo, a epopéia do Quilombo dos Palmares, dos escravos livres de Zumbi. Com esse nome ia longe, pensei.

Eu não sabia exatamente quais as "outras tarefas" que o Minc fazia, mas seus olhos brilhavam quando falava das ações armadas. Contou que fazia semanas a organização tomara de assalto um quartel da PM em São Caetano do Sul, levando dezenas de fuzis e metralhadoras. Ele não afirmava, mas dava a entender que os assaltos a bancos que se multiplicavam no Rio, nas últimas semanas, eram nossos.

– E o campo? – Era a minha grande preocupação.

Ia bem, obrigado. Já estavam montando a primeira escola de guerrilha rural e já fora escolhida a "área estratégica", a região onde estouraria o fogo guerrilheiro, onde começariam a ser escritas as páginas de glória do exército revolucionário. As atuais dificuldades eram passageiras e o sacrifício dos companheiros não seria em vão.

Já eram mais de dez os que tinham dado a vida. Marquito, metralhado. Zanirato, o soldado que desertara com Lamarca, se atirara debaixo de um caminhão num "ponto frio", ao qual conduzira seus torturadores. Escoteiro, executado dentro do aparelho. Fernando Ruivo e Domingos da Silva, em tiroteio. A COLINA tivera seus dois sargentos mártires, João Lucas Alves e Severino Viana Colon. O primeiro, torturado até a morte no DOPS de Minas. O segundo, preso no Estado do Rio e morto no pau na I Companhia da PE na Vila Militar. Recentemente, uma nova vítima: Reinaldo Pimenta, o rapaz que se atirara do alto de um edifício em Copacabana para não ser preso. Fazia parte do MR-8 (Movimento Revolucionário 8 de Outubro), um grupo quase inteiramente destruído naqueles dias, conforme alardeavam as vitoriosas manchetes dos jornais e os ufanistas comunicados da repressão.

Segundo o Minc, nós não corríamos o risco de desaparecer do mapa. A organização já crescera tanto que era virtualmente indestrutível. Tínhamos tido quedas no começo, quando o pessoal ainda era inexperiente, mas agora as lições tinham sido assimiladas e a estrutura estava muito bem estanquizada. Quedas e mortes sempre haveria. Importava era reduzi-las ao máximo e crescer a um ritmo mais rápido que elas. Eu, apesar de não pertencer à organização, já me sentia parte daquele excitante mundo de esperança e combate. Ouvia as histórias entusiasmado.

Depois dos papos políticos, passamos para os existenciais. Ele me contou que estava apaixonado. Uma companheira de São Paulo. Linda. Trepava maravilhosamente e atirava que era um prodígio. Capaz de acertar o olho esquerdo de um mosquito com uma 44...

– Pô, num vem me contando lorotas. Essa nem o tal de Lamarca!

Me despedi do amigo e subi sozinho o calçadão em obras, pensando que um dia também eu me incorporaria à luta noutros níveis, mais elevados. Naquele momento, porém, eu estava contente com o trabalho da COSEC. A partir do França Júnior eu obtivera contatos em outros colégios. Os mais promissores eram da favela de Parada de Lucas. Dois estudantes e um alfaiate que conheciam vários operários.

As subversões do Alex no Pedro II Internato também se desenvolviam. Ele estava entusiasmado e achava que São Cristóvão era como Viborg, o bairro mais vermelho de Petrogrado. Carlinhos, Rui e os outros deslocados do nosso grupo de trabalho, zona norte-subúrbios, também estavam otimistas. Na zona sul, o trabalho igualmente crescia nos nossos bastiões tradicionais e em vários novos colégios. As ações de propaganda da *Semana Rockefeller* haviam forjado vários novos companheiros. Entre mais de uma dezena de comícios-relâmpago, pichações e panfletagens realizados pelos secundaristas da COSEC, dois casos eram particularmente curtidos nos nossos papos de bar.

Um foi a ocupação do CAp feita por dez companheiros do André Maurois, que irromperam pela porta dos fundos, no recreio, e fizeram um comício no pátio aberto, junto à cantina. A operação foi conduzida pelo Vic, que discursou para os capianos reunidos no pátio. Uma das companheiras pichou um enorme ABAIXO A DITADURA no muro tantas vezes recoberto de branco e preparavam-se para a retirada quando um dos inspetores tentou segurar o Vic. Foi Mará,[43] um rapaz tímido e assustado, que virou leão e partiu para cima dele. Deu uma porrada na testa do sujeito com uma barra de ferro, deixando-o pelo chão.

Outro feito d'armas ocorreu no viaduto de Botafogo, entre os carros. Um grupo secundarista panfletava os veículos e pichava os ônibus, quando um coronel retido no engarrafamento saiu do carro e tentou prender um dos companheiros. Levou umas porradas e acabou afinando. O ruim da história é que reconheceu o namorado da filha entre os subversivos e várias pessoas tiveram que sair de casa.

Saímos incólumes da *Semana Rockefeller*, o moral altíssimo. Subiu aos píncaros do Himalaia tempos mais tarde, quando, uma bela manhã, soube pelas manchetes dos jornais que haviam seqüestrado o embaixador americano, Charles Burke Elbrick.[44]

8
O guarda e o mendigo

Sentado nas pedras do aterro, em frente ao Morro da Viúva, comentava com o Vic os lances do seqüestro de Elbrick ocorrido na véspera. O sol já ia baixo e dava uns reflexos dourados nas marolas sujas da baía, agitadas por uma brisa leve, quase imperceptível.

– Documentos!

Uniforme cáqui, boné, a mão no coldre. Era musculoso, de mãos grandes, queimado de sol. Nos olhos brilhava o tesão pelo que fazia. Dos pés à cabeça transbordava de vocação policial. Mal aproveitada, pois não era senão um simples guardinha noturno do aterro do Flamengo, que surgiu detrás de nós e pulou ágil para a pedra onde estávamos, tapando com o corpanzil a visão do Pão de Açúcar. Despreocupado, brandi a carteira de identidade. Verdinha plastificada com meu retrato de terno e gravata, pinta de gente fina.

– Isso aí não é documento. Tem que ser carteira de trabalho ou carteira de estudante.

– Pô, eu sou estudante, mas só uso a carteira para entrar no colégio e pagar meia no cinema. Nunca ouvi que carteira de identidade não era documento...

– Ondé que você estuda?

Aí comecei a ficar nervoso. Se digo que lá na Penha e que moro no Flamengo, ele vai desconfiar. Garotão zona sul estudando nos subúrbios da Leopoldina? Será que ele pegou um fiapo do meu papo com o Vic? O cara é fortão, mas, quem sabe, um pé nos colhões...

– Por que o senhor não vem comigo até minha casa? Tô sem documento, nunca me pediram documento a essa hora. Vamos lá, que meu pai é diretor da Esso e meu tio, almirante, você vai lá se entender com eles – era o Vic crescendo em cima do aprendiz de meganha.

– Então vocês vêm à delegacia comigo.

Pesei os prós e os contras, a vontade de pular em cima dele e o temor que impunha a farda, os músculos e o 38, cujo cabo segurava, e desisti da proeza.

– Tá ótimo. De lá telefono pro meu tio militar – atalhou o Vic.

Fomos andando. O guardinha à frente, despreocupado. Deu-nos as costas. Nos entreolhamos surpresos e paramos. Aí ele virou pra trás e começou a rir.

– Tudo bem. Vocês tão limpos. Foi só brincadeira.

Rimos amarelo. Ele veio enturmar, explicou que adorava fazer aquilo.

– Vi logo que vocês eram gente fina. Vi nos olhos. Ficaram com medo. Marginal quando fica com medo não mostra. Olha no olho e mente na maior, sem se atrapalhar. Eu gosto de ficar atochando o pessoal das pedras. De vez em quando pego uns boiolas fazendo porcaria. Dou uma achacada.

– Dessa vez tu não viu direito, malandro. Aqui é tudo macho. Só tava levando um lero, falando de futebol. Além disso, o tio dele é milico e tu ia entrar pelo cano.

– Que nada, foi só brincadeira. Olha aí: eu tô de uniforme, o berro com seis azeitonas. Tenho ordem de prender e levar pra delegacia, pros *homis* resolverem o que faz. Então vocês acham que vou ficar dando uma de otário, cuidando de criancinha de velocípede, ajudando babá, vendo os outros jogar pelada? Querem ver uma coisa?

Junto às pedras, curvado contra o sol poente, passava o mendigo. Cabelos ralos, barba hirsuta. O rosto cheio de sujeira, que se acumulava nos sulcos rasgados pela velhice e pelo sofrimento. Vestia uns farrapos sem cor definida e trazia um saco às costas. Nosso herói, lépido, pulou na sua frente.

– Documentos.

Ele parou e fixou no guarda um par de olhos suplicantes de judeu de gueto.

– Pelo amor de Deus... não me faça mal, seu guarda. Sou um velho acabado.

O guarda riu de gozo deleitado com o pânico no olhar do mendigo. Olhou pra gente e piscou com ar de cumplicidade. Cara de nojo, pegou na carteira de trabalho, rasgada e infecta, com as páginas grudadas de imundície, que o velho tirou do fundo do saco.

– Isso??? Isso é documento? Isso não vale nada! Documento é carteira de identidade ou passaporte. Ainda por cima essa porcaria não tá nem assinada. O último carimbo é de 1965. Mil novecentos e sessenta e cinco, seu velho safado! Na vadiagem há quatro anos, seu merda!

O mendigo tirou a mão esquerda que mantinha escondida no bolso. Tinha três dedos pela metade, uns cotocos sujos e avermelhados.

– Sofri essa desgraça, era trabalhador. Depois nunca mais...

– Acha que eu caio nessa? Esse retrato aí não é seu. Quem é??? Ahã, já sei, você matou e roubou o documento. Velho safado! Assassino!

O olhar de súplica virou de incredulidade e depois de pavor. Começou a chorar.

– Seu guarda, num faz isso comigo, não. Nunca fiz mal a ninguém. Vivo de esmola. Nunca roubei. Não judia comigo que tenho idade pra ser seu avô.

Eu já não suportava mais.

– Deixa o velho, seu sacana, acaba logo com essa merda!

O guardinha confundiu meu olhar de ódio com exaltada admiração. Deu uma gargalhada de locutor de A Cidade Contra o Crime e deixou o mendigo ir embora, os olhos banhados de lágrimas, que escorriam pela cara suja e pingavam na camisa rasgada. Afastou-se muito curvado com seu saco às costas.

– Velho sortudo. Nasceu de cu pra lua. Sorte dele eu tá bem-humorado. Faz tempo que não queimo ninguém. Era bom quando eu trabalhava de guarda-noturno lá em Caxias. De noite saía com o pessoal da PM. Pegava os candidatos a presunto, apagava. Depois a gente mandava tirar a ficha deles do Félix Pacheco. Assim o cara não morreu... o cara nunca nasceu, nunca existiu! – E ria, ria.

Nos despedimos deste encantador espécime humano com tapinhas nas costas. Pode deixar, seu filho-da-puta. Qualquer dia venho aqui tomar esse seu 38, cassetete e apito. Quero ver essa coragem toda diante dum pau-de-fogo engatilhado, pensei enquanto nos afastávamos. Fomos até a casa de uns amigos ver o *Repórter Esso*. No ar, o grande suspense. O embaixador americano era um peixão e tanto, mas o país era governado por uma junta militar politicamente frágil, que não podia se desmoralizar.

Semanas antes, ao se dar o derrame cerebral do marechal Costa e Silva, eles tinham, novamente, violado a sua própria legalidade, depondo mediante um golpe branco o vice-presidente, Pedro Aleixo. Assumira o poder a junta dos três ministros militares, intensificando ainda mais a repressão. Agora a coisa estava posta a nu. Alguém ainda podia acreditar na legitimidade desse regime? Era como aquele guarda do Aterro, a volúpia do sadismo, da prepotência, do terror. Os americanos tinham ajudado o golpe em 1964, mandado os seus Dan Mitriones adestrar a repressão. Agora pagavam.

A capitulação da junta veio pela televisão e nós celebramos como se fosse final de campeonato. Foi um carnaval doméstico, secreto, no dia seguinte, quando anunciaram a lista de 15 presos a ser levados de avião ao México. Entre eles o Vladimir, o Travassos, o Zé Ibraim, dirigente da greve de Osasco, o Gregório Bezerra, velho lutador. Já tinham publicado nos jornais e lido na rádio e na televisão o manifesto. A luva na cara do regime. A triunfal catilinária rebelde que, num passe mágico, varreu a censura e o conformismo cúmplice da imprensa controlada, por alguns minutos, por alguns centímetros de página. Era a prova cabal. Só a luta armada é que podia mudar alguma coisa!

A comemoração durou pouco tempo. Nos jornais do dia seguinte à libertação de Elbrick já vinha o aparelho localizado. Estampadas na primeira página as fotos dos suspeitos, dos quais um já fora preso num tiroteio, no Leme, o Cláudio Torres. Nos retratos de suspeitos vinha o Gabeira, o Cid, irmão do Cesinha, a Vera Sílvia, vários outros da conhecida patota universitária da UME.

O MR-8, que juntamente com a ALN do Marighela tinha reivindicado a ação, não era o desmantelado grupo de Reinaldo Pimenta. Eram os militantes da Dissidência Comunista da Guanabara, que tinham decidido adotar o nome da organização, cuja total destruição fizera as manchetes dos jornais meses antes. Uma forma de ridicularizar o regime.

Assim nasceu o novo eme-erre-oito e ficou patente que as lideranças universitárias de 1968 tinham entrado também na luta armada.

Mas a ação tivera sérios furos, fruto da inexperiência. O aparelho, um palacete do Rio Comprido, na rua Barão de Petrópolis, fora detectado enquanto o embaixador ainda estava lá, mas as ordens da junta eram cabais: o diplomata devia ser protegido, a qualquer preço. Finda a ação, veio a rebordosa. A coisa nos atingia indiretamente, porque as áreas de simpatizantes se interpenetravam e era fácil o nosso pessoal cair nas malhas da rede que se abatia sobre os últimos remanescentes da liderança do ME de 1968.

9
O cofre do Adhemar

Voltamos a pôr em prática uns complicadíssimos esquemas de segurança que paralisavam o nosso trabalho. O pessoal mais conhecido, fora de casa, estanquizado, sem poder se encontrar. Já tínhamos passado dois meses tremendamente desgastantes com as medidas adotadas depois da ação do cofre do Adhemar, feita pela VAR-PALMARES. A dica do tesouro, escondido num palacete de Santa Teresa, fora um dos nossos secundaristas do grupo de estudos do Andrews, o Gustavo Shiler,[45] sobrinho da dona do cofre, Ana Benchimol, amante do falecido ex-governador de São Paulo, Adhemar de Barros, aquele do rouba-mas-faz.

O Gus teve que sumir do mapa e toda estrutura da COSEC tomou medidas estapafúrdias de estanquização, um tanto ridículas, pois todo mundo se conhecia e sabia dos respectivos colégios. Nessa situação, qual a vantagem de se esconder fora de casa e só poder ver as pessoas da própria célula?

Este período já nos criara grandes problemas e perdemos algumas áreas de simpatizantes por falta de assistência. Muitos organismos não funcionavam porque os orientadores andavam sumidos e as bases protestavam. A duras penas, nos recuperamos da clandestinite aguda e agora ia começar tudo de novo. Saí de casa pela enésima vez e desta vez fui morar com o Alex no apartamento vazio de uma parente da sua namorada. Era num andar térreo da avenida Atlântica o simpático aparelho com cheiro de maresia e barulho de onda, quando os carros deixavam.

Batia longos papos existenciais com o companheiro, que andava apaixonado pela Lúcia, de um dos grupos de estudo do André Maurois. Alex olhava para o teto, sonhador, e relembrava a sua primeira noite. Eu tinha recordações menos alvissareiras daquelas núpcias de fato. Semanas antes meus pais tinham viajado para o sítio, para o fim de semana, e a casa estava vazia. Passei-lhe a chave e fui para uma reunião na *Fênix*. Acabei dormindo por lá mesmo e só voltei pra casa domingo à noite. Dei de cara com mamãe furiosa. Me pegou pelo braço, levou ao quarto dela e de papai e apontou severa para o sacrossanto leito:

– O que é isso???

Empalideci. A cama estava desfeita, o lençol amarrotado exibia uma inequívoca manchinha rubra...

Assumi a autoria do crime, inventei uma história complicadíssima. Realmente era demais, ela até que sempre fora bastante liberal em assuntos dessa natureza, mas isso era demais. Das tantas camas e sofás da casa, escolher logo a dos meus pais e deixar naquele estado. Grrrr! Xinguei o Alex até a quinta geração, mas acabei perdoando quando me contou que o amor fora tanto, tanto, que até tinha perdido a noção das coisas. E, num ato de contrição, confessou um crime que tinha passado despercebido. De manhã tinha limpado os dentes com uma escova aí que não sabia de quem era.

– Esperemos que não seja do velho, senão é capaz de reconhecer gostinho de comuna safado – ponderei causticamente.

Mas fizemos as pazes e, passados uns tempos, ficamos longos dias no novo esconderijo comentando as leituras de Isaac Deutscher e sonhando com a Revolução. Até que o simpático aparelho foi estourado, certa tarde, pela furiosa mãe da sua namorada, que por acaso passou por lá quando estávamos fora e deu de cara com outro companheiro, o Antero, que lá pernoitara também. Pôs todo mundo pra fora, trocou as fechaduras e ficou pensando que a filha estava louca: namorava aquele indivíduo suspeito, roubava comida em casa, não queria saber dos velhos amigos, não ligava mais para as roupas e passava casas da família a estranhos...

Voltei novamente para a minha. Que remédio? Até agora, a rebordosa não tinha sobrado pra gente e o próprio MR-8 sofrera menos do que se pensara no primeiro momento. Encontrei por acaso na rua o Zé Roberto, um dos seus dirigentes, que era meu amigo dos tempos do ME. Estava tudo bem com eles, apenas o grande abacaxi de ter tanta gente clandestina e toda a área de simpatizantes na mira da repressão. Passaram mais uns dias e tudo parecia tranqüilo.

Certa manhã, comprei o *JB* na banca. Fui passando os olhos pelos títulos enquanto o jornaleiro juntava o troco. TERRORISTA MORTO EM VILA COSMOS... Um calafrio de angústia na espinha, e a ansiedade invadiu minha garganta. Li. Vários aparelhos tinham sido estourados, dizia o jornal. Num deles, em Vila Cosmos, um tremendo tiroteio com a morte de um subversivo e ferimentos em três militares da PE.

A notícia falava que as operações estavam relacionadas com o caso do cofre do Adhemar e que houvera várias prisões. Adiantava que fragmentos do cofre, talhados a maçarico, tinham aparecido num dos aparelhos descobertos. Olhando o jornal, sentia-me invadido por aquela sensação animal de perigo. A coisa estava chegando perto. Eu não conhecia o tal sargento Nóbrega, que era dado – por engano, aliás – como o guerrilheiro morto em Vila Cosmos. Mas a história do cofre eu sabia ser obra das nossas "outras instâncias". A matéria falava de várias prisões. Eu não conhecia ninguém dos grupos armados da VAR, a não ser que...

Veio um pressentimento. Estranha a força com que chegou a certeza. Lembrei-me de um encontro três dias atrás com o Minc. O Minc e as suas "outras tarefas". O olhar brilhante da mal dissimulada excitação da ansiedade de contar uns folclores na ponta da língua, amordaçados pelo cala-te-boca das regras de segurança. Havia tempos confidenciara detalhes de "fonte segura" sobre o caso do cofre.

– Dois milhões e quinhentos mil dólares, negão! É o maior ganho do século. Maior que o trem pagador Glasgow–Londres, do tal do Ronald Biggs. Dá pra financiar a Revolução até a tomada do poder, se for bem aplicado. – Realmente, na época foi um recorde, que em tempos futuros seria arrebatado pelos argentinos.

O último encontro com o Minc tinha sido três dias antes. Parado com o *JB* na mão, sem pegar o troco que o jornaleiro botou sobre as revistas empilhadas, me lembrei. Encontraramo-nos na rua e fôramos lá para casa, Minc, Alex, Vic e eu, para discutir a trovoada em céu sereno que tinha sacudido inopinadamente nossos esquemas políticos: o racha da VAR-Palmares.

A notícia chegara duas semanas antes pela Bia. O congresso de consolidação da fusão das organizações que compunham a VAR se dividira entre *militaristas* e *massistas*, conforme os recíprocos epítetos. Segundo o informe vindo da direção regional da VAR, o grupo *militarista*, composto na sua maioria por quadros provenientes da VPR e alguns da COLINA, tinha rachado, ao ser derrotado, no congresso, o famoso documento do Jamil.[46]

Era uma cisão minoritária, mas infelizmente o Lamarca e outros bons quadros militares tinham saído e o assunto da partilha das armas e do dinheiro estava dando pano pra mangas, explicara Bia. Além disso, anunciara, estavam proibidos quaisquer contatos paralelos. Referia-se aos meus encontros com o Minc, que teria seguido os militaristas. A direção regional proibira terminantemente qualquer contato entre as OPPs secundaristas e pessoas que tivessem rachado. Por uma questão de critérios leninistas de organização, justificara.

Eu, em princípio, não fechava com o racha. Tinha lido o documento do Jamil e discordava dele, cheguei até a elaborar um texto criticando. Ele virtualmente negava o trabalho de massas naquela fase da luta. Propugnava criarmos laços políticos "não-orgânicos" com as massas, o que significava ganhar sua simpatia apenas, sem procurar organizar o movimento de massas, o qual, segundo ele, era inviável naquela fase da Revolução. Só numa fase futura é que seria possível. Propugnava estruturar a organização em torno de três tarefas: a *coluna móvel estratégica*, isto é, da guerrilha regular no campo, as colunas táticas (grupos menores, irregulares) e a propaganda armada nas cidades. Com isso, negava o trabalho operário e estudantil ainda realizado pela organização.

Propugnava, no máximo, a manutenção de redes de contatos no meio das massas, para avaliar os impactos da nossa propaganda armada.

Era realmente militarismo, na minha opinião. Mas a decisão do regional de proibir contatos era absurda. Tinham medo de quê? Será que a versão deles era a correta? Desobedeci e dias mais tarde fui encontrar o Minc, junto com Alex e Vic. Nos explicou que não fora o documento do Jamil o móvel do racha, mas o *burocratismo* e o *imobilismo* da VAR, a sua relutância em promover, de forma conseqüente, a luta armada. Talvez tivesse sido melhor evitar o racha, mas, já que acontecera, ele preferia ficar com quem realmente tivesse condições de levar adiante a luta armada.

O "pessoal da pesada" rachara, Lamarca à frente, e tinham a maioria das armas, do dinheiro e dos contatos com as infras rurais. Era um pessoal meio militarista, e pouco teórico, mas havia também gente politicamente sólida, de origem COLINA. O principal líder desta, o famoso Juvenal, tinha ficado com o racha. Daniel, o grande teórico da organização, idem. Ele estava seguro de que os aspectos militaristas seriam superados.

– Chegamos a uma fase onde o negócio é fazer ação de quartel nas cidades e montar a coluna guerrilheira no campo. A VAR não tem condições de fazer nada disso.

Depois mostrou os documentos de uns e outros. Os do racha, a começar pelo do Jamil, não eram nenhum prodígio, mas os da direção da VAR eram de um sectarismo impressionante, cheios de ataques pessoais. Imitavam na forma de polemizar, no tipo de epíteto, em tudo, o tom dos escritos de Lenin, do qual abundavam citações no início, no meio e no fim. Um dos documentos se chamava: *A Revolução Proletária e O Renegado Jamil.*

A nossa opção de ficar com o racha se baseou mais em questões subjetivas de simpatia, admiração romântica pelo "pessoal da pesada" e da amizade pelo Minc do que por qualquer critério político mais profundo. Se, de um lado, estavam os que tinham condições de levar à frente a luta no seu nível mais alto e, do outro, os "burocratas imobilistas", que apenas escreviam documentos imitando o Lenin, optávamos pelos primeiros. Queríamos estar com o "pessoal da pesada".

A notícia do nosso encontro "ilegal" e "antiorgânico" estourou dentro da OPP e Bia me avisou que a direção regional estava discutindo a minha punição, por me considerar responsável pela indisciplina. Alex e Vic se solidarizaram e o mesmo ocorreu com o resto da OPP. Dias mais tarde, encontramos novamente o Minc para lhe dar a notícia de que a maioria esmagadora da COSEC estava com o racha. No elevador reparei que ele vinha meio nervoso. Quando chegamos, antes de começar a discussão, ele nos contou dois casos ocorridos na antevéspera e na véspera.

– Imagina que eu estava na minha, passeando lá perto de casa. De repente, dois caras pularam em cima de mim. Me agarraram e revistaram dos pés à cabeça. Pediram documentos, fuçaram tudo, me interrogaram longamente sobre quem era, o que estava fazendo ali. Depois me deixaram ir embora. Estranho, nunca aconteceu isso. Por via das dúvidas, vou mudar de casa semana que vem. Já aluguei outro aparelho, vou morar com a minha companheira. Isso foi anteontem. Ontem pintou outra história, esquisitíssima. Nada a ver, mas esquisitíssima. Já contei pra vocês do gato que tem lá na casa onde alugo quarto. Um gatinho preto de barriga branca surgiu lá, um dia, ficamos amigos, comecei a dar comida pra ele. Ontem entro na cozinha e o encontro morto num canto junto ao ralo. Sem uma pata, pedaços de carne arrancados. Comido pelos ratos...

10
Trapézio

Peguei o troco do jornaleiro, que me olhava admirado. A lembrança do Minc indo embora com sua pastinha, sua meia-ginga de malandro, calça bege, camisa preta, rodava na minha cabeça. Transformava-se na imagem de um gato morto roído pelos ratos. Tentei afastar esses pensamentos agourentos. À tarde, fui procurar o Carlinhos, ver se ele sabia de alguma coisa, contar-lhe minhas preocupações.

Encontrei-o no aparelho da avó. Também lera os jornais e estava apreensivo, soubera por alguém que o Minc tinha faltado a dois encontros. A Bia tinha lhe contado que caíra um tal de Reinaldo, da VAR, e que havia a suspeita de quedas também entre o pessoal do racha, mas ninguém sabia direito.

Carlinhos costumava ficar ainda mais agitado que de costume nessas ocasiões, mas naquele dia estava calmo e grave. Já tinha tomado algumas providências. Se o Minc tivesse realmente caído, teríamos que tomar medidas de segurança realmente mirabolantes, pois ele sabia muito da nossa estrutura secundarista, apesar de a ter deixado havia muito tempo. Conhecia quase todo mundo e sabia, inclusive, daquele aparelho onde estávamos. A casa estava "sujíssima". No armário embutido, uma mala cheia de *molotovs* velhos, rolhas vazando, fedendo a ácido sulfúrico e gasolina.

Um saco de clorato de potássio. O revólver da guerra do Paraguai, várias caixas de munição e dois novos 32 que conseguíramos. Correntes, barras de ferro e quilos de documentos, panfletos e livros de esquerda. Que fazer com aquilo tudo? O Carlinhos tinha alugado um quarto havia dias. Um trapézio, como disse. Trapézio?

Explicou, com aquele seu jeitão prosaico, que o quarto tinha a forma de um trapézio. Meio apertado, duas camas. Servia para emergência e me propôs ficar lá também. Já ia me dando o endereço, quando o interrompi:

– Não me diga nada. É melhor a gente marcar às 19 horas. Às 18 eu tenho um ponto no Catete. Com o Minc. Aí vamos saber com certeza... se eu não aparecer às 19 é porque também caí.

Disse isso maquinalmente. Na verdade eu não considerava essa hipótese. Não admitia. O mau agouro tinha passado. O Minc ia despontar naquela esquina, eu ia vê-lo como quem acorda de um pesadelo e vê o quarto sossegado, os objetos familiares no lugar. Negócio de pressentimento era bobagem. Superstição. Não tinha nenhuma base científica. Nada de determinante indicava que ele tivesse mesmo caído. Me despedi do Carlinhos.

– Às 19, Laranjeiras com General Glicério.

O ponto era na Silveira Martins, a um quarteirão da Bento Lisboa. Levava os dois revólveres, um na cintura, outro na japona. Precaução supérflua, porque ele ia estar lá. Eu ia dizer:

– Porra, negão, que susto que você nos deu!

Três pras 18 horas. Dobrei a rua do Catete, peguei a Silveira Martins e fui subindo. Estava meio escuro. Passavam os carros, as pessoas anônimas, uma a uma. Ao longe, a esquina do ponto. Dezoito horas. Respirei fundo e avancei. O 32 pesava na cintura e eu ia com a mão no bolso da japona crispando o cabo do outro. Ele não estava...

Continuei subindo no mesmo toque, até a Bento Lisboa. Deixei passar cinco minutos de irreal fim de tarde. Deve ter se atrasado. Já deve estar lá. Tem que estar. Desci a rua ligeiro, a angústia sufocando o peito. O revólver com o cabo grudento de suor ficou sozinho no bolso da japona, badalando contra o flanco. Não sentia mais o peso do outro, na cintura. Cruzei de novo a esquina do ponto e parei atrás de uma árvore. O ponteiro cruzava os cruciais 10 minutos de tolerância e meus olhos ansiosos tentavam identificar os vultos que subiam a rua.

Silhueta familiar ao longe. Era ele... A esperança me invadia, aumentava, enquanto o vulto ia tomando forma cada vez mais perto. Era ele, a mesma ginga, o mesmo andar ligeiramente curvado pra direita. A camisa... O vulto crescia... Não era ele porra nenhuma. Vi os traços na luz do poste. Nem parecido.

Vi o Minc chegando mais umas duas ou três vezes e, passados 20 minutos, me convenci de que não viera mesmo. Tinha furado mais um ponto. A cabeça latejava e as pernas pareciam chumbo, quando desci do ônibus para encontrar o Carlinhos. Lá estava, magro e pálido, com camisa curta bem apertada, ombros empinados, nariz de judeu e olhos castanhos, ansiosos, que se ensombreceram quando notou que eu vinha sozinho e negaceava a cabeça.

– Nada feito. Acho que caiu mesmo.

O quarto era perto dali, na própria rua Cosme Velho. Era uma casa de cômodos, úmida e bolorenta, as escadas tinham odor de coisa velha. Subimos em silêncio. Ele tirou a chave, abriu a porta e entramos no quarto. Realmente, um trapézio torto, com duas camas estreitas. Deitei exausto. Os lençóis eram limpos e cheiravam a sabão de coco. Fechei os olhos. Ainda revia o Minc se aproximando, aproximando até se transformar noutra pessoa, a uns passos de mim.

Sentei-me. Tirei o revólver da cintura e abri o tambor. Deixei as balas choverem na cama. Depois peguei e meti, uma a uma, de volta nos pequenos orifícios de aço. Rodei o tambor e fiquei seguindo com os olhos o fundo dos cartuchos, que giravam num gracioso círculo dourado. Como uma roleta de cassino, cansada, foi parando até estancar. Fechei o revólver com um clique seco e olhei pro Carlinhos.

– Filhos-da-puta. Prenderam o nosso amigo. Devem estar moendo ele de pau. Filhos-da-puta. Mas não fica assim, não. Não fica.

Sentia meus olhos faiscarem de ódio e reprimi a vontade de chorar. A luta era assim mesmo. Ficamos batendo papo até altas madrugadas, até o cansaço vencer. Aí tirei o outro revólver da japona e dei para o Carlinhos, que colocou debaixo do seu travesseiro. Fiz o mesmo e adormeci num sono pesado, sem sonhos.

Manhã seguinte, acordei. Era um quarto desconhecido, irreal. A claridade entrava pela janela e flutuava graciosa. Sons da rua, novos, diferentes. O lençol limpo cheirava a sabão de coco. Fui feliz por uma fração de segundo. No instante seguinte, veio a angústia.

Parte IV

Astral 70

1
Oferenda

A década terminava ao som das buzinas e dos fogos de artifício. Parado em frente ao Zeppelin, verde-festivo, eu esperava o Daniel.[47] Nosso encontro era à meia-noite, em ponto. Chegou no primeiro minuto dos anos 1970. Gordinho, pálido, cabelos encaracolados, 23 anos, olhos apertadinhos, óculos e testa de intelectual. Vinha com um livro do Hegel debaixo do braço e com uma camisa amarela, meio amassada, que usava quase todo dia.

Nos abraçamos: Feliz 70! Ele comentou, meio brincando, meio sério:

– Vai ser a década da revolução continental. Lá pra 1976 a gente vai estar passando da defensiva estratégica pro equilíbrio de forças. – Pela minha mente passou num flash a fantasia: de FAL em punho, boina preta com estrelinha, uniforme verde-oliva, cercado de camponeses fervorosos e decididos, atravessando a Serra do Mar para mais uma emboscada.

O patético da passagem de ano, com suas buzinas, fogos e pessoas desesperadamente eufóricas, me trouxe de volta do fugaz sonho guerrilheiro, sob o luar do sertão para a selva de asfalto e seus besourões motorizados. O Alex também devia aparecer no ponto. Disse ao Daniel que o esperasse, pois eu ia dar uma voltinha rápida para ver as oferendas.

Saí em direção à praia. Enquanto abria caminho entre as pessoas, na calçada, ruminava os pavores do ano-bom. Será que chego vivo ao réveillon de 71? Como sobreviver os 365 dias com seus milhares de minutos escondidos, um atrás do outro, na incerteza inexorável do tempo? Quantos de nós estavam destinados a virar uma notícia de jornal, uma foto macabra? Aquele fim de ano fora funesto. Em novembro, a morte de Marighela, metralhado numa cilada do DOPS paulista.

Tortura. Antes era uma imagem vaga, saída de algum filme: porradas, gritos, pontapés. Não me assustava demasiado. Porrada agüento fácil. Só que era muito pior. Havia dias tínhamos recebido um manuscrito elaborado pelo Angelo Pezzuti[48] e outros presos da COLINA, na penitenciária de Linhares. Era a primeira denúncia que alguém conseguia colocar fora da prisão. Continha o relato horripilante de dezenas de casos em Minas e no Rio. Mais que as técnicas de suplício reveladas nos seus detalhes: choques elétricos, afogamento, pau-de-arara etc., o que chocava era o sadismo, a maldade imensurável, a degradação humana. O objetivo fundamental da tortura era destruir a personalidade do preso, triturar a sua condição de ser humano, humilhá-lo nos cantos mais recônditos do seu ego, violentar as suas mais ocultas fraquezas. Era executada e cientificamente aperfeiçoada por seres totalmente deformados, imbuídos de uma mentalidade nazista. Adoravam fazer aquilo e tinham todo o tempo. Como vampiros que têm que chupar sangue para não morrer, eles precisavam se nutrir do sofrimento dos outros, dos seus gritos de dor, do seu medo, para se sentirem bem. Contavam os companheiros que, nos raros dias em que não havia torturas e gritos de dor, eles ficavam nervosos, angustiados. Pegavam então os presos que já haviam sido interrogados havia tempos e torturavam de novo, não mais pelas informações, apenas pra se satisfazer.

O *documento de Linhares* denunciava também as aulas de tortura. Na PE da Vila Militar tinha havido um curso especial para mais de cem suboficiais, com os presos de cobaia. Um dos alunos, sargento do Exército, não agüentou o espetáculo do preso nu, cheio de equimoses, saltando e dando urros medonhos a cada choque elétrico que o tenente Ailton Joaquim lhe desferia, didaticamente. Levantou-se e foi correndo vomitar lá fora.

A maioria absoluta das quedas era ocasionada por informações arrancadas sob tortura. O assunto era tabu e a postura machista. Quem abre é fraco, pequeno-burguês e traidor. Revolucionário não fala. A coisa se complicava quando eram companheiros comprovadamente corajosos, com abundantes provas de dedicação, que abriam coisas. Era a coisa mais terrível de toda a militância. Como julgá-los? Como acusar fulano de traidor se até ontem era um "grande quadro"???

Mas tentar explicar, compreender não seria meio caminho andado para justificar? Se as pessoas continuassem abrindo coisas, as organizações acabariam. Seria o triunfo dos torturadores. A solução era ter fé na Revolução e muito ódio à ditadura. Quem odeia não fala, garantiam alguns. Estanquizar bem as estruturas, aplicar regras de segurança severas, se esmerar na disciplina revolucionária. Vingar esses crimes, eliminar os torturadores. A sua maldade não podia ficar impune... O negócio era não cair vivo. A vida não é o bem supremo do revolucionário... Ter fé na Revolução... Ter fé... Havia os que tinham agüentado tudo! Cheguei à Vieira Souto com esses pensamentos sombrios, sofridos, que tentava afastar. Comigo não ia acontecer nada daquilo, confiava na minha boa estrela. Era vivo, previdente, bom atirador. E se acontecesse?

Pulei da calçada para a areia fofa de Ipanema. Tirei os sapatos e escondi junto à rampa de concreto. A avenida em cima estava apinhada de gente. Lá na frente, as pessoas, muitas de branco, jogavam flores no mar. As velas acesas tremulavam pela areia afora. Fui me aproximando. A maresia e o fragor das ondas rebentando orgulhosas me envolveram docemente.

Como alegres fantasmas, as silhuetas de branco cortavam a bruma e dançavam na direção do mar escuro. O som cacófono das calçadas e das avenidas ficara pra trás e só se ouvia o rugir cadenciado da rebentação e os cantos do povo de branco para Iemanjá, rainha do mar, mãe das águas e de toda vida. A angústia ficara no asfalto da Vieira Souto. A areia fresca e fofa acariciava meus pés. Iemanjá chamava para junto dela. No mar revolto, inquieto, centenas de pessoas de branco com a água pelas coxas. Jogavam as suas flores, no meio das vagas de espuma. Iemanjá, sôfrega, arrastava-as para trás e depois rolava por cima delas, tesuda, insaciável. Pedi uma flor a uma negra velha que vinha de lá buscar outra coroa com seu vestido alvo todo empapado, grudado à pele escura. Olhou pra mim, passou uma e sorriu.

Arregacei as calças e fui entrando n'água, devagarzinho. Estava morna, efervescente. As ondas grandes rebentavam ao longe, vinham em vagalhões de espuma que estouravam de novo, mais perto, ao embater com as águas que refluíam cheias de flores. A minha flor descreveu uma curva contra o céu escuro, de poucas estrelas, e pingou no marzão infinito. Rodopiou na espuma e se perdeu de vista.

Fiquei, algum tempo ainda, atento àquele som vindo do fundo da natureza, parceiro do sol e das estrelas, companheiro de todos os dias e todas as noites, indiferente aos milênios. Puro, incrivelmente puro e dilacerante. O bramido que se fundia em uníssono com os cânticos do povo de passagem pela praia, pela vida.

Deixei o mar como quem sai de um orgasmo, ofegante e saciado. Amei todas as pessoas de branco e sorri infinitamente para cada uma delas. Cruzei a praia, recuperei meus sapatos e subi a rampa de volta ao asfalto. O medo e a angústia tinham ficado nalgum canto perdido da mente. Me despedi de Iemanjá, com os olhos, e fui reencontrar Daniel na porta do Zeppelin.

2
Fogo a bordo da Krupskaia

Alex já aparecera. Batia papo com Daniel na porta do bar. Tilintava na mão as chaves da Krupskaia. A Krupskaia – feiosa veterana bolchevique, companheira de Lenin e, segundo as más línguas, parceira da sua insatisfação sexual – era o nome que déramos a um decrépito Renault Gordini, comprado a preço de banana, para adestrar nossos pilotos da guerrilha para futuras carreiras pelas ruas infestadas de camburões.

Era cor de vinho. Seu estofamento, cheio de rasgões. A buzina emitia um agonizante queim-queim de pato na degola. Acender as luzes do painel tinha sabor de aventura e o roncar do motor, na volta da chave, aparência de milagre. Cada vez que a *Krups* pegava, parecia a última. E quantas vezes a dengosa velhusca se recusava a tudo, até a pegar ladeira abaixo em segunda, obrigando-nos a chamar o reboque?

Maltratada, ia colecionando na lataria as marcas das nossas barbeiragens. O Alex, futuro ás do volante, não poupava raspões em portas de garagem nem carros parados. De arranhão em amassão, ia forjando a perícia. Krupskaia não agüentou muito tempo as emoções dos nossos esquerdismos ao volante: um belo dia se incendiou em plena Visconde de Pirajá.

Alex sentiu um cheirinho de borracha queimada, não deu muita bola – deve ser o freio – e prosseguiu. Passados uns instantes, viu, no espelhinho, frondosas labaredas soprando um rolo de negra fumaça para o céu de Ipanema. Um motorista de táxi ajudou-o a apagar o fogo com seu extintor. Ele recolheu o material subversivo lá de dentro e abandonou os restos semicalcinados da velha *Krups* a um reboque czarista, que não tardou a levá-la para algum cemitério do DETRAN.

Depois da malfadada Krupskaia, compramos um Volks 1965, azulzinho. Veio a chamar-se Natália, homenagem à Natália Sedova, companheira de Trotski. Mas, naquelas primeiras horas de janeiro, Krupskaia ainda vivia, e foi nela que saímos para a casa de um simpatizante, no Leblon. Ficamos batendo papo na cozinha até o raiar do sol. Daniel, mineiro, estudante de medicina, origem COLINA, remanescente das quedas de fim de 1968 e outras mais, era o orientador do nosso grupo, o contato com a nova VPR, a organização que nascera do racha da VAR-Palmares.

Depois da queda do Minc, tínhamos demorado algum tempo para recuperar a ligação. Finalmente, por vias travessas, conseguimos. À primeira reunião veio como enviado o próprio Jamil. Por maiores que fossem minhas dúvidas a respeito das posições expressas naquele seu documento *A Vanguarda Armada e as Massas na Primeira Fase*, era mais forte o impulso de entrar para o grupo pelo qual o Minc caíra, tentando construir a organização onde estava o "pessoal da pesada", o único que tinha armas e preparo para deflagrar a guerrilha rural e a propaganda armada nas cidades. O futuro exército guerrilheiro do legendário capitão Lamarca, melhor atirador do II Exército, perito em antiguerrilha, que passara com (muitas) armas e (poucas) bagagens para o lado da Revolução. A organização do famoso Juvenal, cuja fama já chegara a nossa OPP. A organização das setenta e tantas FAL e do milhão e meio de dólares, a única que tinha condições de montar a infra-estrutura para uma guerra de longa duração.

– Chega de discutir, o negócio é fazer!

Essa frase virou quase uma palavra de ordem. Tínhamos passado o ano de 1969 com uma média de quatro reuniões por dia, em discussões intermináveis sobre a ideologia das nossas mentes, as mil e uma questiúnculas da política de massas para a pequena-burguesia estudantil, as constantes reestruturações orgânicas da COSEC.

Até certa altura, o trabalho se desenvolvera razoavelmente, mas de meados do ano em diante – coincidindo com as medidas de estanquização, depois da ação do cofre do Adhemar – a COSEC começou a depauperar-se. Os companheiros *desbundavam*.

Desbundar, naquela época, significava, no jargão da esquerda, abandonar a militância. Fulano? Fulano desbundou, dizíamos, com desprezo. No segundo semestre de 1969, começou uma onda de desbundamentos nas estruturas dos colégios de zona sul. O primeiro foi logo o Ernesto, o grande ferrabrás doutros tempos, que virou *hippie*. A sua saída abalou muita gente. Quase todos os companheiros da OPP optaram, num primeiro momento, pelo racha da VAR. Mas, com a queda do Minc e depois com as primeiras discussões com o Jamil, foi ficando clara a perspectiva que se delineava e seus perigos. A VPR era luta armada no duro! Alex e eu queríamos ir logo para um GTA (Grupo Tático Armado). Chega de panfletinho, discussão, reunião. Negócio é pegar na metranca.[49] É o que o povo espera de nós. Ou ficar a Pátria Livre, ou morrer pelo Brasil!

Mas os companheiros desbundavam. Veio a vez dos amigos. E amigo é amigo. Carlinhos, triste, mas decidido, explicando que não tinha estrutura praquelas coisas. Ajudaria no que pudesse, mas pegar na metranca não era com ele. Vic, Jaime, Rui, Sidnei, todos o mesmo papo.

Alex e eu fingíamos compreensão, mas no fundo desprezávamos aquela fraqueza, aquela incapacidade de fazer jus ao papel histórico reservado para a nossa geração. Ser a vanguarda armada da Revolução na sua fase mais difícil, a centelha que ia incendiar a pradaria, que ia engendrar atrás de si, pela força do exemplo, dezenas, centenas de grupos guerrilheiros, no campo, na periferia, nas cidades!

Mais tarde a organização desaconselharia o contato com "áreas de desbundados, gente que abandona a luta pra ficar em casa fumando maconha". Eu, porém, nunca deixaria de ver meus amigos. Nos tempos difíceis, passaria na casa deles para lhes contar o que acontecia ou, com ar de mistério, avisar para tomarem cuidado, pois por aqueles dias vinha alguma ação barra-pesada. Ou, simplesmente, para compartilhar minhas angústias. Buscar sua admiração, seus olhares de ponta de inveja, suas provas de afeto, mas também suas opiniões.

Mais tarde iria buscar a sua compreensão, pois não era diferente, muito menos melhor que eles, era igualzinho. Apenas esse impulso de continuar a luta, essa ânsia de ser herói, dilatava, postergava o limite de resistência que existia, nalgum lugar, nalgum momento. Mas naquele início de janeiro de 1970, começo de ano e de década, eu era todo entusiasmo e fé na gloriosa VPR.

Assim, nem pestanejei quando Jamil, durante uma volta no seu Fusquinha branco, me explicou, com seu leve sotaque polonês e seus galicismos, que o congresso extraordinário da organização resolvera definitivamente abandonar a organização de estruturas de massa:

– Agora não vamos ter *que* os GTA.

– Pequena dúvida, companheiro: será que não valeria a pena manter um setor estudantil, um setor operário?...

– Olha, somos todos uns caras que sabemos que não vamos lá viver muito tempo, né? O tempo que nos resta queremos usar fazendo alguma coisa de realmente útil. Esse negócio de estrutura de massas, setor operário, estudantil, isso não dá pé. A repressão é forte demais, não dá mais pra fazer. Senão vamos acabar ficando imobilizados feito a VAR. Tanta coisa pra fazer, tanta gente coçando o saco.

Me convenci, porque o Jamil era revolucionário pra cacete. Tinha muitas ações nas costas, conhecia a experiência argelina. Andava com uma Parabellum 9 mm enfiada nas calças. Segundo o Daniel, que uma época morou com ele, passava o dia se adestrando a seco no seu manejo, treinando golpes de caratê e depois, vestindo apenas o seu famoso cuecão, ficava horas sentado, estudando ou redigindo, com letra miúda, subsídios teóricos para a organização. Dedicação integral. Jamil viajou para assumir o comando da VPR, em São Paulo, e deixou o Daniel para dar assistência ao nosso grupo secundarista.

A fama de intelectual devora-livros perseguia como sombra o nosso simpático gordinho. Realmente lia muito, sabia um monte de coisas. Era um grande papo e escrevia peças de teatro. Enturmou-se às mil maravilhas com a gente: disputávamos para ver quem ficava mais amigo dele. Conversávamos longamente sobre problemas da Revolução, da arte, da vida cotidiana, sobre problemas existenciais.

Apesar do seu grande senso de humor, ele era um cara meio tristonho, parecia colecionar desilusões amorosas. Achava-se feio, baixinho, sem graça e numa auto-ironia mordaz, implacável consigo mesmo, estigmatizava a sua condição de intelectual partilhando e até estimulando a nossa ingênua admiração pelos sargentões e pelos façanhudos combatentes dos GTAs da organização. Sua fé na Revolução era total, do tamanho da sua confiança na VPR. Mas Daniel não ia ficar conosco. Ia ser transferido. Seus olhos, sempre semicerrados e sonolentos, adquiriam um novo brilho quando falava nisso. Naquele começo de década, no baixo Leblon, ele nos anunciou que fora cooptado para o campo. Para a escola de treinamento de guerrilha rural da organização, que se dizia, à boca pequena, orientada pelo próprio Lamarca.

– Sei que a média de vida do guerrilheiro rural é menos de um ano, além do que não sou lá a pessoa mais capacitada para esse tipo de coisa. Mas não me preocupa nada. Não estou sentindo o menor medo. Desde que soube que ia, até me senti melhor dos meus enjôos.

E nós? Ia nos deixar, é certo, com tristeza, mas seria substituído pelo melhor de todos, explicou. Nós íamos formar um novo comando da VPR no Rio. O Comando Severino Viana Colon, que ia secundar o Comando João Lucas Alves, já em ação. O grupo secundarista ficaria dividido em dois GTAs, um coordenado pelo Alex, outro por mim. O nosso comandante seria o próprio Juvenal.

3
Juvenal e as ferramentas

Tinha quase 1,90 metro. Desengonçado, braços muito compridos, magro, com uma discreta barriguinha que lhe estufava a camisa à frente. Meio curvado, tinha uma cara como que talhada em madeira: nariz reto e pontiagudo, maçãs e queixo salientes, olhos escuros e um bigode negro, elegante, da mesma cor do cabelo, onde já apareciam, aqui e ali, uns fios prateados. Tinha uns 40 anos. Mineiro, muito tímido, jeito de filho de pastor protestante, o que realmente era. Tratava todo mundo de professor e tinha um fino senso de humor, às vezes pouco perceptível. Nada poderia corresponder menos à imagem que tínhamos do famoso Juvenal-grande-quadro-da-organização. Passada a primeira decepção de quem esperava um atlético *Che* Guevara, terminamos nos afeiçoando ao bom mineirão.

Era muito procurado pela polícia, mas tinha o ar menos suspeito deste mundo. Rodava pela cidade, de ponto em ponto, com seu Volks bege-clarinho, e sempre nos recebia, naquele posto de comando ambulante, com o mais terno dos sorrisos:

– Como vai, professor, tudo bem?

Alex se ligou a ele de tal maneira que passou a tratar todo mundo de professor, a cometer os mesmos erros de dicção – *pobrema* em vez de problema, e outros – e a usar algumas das suas expressões, particularmente aquela com a qual, candidamente, Juvenal evitava todos os palavrões: "É fogo, velho".

Juvenal, junto com a companheira, Lia,[50] tinha organizado a COLINA no Rio e acompanhara os sargentos Lucas e

Viana nas suas primeiras ações. Tinha sido da direção da VAR, mas declinara de participar do comando nacional da VPR, que na época era composto apenas por três pessoas: Lamarca, Jamil e Lia. Preferiu assumir a formação da segunda unidade de combate da organização no Rio. A primeira, o Comando Lucas, formado dos veteranos dos GTAs da velha VPR e da COLINA, operava freqüentemente. Naqueles dias, tomara um posto da Aeronáutica, perto da avenida Brasil, capturando três fuzis M-1 e algumas fardas.

Para formar o Comando Viana, ou *a Vianinha*, como ficou conhecido, éramos uns dez remanescentes da COSEC. Mesmo depois dos efeitos do racha e dos desbundamentos na velha OPP, ainda tínhamos o controle de uma estrutura de mais de trinta contatos em variados colégios, muitos organizados em grupos de estudo da COSEC. A pá de cal nessa saudosa organização secundarista foi assentada pela própria VPR. Que fazer com todos aqueles secundas, que não se dispunham ou não tinham condições de entrar para GTA ou de assumir tarefas de apoio direto à luta armada?

Eu defendia que devíamos conservar um mínimo de trabalho de massas nas escolas. Apesar de o ME, tanto entre os universitários quanto entre os secundaristas, estar morto e enterrado, de não existirem mais condições não só para passeatas como também para quaisquer movimentações nas escolas – a repressão era implacável e todo mundo tinha medo –, eu achava que devíamos conservar aqueles grupos. Afinal, custara tanto trabalho organizá-los... Foi numa viagem de carro pela Barra da Tijuca que discutimos essa questão. Juvenal e sobretudo outro companheiro, que conheci naquele dia, se opuseram à idéia.

– Quantos secundaristas estão preparados para entrar num GTA?

– Contando comigo e com o Bartô (Alex), são uns dez, no máximo.

– Ok, então pegamos esses dez e o resto deixa pra lá. Na nossa organização não há lugar pra estruturas de trabalho de massas. São muito vulneráveis, pouco clandestinas. Além disso, podem acabar virando uma espécie de pólo reformista dentro da organização. Lembre o que aconteceu com a VAR. Esse negócio de organismo pra trabalho de massas é um problema danado. Nós queremos é construir uma organização de grande poder de fogo, ultraclandestina, que faça as grandes ações destinadas a sacudir o país e ter um grande impacto sobre o povo.

– Sim, sacudir o país, sacudir o país – repetia o outro, o tal de Lourenço. Ainda mais que o Juvenal, ele tinha a voragem das grandes-ações-de-sacudir-o-país. O desprezo pelo reles trabalho de massas, que considerava reformista.

Juvenal nos apresentou naquele dia. Era o responsável pelo setor de inteligência da organização. Figura esquisita. Boca torta e flácida, dentes de coelho meio retorcidos. Quando falava, juntava uma babinha no canto dos lábios. O nariz muito fino e delicado, os olhos inquietos, escondidos por um enorme par de óculos verdes, de lentes retangulares. Cabelo curto aloirado, meio sujo. Tinha um ar de pouco banho e não fosse pela indumentária – sempre o mesmo terno e gravata verde e uma maleta James Bond – seria um dos precursores do jeitão *punk*, com quase dez anos de antecipação. Sua silhueta era inconfundível: bunda grande, quadris muito mais largos que os ombros delgados, andar incerto. Desde o primeiro encontro, senti uma certa antipatia por ele, mas reagi a isso. Sectarismo estético, mania de higiene, pensei.

Fiquei com esse contato do setor de inteligência, pois íamos fazer alguns levantamentos para ir adestrando o pessoal, e ele devia me passar umas dicas, que tinha arquivadas, de sentinelas com metralhadoras. Íamos começar pegando a INA de um guarda dos bombeiros numa guarita no Humaitá. Ao me despedir de Lourenço, marquei um ponto para alguns dias mais tarde. Ele abriu uma imensa cadernetona e foi anotar.

– Não, companheiro. Ponto se guarda na cabecinha.

– O quê? Você não confia em mim? Estou anotando em código.

Insisti que não dava pé. Eu não ia a ponto anotado. Ele acabou concordando. Dia seguinte, fui encontrar o Juvenal, em Ipanema. Levantei o problema do cadernetão de Lourenço, que me parecia uma afronta aos mais elementares critérios de segurança, e ele prometeu tratar do caso. Mudamos de assunto e ele me revelou que a encomenda já chegara.

– As ferramentas, professor – disse risonho.

No chão do Fusca havia cinco envelopes grandes. Dentro, uns volumes grossos e pesados. Examinei um por um. Eram quatro Taurus 38, três de cano longo e um de cano curto. Gostei deste último, bem macio no engatilhar, e fui logo me apropriando. Eu queria mesmo uma Luger ou uma Walter, mas a organização não tinha essas vistosas pistolas e considerava mais seguros os revólveres, menos sujeitos a grimpagens. De volta ao meu aparelho, fiquei namorando a arma nova, que vinha substituir o 32 de cano curto, que eu costumava levar dentro de um grosso livro de história da filosofia, cujas páginas, de Kant a Platão, estavam coladas com um buraco no meio, na forma do revólver. Comprei, numa casa de armas, uma coronha anatômica de madeira pra substituir a de plástico, muito escorregadia. Ficou uma beleza e eu passava horas treinando a seco, ganhando mais confiança e familiaridade com a arma, que brevemente poderia entrar em ação. Naqueles dias aluguei um quarto em Botafogo. Era uma casa de dois andares, numa vila da rua Paulo Barreto, transversal à General Polidoro, perto do cemitério São João Baptista.

Ironias à parte, era uma região muito calma. A casa parecia segura. A dona me alugou o quartinho estreito de cama, armário e uma cadeira, sem pedir documentos, sem perguntas. Dei o nome de Hélio e disse que era professor particular de inglês e francês, para justificar a ausência de horários regulares. Criei uma relação cortês, porém distante com a família, e evitava os olhares da filha de 16 anos. Nada de intimidades que pudessem devassar os segredos daquele cubículo de cama estreita manchada de angústias e solidão e aquele armário, povoado por deveras estranhos objetos.

4
Chael e Zé Roberto

Dia brabo. As ruas ainda mais policiadas que de hábito; de cinco em cinco minutos, passava alguma viatura com os *homis* ligados, de olho em tudo. O Fusquinha bege de Juvenal despontou ao abrir o sinal da Voluntários, a um quarteirão dali. Foi até o ponto de ônibus onde eu estava, freou e fizemos a encenação do encontro casual:

– Professor? Você por aqui? Não quer uma carona?

Entrei e bati a porta. Juvenal seguiu em frente. Trazia notícias sobre os acontecimentos da véspera. Um dos nossos companheiros assistira, de longe, a um estouro de aparelho na região de Olaria, que acabara em movimentado tiroteio. O próprio Juvenal ouvira de manhã comentários de populares a respeito de outro, na Lapa. Alguma organização estava caindo.

Acabava de ter um contato com o MR-8. Eram eles. Tinham conseguido evacuar, *in extremis*, um aparelho no subúrbio, em meio à farta balaceira. Uma vizinha tinha denunciado à polícia a casa onde estavam o Cid, a Vera Sílvia, o Zílio e o Zé Roberto. Os três primeiros tinham conseguido abrir caminho à bala, antes de a repressão fechar o cerco. O quarto sumira. Havia pouco tinham recebido a confirmação da sua morte, noutro ponto da cidade, na Lapa.

Uma onda de dor me pegou em cheio. Zé Roberto...[51] Veio a imagem dele num poste, discursando, metido em todas as passeatas, quebrando com o pé o vidro fumê de uma sucursal do Chase Manhattan na última, contra o Rockefeller. Fazendo piadas nas reuniões conjuntas UME-COSEC daquela época. Depois, a última lembrança que tinha dele. Numa festa na casa da Maria Helena, meio de porre, todo alegre, namorando Violeta, uma menina vagamente conhecida do Instituto de Ciências Sociais. Vivíssimo, transbordando vida por todos os poros. Zé Roberto morreu. A notícia escrota, nojenta, sangrenta de dor e náusea, latejava na minha cabeça.

– Era amigo seu?

– Era conhecido... mas é como se fosse irmão.

Muitos já tinham caído e eu sabia o nome de quase todos. Sabia como tinha sido. Lucas, agonizante numa cela, morto a chute e porrada. Viana, a mesma coisa. O velho Mariga, cercado por todos os lados, crivado de balas dentro de um Volks, enquanto os afoitos homens do Fleury continuavam atirando, atirando contra tudo o que se mexia até matar um dentista que não tinha nada a ver com o peixe, uma das suas investigadoras, que o próprio "herói" alvejou por engano, e ferir na bunda um delegado do DOPS...

Havia poucas semanas, tínhamos perdido o velho Lucena, num aparelho em São Paulo. Cego de um olho, ele escondia nos muros da sua casa a maioria dos FALs subtraídos pelo Lamarca no quartel de Quitaúna. Um único ele guardava no armário, e, quando chegou a repressão, o velho Lucena a recebeu condignamente. Antes de morrer, deixou vários feridos entre os atacantes. Outro episódio recente era a morte de Chael Charles Shreier. Um caso tão escandaloso de tortura que até a imprensa servil registrara. Num aparelho da VAR-Palmares tinham caído o Espinoza, a Maria Auxiliadora e o Chael. Preparavam, na época, o seqüestro do ministro Delfim Neto. A imprensa e o rádio tinham anunciado a prisão dos três, incólumes, com grande cobertura e abundância de detalhes. Passados dois dias, o Chael apareceu morto. Na notícia que saiu no *JB*, falando da morte, tiveram o desplante de inventar que, ao ser preso, ele apresentava uma mancha de sangue nas costas, insinuando que a sua morte fora em conseqüência do suposto ferimento. Isso quando o próprio jornal noticiara, dias antes, a prisão dos três, incólumes.

No mesmo dia houve um pronunciamento do ministro da Justiça, o escrotíssimo Alfredo Buzaid, enfatizando que não havia tortura no Brasil. As alegações neste sentido eram calúnias do comunismo internacional e de maus brasileiros que denegriam o país no exterior. A *Veja*, porém, na sua reportagem de capa alusiva à morte de Chael, deixava transparecer claramente o que ocorrera, a partir de depoimentos de um familiar, que vira o corpo todo arrebentado.

Logo soubemos, por informes de dentro da cadeia, o que tinha acontecido. Depois de horas e horas de tortura nas mãos da conhecida equipe da PE da Vila Militar, o companheiro tivera o azar de cair nas mãos de um novato naquela matéria, o capitão Lauria, que pulara na barriga do Chael com os dois pés, rompendo-lhe os intestinos.

Eram muitos os casos. Mas o Zé Roberto era diferente: não era um nome em jornal, nem a foto de um desconhecido, nem um caso contado por outra pessoa. Estava lá, cravado na minha mente, em carne e osso, transbordando vida, fazendo agitação num poste, chutando a vidraça do banco, fazendo graça nas reuniões, beijando a namorada pelos cantos da festa. Não podia estar morto. Mas estava.

5
A ratoeira

Acordei quando o ônibus da Cometa entrava em São Paulo. O sol nascia e os seus tons alaranjados filtravam entre as nuvens e a poluição. A sucessão de avenidas, viadutos e prédios desconhecidos, que iam se descortinando atrás do vidro frio e meio embaçado, transmitia uma sensação agradável. Era bom chegar a um lugar desconhecido, por avenidas nunca d'antes transitadas. A aurora, dum laranja esfumaçado, dava um toque meio surrealista àquela entrada na megalópole.

Conhecia muito mal a cidade. Tinha estado lá, muitos anos antes, quando costumava passar as férias com meus tios, na base aérea de Cumbica. De lá tinha vindo uma ou outra vez até a cidade, mas não o suficiente para reconhecer. Juvenal me incumbira de levar a São Paulo uns documentos e uma metralhadora INA, desmontada.

Calmo, eu dormira toda a viagem, sozinho no assento. O ônibus estava bem vazio. No chão, debaixo das pernas, ia a sacola de mão. Dentro, umas roupas, cobrindo toscamente o envelope com os documentos e as peças da INA embrulhadas em papel pardo. O ônibus parou na rodoviária e desci assoviando. Caminhei rumo à saída. Enquanto cruzava o saguão, senti voltar a tensão. Tudo infestado. Aqui um grupo de quatro tiras de azul-escuro com um japonês à frente, na mão uma Winchester 44. Mais adiante, nos bancos de espera, uns caras inconfundíveis, à paisana, de *walkie-talkie.* Pelas paredes os cartazes de "terroristas procurados", "assaltaram-saquearam-mataram-pais de família". Passei rente a um deles. Muitos dos retratos, entre os quais o do Marighela, já estavam riscados com uma cruz. Mas a foto do Jamil parecia olhar-me maliciosamente. Será que era ele quem vinha ao ponto?

Na saída, o aparato era ainda maior. Camburões de várias cores, uns fuscões pretos e vermelhos de um tipo que não havia no Rio, todos parados junto à calçada. Os *homis* atentos perscrutavam as multidões. Passei lentamente por eles. Filho-da-mãe olhando pra minha sacola. Na espinha, o calafrio; no estômago, o vácuo. Olhou, olhou, mas não fez nada, ufa. Atravessei a praça e dei de cara nada menos que com o prédio do DOPS, de tijolos avermelhados, com as sentinelas ligadonas, mão na metranca. Eta cidadezinha braba, sô! Peguei um táxi e fui à casa de uns parentes. Meu ponto era à tarde, em Tatuapé, longe do centro.

Chegara a São Paulo num mau momento. Uma semana antes, a VPR, junto com a ALN e dois outros grupos, a REDE (Resistência Democrática) e o MRT (Movimento Revolucionário Tiradentes), tinha seqüestrado o cônsul japonês, a quem trocaram por cinco presos. A ação fora improvisada, às pressas. Um quadro muito importante da nossa organização, o Mário Japa,[52] tinha caído por acaso, num desastre de carro besta. Estava sendo torturadíssimo no DOPS e detinha informações vitais, como a localização da escola de guerrilha rural, chefiada por Lamarca.

O cônsul fora levado no grito para um aparelho improvisado. A ditadura, seguindo o precedente aberto com o americano, decidira soltar os presos, e assim trocáramos um japonês pelo outro, com mais quatro de lambuja. Mário Japa tinha ido parar no México, quase morto, mas com a língua bem presa nos dentes. Eu chegava logo depois do desfecho do caso, em plena rebordosa. A repressão, centralizada por um organismo recém-criado, que unificava todas as forças militares e policiais no combate à guerrilha, a Operação Bandeirante (OBAN), vasculhava a cidade. Era pior que o Rio, mais assustador, porque desconhecido.

De tarde tomei um ônibus e depois outro até Tatuapé, às voltas e voltas por aquela cidade sem fim. Desci no bairro indicado, encontrei a rua e, como ainda era cedo, fui fazer hora num bar. Na parede, pregado com fita durex, o tal cartaz dos "terroristas procurados". Nos bares do Rio não tem disso, não, pensei. Chegada a hora, paguei e saí com a minha sacola, cada vez mais pesada. O companheiro apareceu pontualmente, caminhando em minha direção, entre os números 100 e 120 da rua, com a revista *Mecânica Popular* na mão, conforme combinado. Ao meu "Que horas são, por favor?" respondeu dando uma hora mais cedo. Conferia.

Aperto de mãos, troca de cordialidades. Gentil, aliviou-me do peso da sacola. Explicou, porém, que não tinha trazido ainda os documentos que eu devia levar de volta para o Rio. Muita repressão nas ruas, precauções redobradas, atrasou tudo. Pegamos um táxi de volta para o centro. Eu ia ficar esperando num bar perto da rodoviária, ele ia buscar os documentos e voltaria em menos de uma hora. Eu poderia voltar no ônibus das 20 horas. O táxi foi progredindo devagar pelas ruas congestionadas, enquanto eu ia conversando com ele sobre a situação da firma.

– Como vai a filial daqui?

– Bem. Recuperamos uma séria perda de capital, fizemos uns investimentos com risco, mas valeu a pena. Vamos agora multiplicar as lojas e as equipes de venda e há boas perspectivas de fusão com outras empresas do ramo.

O carro entrou numa rua sinuosa. À esquerda, um enorme terreno baldio. A certa distância, uns montes de lixo, pontilhados de urubus esvoaçantes, e mais ao longe, a quase um quilômetro, os primeiros edifícios altos do centro. À direita, um muro alto. À frente, junto à curva fechada, um camburão parado, à margem do descampado. O táxi passou por ele, virou e teve que parar atrás de uma comprida fila de carros. Era uma ratoeira. Perfeita. Mortal...

À frente da fila, a uns 30 metros dali, um tremendo aparato policial: camburões, Fuscas-patrulha, jipes do Exército atravessados na pista, deixando apenas uma estreita passagem para um carro de cada vez. Os veículos eram minuciosamente revistados, um a um. Entre PMs, agentes da OBAN e tiras à paisana eram mais de quarenta. Brandiam um impressionante arsenal de FALs, INAs, Winchesters, rádios de campanha e mesmo uma .30, instalada na traseira de um dos jipes.

Pular do táxi, correr pra direita? O muro. Pra esquerda? O terreno baldio, um quilômetro de descampado, campo de fogo perfeito para os canos escuros que brilhavam nas mãos dos *homis* de azul e negro. Fazer o motorista dar meia-volta? A guarnição do cambura, da curva, lá atrás, cortava qualquer possibilidade de retirada. Eram cinco policiais atentos, com armas longas, que nos vigiavam a menos de 15 metros. Nenhuma chance.

A revista era minuciosa, prolixa: faziam os passageiros sair. Mandavam encostar as mãos no carro, apalpavam dos pés à cabeça, viam os documentos, fuçavam tudo dentro dos veículos, mala, motor, porta-luvas, debaixo dos bancos, tiravam até os tapetes de borracha. Não tinham a menor pressa. O suor frio escorria pelas costas. Eu estava completamente apavorado, com o cu na mão.

Desta vez não escapo. Não tem como. A terrível certeza mesclada ao terror, preso no peito, dominava tudo, grudava meu corpo imóvel e impotente ao assento do táxi. Maldita sacola, maldita, ali à mostra do mundo, entulhada de documentos da organização e dum quebra-cabeça de peças de metralhadora envoltas em papel pardo... Queria pulverizá-la com os olhos. O companheiro ao meu lado estava lívido e silencioso. Eu queria acordar do pesadelo, despertar, ver que aquilo não era verdade. Mas os segundos implacáveis me levavam direto aos *homis*. Cada vez mais perto: agora revistavam a Kombi que ia na nossa frente.

– Saco! Todo dia a mesma coisa! E eu que tenho que entregar o carro às seis...

Era o chofer reclamando.

– É isso mesmo, seu moço. Eu também. Tô atrasadíssimo, tô com bilhete pra voltar hoje pro Rio e vou chegar tarde lá na rodoviária. Vê se não dá pra aliviar a barra com os *homis*... – Era a minha voz, saindo sozinha. O de azul, balançando uma 44, já ia abordando o chofer, quando este acelerou devagarzinho, deixando-o para trás. O grupinho de cinco, mais na frente, hesitou e imperceptivelmente o táxi foi passando, até que...

– Altooo! Encostaí!

O táxi parou no meio de uma floresta de vultos armados, suas vozes duras ecoavam de todos os lados. Não tinha mais safa.

– Ô seu guarda. Tenho que entregar o táxi, o passageiro tá atrasado pra Congonhas. Vê se dá um jeitinho...

O tenente da PM olhou pra dentro. Quarentão de duras feições talhadas em pedra, olhos fundos e inexpressivos, boina escura. Na mão uma INA...

– É táxi? Então pode seguir.

Muito lentamente, o pé levinho no acelerador, o nosso anjo da guarda passou pelos últimos *homis* armados, deu um teloguinho pra eles e seguiu em frente, enquanto nós ressuscitávamos no banco de trás.

6
Tânia

Tânia vinha ao meu lado no ônibus da Tijuca à zona sul. A luz cansada do fim de tarde realçava o seu perfil contra o vidro, atrás do qual corriam as casas, as árvores e os postes da rua Conde de Bonfim. Nos encontramos perto da praça Saens Peña, onde ela me deu conta do sucesso da missão de levar um sapato ao sapateiro. O sapateiro se chamava Antônio Lamarca e o calçado, que deixara pra fazer uma meia-sola, tinha um envelope escondido dentro. Com uma carta do filho do sapateiro, o homem mais procurado do país.

Sabíamos que a modesta sapataria era alvo de uma vigilância constante, mas quem suspeitaria de Tânia, com seu ar inconfundível de menina de bem? Era ligeiramente ruiva, olhos castanhos-claros, bonita. Era a única universitária que fazia parte do meu GTA. Aluna aplicada da PUC, futura socióloga, jeitão de intelectual. Nada desportiva, parecia a pessoa mais despreparada do mundo pras estripulias bélicas com que sonhávamos. Tinha, porém, outros encantos. No início, quando nos contatou, junto com outro companheiro universitário, o Toninho, manifestando seu interesse em militar na VPR, mantivemos uma relação estritamente política. Eu achava que os dois eram casal e nem sequer prestei muita atenção nela.

Depois soube que não era o caso, mas tardei a afrouxar o jeito de militante durão com todas as atenções na luta. Começamos a passear de noite pelo calçadão pra discutir as questões do GTA, mas a conversa aos poucos foi deslizando para a vida. Estava tão sozinha como eu. Todos os amigos fugidos, presos ou assustados, escondidos em casa, catatônicos. Como os meus. As solidões se buscaram e uma noite nos beijamos na areia de Ipanema.

– Você tá começando a perder o jeitão de orientador de GTA, companheiro – disse ela, rindo.

Agora subíamos de ônibus para a zona sul, cumprida a missão da sapataria. Já era noite quando chegamos a Copacabana, e após o jantar, numa lanchonete, fomos passear no calçadão. Depois descemos pra areia, em frente à Princesa Isabel. Com as obras do calçadão, suas crateras e duas grandes dunas, a praia apresentava uma paisagem lunar. A qualquer momento perigava pousar um OVNI naquelas paragens. Alguns casais se agarravam nas sombras. Estava muito escuro, com o providencial enguiço de uma luminária.

Fazia calor, mas a areia era fresquinha. Sentamo-nos atrás da segunda duna e nos abraçamos. O tesão veio forte, repentino, fizemos amor ali mesmo, sobre o meu casaco, debaixo das estrelas, ao som cadenciado das ondas, que rebentavam não distante dali. Era bom trepar na areia, gozar sentindo o cheiro da maresia se misturar com o perfume do seu pescoço e o rugir das ondas com seus suspiros.

Depois fomos molhar os pés e voltamos ao calçadão. Não convinha facilitar. Além dos PMs de jipão que patrulhavam a avenida Atlântica e por vezes desciam à areia pra incomodar as pessoas, campeava o perigo do assalto. Da suprema humilhação: guerrilheiro ser expropriado por pivete. Já tinha acontecido uma vez, no ano anterior. Estava com Luzia na praia do Leblon, numa interminável conversa da nossa fase platônica, quando dois crioulinhos com gorros de meia de náilon de mulher chegaram pedindo fogo.

Fui pegar o isqueiro e, quando olhei de novo, um deles me apontava uma ridícula pistolinha 6,35. Ridícula *ma non troppo*...

– Vai passando dinheiro, cordão de ouro, tudo o que tiver. – O mais compridão apontava a arma e o menorzinho vinha recolher o espólio. Comecei a rir.

– Malandro, entraste numa fria. – Exibi os miseráveis quinhentos cruzeiros velhos que trazia em notas de cem. – Olha, cê fica com trezentas pratas, que essas duzentas são pra eu voltar de ônibus pro Flamengo, tá?

Trêmulo, ele pegou o dinheiro e pôs no bolso.

– Pô, meu chapa, tá muito nervoso. Assaltante tem que ser mais firmão, ter voz de comando...

Perdeu a graça quando o pivete bateu com os olhos no meu Sicura:

– Relógio pra cá!

– Não... essa não... relógio não, preciso dele...

– Relógio, senão eu queimo.

Entreguei os ponteiros. Valeu pelo folclore. Naquela noite com Tânia não houve nada disso e ainda namoramos num banco do calçadão. Depois levei-a até o ponto de ônibus na Barata Ribeiro e voltei pro meu quartinho em

Botafogo. Fui dormir feliz, o despertador cerebral engatilhado para as seis. Às 7 horas tinha um ponto na Tijuca com Juvenal.

– Vamos tratar de coisas importantes, professor, coisas muito importantes – advertira na véspera. – Vamos discutir a nossa grande ofensiva urbana.

7
O comandante arco-íris

Eu tomava meu café no bar da Tijuca e ouvia as dicas de Juvenal. Dentro de alguns meses, íamos lançar os primeiros grupos de guerrilha tática no campo e, enquanto tal não ocorria, devíamos manter a pressão nas cidades. Multiplicar as ações de propaganda armada (PA) e, sobretudo, libertar os nossos presos. Essa era a grande prioridade. Eu tinha uma ação a propor. Havia dois meses que obtivera por vias sinuosas um contato com o Minc, na prisão. Ele tinha sido transferido para uma dependência da Marinha, na Ilha das Cobras, e tinha um esquema de passar mensagens para fora. Mandava regularmente informes com a situação dos presos, denúncias, nomes de torturadores e até uma relação completa das placas de carros do pessoal do Cenimar que estacionava perto da sua janela. E mais: tinha condições de avisar, com antecedência, os dias e horários das suas audiências na 1ª Auditoria da Aeronáutica, onde era julgado pela história do cofre do Adhemar.

Vinha com uma escolta de apenas dois fuzileiros e um chofer. Não seria difícil resgatá-lo na porta do Tribunal. Era uma ação ousada, em pleno centro da cidade, mas perfeitamente viável. A próxima sessão do julgamento ia ser dentro de uma semana e meia e eu já tinha preparado o esboço da operação juntamente com o Alex. Juvenal já sabia do caso e recebia regularmente os papeizinhos que Minc fazia chegar, contendo as dicas. Recolhia-os com a recomendação, a pedido do prisioneiro, de que as informações fossem todas codificadas, os bilhetes destruídos.

– Não podemos fazer essa ação agora, há uma muito maior prevista para o mesmo período, temos que concentrar todos os esforços nela. Instruções do Comando Nacional.

Concordei com as razões de Juvenal. Ele explicou que faríamos uma ação de troca de prisioneiros. Um peixão por cinqüenta presos. Outra semelhante seria levada a cabo no sul do país. Íamos pedir cem ao todo. Arrancar cem companheiros dos cárceres e das salas de tortura. Os olhos de Juvenal brilhavam de satisfação.

– Dessa vez a gente tira o Angelo Pezzuti, o pessoal velho de Minas.

Ele pensava no grupo original da COLINA, o primeiro a entrar em ação, que caíra em fins de 1968. Os companheiros que tinham denunciado as torturas no DOPS de Belo Horizonte e na PE da Vila Militar, no Rio. Pesavam sobre eles ameaças de represália. O seu *Documento de Linhares* já circulara na imprensa de toda a Europa. O governo Médici esbravejava contra o "denegrimento da imagem do país no exterior". O regime e as suas manias de querer encarnar à força esse Brasil que tiranizava, confundido com a sua própria imagem...

Enquanto ele tomava a sua vitamina, eu sonhava em libertar cem presos. O pessoal de Minas, o de São Paulo, da velha VPR, os companheiros da ALN do Mariga. A patota universitária do Rio. Dias antes tinham caído vários deles numa malsucedida ação de *agit-prop* armada, numa zona operária próxima a Del Castilho.

Depois de um tremendo tiroteio que não matou ninguém, por milagre, caíram a Vera Sílvia,[53] com um tiro de raspão na cabeça, o Zílio,[54] três balas no corpo, e vários outros companheiros, inclusive o Daniel,[55] ex-presidente da UME. Semanas antes, em São Paulo, outro quadro importante do MR-8, o Fernando Gabeira,[56] gravemente ferido na hora da prisão. Íamos tirar estes também, bem como o próprio Minc, que assim dispensava a ousada ação de resgate na porta da Auditoria.

Alex chegou ao bar e sentou-se à nossa mesa. Tinha o jeitão cangaceiro Virgulino Xique-Xique. Já tinha sabido da ação, na véspera, por Juvenal, e andava metido em levantamentos. Pegou a segunda parte do informe. Íamos realizar a operação *em frente* com o grupo do Cerveira,[57] um major cassado que chefiava uma organização díspar de ex-militares nacionalistas, na maioria suboficiais e marinheiros, com o nome pomposo de FLN (Frente de Libertação Nacional). Gozávamos dizendo que era o nome mais grandão da organização mais pequenininha.

Cerveira era um personagem excêntrico, traço não incomum à origem. Um sujeito de muitos colhões, mas um tanto desprovido de critérios políticos e de segurança. Tinha idéias mirabolantes, histórias loucas que lhe valeram a alcunha de *Comandante Arco-íris*. Mas Juvenal achava que com uma boa assistência da VPR ele poderia evoluir.

O importante é que ele tinha umas infra-estruturas excelentes, comentava Juvenal. Tinha inclusive um aparelho ótimo, na zona rural, indicado para servir de esconderijo para o peixão. Mas Juvenal tinha também umas dúvidas. Achava que a segurança do grupo aliado era precária.

Já tentara discutir a coisa várias vezes com Cerveira. Este alugava vários aparelhos, num esquema imobiliário movido pela Nazaré, amiga de ambos. Ela fazia parte da FLN e tinha bons vínculos conosco. Uma excelente figura, mas o seu esquema, já antigo, corria riscos cada vez maiores. Por ali havia passado meia esquerda, do velho Prestes ao Marighela, comentava-se.

Juvenal advertira Cerveira do fato e este prometeu tomar providências. Passado um tempo, caiu um desses aparelhos, que tinha sido emprestado a uma terceira organização, o PCBR, de Apolônio. Uma das suas militantes foi presa, ferida, e morreu o sargento Marco Antônio, um dos fugitivos da penitenciária Lemos de Brito e líder do MAR, o remanescente do grupo de Caparaó. Juvenal ficou furioso. Esmurrava o volante do carro, com raiva do Cerveira, mas sem palavrões. Apenas repetia:

– É fogo, velho! É fogo, velho...

Agora não sabia se ia ter confiança no grupo para a grande ação. Mas já tínhamos diversos trabalhos *em frente*, e um dos nossos melhores quadros militares, Januário, estava numa infra de campo, dando treinamento a uns contatos deles.

Um casal nosso, Maciel e Ieda, já tinha sido destacado para o esconderijo do peixão. Se suspendêssemos tudo agora, ia demorar um mês pra refazer o esquema, acondicionar outro aparelho. Era uma decisão difícil. Juvenal achava que não podia decidir sozinho. Tinha que se deslocar a São Paulo, reunir-se com o Comando Nacional. Já havia outra ação engatilhada no Sul.

– Vamos encaminhar tudo. Estar prontos para a operação e aguardar a decisão, que não quero tomar sozinho. Vou pra São Paulo amanhã tratar dessa e de outras questões. Agora, professor, vamos ao papel de cada um. Você é o único que sabe falar inglês bem. Vai ficar no aparelho, na equipe de guarda.

Protestei. Essa não, equipe de guarda no aparelho mais procurado do Brasil, cuidando do peixão... Dali só havia duas saídas possíveis. Na vertical, se tudo corresse bem, ou na horizontal, crivado de balas em náuseas de gás lacrimogêneo, luzes e morte. Na ação direta, senhor das minhas pernas, armas na mão, só poderia ocorrer num instante rápido, ou então eu seguiria combatendo, vivendo. Mas era o único a falar vários idiomas e alguém tinha que dar assistência à sua excelência...

– Posso saber quem vai ser? Tem algum problema de segurança?

– *Pobrema* de segurança tem. Mas nessa altura é melhor você saber, né? Porque a escolha vai ser fogo, velho.

Já havíamos discutido longamente a questão de critérios. Eu levantara várias objeções preventivas. França não dá pé porque há muitos refugiados brasileiros e a política externa do De Gaulle, ainda vigente nos primeiros tempos de Pompidou, enfraquecia o imperialismo norte-americano, nosso inimigo principal. Israel, ao contrário do que alguns pretendiam, não era boa escolha. O seu governo era capaz de adotar uma posição durona e não aceitar negociação. Depois, ia pegar muito mal na colônia judaica, iam dizer que éramos anti-semitas. Alex gozava:

– Olhaí as origens! Tá livrando a barra dos patrícios. Comigo num tem disso, não. É Habache neles!

Agora Juvenal quebrava o grande suspense:

– Vai ser o Núncio Apostólico!

Fiquei estupefato.

– Porra, seu protestante filho-da-mãe. Tá querendo vingar a noite de São Bartolomeu nas nossas costas? Ninguém vai entender essa merda. Não se mexe com religião, não!

Juvenal ria, ria.

– Brincadeira, rapaz. Brincadeira. Vamos pegar é o alemãozão.

Esta, sim, fazia sentido. Com aquela invasão de capitais avassaladora, eles tinham mecanismos de sobra para pressionar o governo Médici. Brandt era um sujeito humanista e social-democrata, não ia deixar morrer um dos seus grandes diplomatas pelos olhos de um truculento regime militar dos trópicos. A opinião alemã estava minimamente informada a respeito do Brasil e, depois do escândalo que provocara o caso do embaixador Von Spreti, na Guatemala, Bonn não mediria pressões.

– Faz sentido – ponderei.

– Contente, né? Vai querer desforrar essas brigas velhas de polonês.

Nos despedimos. Juvenal ia no dia seguinte para São Paulo e nós decidimos aproveitar o fim de semana para fazer um treinamento de tiro no meu sítio. Foi embora contente, vi-o desaparecer, com seu bigode e sorriso, no trânsito da Tijuca. Combinei com Alex um encontro à tarde. Foi buscar Lúcia, sua companheira, e outro militante do seu GTA. Eu tinha um ponto com Tânia, que também iria conosco. Tivemos um atraso, ocasionado pela procura de uma caixa de munição, e decidimos só viajar na manhã seguinte, para não andar de noite na rodovia. No caminho para o sítio costumava ter um bloqueio militar depois do pôr-do-sol, na altura dos paióis de Paracambi. Era melhor ir de manhã.

Pernoitei com Tânia num motel da Barra e de manhã, o sol brilhando imensamente, seguimos para a Rio–São Paulo, depois de encontrar o Alex e os outros, que nos recolheram no ponto com a Natália, o Volks azul velho de guerra carregado de ferramentas. Subimos na direção da natureza deixando para trás a cidade. Mais que um treinamento, era o encontro com aquele mundo verde de cheiros e sons florestais. A comunhão com a mãe terra e seus segredos.

8
Tribunal militar

A perua cinza da Marinha entrou na rua bem devagar e estacionou do outro lado do meio-fio. Mordi o filtro do cigarro. Lá estava ele, naquela gaiola motorizada com uma âncora pintada na porta. Saiu um fuzileiro, depois outro, e aí uma figura muito pálida de terno e gravata azul-marinho, o Minc. A primeira coisa que me chamou a atenção foi o cabelo escovinha, depois a palidez cadavérica. Não trazia algemas, mas os dois soldados de capacete e rombudas 45 na cintura iam atentos, um de cada lado. Na porta da auditoria, dois sentinelas de olhar fixo no nada, estátuas azuis, em posição de descanso. Caminhei na direção dos três, que cruzavam o meio-fio. Debaixo da jaqueta verde impermeável pesava, incômodo, o 38 com a sua grossa coronha de madeira, talhada para a empunhadura da mão.

Se tentasse? Podia até dar certo: saco o berro e aponto. Mãos pra cima! Pro chão, já! Ele desarma os recos e saímos correndo direto para o centro, no turbilhão das 11 horas... Mas não dá. É muita porra-louquice. E não vai precisar, temos uma carta muito melhor na manga. Fui à porta do tribunal militar apenas por desencargo de consciência, para dar uma força ao companheiro e completar o levantamento para a ação. Era bom ter um plano de contingência preparado, caso algo corresse mal na operação grande.

Agora eles estavam na minha frente. Seu olhar tenso bateu em mim por uma fração de tempo e surpresa. Disfarçou e continuou caminhando entre os dois fuzileiros. Ia retesado que nem um gato antes do bote. Talvez pensasse que íamos resgatá-lo naquele dia. Mas passou direto e sumiu na porta da auditoria. Saí andando na direção do Museu de Arte Moderna, no fim do aterro. Emocionado, com a garganta apertada, enorme sensação de impotência. O companheiro continuava muito pálido de terno escuro na minha retina. Entre dois fuzileiros.

Fui ruminar a dor, olhando a baía da Guanabara, e depois atravessei as muitas pistas até a avenida Russell. Almoçar no Safita. Alex dizia que os donos eram palestinos e ouviam, todas as noites, a rádio da OLP, em ondas curtas desde Irbid, Jordânia. Isso deu novo gosto aos quibes crus, aos pães chatos e às ricas saladas do restaurante árabe. Era muito barato, o local favorito dos almoços com Juvenal, onde apareciam também, por vezes, rostos clandestinos de outros carnavais.

Juvenal faltara a dois pontos da véspera e mais um naquela manhã cedo, no posto 6 de Copacabana. Alex fora comigo aos três encontros e agora me esperava no Safita. Contei-lhe o encontro com o Minc, durante o levantamento. Depois ficamos comentando o sumiço do Juvenal.

– Será que aconteceu alguma coisa? Faltar a três pontos é meio cabreiro, inda mais o Juvenal, que sempre chega na hora.

– Pode ter ficado retido em São Paulo, sei lá... Algum atraso na reunião do Comando Nacional. Até agora não há notícia de quedas.

Concordei. Havia motivo de preocupação e precauções redobradas, mas nada de concreto que indicasse uma notícia ruim. E tinha a última alternativa, às 21 horas, no posto 6. O finalzinho da Raul Pompéia estava vazio quando chegamos naquela noite, atentos, a mão na coronha da arma. Uma brisa doce soprava pela transversal, desde a praia. Passavam espaçados os carros com casais namorando, paqueradores solitários, comportadas famílias e os ônibus meio vazios. No céu, uma lua alaranjada filtrava por entre as nuvens finas e baixas. O ponteiro marcava o fim dos 10 minutos de tolerância. Saímos silenciosamente e subimos no primeiro ônibus.

A coisa agora se complicava com o furo da última alternativa. Juvenal já faltara a quatro pontos. Além disso, estávamos descontatados da organização, com nossos dois GTAs da Vianinha. O jeito então era tentar contato através de outra organização, a DVP (Dissidência-VAR-Palmares), mais um racha da VAR, liderado pelo Apolo, que trabalhava *em frente* conosco. Eu sabia que ele tinha contato com outros companheiros da VPR. Ia tentar também achar o Cesinha. O MR-8 tinha um contato operacional com o comando Lucas e com o nosso esquema médico. Através deles tentaria reencontrar a organização e ver o que estava acontecendo. O Cesinha eu encontrava através do Sidnei,[58] nosso amigo dos tempos do CAp. Fora da COSEC e *desbundara* tempos atrás. Ficou sem militar, numa de *hippie*, à margem de tudo, destilando angústia dias inteiros, enquanto sonhava em ir para a Europa e comprar um clarinete. Fumávamos juntos uns baseados e batíamos longos papos sobre a vida.

O ponto com Apolo já estava marcado para a tarde do dia seguinte. Ele devia saber algo. Nesse dia saí com muita antecedência. O encontro era na avenida Brasil, na altura de Parada de Lucas. O medo de atrasar me angustiava. Natália, com seu freio baixo e câmbio duro, progredia aos solavancos e mil e uma paradas pelo gigantesco engarrafamento que começava logo depois do cais do porto.

Ainda assim, cheguei cedo. Aproveitei para encher o tanque num posto de gasolina, de onde fiquei perscrutando a imensa avenida. Os monstrengos de metal, vidro e borracha passavam devagar, tossindo monóxido de carbono para o céu sujo do entardecer. O clarão laranja da refinaria de Manguinhos, ao longe, era da cor do poente, redondinho atrás das nuvens de poluição. Era tóxico o mundo dos motores, das buzinas e das primeiras luzes que se acendiam, em série, na ponta das luminárias curvas e regulares que se perdiam ao longe. Sentia uma zoeira danada, a garganta acre. Muito calor.

Paguei a gasolina, dei uma gorjeta para o rapaz do posto e segui em direção ao ponto de ônibus, a meio quilômetro dali. O 38 ia num envelope de papel pardo espremido entre os dois bancos da frente. Segurei firme a coronha anatômica, enquanto freava atrás do ônibus parado no ponto. Lá estava o Apolo. Abriu a porta, entrou e sentou-se ao meu lado, enquanto eu arrancava novamente para o meio do trânsito.

– Tudo bem, companheiro?

Silêncio. Me olhava com um ar que pressagiava notícia ruim.

– As novidades são bastante desagradáveis...

– Juvenal?

– Juvenal morreu. Estava dentro de um carro metralhado, anteontem, lá na Gávea.

9
Quedas de abril

— Putaqueopariu! Pu-ta-que-o-pa-riu...

– Calma, rapaz. Fica calmo.

Fiquei calmo.

– Olhaí, a coisa tá ruça. Caiu muita gente, muita gente. Do grupo do Cerveira, de vocês e também do MR-8. De certo e confirmado: o Juvenal, num ponto com Januário, lá na Gávea. Foi ferido, ia cair, se suicidou com um tiro na cabeça. Lia, a companheira dele, do Comando Nacional, ia junto e foi presa. Caiu o esquema médico todo, o Roberto Gordo, o comandante da João Lucas Alves, um tal de Lourenço, com todo o setor de inteligência. Também vários caras do MR-8. Deve haver alguma ligação entre todas essas quedas e as do grupo do Cerveira que dançou há dias. Mas ninguém sabe direito.

– Que carnificina – comentei, absorto.

– E tem mais: parece que a VPR também caiu em São Paulo. Inclusive o Jamil, mas isso ainda não tá confirmado.

Manter a calma... Encostei o carro numa esquina onde ele queria descer. Me despedi maquinalmente, aterrado com o mundo que desabara em cima de mim. Fui rodando a ermo pelas ruas de subúrbio. Entorpecido, escolhia as mais escuras. As lágrimas, grudadas às pálpebras, ardiam intensamente. Eu destilava raiva por todos os poros. Raiva cega, fria e muda.

Depois saí em busca dos engarrafamentos. Parei de pensar enquanto as mãos e os pés sozinhos guiavam o carro pela avenida Brasil, rumo à cidade. Pela janela aberta entravam lufadas de ar sujo, que meus pulmões sorviam sozinhos.

O resto de mim estava catatônico, embrutecido, contra o assento do Volks. Sentia apenas uma dor fatalista, quase doce. E um sentimento de impotência arrasador.

Alex recebeu a notícia como o boxeador uma porrada, acusa e depois disfarça. Seus olhos escuros brilhavam de dor. Lúcia arregalou os seus olhos verdes e grandes. Não disse nada. Passei na casa de Sidnei, avisou-me que o Cesinha estava bem, que passara por lá na véspera. Confirmara a prisão de um grupo de companheiros do MR-8. O Cid, irmão dele, o Weiner e um jornalista, o Tocha,[59] Sonia Ramos e outros mais.

Sidnei estava aflito.

– Eu vou é pra Londres. Não quero ficar aqui vendo meus amigos se foderem, ficar amarrando o bode desse Brasil do Médici. É pior que uma *badtrip*. Maior horror, bicho!

Na manhã seguinte, encontrei Cesinha em Vila Isabel. O forte abraço dos tempos difíceis. Era bom ver alguém vivo e livre. Ver que ainda sobrávamos uns tantos. A alegria do encontro foi logo ensombrecida pelas notícias ruins. Ele me mostrou o jornal da manhã, que eu ainda não comprara. Lá estava escancarada, nas manchetes, a descoberta de uma base de guerrilhas no interior de São Paulo, no Vale da Ribeira. Falavam de prisões e cerco ao grupo fugitivo, entre os quais estaria o capitão Carlos Lamarca.

Ele sabia de mais detalhes sobre as quedas, vindos da prisão. A VPR fora quase totalmente desbaratada. Entre quadros, aliados e simpatizantes, no Rio, São Paulo e no Sul, eram mais de cem. Só o tal de Lourenço derrubara mais de trinta simpatizantes.[60] Em São Paulo caíra o Jamil, o Liszt[61] e outros companheiros importantes. No Rio, todo esquema médico e mais um monte de gente. A PE da Barão de

Mesquita, onde funcionava o recém-montado DOI-CODI, estava apinhado de presos sendo torturados. Confirmava também a queda do Cerveira e do seu grupo. Tudo começara lá. Os pontos abertos na tortura foram estabelecendo a corrente macabra cujos elos iam se juntando um a um, atravessando a VPR até chegar no MR-8. A maior devastação era nas áreas de simpatizantes.

De acordo com os critérios que tínhamos naquela época, a média dos comportamentos era considerada ruim. A tortura, violentíssima, e apenas alguns dos companheiros conseguiam segurar as pontas e enganar os *homis*. Como muita gente caíra, os torturadores tinham ampla possibilidade de acareação e comparação dos dados, ludibriá-los era mais difícil que no caso de uma queda isolada, na qual não soubessem, ao certo, o que o torturado sabia. Aquilo era um câncer que roía tudo.

As equipes de busca da repressão andavam febris pela cidade, agarrando gente em pontos, estourando aparelhos, prendendo, encapuzando e levando para o pau dezenas de simpatizantes, amigos, pais, mães, avós, empregadas domésticas e simples transeuntes confundidos por azar. Levavam todos para as sessões de suplício e sadismo, que se sucediam sem parar nos porões do prédio chato, no interior do quartel da PE, na Barão de Mesquita, onde funcionava o recém-constituído DOI-CODI.

Ele sabia também de detalhes sobre a morte de Juvenal, que saboreávamos com o nosso prato feito de feijão e angústia, no boteco suburbano, cheirando a fritura. Cesinha dava a sua opinião.

– Precisamos recuar. Um recuo sério, organizado. Não é apenas recuar até arranjar mais alguns aparelhos e aí entrar na mesma dinâmica. Só fazer as ações de meios indispensáveis e remontar bem os esquemas. A nossa situação também é péssima. Caiu toda a direção, todos os nossos quadros estão clandestinos, não tem mais ninguém legal e as áreas de simpatizantes estão sendo estraçalhadas. O negócio é recuar.

Recuar. Abracei fortemente o Cesinha quando nos despedimos. Era o carinho e a cumplicidade dos vivos, dos livres e inteiros, por enquanto, pelo menos... Peguei o ônibus de volta para a zona sul e fui andar no calçadão da Atlântica para arrumar as idéias. Não conhecia muito da organização, mas era o suficiente para poder avaliar a dimensão dramática da porrada.

Golpe na cabeça. Do comando nacional, Jamil e Lia. O outro, o comandante-em-chefe, Lamarca, estava sumido, cercado por dez mil homens, no Vale do Ribeira.

Os comandados Lucas (GB) e Lucena (SP), descabeçados. No Sul, mais quedas. Malograra uma tentativa de rapto do cônsul Curtis Cuter, em Porto Alegre. O diplomata americano, ligado à CIA, era um autêntico James Bond. Tentaram fechar seu possante Chevrolet com um reles Fusquinha, ele abriu caminho à trombada e escapou apesar de ter levado um tiro. Alguns dias mais tarde os companheiros caíram em vários aparelhos. Deviam ainda sobrar algumas poucas dezenas de militantes, mas estavam todos perdidos entre si, descontatados, clandestinos e sem dinheiro. Matando cachorro a grito, como se dizia, na época. Belas perspectivas... Éramos oito secundaristas, cinco revólveres, um Fusca velho batendo pino e a grande ilusão pingando gotas de sangue no asfalto junto ao CAp. Por alguma incrível coincidência, o local em que Juvenal fora metralhado, ao tentar fugir da feira, às margens da Lagoa Rodrigo de Freitas, poluidamente saudosa.

10
Psicanalista

— Fim de linha, doutor. Perdemos a guerra...

Eu olhava o teto absorto. O divã era forrado de plástico, limpinho, cheiro de consultório. O quarto, aconchegante e obscuro para facilitar as confissões. Meu analista, um perfeito *gentleman* britânico, cachimbo paternal e bigode alourado. Andava nos quarenta e tantos e ouvia silencioso, comodamente instalado na poltrona, minha história de nomes trocados.

– Mataram Justiniano, nosso comandante. Golpe duríssimo. Um sujeito de dimensão humana extraordinária. Mineirão boa gente, incapaz duma sacanagem, duma maldade. Fora isso, sifu mais da metade da organização. Não sei direito o que sobrou... O comandante César tá cercado no mato. Do Ezequiel, um amigo meu que tava lá com ele, não tenho notícia. Há quem diga que morreu no Vale do Ribeira. Caiu direção, caiu tudo. Sobramos nós, rapaziada de 19 anos. É o cerco das cidades, doutor. A guerrilha não se espraiou para os campos, as massas estão paradas. Só nós é que tamos mandando chumbo e recebendo em dobro. Haja chumbo. O sul-maravilha virou caatinga e os macacos de repetição estão atrás de cada espinheiro. Sobramos Virgulino, Corisco, Maria Bonita e Dadá. Corisco aguarda, com seu papo amarelo, sua peixeira. Eles são muitos e estão em volta de cada cacto, cada espinheiro. Segredo. Só entre nós dois. Vou tirar um passaporte. Tem um esquema aí pintando. Com isso já tenho margem de recuo. Depois se vê...

"Acho que perdemos. Não porque a organização levou essa porrada. Mas porque estamos isolados. Povão tá com medo. Tá alienado, batalhando pra comer todo dia, horas, horas a fio. Cada vez mais submisso e explorado. Classe média que tava com a gente, apavorada dentro de casa, queimando fumo, curtindo o medo do subir e descer do elevador. Ou então de olho grande em ganhar dinheiro. Tá tudo num sufoco, um silêncio de morte. Todo mundo com medo.

"Em toda parte, televisão, rádio, jornais, o tempo todo, tão nos caluniando. Nos atribuem crimes e propósitos absurdos. Como se fôssemos nós os agentes de potências estrangeiras, nós que quiséssemos entregar o país e não eles, que entregam todo dia, fodem o povo pra favorecer as multinacionais! E o pior é que de tanto repetida a mentira, de tanto repetida, repetida, repetida, fica parecendo verdade pro sujeito comum do povo, que se embrutece de dar duro todo dia, sonhando o tempo todo com aqueles trecos mágicos cintilantes dos painéis de publicidade, enquanto se mata pra dar de comer aos filhos, todo santo dia.

"E a classe média, a juventude que se mexia, não se mexe mais. Tá com medo ou tá sendo cooptada pro consumismo. Uns se suicidam, os outros decidem virar pequeninos homens de negócios. Mas o povão, fodido, esmagado, embrutecido pela superexploração, ainda pode se revoltar. Ele ainda não teve a sua palavra pra dizer neste processo. Por isso é necessário alguém que continue, mantenha acesa a chama da resistência, doutor!"

Ele agora tinha os olhos semicerrados, a mão do cachimbo pendia sonolenta da poltrona para fora, o espectador solitário daquele singular comício.

– Se te pego dormindo enquanto faço aqui a minha falação pro teto, te mando à puta-que-pariu, chingo de charlatão. Charlatão, pensando bem, não. Você nem charlar, charla... Porra, dá uma baforada no cachimbo da paz kleiniano e diz aí alguma coisa inteligente. Algum curativo pra minha cabeça.

Aí ele se aprumou na poltrona, fez um olhar de magia atrás das lentes e disse:

– Olha, pra mim você não tem mania de perseguição, não. Você está sendo perseguido. É a realidade. A opção de ir para o exterior é uma reação de vida, não há por que se culpabilizar.

Depois, meio envergonhado, mudou de assunto, dando vazão à curiosidade que o espicaçava.

– Mataram o chefão de vocês, foi? – Era um interesse cúmplice no ar.

– Foi em frente ao meu antigo colégio, o CAp. No meio da pracinha da igreja, onde fazíamos os nossos comícios debaixo da mangueira. Foi lá... imagina! Trágica porra-louquice: Justiniano chega de São Paulo. Recebe a notícia da queda do grupo do Caveira, inclusive a do Januário, nosso homem destacado para lhes dar assistência, que já tinha furado o ponto da semana passada. Nenhum sujeito minimamente prudente se aventuraria num ponto de uma semana mais tarde. Numa semana de torturas muita coisa pode acontecer. Pois Justiniano, qual Tiradentes, mineiro heróico, inconfidente, carbonário às antigas, decide ir ao ponto e tentar resgatar Januário, colocado de isca pelos *homis*.

"Para esse feito d'armas leva o Fusquinha bege, que decerto imagina ser um potente tanque Patton, e a sua minúscula 6,35 FN, como se fosse uma metralhadora de tripé. Traz consigo a companheira Magda, do Comando Nacional. É incrível... Estacionam junto à feira. Muita gente, barracas, confusão. Na esquina movimentada está parado Januário, de isca. Algemado, todo cheio de hematomas. Cercado a distância pelos *homis*. Justiniano chama um moleque da feira, dá uma grana e pede pra ele levar uma cesta de flores (com o 32 de Magda escondido) praquele senhor parado na esquina ali, do outro lado da feira.

"O molecote vai e volta.

"– O rapaz me mandô tirar o time. Diz pr'ocês sumir daqui, que tá tudo fodido.

"Justiniano liga a chave do Volks bege e sai. Discutem a situação.

"– Que valor tem a vida, se não podemos libertar um companheiro algemado na nossa frente. Vamos tentar uma última vez, passar junto dele, ver se ele corre e pula pro carro.

"Ele passa-lhe a pistolinha. Contornam novamente a feira, Januário já não está na esquina. Dobram a praça da igreja, em frente ao CAp, quando são fechados por dois carros.

"Um cano de FAL pende pra fora. A rajada estilhaça o pára-brisa do Volks em milhares e milhares de vidrinhos soltos, sangrentos. Justiniano sente o tiro no antebraço, os vidros no rosto, o sangue, arranca a pistolinha da mão de Magda e dá um tiro na cabeça enquanto o Fusquinha bege esboroa no meio-fio. Eles arrebentam o vidro com uma coronhada de FAL, abrem as portas e arrancam-na lá de dentro brutalmente. Pende do outro lado, pra fora da porta aberta por um dos homens armados, o corpo comprido de Justiniano, pingando gotas de sangue no asfalto, debaixo do Fusquinha bege esburacado."

Agora o analista me olhava atento, o cachimbo esquecido na boca. Terminou a sessão e nos despedimos com um aperto de mão. Ventava forte na avenida Atlântica e a areia branca, fina, fazia redemoinhos sobre o asfalto quente. Pulei pra areia, tirei a roupa e os sapatos, apertei a sunga preta de natação e dei um pique pela margem com as marolas molhando os pés. O vento estava forte, incomodava. Mergulhei.

Choque frio, depois tudo verde-cinzento. Nadei lá embaixo até o fim do fôlego, que recobrei numa golfada de ar marinho. Nadei a ermo por uns minutos e depois saí d'água com frio, pingando. A praia estava vazia. Junto à margem suja, papéis e detritos de toda espécie flutuavam por entre a espuma amarelada. Me enxuguei, vesti as roupas e cruzei de volta o calçadão. Apenas umas babás de uniforme levavam a passear dois *bassets* de madame, um casal de namorados curtia o mar e um mendigo sôfrego revistava a lixeira. A avenida estava meio despovoada na hora do almoço.

Fui à casa do Brandi, com o qual tinha combinado uma conversa. Ia também dar-lhe a longa lista de más notícias. Peguei o ônibus até o Humaitá. Depois subi a rua dele, devagar. Toquei a campainha. Ele abriu. Antes que eu dissesse qualquer coisa, ele deixou cair a notícia com o olhar cintilante:

– Daniel apareceu! Escapou do cerco no Vale do Ribeira, está por aí! Já tive com ele. Deixei ele em contato com Alex.

Brandi era nosso melhor simpatizante da velha patota. Cheio de idéias e sempre com boas notícias. Fiquei excitadíssimo. Se Daniel tinha escapado e o pessoal do Vale estava bem, talvez ainda houvesse uma chance. Nunca imaginava ver de novo Daniel com vida, naqueles dias de horror. Julgava-o caído ou morto no Vale, nossa malfadada escola guerrilheira. Mas agora a esperança renascia. Não que a feliz notícia mudasse alguma coisa da situação em que nos encontrávamos. Mas agora seria possível reatarmos os elos com o que sobrava da organização e das outras e, quem sabe, tratar da grande prioridade que seguia existindo e que agora com as quedas era ainda mais crucial: a libertação dos presos.

11
"Bernardão" e "Regininha"

— Cês já levaram corrida de helicóptero? Não? Pois eu já!

Era Daniel, bom mineiro, contando uns folclores demais da conta. Narrava o susto final, da hora da verdade da saída do Vale. O último saborzinho antes de embarcar no ônibus interestadual, num lugarejo próximo ao Ribeira. Vinham andando pela beira da estrada com suas roupas comuns, maleta de viagem. Aí reapareceu o *licote*, nome dado pela camponesada do vale àquela variedade peculiar de pássaro de ferro, gigante, que se abateu, repentinamente, sobre os céus plácidos da região.

– Era um *licote*, enorme, daqueles Chinhook, que os americanos usam no Vietnã. Apareceu de repente, rasante. Corremos pras árvores, enquanto ele parava no ar, bem em cima, um esporro ensurdecedor. Aquela hélice enorme parecia que ia cair sobre nós como uma ceifadeira gigante, como a foice da velha senhora.

"Ficou aquele matraquear, TAC-TAC-TAC, amplificado, gigante, nos meus tímpanos, até que o bicho subiu e ficou paquerando de uns 400 metros de altura. O Juca, que nos escoltava, tava doido pra mandar uma rajada de FAL e botar abaixo o nosso primeiro *licote*. Mas não dava, era a operação retirada do nosso primeiro grupo, que ia sair a civil, de ônibus. O do Lamarca foi atravessar a serra e sair pelo outro lado com o material. Nós saímos mais cedo, na cara-de-pau. Pegamos na estrada o ônibus pra São Paulo.

"Depois que saímos, o cerco se fechou sobre eles. Caiu o sargento Darci,[62] que estava na retaguarda, fazendo um reconhecimento. Tomou uma daquelas cápsulas de cianureto que foram distribuídas pros mais jurados pela repressão. Tava estragada a cápsula negra, não matou, deu apenas um vomitório dos diabos que emendou com o início da tortura nas mãos dos *homis* que o capturaram.

"Também caíram o velho Lavequia,[63] a Tia e três crianças que viviam na cabana que dava fachada legal à área de treinamento. O resto do pessoal se embrenhou no mato e deve estar em ponto de bala. Ficaram os melhores, os mais treinados. A essas alturas já devem ter derrubado algum helicóptero. Porque derrubar helicópteros não é uma coisa difícil. Basta acertar uma rajada de FAL no lugarzinho certo, qualquer um consegue."

Rimos os três, curtindo os folclores da ressurreição de Daniel, na mesa do bar. Eu tinha seguido da casa do Brandi para a lanchonete em Ipanema em que ele marcara o ponto. Quando cheguei, estava lá, junto com o Alex, que vinha contente da vida, com cara de quem ia querer espicaçar a minha inveja, por ele ter encontrado antes o nosso dirigente recém-chegado do Vale do Ribeira.

Daniel vinha elétrico, cheio dessas histórias da nossa primeira tentativa guerrilheira rural. O cerco ao exército de Brancaleone. Dali seguimos para um bar onde nos esperavam Tânia e Lúcia. E Daniel, muito festejado, continuou a contar os casos. Caminhadas e mais caminhadas, mochilão às costas pela mata cerrada, molhada. Frio. Cansaço. Primeiros tempos terríveis, sobretudo pra ele, com pouco preparo físico. Mas lá pelas tantas o sujeito se acostuma e começa a entrar em forma. Começa a curtir os treinamentos. As táticas militares, sobretudo com um instrutor feito o Lamarca, um deus grego da guerrilha. Aprende a fazer minas, armadilhas *vietcongues*.

– Duas nós ensaiamos, "Bernardão" e "Regininha". Bernardão é um tronco enorme que vai içado por uns cipós, à margem duma ravina em cima da trilha, onde vai passar a tropa inimiga. O pé de coturno desavisado chuta um cipozinho, detonador da mortal armadilha ecológica, e desaba o Bernardão com suas toneladas de pau maciço sobre os *marines*.

"Regininha é uma seta de bambu, pequena e pontuda, vai num arbusto retesado com cipós entrelaçados. Uma pisada no lugar certo e as madeiras vivas se soltam dum encontrão. A flecha vai dar na altura da nuca de quem passa entre os arbustos."

– E a comida? – Alex trincava um sanduíche sofisticado de peru com geléia e perguntava risonho.

– Tinha um grande prato, digno das melhores cozinhas francesas nas grandes fomes do cerco à Comuna. O *mé*. É uma mistura de tudo com um pouquinho de arroz e massa. Uma massa de gosto familiar que não lembra coisa nenhuma. Mas na hora da fome o mé é o grande manjar da guerrilha.

Alex se prevenia quanto aos futuros tempos de mé, dando a última trincadela no sanduíche de peru com geléia. De repente, lá pelo terceiro chope, o Daniel ficou muito sério. Como que cerimonioso.

– Companheiros, aconteceu uma coisa incrível. Faz dois anos que tá todo mundo caindo em volta de mim e sempre me safo não sei como nem por quê. Embora eu tenha sempre a certeza de que vou cair, mais dia menos dia. Vou morrer no pau. Mas a coisa curiosa não é isso, não. É que tendo caído o Comando Nacional da VPR, com exceção do Lamarca, algures no mato; tendo morrido o Juvenal; tendo caído o Roberto Gordo, comandante da Lucas, e sobrado vocês da Vianinha, o esquema dos proletas e o resto da João Lucas Alves, que falta recontatar, me vejo na inglória tarefa de assumir provisoriamente o comando desta organização.

Até a gente conseguir reatar a ligação com o comandante Cláudio, quando sair do Vale. Se conseguir... Eu sou um cara despreparado demais da conta presse negócio de comando. Mas sobrei eu.

– Tamos aí, ô Dan. Seguimos você pro que der e vier. – Era Alex, cheio de predisposições heróicas.

Eu continuava com a mesma dúvida encravada, mas havia o gosto do reencontro, dos folclores guerrilheiros, a demonstração de que ainda não tinham acabado com a gente, de que ainda sobrávamos uns tantos quantos gatos-pingados rebeldes. Íamos recontatar o que sobrara do comando Lucas e juntar tudo numa só unidade de combate, Juarez Guimarães de Brito.

No *JB* daqueles dias saíra um anúncio fúnebre de missa de 7º dia por Juvenal, referindo-se a ele como grande patriota, o que provocou a prisão da mandatária, a Nazaré, última náufraga do grupo do Cerveira. Assim, Juvenal, Justiniano para o analista, reassumiu a sua verdadeira identidade, para a posteridade. Juarez Guimarães de Brito, sociólogo mineiro, militante veterano de antes de 1964. Ativista das Ligas Camponesas, intelectual da POLOP, depois fundador da COLINA.

– Vamos juntar tudo e formar um só comando Juarez de Brito. Com esse nome vai dar o que falar. É a única forma de vingar Juvenal. O professor, velho de guerra. Seguir com a sua luta. Tirar os presos da cadeia.

Realmente, em termos estritamente militares, fazia sentido. Na Lucas havia mais de dez combatentes, quase todos com experiência de ações armadas no Rio e em São Paulo. A Vianinha podia contribuir com alguns e sua pequena estrutura de simpatizantes. Reconstituir uma rede de inteligência, quem sabe uma pequena gráfica para panfletos a álcool, uns aparelhos novos.

E havia o grupo dos "proletas". Fazia alguns meses que tínhamos contato com eles. Um simpatizante da velha patota da COSEC nos passara o ponto com Cavalo e Careca, dois salva-vidas que já tinham trabalhado com o antigo MR-8 e ficado sem contato, após a destruição dessa organização. Os dois tinham contato com um grupo organizado da zona rural da GB e da Baixada Fluminense. Eram chefiados pelo Ruço, um sujeito parrudo de uns 40 anos, louro de olhos azuis. Alguns trabalhavam numa oficina mecânica, outros em vários subempregos. O esquema despertou-nos grande interesse e Alex ficou durante longas semanas viajando para dar-lhes assistência e bolar possibilidades de trabalho, sobretudo logísticas.

Ainda não confiávamos neles o suficiente para integrá-los em esquemas de ação direta com a organização. A sua fama, porém, corria pelas estruturas. Eram famosos os nossos proletas. Uma vez, decidimos fazer uma reunião com todos eles num terreno à beira da estrada, perto de Mendanha, zona oeste. Veio o grupo todo, uns dez. Era conforme tínhamos avisado, apenas uma reunião pra expormos os fundamentos políticos da luta contra a ditadura, contra a exploração etc. mas apareceram todos armados.

Eu esperava encontrar pelo menos alguns operários puros-sangues, de alguma indústria do Grande Rio, se não de macacão pelo menos com ar austero de classe. Mas o grupo tinha uma pinta um tanto mais barra-pesada que isso. O jeitão de uma respeitável quadrilha...

Mas o Ruço dizia que o negócio deles era mesmo a Revolução, que já tinha ouvido falar no capitão Lamarca e que estava aí firme para mandar chumbo nos *homis* e nos ricos que exploravam o povo. Contava mil e um casos da Baixada Fluminense, onde jurava estar em luta contra o sistema desde a morte do pai dele, um prefeito abatido por capangas de um rival eleitoral e do delegado, nos idos de 1965. Numa história cheia de lances cinematográficos mirabolantes, contava como vingara o pai a tiros de 44 no mandante do crime, dois anos depois. Ouvíamos maravilhados. Seu lugar-tenente era o irmão, Da Égua, um moreno fortíssimo que levava na cintura um 38 cromado. Tinha um torno mecânico e era quem fazia as bombas.

Outro elemento destacado era o Cavalo, um salva-vidas de Copacabana, enorme, que ao botar seus óculos escuros assumia o ar mais facínora deste mundo. Seu colega de vigilância das ondas diante do calçadão da Atlântica era o Careca. Cobria a mesma com um gorro azul-marinho, tinha olhos claros e um ar muito tranqüilo. Entendia perfeitamente o caráter político da nossa luta, o que não parecia ser sempre o caso dos outros, tinha um ar honestão, boa gente, e buscava constantemente maiores conhecimentos. Era o único que inspirava confiança. Mas a Revolução não era um banquete, como dizia Mao, e esses duvidosos proletas iam ser preciosos na reconstrução das nossas infras. Montaríamos com eles várias garagens, uma oficina de fabricação de chapas frias e de bombas. Para o futuro, quem sabe, um grupo tático de guerrilha na periferia do Grande Rio?

Havia com que continuar a luta, o passo seguinte, recontatar o pessoal do comando Lucas e depois as organizações coirmãs da frente armada. Fazer algumas ações de finanças e aí resgatar os companheiros. Isso era mais que urgente. Alguns ainda retinham informações vitais, que poderiam levar a novas quedas em áreas de simpatizantes e outros esquemas ainda intatos, como o milhão e tanto de dólares do cofre de Adhemar. Com a morte de Juvenal, perdemos o contato com a grana. Alguns companheiros já estavam quase mortos, depois de quase um mês de torturas ininterruptas. Mesmo sobre os presos mais antigos pesavam ameaçadas terríveis. Constantemente eram requisitados para novas torturas.

Por outro lado, sabíamos que estavam sendo acondicionados, no interior do estado de São Paulo e do estado do Rio, sítios especiais, distantes do mundo, para a lenta eliminação de seres humanos. Não mais a tortura "comum", pau-de-arara, choque, afogamento e porrada. Coisas gênero arrancar olho, cortar orelha, castrar, fazer morrer devagarzinho. Era preciso agir rápido e seguro. Deixar balanços históricos para depois. Era a opinião de Daniel, que assumia o comando na mesa do bar e que demovia, pelo menos por agora, as dúvidas encravadas no meu espírito. Ainda havia possibilidade de lutar, de fazer alguma coisa. Valia a pena trocar o passaporte pelos nossos companheiros presos. Alguém tinha que seguir na luta. Dar o exemplo. Mas tinha que ser rápido. Rápido e seguro.

Parte V

O seqüestro do alemão

1
Na kombi do transbordo

Me acomodei no chão da Kombi, junto a um caixote de madeira, mesinha, umas cadeiras de armar e dois tapetinhos enrolados. Onório arrancou aos solavancos. Dirigia mal, nervoso. Ivan, ao seu lado, não ligava para isso: com o corpo voltado para trás, dava as instruções. Negro, baixo e sólido, tinha dentes alvos bem afilados, um cavanhaque pixaim, pouco visível contra a tez escura, e um par de olhos audazes. Era seco e lacônico:

– Vai ser às 18 horas em ponto. Ele sai da embaixada 15 minutos antes. É muito pontual. Às 17h45 temos que estar no local do transbordo. Bacuri comanda a ação e vem com a gente e o homem pro aparelho. É hoje, de qualquer maneira. Ou vai, ou racha.

Hoje de qualquer maneira. A excitação e o medo misturavam-se sob o meu nervosismo controlado. Pensava nos companheiros presos e me sentia cem por cento decidido. Pra espantar a tensão, ficava gozando as barbeiragens do Onório. Eu o conhecia desde a época das assembléias de AMES. Era um dos secundaristas do PCBR, com os quais tínhamos intermináveis polêmicas, plenário adentro. Não perdera o jeito meio anal nem aquela ânsia compulsiva de auto-afirmação, que tropeçava cruelmente na sua tão patente fragilidade. Tinha, como eu, 19 anos. A mesma imaturidade e inexperiência, mas faltava-lhe aquele mínimo de formação intelectual pra absorver e racionalizar melhor as coisas. Parecia não se fazer perguntas, nunca. Politicamente era um desastre. Via o país em franca conflagração revolucionária, prestes a explodir. Fazer revolução era sair por aí metralhando milicos na rua a esmo. Entrara para a organização, havia pouco, juntamente com outro companheiro, originário do PCBR, o Van. Desde o início tivemos um mau relacionamento e constantes atritos de tipo machista. Fiquei alarmado com o fato de ele ser o chofer da Kombi do transbordo, missão vital da qual dependia a chegada segura e a entrada discreta no aparelho, com o peixão a bordo. Reclamei com Ivan, que comandava o transbordo, mas ele retrucou com evidência inquestionável.

– Os três motoristas bons que temos estão escalados pra ação lá embaixo. Você é o único que fala inglês, tem que ficar com o homem. Eu não dirijo.

Ivan vinha do antigo comando Lucas, agora integrado junto com o nosso na UC, Juarez de Brito. Originário da antiga VPR, de São Paulo, era filho de uma família operária de Osasco. Valentão, arrojado e cheio de si, desprezava abertamente os quadros de extração pequeno-burguesa, afirmando a sua origem de classe. Embora tivesse entrado para a organização do colégio secundário, sem passar pela produção, reivindicava orgulhoso a condição operária.

Em termos de análise da conjuntura, abraçava sempre as teses mais voluntaristas, revolução para ele era uma questão de colhões. Na onda de quedas do início de 1969, em São Paulo, ele foi preso através do irmão. Levou choque elétrico e porrada, mas conseguiu se safar, pois convenceu-os de que mantinha apenas laços familiares com o mesmo e que este o dedara transtornado pelas torturas. Como não houvesse nada mais a incriminá-lo, foi solto.

Ficou, assim, com a auréola de "bom comportamento" na prisão e o *status* que isso comportava. Chefiava um dos GTAs do antigo comando Lucas. O outro era dirigido por Clarisse, companheira do Minc, antes da sua queda, a sua musa da 44. Ela assumiu o comando da nova UC Juarez de Brito. Estávamos em junho, plena Copa do Mundo. A organização precariamente reestruturada. A crise financeira, que levara alguns companheiros a assaltar um depósito da Kibon no Lido, fora finalmente superada com uma vultosa ajuda proveniente de São Paulo.

O GTA combinado, integrado pelos remanescentes da VPR, pela ALN e pelo MRT, tinha realizado uma aparatosa ação de banco, em pleno centro de São Paulo. Rendera 150 milhões de cruzeiros velhos, dos quais 30 foram para o Rio, apoiar a nossa ação. Com o providencial presente, montamos várias infras, pagamos os aluguéis em atraso de tantos quartos e melhoramos nossa documentação periclitante. Pretendíamos realizar o seqüestro com a ALN. O velho Toledo, sucessor do Marighela, com quem Daniel tivera uma reunião em São Paulo, mandou para o Rio dois combatentes experimentados. Um era o Bacuri, que deveria chefiar militarmente a operação, o outro o Milton, um antigo cabo do exército.

Bacuri era dos mais façanhudos. Já se safara de várias situações incríveis, inclusive um bloqueio de rua da OBAN, abrindo caminho a bala. Vivia bolando golpes de guerra psicológica, gênero telefonar para o DOPS denunciando um assalto a banco por terroristas fardados de PM e depois ligar para PM dando o alarma da ação promovida por falsos policiais à paisana. Mais de uma vez a coisa acabara em tremenda balaceira entre os *homis* de gatilho fácil. Bacuri tinha mais de uma morte nas costas e estava jurado pela repressão.

Até a sua chegada ao Rio, nossos preparativos eram entravados por constantes dificuldades. A operação do embaixador alemão fora descoberta pelos órgãos de segurança durante as nossas catastróficas quedas de abril. Caíra no aparelho de Juvenal, depois da sua morte, o plano completo. Fora estourado, inclusive, o aparelho destinado a guardá-lo, a cargo do grupo do Cerveira.

A sua segurança, antes formada por apenas um guarda-costas, foi reforçada por mais dois, que vinham numa Variant, armados de INA. Sempre ligadões, pareciam muito treinados. Além disso, durante certo tempo a repressão reforçou as rondas no trajeto da Mercedes, entre a embaixada, em Laranjeiras, e a residência em Santa Teresa, mas acabou se convencendo de que nunca iríamos executar uma operação que já caíra e cujo plano original conhecia em detalhes. Por isso mesmo, decidimos arriscar.

Na Kombi, às 17 horas, ainda fazia calor, mas vez ou outra eu sentia uns calafrios. Tá chegando a hora. Por vezes, um torpor gostoso aliviava a tensão. Minha primeira ação armada. Logo qual... Passamos por um posto de gasolina no Rio Comprido e Onório mandou encher o tanque. Previdente, desci e fui procurar uma latrina limpinha. A coisa mais chata que pode acontecer é o sujeito entrar numa ação com vontade de cagar, pensei. Antecipei-me à natureza. Limpei o rabo, puxei as calças. Peguei o revólver do chão junto à privada e pela enésima vez naquele dia repeti o ritual: tirar as balas, rodar o tambor, dar uns tiros a seco, mirando para a maçaneta da porta, depois recolocar uma por uma.

Com o 38 de volta na cintura e o zíper do jaquetão verde puxado, voltei à Kombi. Partimos em direção ao local do transbordo, subindo. Subimos a Barão de Petrópolis. Atravessamos o curto túnel ao sopé da ladeira. Bem junto à saída, do lado de Santa Teresa, a ruela de paralelepípedos. Tinha umas casas chiques bem espaçadas, com altos muros brancos. Depois de duas curvas, acabava à borda de um morro, perto de um despenhadeiro. Por ali transitavam apenas os poucos moradores e respectivos domésticos. Raramente aparecia alguma ronda, ainda que a entrada do túnel fosse bastante policiada. O beco não era fácil de reparar para os carros que entravam e saíam daquela caverna de ladrilho e luzes, em alta velocidade.

Onório foi até o fim da rua, fez o balão e voltou, estacionando antes da curva, junto à murada. A casa mais próxima, protegida por um paredão muito branco, ficava uns 10 metros atrás de nós. A rua estava deserta. No rádio, o jogo Inglaterra e Tchecoslováquia, válido para as oitavas-de-final, na chave do Brasil.

Noventa milhões em ação / Pra frente Brasil / Saaalve a Seleção / De repente é aquela corrente pra frente... o *jingle* da copa volta e meia interrompia o locutor e zanzava no ar, como o som da flauta do encantador de serpentes. 17h50: escurecia rapidamente e eu curtia um torpor agradável. Apaguei o cigarro no chão, junto ao caixote. Será que o homem cabia? Quanto mais olhava para aquilo, menor parecia. As tábuas toscas pregadas com pequenos espaços, à guisa de respiradouro, eram de um áspero amarelento e cheiravam a madeira nova. 17h55: primeiro comentário de João Saldanha sobre o placar zero a zero.

A essa hora já se fechou o esquema lá embaixo... Eta joguinho chato. Dessas equipes nenhuma é páreo para o Brasil, passamos às oitavas de letra. Tudo escuro. O que dava um estranho conforto. Acendi mais um cigarro, desatento ao jogo. São 18 horas...

2
Caixote diplomático

Seis e cinco, e dez, e vinte. Seis e meia. Partida no segundo tempo, sete guimbas na latinha à guisa de cinzeiro, ponteiro fosforescente subindo devagarzinho as marcas da paciência. Discussão besta com Onório. Ele cismava que a metralhadora Thompson devia permanecer debaixo do seu banco de chofer, só ele podia usar.

– A bichinha fica comigo.

– E se der bode, o que acontece? Você acelera a Kombi, simultaneamente mira com o olho do cu e aperta o gatilho com o dedão do pé? Essa porra é pra usar...

Onório me mandou à merda. Aquilo era como um totem para ele, um símbolo fálico. Ivan entrou cortante na discussão:

– Calaboca os dois! Fico eu com ela até chegar o comandante da ação, aí passo pra ele.

E a Thompson 45, sem cabo, pivô daquele barulhento conflito de autoridade, andou uns 30 centímetros para a direita, sob o assento da frente. Ficamos em silêncio, ouvindo o locutor da rádio Globo. Eu já não queria saber daquele jogo. A sensação boa de torpor tinha sumido, sentia apenas uma ansiedade tenebrosa. Tentei ficar pensando em Tânia, pois era a única coisa que podia aliviar um pouquinho. Mas não conseguia reter na mente sua imagem. Então analisava novamente a ação. Ia dar certo, tinha que dar certo. Vai ou racha. No esquema lá embaixo eu confiava cabalmente. O transbordo é que era longo e Onório imprevisível. A Kombi não podia ser vista naquele beco escuro e, depois, a entrada do caixote no aparelho tinha que ser muito discreta. Durante alguns dias tudo dependeria de a casa não ser localizada. Porque dali não haveria recuo...

Tratei de elevar o meu ânimo. Pensar na boa notícia que chegara na antevéspera: o reaparecimento de Lamarca e do seu grupo. Tinham conseguido romper o cerco do Vale do Ribeira e chegar até São Paulo. Saíram na cara-de-pau através dos bloqueios, estritamente vigiados, da rodovia, a bordo de um caminhão do Exército, vestindo a farda de um sargento e de quatro soldados rendidos numa silenciosa incursão.

Deixaram os militares incólumes, amarrados e amordaçados, no compartimento de trás, em pleno centro de São Paulo, enquanto saíam pela cidade, em busca de algum simpatizante que lhes desse guarida. A maioria dançara durante as quedas de abril e a primeira casa que tentaram estava queimada. O caminhão fora rapidamente localizado e a repressão vasculhava a cidade, em particular as casas de parentes e amigos conhecidos dos cinco fugitivos do Vale.

Assim, apenas se despediam do apavorado simpatizante, deram de cara, no hall do edifício, com uma equipe de oito agentes da OBAN, um dos quais antigo colega de Lamarca, que o reconheceu imediatamente. O encontro teve sua veia cômica. Os *homis*, pouco dispostos a um tiroteio naquelas condições, recuaram para a rua em busca de reforço, enquanto os companheiros fugiam para o outro lado, escadas acima para o terraço, e de lá, de telhado em telhado, até o outro quarteirão, onde desceram à rua, sãos e salvos, à busca do simpatizante seguinte.

Depois de variadas outras peripécias, terminaram arranjando guarida e conseguiram fazer contato com o MRT de Devanir. Este acolheu Lamarca no seu próprio aparelho e mandou emissário ao Rio. Veio trazendo mais dois nomes para o listão dos quarenta. O sargento Nóbrega e o Edmauro, ambos capturados no Vale do Ribeira. Trouxe também dois presentinhos do Lamarca. Uma pistola 45 para Daniel e uma INA destinada a reforçar o grupo de cobertura, encarregado da Variant da escolta do diplomata.

18h50: já passavam 5 minutos da hora prevista para a desmobilização do esquema lá embaixo. Mais um adiamento? Era a segunda vez que mobilizávamos tudo para a operação. A outra fora suspensa no último momento, porque aparecera um camburão. Agora já passavam 50 minutos da hora prevista. Será que tinha entrado areia de novo?

– Vamos ficar mais meia hora. O Bacuri tinha que vir aqui desmobilizar a gente. – Ivan se antecipou à minha pergunta.

Merda, mais meia hora nessa Kombi, com as pernas doendo de ficar sentado. Estou ficando com claustrofobia. Saco... Negócio é me concentrar no jogo. Pensar na Copa. Noventa milhões em ação / Pra frente Brasil / Saaalve a Seleção... Acendi mais um cigarro e me ergui para esticar um pouco as pernas e olhar a rua escura. Ia sentando-me de novo quando estouraram na minha vista os faróis vindos de trás da curva. O Opala azul-metálico, saído de um filme de ação americano, encostou ao nosso lado. A porta se abriu. Era o Bacuri de camisa aberta, blusão e cabelo esvoaçante, 38 na mão. Dentro do carro, o chofer e dois vultos no banco de trás.

– Caixote!

Num piscar de olhos, abrimos as portas laterais da Kombi e o colocamos no chão. Daniel surgiu na minha frente, trazendo pela mão um senhor muito comprido de terno cinza em desalinho e olhos míopes assustados. Reconheci facilmente Erenfreid von Holleben, o embaixador da Alemanha, que já vira num noticiário de cinema, depositando flores no Monumento aos Pracinhas. Peguei os óculos dele, que o companheiro me passou, e apontei para o caixote aos seus pés.

– *Inside, please. It's just a short trip, soon we'll reach a house. You are going to be well treated.**

Saiu cerimonioso, protocolar.

– *Inside?* – perguntou balbuciante. Depois, sem sequer aguardar a confirmação, acomodou-se. Tinha quase 1,90 metro e eu temia que não coubesse, mas estava tão assustado que até em caixa de fósforos se acomodaria. Ajudou a fechar a tampa e suspendemos de novo o precioso cubo de madeira para dentro da Kombi. Bacuri sentou à frente, junto a Ivan, e deu as ordens, enérgico:

– *Vambora*, Onório! Guia com atenção, rapaz, não precisa correr! Você aí, senta no chão direito, não olha pra fora e dá assistência ao homem!

Levantei um pouco a tampa com o propósito de tranqüilizá-lo. Saíamos do beco para o túnel, cujo teto ladrilhado e luzes surgiram, quando fui projetado contra o caixote por uma violenta freada. Outros carros brecavam histéricos atrás de nós, fechados pela entrada precipitada da Kombi; suas buzinas estridentes como címbalos da desgraça ecoavam com as imprecações dalgum chofer.

– Calma, rapaz, calma... – Era o Bacuri tentando serenar os nervos de Onório e prevenir maiores cagadas. Sumiram as luzes do túnel e senti que descíamos a rua Barão de Petrópolis em direção ao Rio Comprido. Onório acelerava bruscamente, arranhava as marchas, ia embalado pelo trânsito, que até não parecia dos piores. O mais chato era não poder olhar pra fora, ver onde estávamos.

---

*Para dentro, por favor. É uma viagem curta, logo chegaremos a uma casa. Você será bem tratado.

– *Don't be afraid. Soon we'll reach a house. You're gonna be ok.**

Como resposta, apenas a nuca dele, impassível, pela fresta da tampa, que eu mantinha suspensa uns centímetros. Imóvel, silencioso, nem parecia respirar. E se tivesse um infarto? Nova preocupação me assaltou. Do levantamento constava uma robusta saúde germânica. Mas coração nunca se sabe...

– Tudo tranqüilo, pessoal! O mais difícil já foi, agora é barbada! – Era o Bacuri com seu pensamento positivo, de olho constante na retaguarda.

Vinte minutos irreais. Trafegávamos agora pelos subúrbios, sem demasiados percalços, os sinais verdes a nosso favor. A noite era cortada regularmente pelo vaivém das luminárias de alguma avenida. Eu prosseguia meu monólogo em inglês com a nuca do embaixador.

Deixamos as luzes da avenida por um caminho mal iluminado e estreito, com os carros cruzando pela esquerda em sentido contrário. Ouvia-os passar do outro lado da lataria. Onório acelerou bruscamente para ultrapassar um ônibus. No vidro sobre a minha cabeça apareceu, repentina, a massa de ferro colorido, luzes e fumaça de óleo diesel, contra a qual chocamos num fragor metálico que vibrou tudo à volta.

A Kombi resvalou lado a lado no ônibus, enquanto soavam buzinas na contramão. Seus pneus da direita se descolaram do asfalto por um apocalíptico átimo de segundo, enquanto o caixote andava sozinho pelo chão e do seu interior vinha um esgar de medo.

Mas a nossa lata de horrores não capotou e Onório ultrapassou o ônibus e seguiu em frente, desabalado. Crispei o

---

 *Não tenha medo. Nós logo chegaremos a uma casa. Você vai ficar bem.

cabo do 38 e tentei pensar em Tânia, numa trepada na praia, para afastar o medo intenso, desintegrar toda aquela tensão retesada, retorcida no peito. Aí não agüentei mais, ergui o corpo ligeiramente e dei uma espichada de olho para fora. Seguíamos pela avenida Automóvel Club perto da fábrica Nova América, das velhas panfletagens; a descoberta aliviou o pânico frio trincado entredentes.

– *Dont' worry. Everything is ok. We're almost there. Almost there.**

3
Três cápsulas deflagradas

Abri a tampa do caixote. Von Holleben ficou imóvel de cócoras, olhar arregalado para os estranhos vultos de capuz negro à sua volta. A entrada foi perfeita: a Kombi encostou de lado no portão gradeado. A porta da casa no fundo do pequeno pátio se abriu e Manuel Henrique veio nos ajudar a trazer o caixote. Num abrir e fechar de olhos o levamos à sala de entrada. Depois, rindo e falando alto, fomos cuidar do resto da mudança.

– Olha as cadeiras. Pegaí a mesa e o tapete, cuidado com o abajur!

Não sei se algum vizinho presenciou nosso teatro. O pequeno lampião da esquina projetava uma luz tênue, cúmplice, sobre a rua de terra batida, meio enlameada e deserta. Não vi ninguém nas janelas das casas vizinhas. Ele continuava de cócoras no caixote, os olhos muito arregalados, a cara vermelha.

---

*Não se preocupe. Está tudo ok. Estamos quase chegando. Quase.

– *You can get out of the box and make yourself comfortable. Over there is your room, your bed. The worse is over. We are sorry for the trip inside the box but it was the safest system. Soon I'll explain you our demands. Everything depends on the Brazilian dictatorship, we are sure that they will release the prisioners, as in both previous cases.**

– Pergunta pra ele se eram policiais os dois do carro que vinha atrás. – Era o Bacuri querendo a confirmação do óbvio, pra puxar assunto.

Traduzi. Ele confirmou e perguntou pelo seu chofer.

– *Is Marinho ok?*

– O motorista dele?

– O motorista tá legal, só susto – respondeu Bacuri.

Levei o diplomata para o quarto contíguo. Ele sentou-se na cama, tirou o paletó, pareceu mais tranqüilo. Um encapuzado bem-educado, falando inglês, devia ser algo bizarro, mas reconfortante naquelas circunstâncias. Era como o dr. Levingston descobrindo que os canibais em volta do caldeirão falavam língua de cristão. Expliquei-lhe nossas intenções. Ele parecia razoavelmente seguro, consciente da própria importância.

– *I'm sure my government will act as necessary. As for the Brazilian authorities I hope they will do as in the Elbrick affair.***

– *That's what we expect also. Look, we don't like this kind of method but it's the only way to save our political prisoners...*

---

*O senhor pode sair da caixa e se acomodar. Ali está o seu quarto, sua cama. O pior já passou. Pedimos desculpas pela viagem dentro do caixote, mas era o sistema mais seguro. Logo vamos lhe explicar quais são as nossas exigências. Tudo depende da ditadura brasileira; estamos seguros de que vão soltar os prisioneiros como nos dois casos precedentes.

**Estou seguro de que meu governo agirá como necessário. Quanto às autoridades brasileiras, espero que ajam como no caso Elbrick.

*You know very well they are suffering all kinds of tortures and some of them are going to be murdered. It's the only way to save them...**

– *I don't approve torture! I've written reports to my government about human rights in your country. I've even discussed the matter informaly with your foreign minister Gibson. He admitted there had been some harsh treatments but as isolated cases...***

– *That's a lie. Torture is an institution in our country, not an isolated case. Do you want to see some letters written by political prisoners?****

– *No. I would like to go to the bathroom.*****

Coloquei o *documento de Linhares,* que lhe havíamos preparado como leitura, de volta sobre a mesa e levei-o ao banheiro. A porta ficou quase encostada enquanto ele sentava para cagar. Pela fresta viam-se apenas as canelas muito brancas e compridas, com as calças arriadas. Eu quis fechar a porta, mas Bacuri não deixou. A janela do banheiro era baixa e ele podia querer fugir. O comandante, muito agitado, andava aos círculos pelo quarto dos fundos.

– Avisa a ele que a casa tá cercada e fica de olho nele. Cuidado com ele! É nazistão, no duro! Inscrito no partido

---

*É também o que esperamos. Olhe, nós não gostamos deste tipo de método, mas é o único jeito de salvar nossos presos políticos... o senhor sabe muito bem que estão sofrendo toda espécie de tortura, alguns deles vão ser assassinados. É a única maneira de salvá-los.

**Não aprovo torturas! Já escrevi relatórios para o meu governo sobre direitos humanos no seu país. Até discuti, informalmente, este assunto com o chanceler Gibson. Ele admitiu que houve maus-tratos, mas apenas em casos isolados.

***Isso é mentira! A tortura é uma instituição no nosso país, não um caso isolado. O senhor quer ver algumas cartas escritas por presos políticos?

****Não. Gostaria era de ir ao banheiro.

nazista, lutou na guerra e tudo. Avisa a ele que a casa tá cercada e que é melhor ele não tentar fugir.

– Porra, deixa o cara cagar sossegado! Depois eu aviso!

O embaixador se limpou, suspendeu as calças, e saiu em mangas de camisa do banheiro, todo cerimonioso, ar ultrajado. Sentou-se na cama enquanto Helga, de capuz, servia-lhe chá, salgadinhos, revistas em inglês e Valium 5.

A janela do quarto dele, o maior da casa, dava para o pequeno pátio cercado pelo muro exterior. As venezianas eram cor de laranja, com cortinas coloridas e um mosquiteiro protegendo a janela dos olhares lá de fora. Na sala de entrada, junto à porta, ficava o sentinela de turno com a Thompson e duas granadas caseiras, fabricadas pelos "proletas", que pareciam bombas anarquistas do início do século. No quartinho dos fundos, atrás da cozinha e do banheiro, havia duas camas, onde dormíamos nós, por turnos. Dos cinco, dois sempre estavam acordados de sentinela, no sofá da sala de entrada. De lá vigiávamos a janela do quarto do embaixador, único caminho possível de fuga, e a porta.

Olhei o relógio. Fazia apenas 10 minutos que entráramos. Pareciam horas. Era a antecipação do que prometia ser aquilo em matéria de espera. Fui ao dormitório. Bacuri estava estendido na cama, de bruços, apoiado nos cotovelos, a cabeça para fora da cama, olhando o chão. Na cadeira ao lado seu 38. Cheirava a pólvora. Peguei nele e abri o tambor. Três cápsulas deflagradas...

– Como foi a ação? Deu algum problema?

– Deu. O da Mercedes tentou puxar a arma, meti bala nele. Três tiros. Um pegou na cabeça. Sangue pra todo lado...

Bacuri fez uma cara de desgosto.

– O pessoal da cobertura também atirou. Mandaram uma rajada de INA na escolta, acho que só feriram levemente os caras. Não deu tempo de verificar.

– Merda. Era melhor a ação ter saído limpa. Assim, fazem uma tremenda exploração da coisa...

– Também preferia – respondeu. – Mas eles, quando botam a mão num da gente, não têm esses pudores não. Matam no pau, devagarzinho, e acham formidável...

Helga irrompeu no quarto pra avisar que já estava dando a notícia no rádio. Corremos para a sala.

> Terroristas fortemente armados acabam de seqüestrar, em Santa Teresa, o embaixador da República Federal Alemã, Erenfreid von Holleben.[64] Um dos guarda-costas foi morto e outros dois feridos. Os órgãos de segurança já estão desencadeando, em toda a cidade, uma gigantesca operação de busca, para localizar os seqüestradores, que fugiram a bordo de um Opala azul e de um Volkswagen vermelho. O Ministério da Justiça já anunciou para esta noite uma nota oficial sobre os acontecimentos.

Nada sobre uma Kombi verde, clarinha... A principal pista estava borrada. A coisa não corria mal. Agora tudo dependia apenas de uma coisa: a ditadura ceder às exigências do comunicado que íamos enviar na manhã seguinte. Quarenta presos políticos e a publicação do manifesto.

4
Encapuzados

Acabou o meu turno de guarda e fui para o dormitório. Ivan e Helga descansavam enroscados num só vulto, silencioso. Deitei-me na outra cama. Sentia frio e toda a fadiga daquele dia chapada no corpo, mas a mente febril continuava aos pinotes. Fiquei muito tempo olhando o teto escuro, infinito. Os pensamentos virando sonhos e uma esperança preciosa palpitando no peito. Ia dar certo.

Porra, esquecemos de abrir o caixote. O embaixador deve estar cansado de ficar lá dentro. Preciso de ordem para abrir? Mas Bacuri desapareceu, Ivan, Mané, Helga, todos sumiram. Apenas eu e o caixote. Então, sou eu que decido. E, se sou eu que decido, vou abrir o caixote. Curioso, ninguém me disse que ia estar pregado. Quem pregou a tampa da porra do caixote? Fui eu! O embaixador ri pra mim lá da sua cama. Está sentado, lê a *Time* e diz que foi ele que pregou o caixote para o prisioneiro não fugir. O risco é demasiado grande, explica. Mas, se não é o embaixador que está no caixote, quem é que está?

Isso já é coisa de faquir. Vou abrir esta porra. Não preciso de ordens de ninguém pra abrir e você vai me ajudar, seu alemão sacana! O quê? Não tem nada a ver com isso? É um problema dos brasileiros, é? Se você não me ajudar a abrir a caixa, eu tomo os seus óculos de novo. Aí você não pode mais ler a revista *Time*. Vamos lá... A tampa cede, facilmente. Os pregos estão enferrujados. Dentro aparece um sujeito muito comprido, de olhos arregalados e bigode. Juvenal.

– Pô, professor, até que enfim aparece alguém pra me tirar daqui! É fogo, velho! Tô dentro dessa coisa há quarenta dias. Estudando. Examinando *pobremas* da Revolução.

Juvenal não está morto, está dentro da caixa e vou ajudá-lo a sair. É fácil sair. É só levantar-se. Levanta e sai daí que eu quero te apresentar para o embaixador da Alemanha! Levanta aí! Levanta aí, rapaz... Levanta aí, rapaz!

Era a mão de Bacuri no meu ombro, o cheiro forte do café na caneca que trazia na outra.

– Acorda. Vai dar assistência ao homem. Não deixa ele ficar nervoso.

Sentei na cama meio zonzo.

– Alguma novidade?

Bacuri explicou que o Comunicado número 1 já fora mandado. Ainda não havia resposta, mas nos jornais da manhã vinha um indício favorável. Tinham publicado, na íntegra, o texto do panfleto espalhado em Santa Teresa, no local da ação. Os editoriais e comentários eram todos de diatribes contra nós, mas continham algumas dicas. Pareciam preparar o terreno para um desfecho favorável da coisa. O governo Médici estava perfeitamente perplexo. Pintara uma pressão imediata dos alemães, sutil como um elefante nos pro formas diplomáticos. O ministro das Relações Exteriores, Walter Sheel, enviara uma mensagem à Brasília na qual declarava a sua "absoluta convicção de que o governo brasileiro faria *tudo* ao seu alcance" para obter a libertação imediata do embaixador von Holleben.

Fui conversar com o diplomata. Estava sentado na cama, olhando para a luz clara e esverdeada que vinha da janela coberta pelo mosquiteiro de plástico fino. O seu paletó cinza e a gravata, pendurados na cadeira, impecáveis. Na mesinha, os óculos, a carteira e uns livros e revistas em inglês, que tínhamos passado para ele na véspera. Uma xícara de chá com uma rodela de limão amassada. Tinha as pernas compridas cruzadas e as mangas da camisa de seda arregaçadas, quando entrei de capuz.

– *Have you slept well?**

– *Fairly well, considering the circumstances, thank you.***

– *We think the situation is quite positive. Your government is in a very firm position. We are sure that the*

---

*Dormiu bem?

**Bastante bem, considerando as circunstâncias. Obrigado.

*dictatorship will act as in the two previous cases. That's what newspaper editorials seem to indicate.**

*– I certainly hope so...***

Ficamos várias horas conversando. Ele parecia bastante seguro quanto ao desfecho da situação, consciente da própria importância. Mas fazia questão de frisar que não tinha nada que ver com a guerra da gente, que sofrera uma violência injustificável.

Eu esgrimia meus argumentos. Não há outra maneira de salvar os presos; além disso, o seu país está se beneficiando da situação de opressão do nosso povo. Isto aqui é o paraíso dos capitais estrangeiros! Vocês investem aqui, não pra ajudar no nosso desenvolvimento, como o senhor pretende, mas pra se beneficiar de regalias que não existem em nenhum outro país do mundo. Falta total de regulamentação dos investimentos, da remessa de lucros, de controle do mercado. Mão-de-obra a preço de banana. Superexploração dos nossos trabalhadores, cujo salário mínimo real desceu em mais de 40%, desde 1964, com a política de arrocho imposta pelos seus sócios militares. As greves são proibidas e ai de quem fizer... Demissões a três por dois. A tal *rotatividade*, que desgraça tantas famílias operárias, mas que é um negócio da China para as multinacionais.

Empresas como a Volks têm lucros enormes, em negócios de especulação financeira, que são proibidos em qualquer país do mundo que tenha um governo minimamente decente. Queria ver fazerem isso na Alemanha. Lá vocês não deixam, não é?

---

*Pensamos que a situação é bastante positiva. Seu governo tomou uma posição muito firme. Estamos convictos de que a ditadura vai agir como nos dois casos precedentes. É o que indicam os editoriais dos jornais.

 **Espero que sim, com certeza...

O senhor precisava era passar uns dias não conosco, mas na casa de um peão qualquer da Volks. Trabalham 10, 12 horas por dia pra sustentar a família, e a mulher e os filhos também têm que dar duro pra poder comer. A empresa tem uma guarda que vigia os operários como se fossem bichos, intimida, e, se alguém se mete a protestar, desaparece. Denunciam para o DOPS do Fleury e o cara some. E as condições de trabalho? Umas cadências que nem robô agüenta, horas e mais horas extraordinárias, que embrutecem qualquer sujeito! Como o senhor deve saber, o nosso país é o campeão do mundo em acidentes de trabalho, porque as empresas que exploram nossos trabalhadores só querem saber de produtividade. Não ligam para a segurança, para a saúde e para a vida das pessoas que nelas trabalham. Brasileiro é como se fosse animal, só serve para produzir superlucros para um punhado de multinacionais e bancos de merda, para alimentar o superconsumo de minorias privilegiadas. Para garantir isso tudo é que existe esse regime. Os capitais alemães, assim como os americanos e os japoneses, tiram lucros fabulosos dessa situação.

– *Fabulous profits, fabulous profits** – insistia.

Von Holleben se animava e respondia.

– Está bem, meu jovem, mas essas coisas não acontecem na Alemanha. Lá os operários têm os seus direitos. Seu próprio partido está no governo, há vários anos. Não tenho culpa da situação do seu país. Sou um homem favorável à democracia, mas na América Latina isso não é muito fácil. O seu país tem um enorme potencial e nós estamos ajudando-o a se desenvolver. Trazemos capitais, *know-how*, tecnologia de ponta para a indústria.

*Lucros fabulosos, lucros fabulosos.

"Se os trabalhadores são maltratados, é culpa dos brasileiros. Numa empresa brasileira que porventura funcionasse na Alemanha, não deixaríamos que os operários alemães fossem tratados assim. As condições da mão-de-obra aqui são um problema do governo dos senhores. As nossas empresas se adaptam às leis do mercado de trabalho existentes. As condições podem ser más, mas sei que o sonho de muita gente humilde é trabalhar na Volkswagen.

"Bem, admito que há vantagens grandes para os capitais estrangeiros, mas isso não quer dizer que o governo da República Federal Alemã esteja contente com o regime militar. Preferíamos que fossem civis eleitos. Os militares são gente de pouca cultura, pouco aptos a governar. São brutais e imprevisíveis. Quem sabe um governo civil fosse melhor para o Brasil? Mas esse é um problema de vocês, brasileiros, eu sou o embaixador alemão e não tenho nada a ver com isso! Não duvido da sinceridade dos ideais dos senhores, mas a violência e o extremismo não resolvem nada!"

Eu voltava à carga:

– Muito obrigado pelo conselho, caro embaixador, mas pelo visto resolve, sim. Foi pela violência que esse regime se impôs, derrubando um governo constitucional, em 64. É pela violência que tem se mantido nesses últimos seis anos. Foi pela violência que esmagou todo tipo de oposição pacífica, até a mais tímida. E foi aí que surgimos nós, que dizemos: Se a violência sempre resolveu pro lado deles, agora vai começar a resolver pro nosso! Pro lado do povo!

"E não adianta o senhor lavar as mãos. Insisto em que o

 imperialismo alemão se beneficia da triste situação do nosso país. Os capitais, a tecnologia estão aí pra gerar lucros para os investidores, não para ajudar no nosso desenvolvimento. A maioria do nosso povo está passando fome, precisa de comida, casa, escola, médico. Não precisa de automóvel, tevê em cores, esses bens de luxo que as multinacionais produzem para os ricos do nosso país. Não precisamos. Os americanos, os japoneses e vocês posam de nossos amigos, mas são nossos exploradores. Apóiam a ditadura e espoliam nossas riquezas."

– *This is absurd nationalism! Absurd nationalism! There's no place for nationalism in modern world!** – Ele estava vermelho e parecia irritado.

Ivan e Mané Henrique[65], parados na porta, divertiam-se com a polêmica em língua estranha. Diziam "ies mister", "oquei caubói", e riam sob os capuzes. Bacuri entrou repentinamente no quarto. Cara descoberta, os cabelos negros revoltos e os olhos muito claros, jeitão leonino. Partia do princípio que o diplomata já vira seu rosto durante a ação. Mas von Holleben virou-se para mim e reclamou, irritado:

– *Why isn't he wearing his mask? I don't want to see faces! No faces, please!***

Traduzi para o Bacuri, que, surpreso, saiu em busca do seu capuz negro e voltou coberto, apenas os olhos aparecendo pelos furinhos. As coisas no devido lugar.

---

*Isso é nacionalismo absurdo! Nacionalismo absurdo! Não há mais lugar para o nacionalismo no mundo moderno!

**Por que ele não está usando a sua máscara? Não quero ver rostos. Nada de rostos! Por favor!

5
Casa & Jardim

O diplomata tinha dessas atitudes. Na véspera recusara, terminantemente, rubricar o papel debaixo do Comunicado número 1. Era apenas para autenticar a mensagem, pois durante os raptos anteriores tinham surgido dezenas de falsos comunicados, exigindo desde a legalização do jogo do bicho até a proibição de o Botafogo vender Jairzinho. Expliquei-lhe que a autenticação apressaria o processo da sua própria libertação. Finalmente, concordou em assinar um papel, à parte.

Quadro de alto nível. O corpo longo, ascético, sempre muito aprumado, a fala polida, mas incisiva, e aquele seu jeitão de rir repuxado. Tratava os rebentos destes turbulentos povos tropicais, ao sul do Equador, com uma condescendente superioridade germânica. Com um desprezo mesclado de perplexidade. Mas buscava constantemente o diálogo político. Queria entender, ver melhor nossas motivações, a própria situação brasileira, que confessava conhecer apenas de contatos formais com o governo, colônia alemã ou relatórios de gabinete. Não foi necessária muita discussão para eu chegar a certas conclusões sobre ele. Não era fascista, independente das convicções que pudesse ter tido nos anos 1930 e 1940.

Era um liberal, elitista, avesso às tiranias e sensível às violações dos direitos humanos. De profissão, advogado. Interessou-se pelo problema das prisões, dos antros de tortura. Traduzi-lhe partes do *documento de Linhares* e ele pediu uma cópia para o governo alemão. Ficou sinceramente horrorizado pelas histórias dos porões do regime. Eu não conseguia ver nele um inimigo real. Até me constrangia pensar que sofrera tamanho susto. Olhos arregalados e carregando no sotaque, me contou a peripécia daquele fim de tarde. Juntando com a história de Bacuri, já dava pra ter a reportagem completa da zona do agrião:

Naquela tarde ficara retido meia hora, por uns assuntos urgentes pedidos por Bonn. Finalmente, volta para casa, a bordo do seu Mercedes, com seu chofer e um dos guarda-costas. Os outros dois seguem atrás, na Variant. Quase à porta da luxuosa mansão, um vulgar acidente de rua. Algum bêbado na contramão numa camionete amarela. Por sorte foi perto de casa, pensa.

Gritos. Correria. Soam três tiros na janela da frente, cai o guarda-costas, a porta de trás se abre. Um rapaz jovem aponta-lhe uma pistola 45. Arrastam-no para fora da limusine até um automóvel azul, parado uns metros mais acima. O carro arranca velocíssimo, passando como uma flecha pela mansão, e sobe a estrada serpenteada.

O resto do episódio me contou Bacuri.

Manda o Daniel fazer o diplomata cheirar um lenço com clorofórmio. O alemão não quer.

– Se reagir, dá uma porrada nele – ordena.

O embaixador conhece pouco o português, mas pesca o sentido inequívoco da expressão.

– Nein porrada, nicht necessárrrio! Not necessárrrio! Understand?

Bacuri pensa que ele se refere ao rapto em si e retruca furioso:

– Não é necessário? Não é necessário? Então, quem vai salvar a pele dos nossos companheiros que estão sendo massacrados na prisão? Não é necessário libertá-los, não, seu gringo safado?

Daniel entra serenando.

– Nicht porrada, pouco diplomatishen. Mas então cheirar lenço o senhor mesmo!

E ele cafunga do éter, preparando-se para ainda maiores baratos: a viagem dentro do caixote, na Kombi do transbordo.

Refeito do susto, agora parecia muito *cool*, deixando transparecer apenas uma exasperada ansiedade de ver aquilo acabar. Ansiedade, aliás, compartilhada à sua maneira por cada um dos habitantes daquela casa perdida nalgum ponto dos subúrbios. O clima geral indicava que o governo Médici ia ceder. Abundavam os indícios. A imprensa dava dicas nesse sentido, o que, dada a situação de censura e controle total das informações, só se concebia com a anuência do regime.

Ainda assim a ansiedade pairava no ar, pesadona, viscosa, desagradável. E se houvesse uma virada de mesa da linha ultradireitista do sistema? O Médici era apenas um testa-de-ferro das decisões do Conselho de Segurança, cumpria a vontade de quem tivesse mais força. Podia haver até um golpe branco, uma pressão irresistível dos comandos de tropa, dos poderes de fato. O desfecho favorável era o mais provável, mas não era certo.

Nem queria pensar nas conseqüências de uma negativa. Olhava pra ele pelos furinhos do capuz negro, com uma acabrunhada ansiedade. Só esperava que tudo não tivesse um fim macabro. Ele não merecia. Nem nós. Helga voltou novamente da rua. Trazia compras e notícias. O policiamento, considerável durante a manhã, diminuíra bastante, voltando à rotina. Os bloqueios de rua haviam desaparecido, assim como as operações de busca efetuadas em alguns bairros. Por via das dúvidas, o nosso pessoal estava instruído a não dar bobeira na rua e se recolher cedo aos aparelhos. Jantamos num ambiente febril, quase em silêncio. Nos comunicando por monossílabos. O embaixador comeu sozinho no seu quarto e depois ficou lendo *Casa & Jardim* em edição inglesa, que pedira que lhe comprassem. O inesperado período de ócio lhe permitia pensar na decoração da sua casa de campo. Depois apagou a luz, em horário de neném, e foi dormir.

Fiz, junto com Mané Henrique, a ronda das 3 às 5 horas, falando da vida. Nossa amizade fora imediata. Mulato, boa gente, com seu jeitão afável, meio tímido. Vinha como Ivan e Helga do nosso antigo comando Lucas, e era já um veterano, pois antes de vir para o Rio fora do GTA da velha VPR, em São Paulo. Varamos a noite trocando folclores do tempo do movimento estudantil (bons tempos, né?) e depois entramos nos papos existenciais. Ele disse que se sentia muito sozinho, que não tinha namorada. Eu tentava pensar em Tânia.

– Não é propriamente uma paixão, mas às vezes a gente trepa gostoso e tem bons papos. Mas não consigo pensar nela. Parece que está a milhões de anos-luz deste aparelho. Como todo o resto. Estranho. Me sinto aqui como um astronauta. É feito nós estivéssemos numa viagem para Marte e este aparelho fosse uma nave sideral no espaço cósmico. Me sinto como aquele cara do *2001, uma odisséia no espaço.*

Ficamos conversando até o fim da ronda, fui acordar Bacuri e Ivan e deitei-me na cama sem sono. Eram longas as horas daquela espaçonave. Do outro lado da parede caiada, o embaixador roncava.

6
Pela Varig

Os jornais da manhã traziam o nosso manifesto na íntegra. Não havia ainda uma resposta oficial do governo sobre a libertação dos quarenta presos, mas corria o boato de que já fora fretado um Boeing 707 da Varig, para um vôo transoceânico. Willy Brandt declarou à imprensa alemã, na seqüência de um contato com Brasília, que estava tranqüilo quanto à iminente decisão do governo militar.

Ivan saiu cedo e voltou com jornais e notícias dos companheiros de fora. Problema com a Kombi. Na noite da ação, Onório a abandonara, às pressas, numa rua qualquer de subúrbio, distante do aparelho. Mais particularmente, num estacionamento proibido. Ao voltar, dois dias mais tarde, para mudá-la de local, não encontrou mais. Soube que tinha sido rebocada pelo DETRAN.

A segurança da ação não parecia ameaçada, já que era sumamente improvável que fossem ligar aquela Kombi, entre as dezenas de outros carros rebocados naquele dia em toda a cidade, ao rapto do embaixador. A Kombi era legal e não fora vista na ação. Mas isso criava um problema para a operação de libertar o embaixador. Não tínhamos mais carros legais e os *frios*, utilizados na ação, tinham sido abandonados. A polícia já encontrara o Opala, o que anunciava com grande destaque, vista a ausência de outras pistas. A inesperada perda da Kombi não chegava a ser um problema grave, porque a coisa ainda ia demorar uns dias, tempo suficiente para arranjar outro carro legal. Bacuri minimizou a questão atalhando:

– Em último caso, mando vir um carro de São Paulo.

No rádio também se configurava a vitória. O manifesto fora lido às 7 horas e eram divulgadas, de tanto em tanto, umas mensagens estranhas, em código, que Bacuri anexava aos comunicados, com recados para os companheiros de São Paulo. A sua divulgação fazia parte das exigências. Entre as cançonetas, jingles de publicidade e anúncios, de vez em quando, pintava uma pausa, e uma voz muito solene de locutor de rádio anunciava:

– ... Operação Juarez Guimarães de Brito! Ousar lutar, ousar vencer! Alternativas 2 e 5. Situação positiva. Até a vitória, sempre! Ou ficar a Pátria livre, ou morrer pelo Brasil! Ass. Joaquim.

Fui avisar von Holleben do evoluir favorável das coisas. Ele vestira o paletó e a gravata como que para um momento solene. Ficou mais falador, mas dava para notar que transbordava de ansiedade. Meu estado era semelhante, em que pese a confiança que palpitava forte no peito. Até agora, excetuando a malfadada Kombi, vítima do DETRAN, tudo corria conforme previsto. A Operação Juarez Guimarães de Brito, de vento em popa.

O embaixador me contava suas recordações da guerra. Servira pouco mais de um ano na França ocupada, como simples soldado.

– Wermarcht ou SS? – perguntei maldoso.

No exército regular, respondeu. Não tinha preparo físico nem mentalidade para as forças de elite nazistas. Logo, males-para-o-bem, contraíra tuberculose, conseguindo ser desmobilizado e acabar a guerra como advogado, longe da frente de batalha. Isso lhe permitira ser útil à reconstrução alemã e chegar à conclusão de que o nacionalismo e a violência eram ruins para o povo, insistia. O seu negócio era um mundo aberto à livre circulação de pessoas, idéias e capitais. Um mundo internacionalizado, onde a eficiência e a competência seriam a mola mestra do desenvolvimento.

Acordou naquele dia com grande disposição polêmica e levantei o meu florete acusador para continuar aquela esgrima de argumentos que mantínhamos desde a primeira noite. Também sou pela livre circulação de pessoas e idéias. Aliás, esta operação vai permitir a livre circulação de quarenta brasileiros. No capítulo da livre circulação de idéias, essa imprensa amordaçada, censurada e cúmplice foi obrigada a publicar o nosso manifesto, quando de hábito não publica sequer a mais tênue alusão crítica ao governo Médici. Quanto à discussão da livre circulação de capitais, vamos ver bem o que isso quer dizer. Se quer dizer que países como o Brasil devem permitir que os capitais estrangeiros entrem, tomem conta do mercado, pilhem os recursos naturais, explorem o nosso povo e controlem os pontos vitais da economia, então é melhor que circulem fora daqui.

Ele já se preparava para devolver a estocada, quando apareceu Ivan à porta, de capuz saltitante, ambos os polegares empinados. Fui até a sala de entrada, onde estavam todos reunidos em volta do rádio escutando o comunicado do governo, anunciando a decisão de banir do território nacional quarenta presos políticos e enviá-los, de avião, para Argel. Todos pulávamos de alegria como num gol do Brasil. De volta ao quarto, encontrei-o inquieto, vibrando de ansiedade.

– *Very good news, sir. Very good news. They are going to release the prisioners!**

Ele desmanchou-se num enorme sorriso de alívio. Depois, olhou-me com dureza e disse:

– *I am happy I did not follow a very strong temptation of doing something to escape. A very strong temptation...***

– *Now imagine you are worth forty political prisoners!****

– *Fourteen?***** – perguntou sem entender direito.

---

*Boas notícias. Muito boas notícias. Vão soltar os prisioneiros.

**Estou feliz de não ter cedido à forte tentação que tive de fazer algo para escapar. Tentação muito forte...

***Imagine que o senhor vale quarenta presos políticos!

 ****Catorze?

– *No, forty. You're worth more than twice ambassador Elbrick of the United States!**

Ele surpreendeu-se com o número de presos pedidos, mas deixou transparecer uma chispa de orgulho. Com os companheiros, era o próprio carnaval. Agora faltava apenas enviar o Comunicado número 2, com o listão dos quarenta presos.

Quanta polêmica, quanta briga causara aquela lauda de papel fino, com quarenta nomes datilografados. Houve várias propostas de lista. Uma vinda de São Paulo, duas elaboradas no Rio, a lista velha de abril. As discussões sobre critérios eram intrincadíssimas. Acabou havendo quase nenhum critério. No entanto, dado o caos, o pouco contato com os companheiros presos, o clima de mitos e os sectarismos existentes na esquerda, os amiguismos e os antagonismos, duvido que se pudesse elaborar uma lista melhor. Pedíamos todos os militantes da VPR caídos em abril, menos Lourenço e Januário. Lourenço porque, além das trinta e tantas quedas que provocara, era quem abrira a escola de treinamento do Vale do Ribeira.

Tinha estado lá no ano anterior, no primeiro grupo. Como não se adaptara, Lamarca o tinha mandado de volta, com instruções expressas para sair do país. Não podia ficar nas cidades ninguém que conhecesse aquela área de treinamento. Mas Lourenço não quis sair e convenceu o comando urbano de que podia assumir um cargo de poucos riscos, o setor de inteligência. Ficaria sem entrar em ações armadas. Assinou um compromisso de, a nenhum preço, revelar o segredo que conhecia. Dupla imbecilidade da organização! Primeiro, quase ninguém cai em ação. Cai-se no dia-a-dia dos contatos clandestinos. O risco que Lourenço corria,

---

*Não. Quarenta. Você vale mais de duas vezes o Elbrick, dos EUA!

comparecendo a pontos, era idêntico ao de um combatente. Assinar um compromisso formal era outra coisa ridícula: na hora do pau é o que menos conta.

Lourenço teve o chamado "péssimo comportamento". Entregou tudo o que sabia e colaborou no interrogatório dos outros presos, num nível pior do que a simples quebra momentânea, diante do terror. Passou a colaborar de maneira continuada. Era considerado traidor. O caso de Januário era muito diferente. Abrira um ponto alternativo de uma semana mais tarde. Juvenal cometera o erro de ir ao mesmo e o absurdo de tentar resgatá-lo. E ele agora via-se responsabilizado pela morte de Juvenal, ficando fora da lista... O comportamento dos militantes presos nas quedas de abril não era, no geral, melhor ou pior do que o dele. E apenas ele era excluído.

Por motivos óbvios, a VPR e a ALN tinham a parte do leão da lista, mas pedíamos também companheiros do MR-8: Fernando Gabeira, Vera Sílvia, Daniel e Cid, irmão do Cesinha. Um lapso imperdoável, a não inclusão do Cláudio Torres, que participara do seqüestro do Elbrick. Do PCBR, tirávamos a figura já legendária do Apolônio de Carvalho,[66] ex-combatente da guerra da Espanha e da resistência francesa. Vinha boa parte do pessoal de Minas, da Velha COLINA, Angelo Pezzuti e seus companheiros do primeiro GTA de Belo Horizonte. Lá estava o nome de Minc, logo no início da lista, inclusão arrancada do comando, depois de uma frenética pressão do *lobby secundarista*. Tínhamos um fortíssimo argumento para exigir a inclusão do Minc no listão. Ele voltava ao pau e estava, fazia um mês, numa solitária na Ilha das Flores, para onde fora transferido depois da queda dos bilhetes que nos mandava. Juvenal esquecera-se de passar a limpo os bilhetes, que caíram todos no seu aparelho, contendo as dicas e a caligrafia que levavam, inexoravelmente, ao prisioneiro solitário daquela dependência naval, junto ao Ministério da Marinha. Recebi seu SOS em fins de abril. Pouco antes de se interromper o esquema de comunicação, o Minc avisou num dramático bilhete que tinham vindo arrancar umas folhas do seu diário, para ver a sua letra, e que esperava o pior. Depois o pau veio cantando firme, os *homis* querendo saber como os papeizinhos escritos na profundeza daquele quartel tinham chegado até os aparelhos de subversão. A transferência para Ilha das Flores e a abertura de inquérito.

– A organização é responsável por essa inqualificável irresponsabilidade, expõe o companheiro preso, em boas condições carcerárias, novamente à tortura, ao desaparecimento. Tem obrigação de tirá-lo da cadeia!!! Puta que o pariu! Era o *leitmotiv* dos meus argumentos em longas caminhadas com Daniel pela Tijuca.

No quarto dos fundos, Bacuri passava a limpo a lista, numa folha de papel de seda, a catar milho, sobre a velha Olivetti, compondo sem erros, em maiúsculas, os nomes dos quarenta companheiros que íamos remover do Gulag patropi para as Arábias, pela Varig.

7
Problema técnico

Noventa milhões em ação / Pra frente Brasil / Salve a Seleção / De repente é aquela corrente pra frente / e todo o Brasil: do nosso aparelho do seqüestro, supersecreto; pelas casas vizinhas daquele cu-de-judas; pelos bares, lares e esquinas,

Rio afora; nos ônibus, ouvido no rádio de pilha; em frente às telas de tevê das lojas de eletrodomésticos, nas repartições, nos quartéis, nas masmorras do DOI-CODI, até o Palácio do Planalto, parou pra ver o jogo do escrete canarinho com o Peru. Não havia televisão no aparelho e ouvíamos o jogo no rádio de pilha, na voz pastosa de Waldir Amaral. O diplomata ficou no seu quarto. Entendia muito mal o português, menos ainda o jargão futebolístico. Não era um apaixonado do nobre esporte bretão nem torcedor do escrete canarinho.

Desde o início, a seleção de ouro foi triturando os peruanos de Didi e, a cada gol do Brasil, o afastado subúrbio da linha auxiliar ia pelos ares, em explosões de fogos de artifício. Dava uma vontade louca de sair para a rua chuvosa, atravessar o lamaçal, ir até o bar, pedir uma birita e ficar curtindo gol do Brasil com o resto do povão. De vez em quando eu ia ao outro quarto relatar ao embaixador as peripécias da partida:

– *Brazil two zero! Peru fucked off.**

Ele agradecia a informação com aquele olhar indulgente de missionário branco tratando com tupiniquins antropófagos. Depois mergulhava de novo o olhar nas decorações de salas de jantar. Pedira *Casa & Jardim, Speigel* e *Time.* Esforçava-se para ler os jornais brasileiros que lhe passávamos. De vez em quando perguntava o significado de uma palavra que não conhecia ou de uma frase. Os jornais continuavam a dar grande destaque ao caso, naquele quarto dia do rapto. Publicavam a lista de presos que iam ser transportados para Argel, no dia seguinte. O Boeing, pronto para partir da base aérea do Galeão, em cuja prisão estavam sendo reunidos os quarenta companheiros, trazidos de vários

*Brasil dois a zero! Peru sifu.

estados. Nos jornais que passei ao diplomata vinham as fichas deles. Eram pintados como monstros sangüinários, bestas assassinas, facínoras da pior espécie. As fotos tiradas na prisão, às vezes na seqüência de uma sessão de tortura, não ajudavam lá muito.

Umas caras patibulares, barba de vários dias, olhar de peixe morto. Von Holleben lia devagar o caderno especial do *JB* e a certa altura observou: "Não acredito que tudo o que digam seja verdade. Afinal, tenho convivido e conversado com os senhores e vejo que podem ser extremistas, mas não criminosos sangüinários. Utilizam métodos violentos, numa situação turbulenta, cuja responsabilidade não pode ser apenas atribuída aos senhores, segundo me parece. Essa imprensa é muito tendenciosa, devia mostrar também o outro lado das coisas." Garantiu que na Alemanha a imprensa era mais imparcial. Correndo os olhos pelas fotos, interessou-se pela do Minc, por causa da juventude e da aparência centro-européia. Tinha o cabelo raspado à reco, o que o fazia parecer ainda mais novo.

– *Is he of German origin?**

Eu ria da mancada e respondi, sarcástico:

– *You've just taken the grandson of a Polish Jew, for a pure German! That proves Hitler was wrong, all the way.***

Ele deu uma risadinha amarela, polida. Depois, abrindo as mãos para dar maior ênfase, disse:

– *Of course he was wrong. He and his mad nationalism. That's why I am so much against all forms of nationalism.****

---

*Ele é de origem alemã?

**O senhor acaba de tomar por alemão o neto de um judeu polonês. Isso prova que Hitler estava errado.

***Claro que estava errado. Ele e o seu nacionalismo maluco. É por isso que sou contra todas as formas de nacionalismo.

– *Oh, come on... You can't mix up two completly different forms of nationalism.**

– *The world has changed. The world's economy is now totaly internationalized. Even the communist countries live inside the capitalistic world market. All forms of nationalism are being abolished in the modern world.***

E a esgrima verbal repartia vigorosa. No aparelho, o clima ficara bem distendido. Os outros também vinham conversar com ele, apenas Bacuri se mantinha reservado. Continuava suspeitando que o embaixador fosse nazista. Eu traduzia uns e outros e, aos poucos, von Holleben ia entendendo o que diziam Mané e Ivan. Helga se esmerava em cozinhar quitutes e fazer chás para o diplomata. Passavam os turnos de guarda e eu dormia um sono pesado, sem pesadelos.

Dia seguinte à tarde, foi anunciada a partida do Boeing da Varig com destino a Argel. Tudo bem! Chegariam tarde naquela noite, hora do Rio, e na manhã seguinte cedo soltaríamos o embaixador, encerrando aquele rapto bem-sucedido. Ia pegar a última ronda; por isso fui dormir cedo. Me acordaram horas mais tarde, o aparelho em clima carnavalesco. As agências internacionais acabavam de confirmar a chegada do Boeing ao aeroporto de Argel. Missão cumprida! Faltava apenas libertar o alemão; eu ressonava nos braços de Morfeu, do outro lado do muro. Os companheiros de fora tinham ficado de conseguir um carro *legal*. A evacuação seria rápida. Primeiro Mané e eu, que ficaríamos no

---

*Ora, sem essa... não se podem confundir duas formas completamente diferentes de nacionalismo.

**O mundo mudou. A economia mundial agora está completamente internacionalizada. Até os países comunistas vivem dentro do mercado mundial capitalista. Todas as formas de nacionalismo estão sendo abolidas no mundo moderno.

Méier. Em seguida o embaixador. Ivan e Helga abandonariam o aparelho logo após a sua saída.

Ele acordou bem cedo, tomou banho, vestiu o terno que Helga lhe passara, apertou a gravata de seda. Ficou sentado na cama todo aprumado, à espera de sair pontualmente às 8 horas, como num dia normal, com o seu chofer.

Acontece que o carro tardava. Lá pelo meio-dia, voltou da rua Ivan com a notícia de que não havia carro, ainda. Expliquei o contratempo a von Holleben. Ficou irritadíssimo.

– *What a lack of organisation! It's outrageous!** – E ficou resmungando. Prometi que até às 20 horas se resolvia o problema.

Bacuri deixara o aparelho na véspera. Partira pra São Paulo e já se tinha confirmado sua chegada sem problemas, por uma daquelas mensagens bombásticas pelo rádio divulgada de manhã naquela cidade. Deixara o Ivan no comando da operação. Passamos o dia inteiro à espera das suas idas e vindas em busca de um carro. A última foi já de noite. Nada de carro. Mil e uma confusões tinham pintado e perdemos o contato com a estrutura que ia fornecer o veículo. O negócio era esperar a volta de Bacuri, que ia trazer outra Kombi de São Paulo. Podia tardar mais uns dois dias, ponderou calmamente. Reagi com incontida fúria:

– Porra, não podemos ficar mais dois dias com o homem! Pega mal na opinião pública, que por muito menos já está sendo intoxicada contra nós pela imprensa. Além disso, o sujeito não merece. Não dá mais pra ficar nesta merda deste aparelho. Chega! Terminamos a ação, agora temos que promover a retirada, segura. Tem muita coisa pela frente. Que porra de planejamento de ação é esse que não prepara

*Que falta de organização! É escandaloso!

nem um carro alternativo! Bosta de artesanalismo! Somos uns guerrilheiros de merda!

– O quê? Então você quer evacuar o aparelho e deixá-lo aqui? Isso o é que você quer? Desmoralização? Quê que foi, porra, tá vacilando, tá?

Seus olhos negros faiscavam de desprezo e desafio.

– Não propus isso... Vai tomar no cu, que não foi isso o que propus! Tem outra alternativa. Segundo você mesmo disse outro dia, depois das 22 horas o bairro fica deserto, ainda mais que está chovendo. Fazemos ele vestir o velho macacão de mecânico que temos aí. Leva o terno embrulhado na bolsa. Pegamos o ônibus, que passa quase vazio, andamos dois ou três pontos com ele, saltamos. Ele continua até o ponto final, desce e aí toma um táxi. Acho que podemos obter dele o compromisso de não dizer que veio de ônibus. Dizer que o deixamos ali de carro. O cara tá louco pra sair, tô seguro que vai topar. – Ele ficou calado, pensando, depois retrucou:

– Só em último caso. Se não se arranjar um carro, talvez a gente faça isso. Agora vai dar assistência ao homem.

Expliquei novamente a situação ao diplomata, que explodiu:

– *You can't do this! The forty prisoners are already in Algiers! I demand to be released immediately!**

Respondi que não era possível, tivesse paciência, era questão de apenas mais um dia. Queríamos tanto quanto ele sair dessa situação. Mas ele não queria saber de nada e não se acalmava:

– *I demand to be released immediately!***

---

*Vocês não podem fazer isso! Os quarenta presos já estão em Argel. Exijo minha libertação imediata!

**Exijo minha libertação imediata!

Voltei à sala e comuniquei ao Ivan que o homem estava meio indócil. Ele me olhou raivoso.

– Culpa sua! Fica tratando o homem com paninhos quentes, é isso que dá! Tem que mostrar pra ele que a gente não é moleque, não. Dar uma dura. Ele tá fazendo a gente de moleque! Por causa de você!

Me sentia uma perfeita bola de pingue-pongue. De saco cheio, resolvi acabar com aquilo. Voltei ao quarto e dei com o alemão em pé, junto à janela. Pedi que ele se afastasse dali. Ele se recusou e permaneceu imóvel, junto ao mosquiteiro fino de plástico esverdeado que dava diretamente para o jardim.

Recuei até a porta, espichei o braço e suspendi da cadeira da sala o cinturão com a arma. Abotoei e puxei um pouco para fora a coronha do 38. Ele continuava imóvel, junto à janela.

– *Sit down immediately! It's not over yet!**

Minha voz soou ameaçadora pelo quarto. Ele recuou devagar e voltou para o seu lugar meio lívido. Perguntou:

– *Why are you wearing a gun? You never came with a gun to this room before.***

Realmente, eu costumava sempre tratar com ele desarmado. Por respeito ao prisioneiro e também pra não dar bobeira de arma na cintura num ambiente de conversa. O revólver, a Thompson e as duas bombas anarquistas eram mais úteis ali na cadeira da sala, junto à entrada.

– *For no special reason**** – respondi, envergonhado do calibre do argumento do qual lançara mão.

---

*Sente aí imediatamente! Ainda não acabou!

**Por que você está armado? Você nunca entrou neste quarto com uma arma antes.

***Por nenhuma razão especial.

– *Why dont't you simply let me go? I'll find my own way and promise I won't give the Brazilian police any sort of information.**

Garanti-lhe novamente que até a noite do dia seguinte tudo estaria resolvido. Que era um simples problema técnico. Perguntei se não queria enviar outra carta à esposa, explicando o atraso da sua libertação por problemas técnicos. Ele gostou da idéia, fez a carta, que assegurei seria despachada pelos canais que havíamos estabelecido com a embaixada. Depois que terminou, dobrou o papel e pôs dentro do envelope aberto que lhe passei, suspirou novamente e disse pela enésima vez:

– *I thought you were beterrr orrrganized...***

8
Útero clandestino

Naquela manhã discuti detalhadamente com o embaixador a hipótese da "retirada proletária", de macacão e ônibus de subúrbio. Ele se entusiasmou com a idéia e empenhou a sua palavra que diria à polícia ter sido deixado junto ao ponto final por um automóvel vermelho, cuja marca lhe escapara, por estar de olhos vendados. Em contrapartida, pediu a minha palavra de que sairia naquela noite. Garanti que sim, pois o próprio Ivan já aceitava esta hipótese, dado que Bacuri não mais se comunicara conosco. Saiu

---

*Por que não me deixa ir embora? Posso encontrar o caminho e prometo não dar nenhuma espécie de informação à polícia brasileira.

**Pensei que vocês fossem bem mais organizados...

novamente para ver se conseguia um carro, voltando já no fim da tarde. Chegou, fechou a porta da rua, ficamos todos olhando pra ele, ansiosos. Fez uma pausa, deixando pairar no ar um certo suspense, e, sorrindo com os dentes muito brancos e afilados, rematou:

– Retirada em 15 minutos. Pintou aí um carro.

Começamos a juntar os poucos livros e materiais subversivos, bem como as roupas e os lençóis. Depois, com um lenço, apagar as impressões digitais pela casa. Fui dar a dica ao diplomata.

– *Good news, sir. In less than an hour you are going to be released. We've finaly got a car.**

Ele ficou muito excitado, a ansiedade a marcar-lhe o rosto. Batemos o último papo rápido e discutimos o problema da mensagem que dirigíamos através dele à Cruz Vermelha Internacional, à ONU e ao governo alemão. Nela denunciávamos a situação nas prisões da ditadura e propúnhamos um trato: renunciar a quaisquer futuros raptos de diplomatas, caso cessasse a tortura nos porões do regime.

A idéia foi minha, a muito custo consegui convencer Bacuri, antes da sua partida, dar o aval; Ivan e Helga se opunham. Ele dizia que podia parecer prova de fraqueza. As torturas não iam acabar mesmo. Pra que propor? Eu insistia que era útil politicamente levantar essa questão, pois aumentaria a pressão internacional sobre o regime. Alertaria a opinião pública dos países grandes acionistas do milagre econômico de que a melhor forma de evitar seqüestros era cessarem as torturas e elucidar a situação dos desaparecidos. O diplomata colocou no bolso de dentro do paletó a missiva e uma cópia do *documento de Linhares*. Curiosamente,

---

*Boas notícias, senhor. Em menos de uma hora vamos libertá-lo. Finalmente temos carro.

interessara-se pela proposta, aceitando de bom grado pleitear a questão ao seu governo.

– *So you say that if they stop torture, you will stop abducting western ambassadors? That's it?**

Confirmei e lhe traduzi novamente o texto da carta de duas laudas, cuja cópia eu tinha no bolso.

– *I will be happy if I can do something useful to stop torture and also asure the safety of other colegues as well as myself.*** – Apontou para o bolso interno do paletó. – *They won't dare search me here, will they?****

– *I don't think so.*****

Trocamos um inesperado olhar de cumplicidade, o meu espremido pelos furos do capuz, o dele atrás do grosso vidro dos óculos de aro de tartaruga. Lá de fora veio o som de um motor encostando no portão de entrada. Olhei pelo mosquiteiro. Era um Volks azul-escuro velhusco. Natália.

A sucessora da incinerada Krupskaia. Não menos incinerada em termos de queimação. Fora comprada no nome de Alex, que perdera os documentos numa viagem que fizéramos à Bahia, em fevereiro daquele ano, em pleno Carnaval. Desde então, rodava-se com ela sem papéis, apenas com o atestado de extravio dos mesmos obtido em uma delegacia de Salvador. Já tínhamos decidido, não sei quantas vezes, livrar-nos dela. Vender não dava, abandonar era perigoso, pois podia comprometer o companheiro. O negócio era raspar o número do motor e tacar fogo, solução extrema,

---

*Então vocês dizem que, se eles pararem de torturar, vocês param de seqüestrar diplomatas ocidentais? É isso?

**Ficarei feliz em poder fazer algo útil para parar a tortura e também para garantir a segurança dos meus colegas, bem como a minha.

***Eles não ousarão me revistar aqui, não é?

 ****Penso que não.

refratária ao nosso sentimentalismo e ao fato de ela continuar servindo para inúmeros quebra-galhos de última hora, como aquele. A mais recente decisão de se desfazer do Fusquinha fora tomada nas vésperas do rapto. Felizmente não executada. Ao encontrar Ivan naquele dia e saber do impasse criado no aparelho pela perda da Kombi e pelo furo do esquema encarregado de adquirir um carro legal, Alex se lembrou dela.

– A solução é a Natália. Ficamos de raspar o número e queimar, mas apareceu aí um esquema, com os proletas, de tirar o motor e vender as peças. Depois, ia chamar atenção um carro incendiado na véspera do seqüestro. Resolvi esperar um pouco e já tô vendo que serviu. – E ali estava Natália.

Apertei a mão de von Holleben, transmitindo os melhores votos à sua mulher e filhos, felicidades na carreira diplomática. Ele agradeceu e despediu-se de mim com um olhar de reprovação condescendente:

– *I hope nothing happens to you.**

– *So do I...***

Voltei à sala de entrada, coloquei o 38 na cintura, por cima o zíper do impermeável verde. Me despedi de Ivan e Helga e saí junto com Mané Henrique pela porta, por onde entrava, aos borbotões, o ar fresco e chuvoso da noite. Atravessamos ligeiros o jardim, o portão de ferro, até o Fusca, onde nos esperavam Ronaldo e Caetano. Sentei-me atrás e fiquei olhando para baixo. O carro partiu às voltas pelo bairro de pouco trânsito e de bruxuleantes luzes amareladas.

Rodamos 15 minutos até o Méier. Ronaldo,[67] ao volante, avisou que já podíamos olhar. A viagem transcorreu num instante, eu curtindo o ar que entrava pelo vidro arriado,

---

*Espero que não lhe aconteça nada.

**Também eu...

numa espécie de embriaguez, num barato de liberdade. Os companheiros soltos do outro lado do oceano, lá pelas Arábias. Eu saindo vivo daquela transação doida. Motivos de sobra para uns minutos de completa felicidade. As luzes e os néons pousavam doces nas minhas pupilas, o ar sujo esfumaçado do subúrbio cheirava fresco e gostoso, pois chovera e eu estava livre.

O carro parou, nos despedimos dos companheiros e descemos. O Fusquinha deu a volta e sumiu no trânsito para buscar o próximo passageiro, o embaixador von Holleben. Ficamos os dois na calçada, dando gritos de gol e pulando. As pessoas que iam passando, em torrentes coloridas, nos olhavam curiosas, pois, afinal, não havia jogo nenhum da Copa naquele dia.

Pegamos o Méier–Copacabana, velho de guerra, e seguimos em silêncio, curtindo o trânsito entorpecente até a zona sul. Me despedi de Manuel Henrique na praia de Botafogo, onde desci do ônibus de um salto e atravessei as outras pistas num pique, até chegar à esquina com a Voluntários. Fui andando até o meu beco, perto do cemitério, e entrei silencioso na casa, abrindo a porta do quartinho apertado. A família do senhorio parecia ter saído e apenas estava em casa o locatário do quarto maior do segundo andar, de onde chegava o som do rádio.

Olhei pra cama estreita, armário e mesinha-de-cabeceira, mobílias solitárias, que parecia terem sido abandonadas havia séculos. Liguei o rádio e deitei-me olhando para o teto. Não tinha sono. Era cedo. Queria celebrar com alguém. Sair, encontrar o pessoal da velha patota, tomar umas biritas, ouvir um som, queimar um baseado. Queria ver Tânia. Trepar na praia. Quem sabe um motel da Barra? Ninguém ia procurar-nos num motel da Barra...

Sonho impossível. Eu estava *estanquizado*, as instruções eram de passar uma semana sem ver ninguém, só um contato por dia com a organização. Motivos de segurança. Vinha aí a rebordosa... Eu não ia respeitar o prazo e já decidira passar o dia seguinte na casa do Carlinhos. Mas Tânia eu não sabia onde morava e só conseguiria contatá-la dentro de alguns dias, por via orgânica. Nem sequer conhecia seu nome verdadeiro.

Para aquela noite as ordens eram determinantes, pois se previam grandes batidas policiais pela cidade afora, assim que aparecesse o diplomata. Eu ia ter que comemorar a libertação dos quarenta companheiros, do embaixador e a nossa fechado no meu quartinho em companhia do 38, de um armário pesadão e feio, uma mesa-de-cabeceira, uma lâmpada e alguns livros marxistas.

Não tinha sono. Sintonizei um programa musical e fiquei curtindo o meu refúgio apertado, útero clandestino da cidade, à espera de que dessem pelo rádio a notícia da libertação do embaixador alemão. Apaguei a luz, abri um pouco a janela sobre a cabeceira e fiquei respirando o ar com cheiro de verde e chuva que vinha lá de fora, numa brisa quase que imperceptível.

Parte VI

Brasil: ame-o ou deixe-o

1
Gol de canhota

Gerson arrematou de canhota, de fora da área. A bola malhada cortou a selva de tons cinzentos do vídeo e mergulhou no gol, estufando as redes da Itália.

– Gooooooooool!

Ficamos todos pulando em volta do televisor, onde aparecia, agora, todo o escrete canarinho abraçado, como um cacho de bananas, cobrindo inteiramente o autor do magnífico golaço. Depois de três pulos até o teto, aterrissei no sofá. Ganhamos! Brasil tri! Era pena não poder ouvir o delírio das multidões, o espocar dos fogos de artifício, o fragor saindo dos edifícios, o carnaval no asfalto, pelas ruas. Fora daquela bucólica sala de estar, com lareira e tudo, trinavam os passarinhos e zumbiam os insetos, no universo verde da fazenda. Indiferentes ao tricampeonato.

A casa mais próxima ficava a umas centenas de metros, do outro lado do açude. Nela vivia o empregado daquele sítio vizinho ao dos meus pais. Também não parecia ligar muito pra Copa, pois, quando chegamos, pela estrada de terra batida, a passadas largas com medo de perder o início do jogo, ele vinha em sentido contrário com uma galinha debaixo do braço, a qual cacarejava tristemente embrulhada num jornal velho.

O dono da fazenda e da única tevê das redondezas era um tal de seu Aloísio, que comprara aqueles três alqueires de terra de Mr. Whitley, um inglês da Esso, amigo de papai. Testa pequena, olhos escuros, muito brilhantes, nariz de bico de ave, curvo e pontiagudo, lábios finos. Um cara nervoso e inquieto. Comprara a fazenda pra criar galinhas e tinha grandes projetos, que expunha com orgulho. Soube que fora integralista nos anos 1930. Não sei se vinha daí a vocação pelos galináceos verdes e outros.

Fomos fazer-lhe uma visita na hora do jogo, conforme combinado na véspera. Ele, na total ignorância das minhas atividades e de quem era, realmente, aquela patota, recebeu-nos de forma cordial, pois devia favores a papai. Sua mulher, uma amável criatura que ele comandava com o olhar severo, trouxe umas cervejas, e assim curtimos as peripécias daquele Brasil x Itália.

Alex e Lúcia estavam abraçados num canto. Daniel, de cócoras junto à televisão, tentava melhorar a imagem, enquanto Tânia batia papo no sofá com a dona da casa. O criador de galinhas, ereto na sua poltrona patriarcal, tentava decifrar as implicações do gol nos destinos do bolo desportivo, cujos palpites anotara, num papel amassado, com seu lápis de fazer contas.

Sidnei, o sexto personagem daquela heteróclita torcida, tinha os olhos perdidos no vídeo. As pernas cruzadas em postura de ioga, mantinha-se impassível desde o início do jogo. Apenas na hora dos gols do Brasil é que pulava aos berros, para depois voltar ao tapete, na mesma posição. De cabeleira "afro", pulseiras e balangandãs, parecia saído dum concerto *pop*.

Continuava a ajudar em uma ou outra pequena coisa (não menos perigosa, naqueles tempos), mais por amizade do que por convicção política. Era o mesmo caso de Carlinhos, que eu encontrara dias antes daquela viagem de fim de semana. Nosso primeiro contato depois da ação do embaixador alemão. Foi um abraço forte de me levantar no ar, coisa nada fácil, pois era mais baixo que eu de um palmo. Era a alegria da libertação do Minc, seu amigo de infância ainda antes dos tempos do CAp, lá no colégio Elieser Steinberg.

– Genial! Genial! Vibrei. Quando leram a lista de nomes, eu e Ari soltamos uns morteiros pela janela. Depois que chegou a notícia da chegada do avião a Argel, mais dois. A maioria dos secundas velhos de guerra deixara a militância, mas alguns nos davam guarida, nos recebiam com o abraço e os fogos de artifício...

Carlinhos não quis vir conosco compartilhar da nossa licença da organização para descansar a cuca depois do rapto. Voltara à faculdade e precisava estudar. Quanto ao Sidnei, que eu encontrara na véspera, numa pior, estava há dias sem sair de casa, sem ver ninguém, gostou da idéia. Fazia tempos que não via Daniel e Alex e estava com saudades dos amigos sumidos na barra-pesada.

Apesar de os companheiros ali presentes serem do que havia de mais aberto e menos moralista na organização, ainda eram, na época, à imagem da esquerda em geral, contrários à maconha. As meninas também. Sidnei trouxe um fuminho de primeira e dois LSDs, provocando olhares de indulgente reprovação do Daniel e sarcasmos do Alex.

Eu defendia nas conversas, mas nunca tinha fumado na frente de companheiros da organização. Naquele dia, porém, dei uns tapinhas com o Sidnei e saí oferecendo para os demais, que se recusaram. A erva era de primeira e fiquei curtindo a natureza e as paisagens de infância. No dia seguinte, queimamos outro baseado antes do jogo e Sidnei tomou um dos ácidos. Me ofereceu o outro.

– Não. LSD não. Esse negócio mexe na cuca a sério. – Eu queria fazer a experiência algum dia, mas era melhor deixar para o futuro. (E se não desse tempo?) Ele riu de minhas dúvidas e divagações tomando mais um *Purple Haze*. E ali estávamos todos reunidos, os cinco "terroristas", o *hippie* com LSD nas idéias, o criador de galinhas integralista e a sua mulher vendo a volta olímpica do escrete canarinho, Jules Rimet na mão, dentro do estádio mexicano. Um cenário perfeitamente tropicalista. A torcida mexicana tinha rompido os cordões de isolamento e invadido o campo para disputar as preciosas camisas dos 11 tricampeões. Seu Aloísio se indignava:

– Se fosse aqui, a PM baixava logo o pau. Não ficava nessa frouxidão.

Nos entreolhamos cúmplices. Mal sabia, o galinha verde... Tânia veio silenciosa e sentou-se perto de mim. Fiquei tenso. Nosso reencontro, desde a semana passada, tinha sido uma decepção. Longe dela, nos instantes patéticos da Kombi, na viagem ao cosmo, tive saudades, incríveis fantasias. Mas o reencontro, num ponto em Copacabana, foi (sei lá por quê) sem sabor, frustrante.

Engordara um pouco, tinha o jeitão paradão, o ar envelhecido. Trepamos mal. O diálogo, sempre difícil, mesmo nas fases boas, emperrava em monossílabos. Por alguma razão, que eu não conseguia perscrutar bem, sentia por ela uma angustiante sensação de rejeição que se agravava na cama, quando o sexo despejava golfadas de frustração dentro de um corpo não mais desejado. Dava um mal-estar, uma vontade de chorar, de fugir.

Reagindo ao meu laconismo, cheio de farpas, ela fechava a cara, ficava emburrada, implicava com meus baratos e não se enturmava nas comemorações do tri. Eu me sentia culpado de ela estar metida nesta nossa guerrilha agonizante, fadada ao pior. No treinamento de tiro de véspera senti isso mais claramente. Subimos por uma picada no mato até uma clareira cercada de grandes pedras. Preparamos uma silhueta e várias latas de óleo como alvo. Alex liquidava as latas com tiros de uma 44, emprestada pelos "proletas". A cada estrondo, elas voavam para dentro dos arbustos.

Segurei firme a coronha do 38, o cão puxado pra trás. Os tiros soaram um atrás do outro e ricocheteavam nas pedras. Os furos bem agrupados um pouco à esquerda, Tânia ao meu lado se sobressaltava a cada detonação, segurava desajeitadamente o seu 32. Não se lembrava direito da posição de tiro, tantas vezes explicada. Era o terceiro treinamento e ela não conseguia acertar o alvo. Eu imaginava aquela lentidão toda de intelectual estudiosa, aquela falta de jeito numa ação, e me crispava de maus presságios. À noite, na cama, após uma relação insatisfatória, virei-me para a parede. Depois de um longo silêncio, ela disse:

– Você tá todo fechado. A gente não conversa.

Eu não queria falar, nem explicar, nem discutir, nem entender. Queria era sumir dali, me perder na noite escura e estrelada e ficar ouvindo os grilos e os sapos até esquecer...

– Porra, fala comigo!

– Não dá mais pé. Não me pergunta por quê... Só sei que não dá mais pé.

– Quer dizer que você quer que a gente acabe?

Fiz que sim com a cabeça, envergonhado com o alívio que aquela saída me dava. Ela ficou imóvel, em silêncio, tristonha e acabrunhada. Isso foi na véspera da final da Copa do Mundo.

2
Corrente pra frente

Voltamos para o Rio dois dias mais tarde, na noite do regresso triunfal da Seleção de Ouro ao Brasil verde-anil. Na Cinelândia comemorava-se o tri a altos berros, faixas, bandeiras na mão. Blocos carnavalescos. O trânsito estava completamente engarrafado e ficamos os seis entalados dentro da Natália, à saída da Rio Branco. Estranha sensação dava aquela massa imensa comemorando ululante. Vi uns PMs baixando o pau num grupo de foliões. Tinham aberto a vitrine de uma grande loja pra consertar a imagem pululante do aparelho de televisão a fim de que mais gente pudesse ver a chegada do escrete nacional. A multidão em volta assistia à pancadaria sem esboçar reação, alguns gozando do barulho do lenho nas costelas dos infratores.

Os foliões expulsos da loja a golpes de cassetete e chutes pararam no meio da rua, entre os carros. Sem alisar feridas, voltaram à comemoração do tri. Como nas brigas de boate, a orquestra tocava mais alto. Orquestra *sui generis* essa. Regidos pelos vídeos mágicos, deixados ligados nas vitrines das lojas e bancos, as buzinas, o burundum das mãos nas latarias e o respirar ritmado dos motores. Ofegar de óleo diesel dos ônibus cheios, o povo todo de ouvido colado no radinho transistor, ouvindo a chegada dos nossos craques vitoriosos, vindos do México.

E como deixar de comemorar? A seleção de Zagalo – à qual João Saldanha dera o grande impulso inicial – levou o futebol brasileiro à sua plenitude. Pelé em ótima forma. Gerson, Tostão e Rivelino, reis do meio-campo. Jairzinho, desbravador da defesa adversária. A seleção era ainda melhor do que as de 58 e 62. Faltava apenas a genialidade endiabrada de Mané Garrincha, alegria do povo. Era o futebol brasileiro na sua mais feliz expressão. Este futebol que nasce nos becos, nos baldios à volta das favelas, nas praias, e acaba nos estádios cheios. Futebol dos craques nascidos do povo, das suas peladas.

Porque queriam saber da seleção, acompanhar todos os detalhes da Copa, dezenas de milhões de pessoas ficaram como hipnotizadas, de olho no vídeo. A Copa e suas imagens eram o centro de todas as conversas, de todos os palpites. Não perdiam um só videoteipe, uma só entrevista com os jogadores, ouviam as dicas e debates dos comentaristas, dos especialistas, das autoridades em geral, opinando sobre futebol.

O governo aproveitou a ocasião para deslanchar uma gigantesca campanha de autopromoção. Era como se a vitória do tri lhe pertencesse. Como se tivessem sido os cartolas e os figurões do governo Médici os autores dos golaços e das tabelinhas nos estádios mexicanos! O grande simbolismo foi dado pelo próprio general, que recebeu a bola malhada do Brasil x Itália das mãos de Pelé e dos altos cartolas da CBD. Saiu cabeceando o couro para o lado dos seus guarda-costas, sob os *flashes* dos fotógrafos e as câmeras de tevê difundindo ao vivo pra todo o país. Virou o dono da bola.

Os comentaristas e grandes apresentadores de tevê se desdobravam num fervoroso festival de puxa-saquismo: o presidente era tão humano, grande torcedor do Brasil e do Flamengo. Grande amigo de Pelé e de todos os brasileiros. O obscuro general, eleito meses antes por sufrágio restrito dos generais de duas, três e quatro estrelas, caiu no Planalto por acaso. Foi o único a reunir consenso, por ser dos menos cotados, um *tertius* ou mesmo um *quartus*, para apaziguar a oficialidade média, em particular os coronéis, cujo seleto título eleitoral para aquele pleito fora suspenso pela patente superior.

Essa curiosa suspensão de direitos eleitorais se deveu ao fato de os coronéis preferirem o general Albuquerque Lima, conotado como "peruanista".[68] Este tinha o apoio da linha dura do aparelho repressivo, mas a desconfiança dos círculos ocidentais, grandes acionistas da nossa economia.

Entre os chefes militares de maior confiança, havia outras candidaturas (Lira Tavares, Radmaker, Sizeno etc.), mas todas empatadas por rivalidades pessoais ou interarmas. O ex-chefe do SNI e então comandante do III Exército não era tido como pretendente e serviu para o desempate. Subiu sem poderes, como primeiro dignitário, mais que presidente. O poder de fato se repartiu em duas esferas. A gestão da economia e finanças, do *milagre*, foi entregue ao Delfim. A esfera "povo e assuntos gerais" ficou a cargo do "sistema" de repressão policial-militar. A autoridade de controlar tudo, cercear tudo. O poder de torturar e matar sem dar explicações a ninguém. Como testa-de-ferro de um poder exercido em termos práticos pelo Conselho de Segurança Nacional, coube a Médici fazer opereta, popularizar-se através da grande mídia, naquele momento de comemoração nacional.

Na pausa do futebol, bombardeavam os milhões de torcedores com uns temas bem para lá do nobre esporte bretão. O governo Médici criara um novo DIP,[69] a AERP, que determinava o tom e os assuntos que se deviam dizer, dividia trabalho com a Censura. Enquanto os policiais presentes nas redações e estações cortavam o que não se podia dizer, o novo DIP dava a dica do que era conveniente, quando não obrigatório, difundir.

Símbolo máximo da sua produção ufanista: o slogan BRASIL, AME-O OU DEIXE-O. Também a frase histórica do primeiro dignatário no gol da vitória: NINGUÉM SEGURA ESTE PAÍS. O Brasil já era, enfim, o país do presente. Desenvolvia-se num frenesi de PIB a 10% ao ano e isso garantia o seu destino de grande potência e vida melhor para todo mundo. Ninguém segura. O que ninguém segurava, na verdade, era a entrada massiva de capital estrangeiro, que fazia crescer, a índices nunca vistos, a produção de bens de consumo modernos e duráveis para a classe rica e média, e criava um sistema de crédito ao consumidor, um mercado de elite em franca expansão. O rumor de "tem-gente-aí-ganhando-dinheiro, por-que-não-eu?" desceu até a baixa classe média e setores grandes do povão.

"Tem-gente-aí-ganhando-dinheiro." Era como o ouro no Alasca, a notícia circulava entre os labutantes, não enchia bolso de ninguém, mas tinha o sabor incomparável da ilusão. Da ilusão que o videolhão mágico espalhava pelo Brasil-ame-o-ou-deixe-o, pelo Brasil-ninguém-segura, pelo Brasil-milagre. A euforia do tri era canalizada para cantar o advento do crescimento econômico. NINGUÉM SEGURA ESTE PAÍS e BRASIL, AME-O OU DEIXE-O pretendiam encarnar este estado de espírito de feroz individualismo, esta busca frenética de como subir sendo mais vivo que os outros. Uma ode ao cinismo e à vigarice, impregnada de um patriotismo boca-pra-fora.

Na verdade, o slogan cheio de empáfia que incitava o povo incomodado a se mudar da pátria, o slogan precursor do exílio era a tradução pura e simples de AMERICA LOVE IT OR LEAVE, vindo dos pára-brisas dos automóveis dos seguidores de Richard Nixon e Spirou Agnew, os fodões lá da metrópole. Apenas trocaram o nome do país, o *star spangled banner*, o azul e vermelho pelo auriverde pendão da esperança. Virou a filosofia máxima do "nacionalismo" vigente. Macabra ironia da história. Quanto mais se abria o país ao capital multinacional, mais se brandia o verde-anil! Ali espremidos os seis dentro de Natália, saindo aos poucos do engarrafamento, comentávamos, críticos, a absurda situação. Aquela enorme manipulação, irresistível, amargava nossa curtição do tri.

Mas o carnaval não queria saber de porquês nem de senões. Queria consumir o momento, a vitória e a glória. Desoprimir o peito, desopilar o fígado, acreditar no que dizia a televisão. Acelerando de leve e abrindo caminho ao lado da calçada, paramos no último sinal antes do Passeio. Passou rente ao carro um dos foliões expulsos pelos PMs da vitrine dos televisores. Era magrinho, mulato e tinha o cabelo empapado de sangue, que gotejava na camisa clara. Eufórico, batucava na lataria dos automóveis gritando o refrãozinho consagrado na vitória da véspera, em música criada pelo Chacrinha:

– Ó dona Amááália / Ó dona Amááália / o Brasil botou na bunda da Itáááália!

3
Ator de TV

— Passei um ano na clandestinidade, dedicando o melhor da minha juventude a uma causa assassina e a uma organização sangüinária. O objetivo do terror é matar e destruir. Convivi com homens que pretendiam incendiar a Petrobras, assassinar friamente brasileiros em covarde represália pelo desbaratamento das suas organizações fratricidas. Ao povo só resta repudiar os que perturbam a ordem pública e o progresso que vem sendo custosamente alcançado.

"Vi com meus próprios olhos o desenvolvimento nacional empreendido pelos dirigentes do país. Respondi ao apelo do presidente Médici. Fiquei entusiasmado com o presidente Médici! Soube que ele foi constatar *in loco* o problema do Nordeste! A Transamazônica é um espetáculo que merece o aplauso de todos nós!"

Era a televisão de novo. Videolhão que pairava nas casas, nos bares, em toda parte. A catilinária contra nós e a bajulação dos governantes não vinha da boca dos animadores de tevê, convertidos em publicistas do regime, dos Sílvios Santos da vida. Eram encenadas por um personagem até aquela noite desconhecido do grande público.

Mau ator, cheio de tiques. Boca torta e flácida, dentes de coelho meio retorcidos. Ao falar, juntava uma babinha no canto dos lábios. O cabelo cortado à reco realçava as orelhas de abano. O tom de voz, porém, era duro e empostado. Lourenço repetia a lição diante das câmeras.

Crispado de horror, eu assistia, na televisão de um bar de esquina, o ex-companheiro abjurar. Sabíamos que ele tinha aberto tudo o que sabia, provocado dezenas de quedas, inclusive o Vale do Ribeira. Mas uma coisa era o sujeito abrir na tortura, outra era o nível de colaboração que implicava aquele espetáculo degradante.

– Não se pode dizer que os presos à disposição da justiça brasileira estejam sendo submetidos a uma situação carcerária desumana. Chega a ser irônica a afirmação de semelhante disparate, quando nos é permitido possuir os mais sofisticados aparelhos eletrodomésticos, receber visita regular de familiares. Há mesmo alguns que têm continuado os seus estudos na prisão. Um ou outro desentendimento que se tenha verificado entre presos e autoridades carcerárias é mera questão de rotina administrativa, que se dilui no cotidiano.

E por aí vai. Passou quase uma hora de horário nobre a jogar merda nos companheiros, cantar loas ao governo Médici e fazer propaganda da colônia de férias do DOI-CODI. Já era o sexto, em menos de um mês. O anterior fora Massafumi. Um militante da organização lá de São Paulo que se queimou, perdeu o contato e pediu ajuda à família para sair do país. O pai fez um trato com os *homis* e convenceu-o a se entregar.

O caso de Lourenço era diferente.[70] Foi muito torturado na PE da Barão de Mesquita, o que era um atenuante. Primeiro fizeram dele o "pele" da prisão, pois se submetia a tudo. Obrigavam a imitar galinha, ele cacarejava; rodava a manivela da máquina de choques elétricos para os outros torturados. E depois passou a um nível de colaboração continuado, já sem coação: ajudava nos interrogatórios, saía de carro com as equipes de busca para tentar localizar algum de nós na rua. Agora estava na televisão.

Aquilo era uma diabólica arma de guerra psicológica, pois tinha um poder desmoralizante intenso, além de dar verossimilhança às mentiras veiculadas a nosso respeito. Ironias da história: era um método *made in URSS*, inspirado nas confissões públicas dos processos de Moscou. Um invento do stalinismo, perfeitamente assimilado pelo Gulag patropi.

O programa terminou e fiquei no bar, ouvindo os comentários.

– Sujeitinho esquisito. Cara de peixe morto. Será que os terroristas é tudo com essa cara?

– Que nada, ô meu. O bicho tava dopadão. Negócio de dizê que se arrependeu é conversa. Levou foi muito cacete. Tu num entende disso, ô cara.

– Sei lá, não. Esses terrorista aí só fuzilando mesmo. Tão contra o Brasil.

E continuava o papo do meu lado. Eu louco para gritar que aquilo tudo era mentira, que estávamos jogando a nossa vida pelo povo, por um Brasil melhor, mas o negócio era fingir que não era comigo, levantar devagarzinho e pagar a conta. Preservar a clandestinidade.

Como se não bastasse a gigantesca ofensiva de propaganda na mídia, as operações freqüentes da repressão em toda a cidade, aquela tensão constante, ainda por cima pintara uma crise dentro da VPR. Um conflito de poderes, misturado com divergências táticas, opunha ao Daniel, elemento do comando nacional, responsável pela Guanabara, a Clarice e o Caetano, que dirigiam a UC Juarez de Brito. Eles propunham suspender as ações de propaganda armada e se dedicar apenas a ações de meios. Tinha a sua lógica, mesmo porque estávamos completamente sem dinheiro. Daniel defendia que devíamos nos contrapor à ofensiva publicitária do regime e realizar ações de propaganda armada paralelamente às de meios para mantermos uma presença política. Havia também uma série de questões pessoais no meio de tudo aquilo e este virou o aspecto determinante. Alex e eu fechamos com a posição de Daniel. Achávamos que o "recuo" proposto pelos companheiros anularia politicamente a organização. A divergência, como costuma ocorrer na esquerda, terminou em racha e o casal saiu juntamente com sete outros companheiros, inclusive Mané Henrique.

O UC Juarez de Brito teve que ser reorganizado. Ivan foi nomeado comandante para substituir Clarice, a musa da 44. O tarefeirismo doentio daqueles dias afastava as dúvidas da minha cabeça. Não era difícil abstrair os questionamentos e mergulhar nas questões concretas do dia-a-dia. Levantamentos, planejamentos, pontos. Nunca fazíamos reuniões de balanço e discussão política sistematizada. A desculpa é que não havia aparelhos para isso. A vida política se limitava à rápida troca de impressões num ponto de ônibus, num carro ou num bar, aos cochichos, em frente ao prato feito. Não adiantava ficar discutindo o sexo dos anjos se havia problemas prementes a resolver, sustentava Ivan. Tínhamos que montar urgente uma ação de finanças, senão em poucos dias já não haveria dinheiro nem para o pagamento do aluguel dos aparelhos. O pessoal de SP também estava em crise de grana e as contribuições dos nossos poucos simpatizantes já tinham sido gastas. Além dos aparelhos, precisávamos de fundos para pelo menos dois carros legais, destinados ao transbordo de umas operações de maior envergadura que tínhamos planejado, mas que não podíamos executar com a infra precária que tínhamos. Era preciso fazer uma pequena ação de finanças para montar a infra de uma grande, para podermos, aí sim, voltar à propaganda armada.

Mas baixou uma urucubaca tremenda e nada dava certo. Um grupo de companheiros assaltou um terminal de ônibus em Nova Iguaçu, onde o último carro a sair para a garagem levava a féria do dia. Alguns milhões. Renderam facilmente o chofer e outro funcionário que seguia com a caixa de metal da grana. Fugiram sem problemas, a pé, sendo recolhidos pela Natália, o único veículo que restava à organização.

A caixa de metal foi arrombada com um pé de cabra, sob os olhares ansiosos dos companheiros. O fecho demorou a ceder. Um golpe mais forte fez com que se abrisse num safanão, espalhando pelo ar, feito confete, bilhetes de ônibus, de todas as cores. Em desespero de causa, Alex, com seu GTA, assaltou a telefônica de Ipanema, convencido de que as chamadas internacionais deviam dar uma nota. Rendeu todo mundo, limpou a caixa. Rendeu uns tostões e centenas de fichas telefônicas.

– Tive tanta vergonha que escondi a metralhadora atrás do casaco, para ninguém ver – confessou-me depois.

4
O carro voador

Melhor que essa, só a do carro voador. Ivan, Onório e mais dois companheiros saíram uma noite para "fazer" um carro. Na véspera, outro grupo já tinha puxado, na zona norte, um Volks cor de vinho, no qual seguia para a nova missão. Primeiro zanzaram um tempo pela Tijuca. Muito policiamento, Onório sugeriu Quintino Bocaiúva, um subúrbio que dizia conhecer muito bem. Lá havia uma rua deserta onde casais motorizados vinham trepar dentro dos respectivos automóveis. Ivan, que comandava, teve dúvidas:

– Mas você conhece bem a área?

– Como a palma da mão – garantiu Onório.

Seguiram então para Quintino. Ivan se lembrou, no caminho, que também conhecia, só que vagamente. Chegaram à rua estreita e mal iluminada dos amores motorizados. Um táxi DKW, uns 50 metros à frente, um Volks bege, parados.

O lampião distante projetava um brilho pudico sobre a alcova de metal cromado. Dentro, dois vultos se agarravam num fim de foda, entre o volante e o banco forrado de plástico. Ele, gordo e flácido, óculos, meio careca, beirando os 40. Ela, magrinha e pequena, pelos 30, cavalgando o seu ventre por sobre as calças arriadas. Esperamos acabar, o sujeito recolher o peru e acender um Minister, enquanto ela se limpava com lenços de papel Yes.

– Boa noite. Se reagir eu atiro!

Ivan apontava o 38 a dois palmos da cara aterrada do gordo.

– O senhor recebe o carro de volta em perfeitas condições, daqui a uma semana. A gente precisa dele prum servicinho, depois devolve. Agora dá as chaves e sai daí.

– T... á, tá bem, mas por favor num faz mal à moça...

– Que é isso, rapaz? Tá pensando que somos marginais? Somos revolucionários, tamos lutando contra isso aí, essa situação do povo. Tamos combatendo o governo.

– Mas eu não sou do governo, sou vendedor da De Millus...

– Não discuta com essa gente, Amadeu, faz logo o que eles mandam!

Era a baixota atalhando. Ele suspendeu a calça, abotoou a braguilha, pegou a pasta com prospectos de roupa íntima feminina, tirou a lanterna, o dinheiro e mais uns papéis do carro. Ao sair, estendeu a mão para o painel.

– Deixa a chave aí!

Ivan brandia o revólver. Obedeceu. Onório entrou e ligou o motor, Ivan deu a volta e, antes de entrar, mandou o casal correr para o outro lado. Foi quando abriram o berreiro:

– Socorro! Socorro! Assalto!

O táxi DKW, parado atrás, desandou a buzinar com insistência para chamar a atenção. Onório arrancou. Dobrou a esquina com o pé na tábua e foi cruzando sem olhar ruas transversais, a mais de cem.

– Calma, rapaz. Não precisa correr tanto – dizia Ivan.

Só então reparou que o motorista estava nervosíssimo, descontrolado.

 – Tão nos seguindo... Mete bala, mete bala.

– Mete bala em quem? O Fusca atrás da gente é a nossa cobertura, o carro onde a gente estava, seu babacão! – Ivan gozou com os dentes alvos os sustos de Onório, que rodava pelo bairro aparentemente perdido. Chegaram a um cruzamento que Ivan conhecia.

– Dobra à direita que seguindo em frente é uma ladeira sem saída.

Inútil. Onório, num transe esquisito, prosseguiu reto pelos paralelepípedos, que deram ladeira abaixo, numa estrada de terra, escura, muito íngreme. Tinha uns 60 metros e Onório freou já na metade. A descida acabava nuns barracos de favela, vendas fechadas e num boteco miserável, onde umas dez pessoas biritavam em farto palavrório. O Fusca da cobertura vinha atrás e parou uns metros mais acima.

– O negócio é sair de ré – disse Ivan.

Onório engrenou a marcha a ré e pisou. As rodas traseiras giravam sobre si mesmas, numa nuvem de poeira. A subida era demasiado inclinada e a areia fazia os pneus patinarem. O escarcéu e o insólito espetáculo dos carros tentando inutilmente subir de volta a ladeira foram atraindo uma multidão de curiosos, que se juntou à porta do boteco, engrossando a cada instante. Os esforços dos companheiros se revelaram inúteis. Tirar os carros dali, só chamando um reboque...

– Vamos sair a pé, antes que apareça a polícia.

Ivan dava as ordens e mantinha a calma no meio daquilo. Onório saiu do outro lado batendo a porta. Foi aí que aconteceu... O Volks disparou sozinho, ladeira abaixo, cada vez mais rápido, provocando um corre-corre geral. Ao bater num buraco, desviou ligeiramente para a esquerda e arremeteu contra o muro de uma das casas, com um estrondo de acordar defuntos. Onório tinha esquecido de puxar o freio de mão...

A massa de curiosos, furiosa, saiu ao encalço deles, babando sangue. A vanguarda revolucionária, pernas-praque-te-quero, ladeira acima. Ivan, que se atrasou para recuperar uma marta-rocha (uma placa fria com elástico que colocávamos sobre a original) esquecida no carro de cobertura, ficou diante do grupo de favelados armados de paus, facas e navalhas, que subiam gritando:

– Liiincha!

Também ele começou a gritar:

– Liiincha! Esfola! Pega-ladrão!

Na penumbra da ladeira mal iluminada e na confusão do corre-corre, juntou-se aos perseguidores, que tomaram aquele negrinho como sendo mais um favelado furioso com a afronta. Negócio de jogar automóvel em favela só pode ser coisa de branco! Com toda a razão... As massas acabaram desistindo e os companheiros se encontraram ofegantes num ponto de ônibus a quase um quilômetro dali. Os outros três já davam Ivan como esquartejado. Soube do caso, no dia seguinte, por Alex, que encontrara num ponto os companheiros catatônicos. A organização inteira passou uma semana gozando o espisódio. Restava-nos algum senso de humor... Onório recebeu uma crítica formal e foi punido com a proibição de dirigir quaisquer carros da organização por trinta dias. Quaisquer era força de expressão. Porque novamente ficamos reduzidos à Natália.

5
Ganho em Meriti

O gerente saiu do carro; a Colt 45 de Van, coberta por uma japona, ia quase encostada ao seu flanco. Saiu devagarzinho, impávido, e caminhou os 3 metros que separavam o meio-fio do portão de ferro do banco. Ivan, com as chaves, abriu rapidamente e o gerente entrou, seguido por Van. Fiquei esperando. Naquele dia, eu guiava o carro do transbordo. Segundo o planejamento, deveria recolher a grana a vários quilômetros dali. A ação consistia em render o gerente no estacionamento do seu edifício, em Nilópolis, na hora da sua volta, findo o expediente. Depois, levá-lo de volta para São João de Meriti, pra abrir o cofre do banco.

O gerente apareceu pontual no estacionamento do edifício de apartamentos, num bairro de Nilópolis. Chegou com seu Fuscão branco, maceteado, e parou no fundo, entre outros carros. Ivan, Van e Ronaldo renderam-no silenciosamente, na penumbra. Tinha uns 40 anos, jeitão desportivo e um ar severo. Vestia uma calça branca e uma camisa Lacoste, na mesma cor. Foi logo puxando a carteira, mas Ivan mandou guardar.

– É a grana do banco que a gente quer, não a sua.

Fizeram-no sentar no banco de trás. Ivan seguiu com ele, Van ao lado do motorista, virado para trás, a pistola coberta pela japona dobrada sobre a mão. Ronaldo tomou o volante e saiu do estacionamento com as luzes apagadas. Engrenei a primeira e segui atrás deles. Era um Volks 65 verde, meio velhusco, que tínhamos "feito" na véspera, corria pouco e batia pinos. Inicialmente estava destinado ao transbordo, mas os companheiros encarregados da cobertura não tinham aparecido e tivemos que improvisar. Ivan passou-nos a Thompson sem cabo.

Lúcia ia ao meu lado. Parecia ligeiramente tensa, mas aparentava segurança. Com um ar entre preocupado e divertido apontou para a arma que vinha no chão, dentro de uma sacola de feira:

– Me ensina como funciona esse negócio aí. Eu não sei dirigir, então sou eu que vou ter que usar esse negócio...

– Tá vendo esse ferrinho na parte de cima?

– Tô.

– Isso é pra você puxar pra trás.

– Ahã. – Com as duas mãos puxou o ferrolho – claque – e pôs a primeira bala na câmara.

– Tá vendo esse pininho aí do lado? Empurra assim que destrava. Depois é só apontar para a direção do alvo, sempre um pouco mais abaixo, e apertar. Convém dar rajada curta e segura com bastante força, porque ela não tem coronha e periga voar da sua mão.

Lá estavam as suas mãos pequenas, numa repetição geral da lição improvisada. À nossa frente, seguia o Fuscão branco do gerente. Eu via sua cabeça impassível, a de Ivan ao seu lado e o sorriso fixo de Van virado pra trás. Ele tinha o maxilar superior mais largo e os dentes constantemente à mostra, o que, à primeira vista, dava a impressão de estar sempre sorrindo...

Já fazia 15 minutos que tinham entrado no banco, sem chamar a atenção dos transeuntes. Dois PMs passaram lentamente pela calçada, sem dar nenhuma bola para os carros estacionados à frente da porta. Seguiram adiante e se perderam numa esquina. Pelo espelho vi chegar o carro da cobertura, Alex ao volante. Deviam ter pego algum engarrafamento e seguido direto para o banco, em Meriti, sem passar por Nilópolis. Agora a ação tinha coberturas a mais...

O portão se abriu novamente e apareceu Ivan. Com os olhos esbugalhados, arrastava um imenso saco de lona marrom, pouco menor do que ele próprio. Jogou-o dentro do Fuscão e, com ar muito cerimonioso, deu passagem ao gerente, que saiu escoltado pelo indefectível sorriso de Van, com a japona cobrindo o braço direito e a Colt 45.

Avançamos lentamente pelas ruas de Meriti até a divisa com o estado da Guanabara. Conforme já tínhamos verificado horas antes, naquele dia não havia controle. Ultrapassei o Fuscão e toquei em frente, até uma estrada escura, a 500 metros dali. Ivan saiu do outro carro arrastando o saco de lona, que pusemos no banco de trás, antes de arrancar na direção oposta à dos outros dois.

Os companheiros foram soltar o gerente numa rua do Méier, para depois estacionarem os carros e dispersarem para os aparelhos. Segui para Madureira. Chegando, estacionei numa rua qualquer, sem movimento. Ivan abriu o saco de lona: eram bolos e mais bolos de notas de 10 mil até perder de vista. Mais de cem milhões de cruzeiros velhos. Ele quicava de alegria no banco de trás. Numa rara demonstração de afeto, abraçou a mim e a Lúcia ao mesmo tempo. Eu também exultava:

– Até que enfim tiramos o cavalo da chuva! Vamos pagar o aluguel dos aparelhos, comprar carros legais, montar uma graficazinha com mimeógrafos a álcool e ainda mandar alguma coisa para o comando nacional, lá em São Paulo.

No dia seguinte foram comprados dois Fuscas, ambos 68, motores em bom estado. O bege claro vinha com um daqueles plásticos: "Brasil: ame-o ou deixe-o", que decidimos conservar para disfarçar. Houve até quem sugerisse conseguir outro, da Scuderie Le Coq, pra disfarçar mais ainda, mas a idéia não vingou.

– Imagina, um dia desses a gente leva um tiro de alguma outra organização que pensa que o carro é da polícia!

Eu precisava fazer alguns levantamentos de postos policiais e pontos de camburão para planejar umas aquisições de metralhadoras, que faziam falta ao nosso exíguo arsenal. Fiquei rodando com o carro durante mais de uma semana. Na minha cabeça ficou bulindo, todo esse tempo, uma pequena frase de Daniel.

– Vamos ter que vender o Fusca logo, tem um pequeno problema no documento.

Pequeno problema. E se pedissem os documentos? Naqueles dias os bloqueios de rua se multiplicavam pela cidade afora e era corriqueiro entrar neles. Não teria maiores riscos, porque eu estava documentado e tinha deixado a arma em casa. Mas qual seria o "pequeno problema" do documento que nos obrigava a vender o recém-comprado automóvel?

Abri o porta-luvas e saquei a carteirinha com os papéis. O Fusquinha muito bem disfarçado de "ame-o ou deixe-o" tinha realmente um pequeno furo de segurança: estava no nome do antigo dono, um senhor chamado Lamarca. Antônio Alberto, um primo distante...

6
Ponto alternativo

Encontrei Inês[71] junto ao balcão do boteco. Sorvia um cafezinho, mão tremendo um pouco, olhos piscando, agitados, atrás das grossíssimas lentes. Pedi uma vitamina de abacate.

– Tenho que ir cobrir a alternativa de um ponto em SP. Queria que alguém fosse comigo pra ficar de olho. Será que você poderia?

Naquela semana eu estava realmente livre de tarefas. Além disso, se fôssemos juntos, talvez encontrássemos o comandante Cláudio, para tratar da remontagem do setor de inteligência. Inês fora cooptada para o comando nacional depois das quedas de abril. Junto com Daniel e Cláudio compunha a trinca dirigente, em termos formais. Na verdade, as reuniões do CN eram muito raras. A organização devia ter, naquela época, umas sessenta pessoas entre Rio, São Paulo, Porto Alegre e o trabalho rural do Nordeste. Cada um desses regionais funcionava mais ou menos autônomo.

Só entre GB e SP é que havia mais vínculos, e Lamarca, permanentemente fechado num aparelho de Devanir, do MRT, em algum subúrbio paulista, às vezes dava umas dicas para o nosso trabalho. No Rio, a direção era assegurada por Daniel e Ivan. Na reestruturação, depois das quedas de abril, eu perdi a coordenação do meu antigo GTA da Vianinha, que se dissolveu na nova UC. Fiquei no GTA de Raquel,[72] mas mantendo também contatos com Alex, Ivan e Daniel.

Além das ações, onde em geral atuava como chofer, e levantamentos, fiquei com outra tarefa, a de reorganizar o trabalho de inteligência. O pouco que tínhamos antes de abril era bastante medíocre e fora arrancado pela raiz com a queda e aberturas de Lourenço. Caíram os arquivos e todos os simpatizantes. Propus ao comando reorganizar o setor e comecei a trabalhar com entusiasmo. Alda recebera orientação de Cláudio para se encarregar da tarefa em escala de comando nacional e passamos a atuar juntos.

Uma excelente inteligência é vital para qualquer guerrilha, dada a sua extrema inferioridade de forças. A capacidade de colher e analisar dados econômicos, políticos e operacionais era muito fraca na esquerda armada da época. Decorria da nossa incompetência e do nosso isolamento social. Implantação política e afluxo de informações são duas coisas intimamente ligadas.

Escrevi um documento para o CN a respeito disso, propondo a criação de um setor coordenado pela própria direção, no qual eu ficaria encarregado da parte operacional relativa à UC Juarez de Brito. Com a ajuda de alguns simpatizantes, começamos a montar um arquivo operacional com listas de objetivos levantados. Começamos a colher dados junto a certas fontes, relativos ao governo, forças armadas e área econômica. Também a planejar ações de propaganda. Necessitávamos levantar dados no interior do aparelho repressivo, o que era difícil. Dependia de um trabalho longo e paciente. Eu não sabia bem por onde começar, mas mandei umas idéias por carta para o comandante Cláudio e expus uma série de dúvidas.

Ele respondeu com uma carta longa, muito simpática e cheia de dicas interessantes, ensinando um monte de coisas que tinha aprendido no Exército. Percebi que era uma técnica apuradíssima e que seriam necessárias umas tantas aulas para assimilar simplesmente o bê-a-bá daquilo. Agora surgia a possibilidade de ir a SP e quem sabe tratar diretamente da coisa com ele.

O encontro ainda era incerto. Dependia de o ponto estar ok, de o regional SP contatar Cláudio, "fechado" num aparelho do MRT, de onde nunca saía. Ia demorar muito tempo e podia ser complicado. Não era certo que desse pé, nem que o grupo de Devanir se dispusesse a correr o risco de levar-nos, ainda que de olho fechado, ao esconderijo do homem mais procurado do país.

– Tá bem, vou contigo.

Inês ficou contente. Tinha dois grandes olhos castanhos escuros e parecia uma corujinha atrás dos óculos compactos. Era de Minas, uma irmã espiritual do Daniel, amiga de Juvenal, oriunda também da velha COLINA.

Eu gostava dela, achava divertido seu jeitão. Achava-a uma pessoa muito honesta, que não escondia suas dúvidas nem limitações. Assim como Daniel, aceitara o cargo de comando como um abacaxi, convicta do próprio despreparo.

À semelhança de quase todos nós, depositava as esperanças na suposta tábua de salvação, que seria a volta dos companheiros do exterior. Víamos os dirigentes e quadros experientes que tínhamos tirado da cadeia como uma espécie de *deus ex machina*. Os grandes quadros experientes que iam voltar e reassumir o comando, agora ainda mais provados e treinados que nunca! Por enquanto cabia-nos preparar as condições da sua volta, a infra material e política para recebê-los. E manter acesa a chama da resistência armada... Nos despedimos marcando um ponto para as 20 horas na rodoviária Novo Rio.

Voltei ao meu quarto pra pegar a escova de dentes, tomar banho e mudar de roupa. Desta vez nada de maleta nem metranca desmontada. Apenas coisas inocentes. Nos encontramos na fila do ônibus da Cometa, mas só falamos lá dentro, quando ele partiu rumo à avenida Brasil. Papeamos até a madrugada sob a luz da lanterna do painel acima do assento. Na altura de Agulhas Negras adormeci pesado, a cabeça colada na noite do outro lado do vidro. Acordei já perto de São Paulo. Inês estava sem óculos, os olhos muito arregalados, a boca torta, contorcida de dor.

– Cara é essa, neguinha???

– Tô mal... passando muito mal. Enjôo, cólica terrível...

Primeiro achei que era náusea por causa do sacolejar do ônibus, mas ela disse que já tinha vomitado três vezes, a última, pura bílis, e se sentia cada vez pior. Estava banhada de suor frio e se contorcia de dor. Quando chegamos à rodoviária, ela mal conseguiu se levantar. Saímos da estação e seguimos direto para o primeiro hotel que pintou, não longe do prédio avermelhado do DOPS de Fleury.

– Tem quarto?

O sujeito da recepção nos mediu com um olhar desagradável.

– Tem que ser dois, ficar junto é proibido.

Assenti com a cabeça e ele, com a mesma antipatia, pediu os documentos. Inês, que mal se sustentava em pé, passou-me a carteira de identidade e entreguei-lhe junto com a minha. E se me perguntasse o nome dela? Não sabia o nome frio que utilizava. Ia ser a maior bandeira...

– Quatrocentos e trinta e um, duzentos e nove. Aqui as chaves. São 7.800 contos.

O cara estava roubando, cobrando um pouco mais que o preço fixado sobre a gaiola de madeira onde vegetava com telefone e livro de hóspedes. Mas eu não quis discutir. Tirei o dinheiro do bolso e coloquei no balcão com desdenhosa displicência. Recolhi o troco olhando-o com desprezo. Fui à farmácia comprar um Engov, ela ficou esperando na recepção. Continuava com aqueles enjôos e cólicas. Tinha jeito de ser intoxicação alimentar ou crise de vesícula, o negócio era tentar contatar o esquema médico. Mas não sabíamos se era possível, se existia algum em SP. Só poderíamos tratar disso à tarde, no ponto alternativo. Era meio-dia no portão principal do cemitério do Araçá, atrás do Hospital das Clínicas.

7
Portão de cemitério

Deixamos o hotel e tomamos um táxi. São Paulo pulsava frenética com suas artérias congestionadas, barulhão e japoneses apressados, metódicos pelas calçadas, ar de PIB a 11%. Uma hora adiantados para a urubusservada geral do terreno. Ela continuava doente, mas dizia estar um pouco melhor do enjôo. Sentamo-nos num banco de jardim do outro lado da avenida Dr. Arnaldo. Cercado de árvores e canteiros, era um ponto de observação discreto para o portão do outro lado. O cemitério era ladeado por uma grade sobre a qual espichavam as pontas dos túmulos de mármore branco, verde e marrom. O portão estava meio aberto. Descrente da possibilidade de fuga dos prisioneiros daquelas lajes.

À volta do cemitério e das Clínicas, o movimento de pessoas era considerável, os automóveis passavam zunindo pela avenida, regulados apenas pelo abrir e fechar do farol na esquina. Nós, muito atentos, pupilas raios X nas adjacências. O movimento no portão era esparso. Dia de semana, 11h20, apenas algumas viúvas de idade. Seus tons eram cinzentos, cor de muro. Fora elas, só o porteiro daquele hotel do além, vendedoras de flores e dois funcionários fardados de uma empresa funerária, encostados num carro fúnebre sem caixão.

Na luz daquela manhã, ativa e barulhenta, isso nada tinha de macabro, era como que incorporado ao resto da vida, apesar de ter seu próprio espetáculo, lento e preguiçoso. Com isso constrastou a chegada intempestiva da perua amarela, luzindo de novinha, com seis pessoas de sexo masculino e físico avantajado. Saíram todos, menos o chofer, cruzaram o portão a passos apressados. A perua amarela seguiu até a esquina e parou perto de uma venda de flores e uma carrocinha de pipocas. Eu me sentia como que hipnotizado pela cena, mas no cérebro foi crescendo a certeza, o medo reprimido, fazendo seu caminho pelas entranhas, a angústia subindo para o céu da boca. Acho que o ponto caiu.

Caiu o ponto, mas era tudo irreal, os carros continuavam a passar apressados, as rolinhas a pousar silenciosas nos fios, as cigarras a trinar na árvore ao lado. O sol brilhava no azul gorduroso de poluição, fumacento. O jardim, oásis verde dentro daquele mundo de cimento, cheirava a verdinho. O meio calor era gostoso. Tudo estava exatamente como um segundo antes de chegar a perua amarela. Ela já se incorporara à paisagem, os caras tinham sumido lá dentro e havia no ar uma estranha sensação de normalidade.

– Viu aqueles caras? – perguntei pra Inês.

– Vi...

– Tá esquisito, não tá?

– Tá... Não estão nada com jeito de quem vêm visitar os falecidos, não é?

Ela lamentou perder aquela alternativa, único contato com as estruturas de SP. Ficamos os dois de olhar grudado naquele portão entreaberto, o nosso contato perdido com a organização. Faltavam 5 minutos para o meio-dia e o pipoqueiro seguiu até o portão. Dois sujeitos, que pareciam os que tinham entrado antes, agora encostaram na carrocinha à saída e ficaram ali parados, enquanto ele alternava lentamente pipocas doces e salgadas nos saquinhos brancos. Do nosso lado da avenida, estacionou um Volks com quatro vultos confundidos e muitos olhares para fora.

– Vamos sair daqui, que caiu o ponto. – Emergi abruptamente do meu estado letárgico e me levantei do banco, puxando Inês pelo braço. Saímos andando ligeiro na direção oposta ao portão entreaberto e ao ponto com a velha senhora. Pegamos o primeiro ônibus que passou pela transversal mais abaixo e nos perdemos por ruas desconhecidas de São Paulo. À meia hora dali, descemos, fizemos o contrachequeio e pegamos um táxi.

Novamente rodoviária de SP, ônibus da Cometa de volta para o Rio. Diante do cemitério, com seu portão entreaberto, da rodoviária apinhada e do prédio de tijolos avermelhados do DOPS de São Paulo, a vida era repetitiva. Tinha um ar de *déjà vu*.

Só que dessa vez, voltava com Inês de mal a pior. Já não conseguia ingerir absolutamente nada, nem água. Era só dar um gole para começar a vomitar bílis, incontinenti. Temia que ela pegasse uma desidratação. De volta ao Rio, depois de quase sete horas exasperantes, não podia deixá-la sozinha naquele estado. Não podia conhecer o seu aparelho, nem ela o meu. Regra de ouro. Então o jeito era recorrer a algum simpatizante ou amigo. Estava cada vez mais difícil conseguir dos secundas, da antiga patota, casas para o pernoite. Quase todos moravam com os pais, tinham voltado para casa, no fim de 1969, ou nunca tinham saído. Mas eu tinha ainda um ás na manga: o aparelho da avó do Carlinhos, velho de guerra. Telefonei. Ficou contente de poder dar uma ajuda humanitária, uma força. Combinamos encontro no saudoso esconderijo da Silveira Martins, que continuava vazio.

Ele abriu a porta dos fundos, agitado e prestimoso; entramos silenciosamente pela cozinha. Inês, muito cansada, os olhos em farol baixo, deixou-se cair na cama do quarto, onde antigamente escondíamos os *molotovs* da COSEC e o 32 da guerra do Paraguai. Pouco depois, chegou um amigo dele, quartanista de medicina, que a examinou e trouxe uns remédios. Receitou injeções e saiu, com um sorriso cúmplice, sentindo no ar os misteriosinhos de esquerda. Quando ela adormeceu, fui para a sala e fiquei em papos existenciais com o Carlinhos, até altas madrugadas.

Ele era uma das figuras mais incríveis daquela nossa plêiade secundarista, que a conjuntura política ia dispersando pela vida. Largara a militância orgânica, mas continuava ligado a nós, pela amizade, folclores, pela torcida cética, mas sincera e de todo o coração. De volta à casa paterna e aos estudos, ele parecia ter encontrado um equilíbrio precário, naqueles tempos doidos. Sua última fase na militância fora patética e eu me lembrava divertido das suas loucuras e neuras espalhafatosas, que tinham sobre as paranóias dos outros a vantagem da originalidade. Não pirava igual, pirava mais engraçado. Certa feita, em pleno auge da COSEC, ele comunicou formalmente à organização que era necessário tomar providências imediatas contra o pai. Diante dos nossos olhares incrédulos e sorrisos irônicos, ele enfatizava a história. O velho era um cinqüentão em tardia porém promissora ascensão social, depois de 20 anos de agruras. *Ex-aparatnik* do Partidão, tinha carregado tempos demais a mala do Arrudão. Saiu no *racha* de 56, quando a maioria dos quadros de origem judaica abandonou o partido.

Transformou a sua decepção em rancor contra as esquerdas em geral e, naquela época, fazia concurso para fiscal federal. Passara brilhantemente em todos os exames, mas ainda tinha um obstáculo de porte para assumir a promissora carreira: a carregada ficha do DOPS, que catalogava até as mais ancestrais subversões. Carlinhos temia que ele, em troca do "atestado de ideologia", desse o serviço completo do Partidão, mais tudo o que sabia sobre os amigos do filho, e assim prejudicasse o conjunto da esquerda.

– Ele topa fazer qualquer coisa pra subir na vida, qualquer coisa! – insistiu, patético.

E não adiantava convencê-lo de que era bobagem, de que o pai saíra do Partidão 14 anos antes e não havia nada de concreto que pudesse saber. Que era mais negócio ele comprar os tiras, muito melhor que dar o serviço dos amigos do filho, caminho incerto, cheio de possíveis rebordosas. Naqueles dias alguém encontrou o Carlinhos em plena Copacabana, reconheceu ao longe a silhueta alta, magra e curvada de ombros empinados, pele muito branca. Vestia uma camisa esporte cor de vinho, sem colarinho, e uma gravata celeste laçada no pescoço.

– Pô, Carlinhos, tu tá maluco?

– Não, num tô, não. Tô só disfarçando: se meu pai me vir assim, não vai acreditar que sou eu. Não vai me reconhecer.

Apelidamos o Carlinhos de Aranha, o alter ego detetive do Bolinha.

Parte VII

Na infra do tio

1
Smith & Wesson, 38

Aquela ladeira eu conhecia e a placa estava lá para conferir. Rua Tacaratu. No seu final, em Honório Gurgel, ficava a fábrica fantasma, o esqueleto metálico enferrujado, tomado de grama e cães vadios. A têxtil que falira fazia uns anos. Em 1969 passei por lá, junto com o Carlinhos, naquele primeiro levantamento. Agora voltava àquela rua. Ivan ia me indicando o caminho, desde o Catumbi, de onde vínhamos testando a rota de fuga da ação, pelos subúrbios, até Rocha Miranda. Subimos a ladeira da Tacaratu.

– Encosta ali. – Ivan apontou para uma pequena casa, ladeada por uma fila de outras do mesmo tamanho. Fiz o balão e parei junto à calçada.

Portão de metal, murinho baixo e uma pequena varanda coberta por uma abóbada mourisca que a fazia parecer ainda mais apertada. Quando desliguei o motor, a porta se abriu, surgindo um desconhecido. De bermudas, sem camisa, esguio. Cavanhaque, cabelos e olhos castanhos. Ivan abriu o portão. Subimos à varanda e entramos ligeiro. Me apresentou ao companheiro:

– Felipe, este é o Paulista. Vai comandar a ação.

Paulista me deu um abraço e sorriu amável.

– Legal te conhecer, Felipe, já me falaram muito de ti. Vamos bater uns bons papos.

A sua atitude me surpreendeu um pouco. Em geral, tínhamos virado secos e frios com os companheiros e o calor do Paulista me deixou sensibilizado. Daniel e Helga[73] completavam a lotação da casa. Íamos ser cinco, seis, contando o prisioneiro. Daquele momento em diante eu não sairia dali até a hora da ação.

Era pequena mesmo, bem menor que a do embaixador alemão. Sem jardim, apenas dois canteirinhos, a varanda e três quartos, um atrás do outro, banheiro, cozinha e área à esquerda, protegidas por um muro alto. Os quartos eram pequenos e suas paredes da direita davam para a casa do vizinho, de onde chegavam abafados os sons do cotidiano. A rua de ladeiras e casas, todas parecidas com aquela, começava lá embaixo no quartel da PM, em Rocha Miranda, e terminava em Honório Gurgel, depois da fábrica fantasma. Era tranqüila e passavam poucos automóveis. Ivan e Helga moravam ali há bastante tempo e tinham se enturmado com a vizinhança. Daniel chegara depois, apresentado como irmão de Helga, já se tendo incorporado ao universo natural do bairro. Paulista e eu ficaríamos *fechados*, sem poder sair nem aparecer. Eu novamente peguei a "equipe de guarda". Fiz o que pude para evitar essa função. Queria entrar na direta, enfrentar tudo no 38, mas não ficar de novo trancafiado no superprocurado aparelho do seqüestro. Prevaleceu o mesmo argumento da outra vez.

– Não se sabe se ele fala português. Só tem você pra falar inglês e francês com ele. É fundamental, companheiro.

É fundamental, companheiro... Chiei, mas não tive safa. Mais uma vez, equipe de guarda! E tinha o nítido pressentimento de que desta vez tudo seria muito mais difícil: a moeda de troca era menos elevada, a exigência maior e a situação política desfavorável. Pensei no Bacuri, que caíra havia longas semanas daquele início de dezembro de 1970.

Preso no Rio por causa de uma infiltração. A mesma dupla de marinheiros que já tinha derrubado o grupo do Cerveira. Mais tarde conseguiram contato com a ALN. Eduardo Leite, o Bacuri, foi inicialmente torturado no CENIMAR, depois entregue ao DOPS de São Paulo, aos cuidados de Fleury. Havia pouco tempo tinham-no transferido do DOPS para um dos sítios utilizados para a lenta eliminação de prisioneiros condenados pela repressão. Para preparar a sua morte, foi veiculada por todos grandes jornais e tevê a notícia da sua suposta fuga, durante a prisão do velho Toledo.[74] Segundo a nota mentirosa, este teria falecido, de infarto, na hora da prisão e Bacuri aproveitado a confusão pra fugir. Mas Toledo morreu na tortura, na pequena granja "31 de março", do delegado Fleury. Bacuri só foi retirado da sua cela no DOPS para local ignorado, mas imaginado pelos demais presos, na noite do dia seguinte. Soube que nos jornais saíra a notícia de sua fuga. Os presos do DOPS de São Paulo promoveram um ruidoso protesto, gritos, golpes nas grades com as canecas. Mas os *homis* levaram embora o Bacuri, no meio da noite. A nossa nova operação de resgate foi inicialmente prevista para a *Quinzena Marighela* e a "campanha do voto nulo contra a farsa eleitoral de novembro". Ia ser executada em conjunto com a ALN, o 8 e o PCBR.

Com a morte de Toledo e várias quedas da sua organização no Rio e em São Paulo, a programação foi prejudicada e se limitou a algumas pichações e panfletagens de voto nulo e ações de meios reivindicadas por grupos da "frente armada". As organizações aliadas propuseram suspender o seqüestro e se dedicar à remontagem de infras. A VPR, sempre altiva, decidiu fazer a operação sozinha.

Roubamos três veículos num estacionamento junto à estação do Encantado. Rendido o vigia, trocadas as placas, saímos para a manhã suburbana com um Aero Willys, um

Volks branco e um Fuscão turquesa. Fui no Volks branco 69, bem afinado, cheio de pequenos detalhes femininos. À frente, disparou avenida abaixo o Alex. No espelhinho, me seguia o Fuscão com Ronaldo ao volante e o carro de cobertura, que ficara nos esperando fora da garagem.

Estacionei na Tijuca e fui encontrar Alex e Ronaldo no ponto de segurança. À mesa de uma pizzaria, glosamos as peripécias da ação. Eu tive problemas com um parafuso enferrujado da placa traseira do Fusca na hora da troca pela fria que trazia. Torcia, torcia a chave de fenda, o disgramado permanecia imóvel. Já ia desistir e instalar um par de martarochas. Aí Ronaldo pegou no alicate e com um sonoro palavrão quebrou o parafuso.

– Nessas horas tem que apelar pra ignorância.

Agora, nos folclores rememorativos, a gozação:

– Pra trepar, você também não consegue tirar o parafuso? – Alex ria de banhar os óculos.

– É o parafuso dele que só levanta com alicate! – Eu tentava desviar a galhofa para o outro lado.

– Seus babacas, vamos todos perder os respectivos parafusos no alicate, mais dia menos dia.

E ríamos, ríamos, quase histéricos dos mórbidos prognósticos. Depois saí com Ronaldo para transferir os carros para a zona sul. Deixamos no Flamengo e fomos de ônibus até Copacabana ver as saias enquanto era tempo. Dia de semana elas passavam apressadas. Algumas sorriam e seguiam na frente para os afazeres, travessudas, quem sabe outro dia, fofinho?

Ronaldo tinha umas cantadas meio grossas, mas seus olhos escuros de brilho suplicante pediam desculpa, enquanto os bigodes de galã se engatilhavam num sorriso sem-vergonha. Conquistador de fama comprovada, tinha paqueras na zona sul, norte, e agora tentava ampliar seus esquemas para mais longe. Sob o olhar guloso da dona da garagem que alugou com fachada de revendedor, cantava a filha, flor dos subúrbios da longa avenida. Nesta garagem, afinava os nossos carros e trocava, habilidoso no martelo e pincel, os números da placa.

Junto com ele e sob a supervisão de Ivan, planejei a rota de fuga da ação, depois do transbordo. A troca de carros com o prisioneiro ia ser numa rua do Catumbi e era necessário traçar o caminho mais seguro e mais rápido, para a distante rua Tacaratu. Durante quase uma semana testamos diversas rotas, a variadas horas e especialmente por volta das 9 horas, horário previsto para a operação. Na tarde em que fui com Ivan até o aparelho, tudo já estava montado para o dia seguinte.

Paulista, Daniel e Ivan faziam uma reunião de comando na sala de entrada, mobiliada de uma mesa, banquinho e um sofá de plástico azul. Helga, na cozinha, descascava cebolas para o jantar. A sala do meio, vazia, estava pronta para receber o distinto hóspede. Fiquei no quarto dos fundos, limpando as armas da equipe. Assim como a sala do meio, tinha uma janela que dava para a pequena área de tanque d'água e muro. A sala tinha uma cama, algumas cadeiras e duas poltronas; o quarto dos fundos, um armário, uma cama de casal e nossa ligação com o mundo: um rádio e uma televisão. O arsenal aos meus pés não era desprezível. Um fuzil automático M-1 de coronha dobrável, uma INA, cinco revólveres 38, uma pistola 45 e as duas bombas anarquistas, lembranças dos "proletas".

Daquele bizarro grupo da Baixada Fluminense, sobrara apenas o Careca, um guerrilheiro autêntico. Foi ele que nos avisou da cilada e do trambique de Ruço, o chefe da quadrilha, e do seu irmão Da Égua. Quem lhe dera o serviço, em meio a uma crise de remorsos, fora seu colega salva-vidas Cavalo. Ruço propusera a Alex a compra de uns fuzis FAL numa favela. A história cheirava mal, era inverossímil, mas o companheiro quase vai ao encontro do suposto esquema de tráfico de armas. Ruço, munido da grana, ficara de ir pouco antes. Embolsou as 10 milhas antigas e chamou a polícia, denunciando Alex como traficante. Esperava que este fosse preso. Na confusão ele não teria que responder pela grana sumida, maquinava.

Cavalo, que soube da história, teve uma crise de consciência e avisou Careca. Este conseguiu localizar Alex a tempo. Não foi ao ponto e Ruço sumiu do mapa. De *souvenir* ficaram as duas bombas anarquistas, que agora iam para a nova infra do seqüestro. Paulista me avisou que não era necessário limpar o seu revólver, que estava dentro de uma pasta de couro preto, em cima do armário. Por via das dúvidas, decidi fazer a vistoria. Era um belo Smith & Wesson, 38, cano longo e coronha de madeira. O metal fosco não apresentava nenhum indício de oxidação, apesar de a arma ter muitos anos. O cão subia macio e o gatilho disparava suave, tinha um perfeito equilíbrio na empunhadura. Paulista tinha sotaque carioca, me lembrava alguém que eu não lembrava e possuía uma arma de competição.

2
Zona do agrião

"Levanta cedo e trata de se prepará
Vamo pra Portela, que o reino do samba é lá
Levanta cedo."

Acordei com a claridade da janela aberta por Ivan e as primeiras notas do sambinha na vitrola portátil, a todo o volume. Era o toque de alvorada às 5 horas. Os batuques e a luz clara tropical, regada de ar puro, me fizeram sair das cobertas com uma sensação gostosa e audaz. Era o dia da ação e eu não sentia nenhuma angústia, só um leve vazio no estômago, de que a emoção dava cabo, aliada ao raciocínio sobreaceso. Tomei banho, escovei os dentes e compareci, pontualmente, à reunião das 5h15 no chão da sala. Paulista recapitulava o plano.

– Felipe vai de ônibus pra zona sul. Aciona o esquema de contra-informação e vai à praça São Salvador. Ponto com Bartô e o pessoal da direta. Encontra com a gente meia hora mais tarde, às 8h15. Verifica se tá tudo montado, pega o Fusca bege e sobe pro transbordo.

Explica em seguida o esquema de ação, acertando os últimos detalhes com Ivan e Daniel:

– Quando o Aero Willys bater, eu rendo o guarda-costas, Dan, o chofer, Ivan, no primeiro momento, nos cobre com a metralhadora e, se tiver tudo ok, rende o homem no banco de trás. Sai com ele e comigo no Fuscão turquesa do Ronaldo. Daniel sai no outro, junto com Inês e Alex. Os dois já sabem o que fazer. Ele fecha de frente o carro do embaixador, com o Aero Willys, e depois se agacha, porque é o primeiro a ser visto pelo cara da segurança e o que tem mais perigo de ser alvejado. Depois fica de cobertura. Ela sai da vaga e fecha por trás, com o Fusca azul, pro chofer não tentar fugir de ré. A retirada deles é no Fusca branco, com o Onório. A operação é no fim da rua Conde de Baependi, quase praça José de Alencar; os carros dobram na primeira à direita, pegam a São Salvador, cortam a Ipiranga e tomam a Coelho Neto até o sinal, esquina com Pinheiro Machado.

– Esse sinal em frente ao Fluminense é foda. Fica vermelho um tempão – observei.

– Sinal tudo bem, eu tô mais grilado é com o cara da segurança. Ele é ligadão, acho que vai reagir – comentou Ivan.

– É ruim politicamente ter mortos na ação, fazem uma exploração danada, e depois a família do sujeito não tem culpa. Tenta acertar no ombro, se ele sacar do berro. Você atira bem? Pelo menos a arma é de mirolho.

Paulista ficou pensativo, Ivan e Daniel se entreolharam divertidos com minha pergunta.

– Tô meio fora de forma, mas acho que dou pro gasto. Vamos fazer o possível pra poupar o sujeito. Se eu chegar em cima dele, rápido, e der o xeque na hora certa, é capaz de gelar. Se for um cara experiente e não for maluco, acho que não reage. Se ele puxar da arma, aí eu tento acertar no ombro. Bom, agora uma última dica pra todos. Em ação tem duas coisas indispensáveis: olhar bem e respirar bem. Em todos os momentos ter uma panorâmica da operação, nada de olhar para um só lugar, ou para baixo. Cabeça alta, vista girando 180 graus. Pra olhar bem e pra não ficar nervoso, respirar bem.

5h30. Saí do aparelho, desci a rua e andei várias quadras até o ponto de ônibus. O coletivo seguiu pela estrada do Sapê, até Madureira, passando pela Escola de Samba da Portela, com nosso carnaval todo ensaiado. Misturado à multidão de passageiros matinais, peguei outro até o centro e um terceiro para zona sul. Tive um ponto em Botafogo, com um dos simpatizantes do esquema de contra-informação, e, depois de tomar um café reforçado, segui para a região da ação.

7h55. Passei na zona do agrião. Os carros já estavam todos estacionados nos pontos de partida respectivos. O Aero Willys, o Fuscão e o Volks branco do lado esquerdo, de frente para a rua, o Fusca azul mais atrás, sobre a calçada do outro lado. Oito horas. Encontrei Alex na praça São Salvador. Tudo ok com a sua equipe. Virgulino Xique-Xique estava calmíssimo e brincalhão.

– Vai ser a minha mais curta viagem de carro, uns 5 metros!

8h15. Paulista devia chegar a qualquer momento com Ivan e Daniel, no Fusca bege do transbordo, que eu tinha deixado na Tacaratu. Dali, os três, mais Alex, seguiriam para o quarteirão da ação e eu levaria o veículo para a rua Miguel de Paiva, no Catumbi, local do transbordo.

8h45. Nada. Estranho atraso de meia hora. Eles disseram que iam sair com muita antecedência pra chegar na hora. Não são de se atrasar em ação. Estranho...

8h55. Decididamente aconteceu alguma merda. Nos entreolhamos preocupados. Já dava tempo de sobra pra terem chegado. Muito estranho.

9h05. Hora da ação. O embaixador pintaria a qualquer momento, passando com sua limusine azul pela Conde de Baependi, inutilmente.

9h15. Cabreiríssimos, fomos desmobilizar os demais companheiros. Furou.

3
Crítica formal

Saí com Alex no Aero Willys para estacioná-lo noutro local. Fomos comentando o estranho sumiço dos companheiros. Enquanto conversava, num gesto fortuito, mexi no bolso da calça. Senti entre os dedos uma trinca de chaves prateadas.

– PUTAQUEPARIU, PU-TA-QUE-PA-RIU!!!

Espremi a cabeça entre as mãos, enquanto Alex olhava admirado para minha repentina explosão de desespero.

– ...saí levando as chaves do Fusca bege, esqueci de deixar com eles... é imperdoável. Sou um contra-revolucionário... que liberalismo...

Ele apenas me deu uma gozada de leve e segui de volta para o aparelho, nos píncaros do desespero e da autoflagelação. Era inconcebível que logo eu tivesse sido responsável pelo furo da ação. Tinha que me penitenciar, ser punido.

Voltei ao aparelho de cabeça baixa, murmurando cobras e lagartos. Quando entrei, estavam reunidos na sala do meio. Helga me abriu a porta com ar emburrado. Ivan sorriu ironicamente. Daniel nem olhou pra mim e Paulista deu um "oi" desanimado. Propus imediatamente uma discussão ideológica para que eu pudesse me submeter às críticas dos companheiros, fazer a minha autocrítica.

– Lamento profundamente a cagada que fiz. Foi uma irresponsabilidade pequeno-burguesa. Não sei, não. Não sei comé que pude sair levando essa porra dessa chave, ó meu caralho. Inda ontem à noite, na hora de dormir, ao recapitular as tarefas militares, me lembrei de que tinha que entregar as chaves pro Paulista, na hora de sair... Proponho minha punição pelo liberalismo.

– Ô companheiro, tinha que ter entregue a chave ontem à noite, muito mais lógico. Foi o que a gente combinou na reunião de ontem, às 16 horas.

E Ivan lembrou que eu era reincidente.

– E o dia que você esqueceu o 38 no bar da Glória?

Três semanas antes. Durante um levantamento das redondezas da embaixada, paro para tomar um café no bar. Nesse dia, excepcionalmente, trago o 38, não na cintura, mas numa pasta que Alex me emprestara. Fico pensando nos problemas de trânsito das ruas de acesso e noutras tecnocracias e depois me distraio com uma mulata que levita pelo bar. Me lembro de que tenho de telefonar para um simpatizante. Chamada ao balcão. Lembro aí que estou atrasado para o ponto com Raquel, coordenadora do meu GTA. Pago e saio apressado em direção à rua do Catete. Ao dar com a delegacia e os camburões parados para o almoço, vem a associação de idéias e um susto de voar à altura dos velhos sobrados. De volta para o bar do portuga. Ao balcão, seu olhar desconfiado.

– Mas o senhoire sabe que tem aquel'arma na pasta? É proibido...

– Pra mim não é proibido, não, ô portuga. Vai devolvendo aí a pasta e a minha máquina, que eu tenho porte, e se chiar vou mais é levá o vovô lá pra delegacia.

O imigrante de Trás-os-Montes tremeu com a evocação da autoridade, do braço secular do Estado, na sua mais reles expressão. Eu fui pegando a pasta e saindo de fininho, mas pisando duro.

– Brigado, ô portuga. Tu me tirou duma fria. Como eu ia explicar ao delegado que esqueci a arma num bar?

– M... Mas o dotoire tem documentos que comprovem...

Saí do bar sem responder e tirei o time da região. O portuga deve estar em dúvida até hoje. Cheio de dores na consciência, comuniquei o acontecido ao comando da UC. Recebi uma crítica formal. Agora Ivan pedia a minha punição pela reincidência. Daniel endossou a crítica, mas se posicionou contra a punição. Me olhava triste, com ar de dizer "é um caso crônico". Helga veio um instante da cozinha e interveio brevemente, apoiando a proposta de Ivan, embora condicionando a punição a uma autocrítica honesta do companheiro Felipe. Paulista interveio no fim.

– Já discutimos esse problema antes de você chegar e eu mantenho a minha posição. Merece uma crítica formal, mas não uma punição. Afinal, foi apenas uma distração. Distração em si não tem nada de mal. É humana. Na guerra ela pode ter conseqüências fatais pra você e pros companheiros que dependem de você. É uma questão de educação ideológica e consciência. Se imbuir da coisa. O guerrilheiro tem que se capacitar a lembrar de um monte de coisas ao mesmo tempo. O mínimo detalhe pode ser importante.

Na sessão de crítica e autocrítica acabou prevalecendo a posição de Paulista e Dan. Recebi somente uma crítica formal e escapei da punição que seria lavar o banheiro e ficar sem assistir a duas sessões.

Almoçamos já noutro clima, falando sobre generalidades, nos confraternizando, inclusive eu e Ivan. Rimos das piadas um do outro. Era uma espécie de termômetro, ver quem ria das nossas piadas. O papo no ar era sobre a importância ou não de se assistir ao *Programa do Chacrinha*. Paulista sustentava que era importante estudar o seu poder de comunicação, já que parecia que estávamos nos "trumbicando". Infelizmente era este o nível da massa. Talvez se pudesse extrair algo do estudo revolucionário dos programas do Chacrinha, em termos de comunicação.

– Essa de jogar bacalhau é boa – ponderei sarcástico. – O negócio é seqüestrar o embaixador da Noruega e exigir a distribuição de 20 toneladas de bacalhau por todas as favelas do Rio.

Subi na cadeira.

– Alô, alô, Teresinha. É a grande festa do bacalhau subversivo, o grande ba-ca-lhau do terrrrror, queridos telespectadores, fon, fon, buzina do Chacrinha (risos na infra da Tacaratu).

A vida não ia longe de teatro. Além dos setenta presos políticos, o comando da ação decidira exigir igualmente a divulgação do manifesto de quatro em quatro horas, durante toda a duração das negociações, bem como passagem gratuita para o povo nos trens dos subúrbios da Central do

Brasil e Leopoldina, enquanto os setenta companheiros não chegassem ao seu destino, desta feita o aeroporto de Pudahuel, em Santiago do Chile.

O manifesto, batido com muito cuidado por Paulista, o único datilógrafo do aparelho. Eram três laudas num papel cor-de-rosa fininho, carregado de uma explosiva declaração de guerra total ao governo Médici, ao imperialismo ianque e às multis. Sobrava lenha até para a União Soviética por uma negociata com xisto betuminoso com uns empreiteiros de praça. Terminava com OU FICAR A PÁTRIA LIVRE, OU MORRER PELO BRASIL!

4
O grande engarrafamento

Surgiram no espelho às 9h15 em ponto. Abri a porta do Volks bege para os três, que chegaram a passo apressado, vindos do outro lado do muro. A rua do transbordo era serpenteada e de paralelepípedos, umas das curvas à volta de um muro fortificado. O Fuscão turquesa, que instantes antes os deixara do outro lado dessa curva, passou apressado ladeira acima. Nisso, Ivan já segurava a porta e fazia sinal para o embaixador entrar. Paulista, mão no Smith & Wesson, dava cobertura. Deparei com ele, de terno e gravata, rosto carnudo, avermelhado, um nariz grosso, robusto jeitão europeu bem nutrido. Um par de olhos assustados.

– *You will be well treated** – disse eu, assumindo de novo minhas funções de intérprete oficial da VPR.

*Você vai ser bem tratado.

– Porra... Eu não sou americano, sou suíço! Não tenho nada com isso. Rapazes, vocês certamente cometeram um engano!

Falava um português excelente, com leve sotaque.

– É o senhor mesmo que queremos. Imperialismo ianque já pagou 15 presos, Japão cinco. Alemanha quarenta. Tá na hora dos bancos suíços comprarem a vida dalguns companheiros torturados. A Suíça é a quarta investidora na miséria do nosso povo.

Subimos as ruas serpenteadas, ultrapassando um bonde que apareceu pela frente. Pequeno trecho de Santa Teresa e toca para o Rio Comprido, ladeiras abaixo. Depois Tijuca. São Francisco Xavier, trânsito desimpedido, sinais verdes a favor. Nenhum cambura visível.

9h25. Já devem ter dado o alarme, pensei.

– Teve tiro na ação?

Ivan diz que sim.

– Paulista teve que atirar no guarda-costas que reagiu e quase acertou um tiro no Daniel. Puxou uma Walter PPK. Depois apareceram dois guardas de trânsito. Tinha um desastre perto dali. Botei a INA pra fora do carro, eles voaram pro chão, um bateu até com a cabeça no poste. A saída foi incrível, pela calçada. O sinal em frente ao Fluminense tava fechado, perdemos mais de um minuto.

Pensei no esquema de contra-informação, que já devia ter sido acionado naqueles instantes pelos simpatizantes da equipe de inteligência. Tocavam telefones de delegacias e redações de jornais com a deduragem de "uma Kombi verdinha com uns elementos estranhos, pinta de terroristas, e um senhor de mais idade", alhures na floresta da Tijuca. Ou "uma Rural Willys estranha", com rapazes barbudos e um caixote esquisito, na subida do Cosme Velho pra Santa Teresa.

Enquanto isso, nos distanciávamos pelos subúrbios da Central por ruas secundárias. Na altura de Engenho Novo, o primeiro camburão da jornada. Sirene ligada e manobrava no calçadão, em frente à delegacia. Cruzamos por baixo dos trilhos da Central seguindo a rota prevista, por um emaranhado de ruas estreitas, rápidas passagens por algumas artérias. Em Cascadura, parei uns instantes numa rua deserta pra Ivan tirar as "martas-rochas".

9h30. Do transbordo até ali o carro viera com um par de "martas-rochas" chapas "frias", cobrindo as legais. Estavam atarraxadas naqueles acessórios que a VW fornece aos Fusquinhas mais chiques, uma armação de metal cromado. Punha-se uma tira forte de elástico para prender a armação sobre a placa legal. Em menos de três segundos se calçava ou descalçava. Por que Marta Rocha, a inesquecível miss Brasil? Até hoje é mistério.

Ivan voltou com elas e jogou debaixo do banco. Paulista papeava animadamente com o embaixador, agora mais calmo. Prosseguimos a viagem rumo a Madureira. Paulista cuidava do enxoval do diplomata para a crucial entrada na infra do rapto. Guarda-pó de pintor, boné claro e óculos escuros de cego.

Era mais simpático o disfarce que aquele caixote da vez anterior. Além do que a infra da Tacaratu era muito mais devassável do que a do von Holleben. Madureira, estrada do Sapê, Portela querida. Orações a todos os deuses e santos de todas as crenças pra que a Tacaratu estivesse vazia, vazia, naquela abafada manhã de 7 de dezembro. Evitamos o quartel da PM e chegamos pela transversal que cortava a rua mais acima. Rua deserta, saravá! 9h55. Fiz meia-volta em frente à casa e colei no portão, sobre a calçada. Ivan saiu ligeiro, seguido de seu Giovanni, o pintor de paredes, e Paulista na cobertura.

– Ô seu João, vem cá ver a parede que tá precisando de mais uma demão.

Num segundo tinham cruzado o portão e a varanda. A porta se abriu e sumiram, enquanto eu tirava o carro da calçada, estacionava pouco mais abaixo. Antes de entrar, dei uma panorâmica na rua. O dia era muito quente e preguiçoso, trinavam insetos e não se via ninguém, nem nas calçadas nem nas janelas. Um rádio tocava alto na casa dos vizinhos, às voltas com a louça do almoço, as roupas do tanque, os cheiros matinais.

O embaixador da Suíça, Giovanni Enrico Bucher,[75] já estava instalado nas poltronas da sala do meio, quando entrei. Em mangas de camisa, vermelho e transpirando, fumava seu Benson & Hedges. Paulista lhe explicava algo, Helga fazia um suco de maracujá e Ivan revistava sua pasta. Estavam todos de capuz negro, mas faziam o possível para atenuar a imagem um tanto tenebrosa.

Bucher, mais sossegado, ar até meio cúmplice, pediu-nos que queimássemos um documento que trazia na pasta. Um informe reservado de Berna para a embaixada no qual vinham tratados vários temas, inclusive a situação brasileira. Havia algumas observações críticas sobre questões de direitos humanos, nada muito duro, mas o suficiente para que temesse um problema diplomático como o ocorrido com Elbrick.

– Nunca se sabe o que pode acontecer – argumentou.

Paulista concordou com o pedido de Bucher para criar um ambiente de colaboração mútua, agora que estávamos todos na mesma canoa. Deixamos que ele próprio queimasse o memorando. Helga trouxe um balde com álcool no fundo e acendeu, enquanto Bucher picava um monte de vezes o documento, deixando cair um por um os pedaços, que iam sendo consumidos pela chama, dançando alto. Parecia se divertir com a ocupação. Mais tarde chegou Daniel, com um sorriso excitado. Já estávamos preocupados com a sua demora.

– Pô, cês não imaginam como tá a cidade! Eles fecharam tudo, tudo! Pararam o trânsito pra nos pegar. Não sei como vocês passaram, vim de ônibus; no Engenho Novo e no Méier já estava o trânsito parado, os *homis* revistando todos os carros.

O rádio, onde a notícia já tinha estourado havia mais de meia hora, confirmava a situação. O trânsito em toda a cidade fora bloqueado para que centenas de milhares de veículos fossem revistados em busca do embaixador suíço. No centro da cidade, regiões extensas da zona sul, zona norte e subúrbios, o enorme dispositivo policial-militar, desencadeado menos de cinco minutos após os acontecimentos da rua Conde de Baependi, paralisava as gigantescas filas de automóveis e coletivos. A polícia filtrava os veículos. Dezenas de suspeitos já estavam detidos e esperavam o desvendar do caso rapidamente – segundo fonte dos órgãos de segurança nacional, precisava o locutor. E passamos o resto da tarde ouvindo, de meia em meia hora, as notícias do maior engarrafamento da história do Rio de Janeiro.

5
O suíço

— Compreendo que vocês queiram de alguma maneira salvar seus companheiros. A situação dos presos políticos deste continente, e deste país – por que não dizê-lo francamente? – é péssima. Mas não posso deixar de estranhar (e de protestar): por que diabos logo eu? Eu não tenho nada a ver com essa situação. Como embaixador, intercedi pelo Jean Marc, presidente da UNE, tentei fazer valer sua dupla cidadania. Sua condição de suíço. Não houve nada a fazer neste caso. O chanceler Gibson Barbosa me respondeu: na dupla nacionalidade, prevalece a do país onde se encontra o cidadão. Ele tinha razão, pelas leis internacionais.

Suspirou, remexeu na poltrona e continuou a argumentar para os capuzes negros.

– Levantei até com o vosso, quer dizer... o deles, chanceler Gibson – que é um homem ponderado, devo dizer-lhes – o problema das torturas que, segundo fui informado pela família, o rapaz sofrera. O chanceler me respondeu que realmente tinha havido alguns casos escassos de responsabilidade de alguns policiais comuns. Que o Exército já tinha coibido essas práticas por interferência direta do próprio presidente Médici. De resto, que este era um assunto interno brasileiro e que estranhava um pouco a minha insistência. À saída, já menos irritado, me garantiu que os excessos já haviam sido totalmente sanados, graças a Deus.

– Pô, e o senhor acredita nisso?

Minha voz soou cética sob o capuz.

– O ministro é um homem distinto. Mas aí existe naturalmente *la raison d'état*. Se vocês me disserem que as torturas continuam, não vou deixar de acreditar. – Disse acreditar, com sotaque no crê. – Conheço bem o país de vocês, estou aqui há cinco anos. Conheço os empresários, mas também já freqüentei favelas. Acho a miséria espantosa. Mais espantosa a causa do luxo da pequena parcela rica, riquíssima.

– É isso aí. O capitalismo. Por isso que a solução é o socialismo. A Revolução.

Eu preparava-me para nova esgrima, com novo embaixador.

– Às vezes é a única saída, em países atrasados. Talvez alguma forma de socialismo seja a solução para o Brasil. Mas acho difícil vocês conseguirem isso. Talvez impossível. São poucos e o povo não os conhece. É analfabeto e trabalha para comer todos os dias. Não liga para política e parece contente com o Carnaval e o tricampeonato.

– Podemos tentar, né? Os bancos suíços com certeza é que não vão gostar.

Ele se remexeu novamente, enxugou o suor da testa e reclamou do calor dos diabos. Realmente, fazia quase 40 graus naquele dia.

– Eu sou o representante do governo suíço, os bancos têm outros canais, próprios. Sou um simples diplomata de carreira. Represento meu país nos vários continentes. Minha interferência pelo Jean Marc von der Weid teve seu custo. Gibson passou a me tratar friamente nas recepções. Sei que o ministro Buzaid não gosta de mim. Homem estranho, tem uma cara horrorosa. – Ele agora estava com toda a corda.

– Bem, diríamos, então, que o senhor está praticamente do nosso lado?

Levantou as duas mãos num gesto de não-me-comprometa e sentenciou com a voz ligeiramente empostada e sotaque um pouco mais perceptível:

– Não, porque sou contra uma violência que sofri. Além disso, estou com receio de que aconteça algum problema... O que vai acontecer se descobrirem a casa?

– A segurança da casa é perfeita. Ninguém nos viu entrar, a repressão perdeu completamente o traço. Agora, se descobrirem, resistimos até o fim e morremos todos.

– Não é uma boa perspectiva. Espero que não descubram...

– Descobrem não. A única questão é o governo ceder e não vemos por que não cederia. Há três precedentes favoráveis. Estamos seguros de que tudo correrá bem e em breve nossos companheiros, bem como o senhor, estarão todos em liberdade, numa boa.

Ele ficou muito sério, pensou e depois disse, preocupado:

– Meu governo fará, tenho certeza, muitos esforços. Mas os senhores devem saber que eu não sou o von Holleben. O von Holleben – repetiu, batendo as sílabas do nome do colega – é muito, muito importante. Também não sou o *ambasador* Elbrick. Nixon pessoalmente intercedeu por ele. Richard Nixon em pessoa.

– *I want to talk with the man in charge of this fucking country* –,* foi o que Dirty Dicky disse pelo telefone aos próceres da Junta Militar, queria saber qual deles era o *fucking man*.

Ele não ria da graça e, preocupado, repetiu:

– Como dizia, não sou nem o von Holleben nem o Elbrick, sou muito menos importante. A Suíça é um pequeno país.

– Um pequeno país, mas um grande banco – sentenciou Ivan.

Prosseguiu impassível, mostrando por que os outros embaixadores tinham sido mais bem escolhidos que ele. Revelou que era amigo do chanceler Graber e que este certamente moveria os canais competentes, mas temia que o governo brasileiro não se sensibilizasse pela sua sorte.

– Acho que eles não gostam de mim.

---

 *Quero falar com o homem que manda nessa porra desse país.

Daniel, que assistia à conversa silencioso detrás do capuz, quis animá-lo:

– Mais importante que o cônsul japonês você é.

Rimos todos, diplomaticamente.

Já era tarde da noite quando me instalei à mesa da cozinha, guarita da minha primeira ronda, enquanto Ivan e Helga se deitavam no sofá-cama da sala de entrada e Paulista e Dan se acomodavam no quartinho dos fundos. Fiquei jogando paciência junto ao M-1 sobre a mesa. Ouvindo rádio à espera de alguma notícia, quem sabe a leitura do nosso Comunicado número 1, com as exigências, que seguira logo após a ação. Mas nada de comunicado e nenhuma resposta oficial do governo. Só notícias sobre buscas frenéticas, em toda a cidade. Fora isso, as condenações de variados círculos e autoridades públicas e privadas da indústria e do comércio.

Sentia-me preocupado e angustiado, os minutos passavam lentos, muito lentos, e, quanto mais analisava os dados, mais crescia dentro de mim o receio de que a coisa corresse mal. E se não cedessem? Se desta vez se recusassem a negociar? Terminei minha ronda mergulhado numa poça viscosa de grilos e incertezas, o M-1 sobre a mesa não ia dar respostas, o rádio emudecera em estática e as cartas não revelavam nada do futuro, apenas estavam lá todas misturadas no jogo de paciência, que eu tinha desfeito, impaciente.

Fui acordar o Paulista. Levantou-se silencioso e fomos cruzando de volta, na ponta dos pés, a sala do meio, escura, onde dormia o embaixador. Esbarrei no pé de uma cadeira, e da cama veio um esgar de susto.

– Calma, tudo bem, somos nós.

Murmurou algo e virou-se nos lençóis, entre sonhos agitados. Fechamos a porta para a saleta de entrada e fomos para a cozinha. Paulista fez um café e ficamos algum tempo comentando os lances do dia. Me animei um pouco com o seu aparente otimismo e só aí comecei a me sentir cansado, muito cansado. Voltei ao quarto dos fundos pela janela da área e me atirei na cama. Fui expulsando lentamente a angústia, que voltou quando me lembrei de que dia era aquele. Eram 3 horas do dia 8 de dezembro. Naquela data eu completava 20 anos. Restava saber se chegaria inteiro aos 21, se iam me dar os setenta presos de aniversário e se o astral estava ou não para Sagitário.

6
"Roubaram o cônsul!"

> "Levanta cedo e trata de se prepará
> Vamo pra Portela, que o reino do samba é lá
> Levanta cedo."

Soou às 7 horas o clarim carnavalesco. Emergi dum sono inquieto, de sonhos confusos. Tinha 10 anos e queria uma bicicleta. Levantei-me lépido de ansiedade. Notícias?

Paulista ouvia o rádio na cozinha, não tinha dormido, mas parecia impávido.

– Oi, Felipe, dormiu legal?

Helga preparava-se para sair. Daniel, sem sono depois da última ronda, lia um livro em castelhano, encostado na porta de entrada, vigiando de rabo de olho a porta do banheiro, onde Bucher fazia a sua toalete. Ivan saíra para comprar os jornais e dar uma geral nas redondezas.

Voltou logo, trazendo o *JB*, que dava o seqüestro em manchete e lhe dedicava um furibundo editorial de apoio total ao governo Médici, fosse qual fosse a política que este viesse a adotar. Algumas notas e comentários conduziam à idéia de que desta vez o governo mudaria de atitude.

Ao folhear melhor o matutino, deparamos com uma notícia que no primeiro momento passara despercebida. Era um comunicado da repressão de São Paulo, anunciando a morte de Eduardo Leite, o Bacuri, num tiroteio perto de Santos. Pairou na casa um silêncio glacial. A notícia era das mais calhordas. Lembrava a "fuga" dele, várias semanas antes, e comentava lances do tiroteio no qual tinha sido morto, ao "resistir à prisão".

Sabíamos que Bacuri nunca fugira. Na época da prisão e morte do velho Toledo, fora retirado, uma noite, da sua cela no DOPS de SP, por Fleury e sua equipe. Foi transferido para um dos sítios clandestinos e lá tinham começado a matá-lo aos pouquinhos. Segundo uma informação que tínhamos recebido, estava cego e tinham lhe quebrado as pernas. Era torturado todos os dias.

A única esperança – remota – de salvá-lo era aquela ação. O nome de Bacuri encabeçava a lista. O anúncio da sua morte, no dia seguinte ao seqüestro, ensombreceu o ambiente. Depois ficaríamos sabendo que o companheiro, barbarizado durante semanas a fio e já totalmente irreconhecível, fora executado com uma machadada logo que chegara a notícia da operação. Antes lhe tinham cortado a orelha...

Os jornais da manhã, bem como o rádio, diziam que o governo não tinha recebido nenhum comunicado dos captores do embaixador suíço. Ficamos tentando interpretar o significado daquela contra-informação. O Comunicado número 1 seguira minutos depois da ação, havia quase 24 horas. Mais de cinco cópias tinham sido enviadas a diferentes órgãos de informação. Já era uma indicação do grau de controle que a repressão tinha sobre a imprensa. Para o mundo não existia nenhum comunicado.

As buscas continuavam em todo o Rio. Felizmente os estrategistas deles estavam convencidos da infalibilidade da sua operação-engarrafamento, que em menos de 10 minutos tinha interrompido o trânsito de toda a cidade e mantido os carros parados durante sete, oito horas, em muitos casos. Estavam absolutamente certos de que não podíamos ter ido muito longe e vasculhavam, minuciosamente, bairros próximos ao local da ação. Especialmente Cosme Velho, Santa Teresa, Catumbi e também Floresta da Tijuca. Nosso esquema de contra-informação telefônica buscava reforçar essa convicção, apontando casas suspeitas nestas regiões.

De meia em meia hora, o rádio dava os telefones para as deduragens anônimas. Insistiam em que a população ficasse atenta a vizinhos recentes de atividade furtiva, os quais mantivessem as janelas fechadas. Debochávamos daquela babaquice. As janelas da casinha, com suas cortinas coloridas, estavam abertas, escancaradas. Ivan, Helga e secundariamente Daniel tinham um excelente contato com os vizinhos, moravam no local havia mais de seis meses.

"Fazer fachada" era uma arte e Paulista se revelava um virtuoso na matéria. Assim como eu, estava "fechado", não podia aparecer para o mundo exterior do afastado subúrbio. Mas constantemente dava autênticos cursos daquela arte de camuflagem.

– Temos que partir do conhecimento do povo dos arredores, dos seus hábitos. É um bairro pobre, mas não miserável. As cortinas são fundamentais. Têm que ser bonitas e coloridas. São o orgulho da casa do pobre.

Também sugeriu que Helga levasse uma bandeja de doces para os vizinhos do lado: "Sobrou ontem à noite, trouxe pra vocês experimentarem." Ao dar a idéia, ele garantiu que no dia seguinte a bandeja ia voltar cheia de doces da vizinha. Dito e feito.

A "fachada" era tanto mais sólida porque Ivan e Helga já tinham feito muitas amizades na rua. Ele entrava nas peladas, ela nas rodas de comadres. Era necessário, porém, evitar que as boas relações acarretassem demasiada familiaridade. Criou-se o hábito de receber os vizinhos sempre na varanda e de manter, por trás do trato amistoso, aquele recato próprio da gente humilde.

Do quartel da PM, embaixo da ladeira, saíam constantemente choques e jipões para operações em áreas suburbanas, mais próximas ao centro. Em Cascadura e Madureira havia *blitzen* esporádicas, mas o bairro parecia outro planeta. Apesar do intenso noticiário de rádio e tevê, o povão da Tacaratu estava a muitos anos-luz de tudo aquilo. O único comentário que Ivan conseguiu captar nas suas rondas exploratórias pelos bares da região foi de um crioulinho muito invocado, reclamando do policiamento no Méier, por onde passara na véspera.

– Os *homis* tava tudo ouriçado! Diz que roubaram o cônsul!

Ivan voltou para casa alardeando:

– Roubaram o cônsul! Roubaram o cônsul!

Tudo isso tinha graça, mas, enquanto as horas passavam lentamente e os noticiários continuavam a anunciar que o governo não recebera nenhum comunicado, a angústia pairava densa. O ambiente foi ficando sombrio e todos concordavam em achar que o governo estava armando alguma maneira sutil de recusar as negociações.

Eu temia as conseqüências. O que aconteceria com o embaixador? A resposta a uma recusa era a morte. Tal era o postulado inerente à natureza daquele tipo de ação. "Se não se está disposto a levar até o fim, não se faz." Era o refrão da firmeza revolucionária. No íntimo, me era ainda mais difícil aceitar a lógica deste esquema do que da outra vez. Era demasiada abstração diante do ser humano de carne e osso ali na minha frente. Não era um torturador, um responsável pela repressão ao nosso povo. Era apenas um sujeito boa-praça, meio boêmio, que não tinha nada a ver com aquilo e até nutria sentimentos contrários ao regime, por trás da etiqueta diplomática.

– O que vocês vão fazer comigo, se o governo não soltar os presos?

Foi-lhe explicado que nesse caso ela seria transferido para outro aparelho, mais confortável, onde ficaria preso indefinidamente. Que seria outro "caso Gomide". Era uma alusão ao seqüestro do cônsul brasileiro em Montevidéu, que naquela época estava, já fazia meses, nas mãos dos Tupamaros, numa ação que, para nós no Brasil, foi péssima, pois transformou o cônsul, um membro importante da TFP, num mártir.

Mas eu não estava certo desta explicação. Sabia que tínhamos um aparelho de recuo, onde funcionava o esquema médico, e que ficava na zona rural. Nenhuma decisão fora tomada, mas, conhecendo a organização, eu achava que a tendência, em caso de recusa, era a sua "transferência", mas não de aparelho... A engrenagem era aterradora. Uma coisa era enfrentar a repressão a tiro, matar pra não morrer, durante uma ação ou uma fuga. Era concebível, também, o justiçamento de torturadores e mesmo um episódio do tipo Dan Mitrione, o professor de interrogatórios da CIA, que ensinara a sua triste arte à polícia brasileira e uruguaia, antes de ser eliminado pelos Tupamaros, depois que o governo de Montevidéu se tinha recusado a libertar os presos.

Mas o caso do embaixador suíço era totalmente diferente e a sua "transferência" seria uma tragédia de conseqüências incalculáveis, política e humanamente. Seria, de certa forma, nos nivelarmos com os que matavam a sangue-frio nossos companheiros. Durante todo o dia, o governo continuou a negar ter recebido qualquer comunicado. Eu não tinha estômago para conversar com Bucher. Passei o dia do meu vigésimo aniversário tentando me concentrar num livro de Wilfred Burchett sobre o Vietnã, fumando um cigarro atrás do outro e trocando monossílabos com os companheiros.

Ivan parecia muito calmo e eu sentia que ele me observava, tentando perscrutar por trás do meu silêncio tenso alguma vacilação de índole pequeno-burguesa. Helga cuidava dos afazeres do lar, com ar de rotina. Daniel lia, lia, impassível. Paulista rabiscava umas notas no papel. Ele tinha o hábito de escondê-las numa pasta. Naquele dia, porém, deixou o papel em cima da mesa, quando foi fazer o café na cozinha. Curioso, mas auto-reprimido pelas regras de segurança, passei perto e dei uma vista d'olhos em diagonal nas anotações. Não retive o conteúdo, mesmo porque o que me chamou a atenção foi a caligrafia. Redondinha, bem desenhada, muito regular, parecia letra de menina-moça, bem-comportada. Eu conhecia aquela letra. Era a mesma dos bilhetes do comando nacional para o setor de inteligência, assinados Cláudio. Agora tudo se encaixava: o Smith & Wesson 38, cano longo, o "conheço esse cara de algum lugar", a caligrafia. Paulista era Cláudio, isto é: Carlos Lamarca.

7
Neura de aparelho

Dia 9. Alívio pela manhã. Declaração do governo admitindo ter recebido um comunicado dos terroristas e enunciando seu propósito de salvaguardar a integridade de Sua Excelência, o embaixador helvético, sem, no entanto, se sujeitar a exigências absurdas, de natureza a interferir na ordem pública. Pedia a lista dos setenta presos exigidos pelos seqüestradores.

Os jornais davam a entender que o governo Médici soltaria setenta presos sem atender, porém, às demais exigências, que se supunham ser, por fontes dos órgãos de segurança, a difusão de um profuso comunicado repetidas vezes e passagem gratuita nos trens da Central, Leopoldina e Linha Auxiliar, hipótese que, segundo os jornais, já fora descartada de véspera. No mais, diatribes e editoriais inflamados contra os "terroristas apátridas", pedindo mais repressão à subversão de inspiração alienígena.

O governo suíço mal abrira a boca. Parecia cauteloso, muito cauteloso. Reunião geral de nossa célula político-militar para avaliar a situação. O governo não tinha aceito as exigências de cunho político e não tinha dito, ao certo, se libertava ou não os setenta presos que íamos pedir. Solicitava apenas a lista dos companheiros. Ivan insistia em que não podíamos recuar em nada. Exigir todas as condições. Minha avaliação era diferente:

– Esse negócio de manifesto pela televisão, de quatro em quatro horas, e passagem de trens grátis são exigências demasiado elevadas pro equilíbrio de forças que existe. As condições pra ditadura são diferentes da época do alemão.

A Suíça não tem tanta força e tá com uma posição um bocado mole. O governo Médici tá mais forte que antes da Copa. Tão todos cagando pra vida do embaixador e fazendo o possível pra localizar o aparelho. Querem uma lista. Pode ser uma indicação de que eles aceitam soltar os presos. Pra nós tá grandioso, perfeito. Mais que isso, meu chapa, só com outro exército, mais forte que o deles!

Daniel concordou que seria muito difícil que aceitassem as demais exigências e que devíamos limitar nossas ambições aos presos, e depois dar ainda uma insistida nas outras condições. Que em todo caso, porém, devíamos mandar outro comunicado, cobrando as outras exigências formalmente e querendo a explicação, se iam realmente soltar todos os setenta que pedíssemos. Ivan reviu a sua posição e fechou com ele. Lamarca ouviu muito atentamente e lhe deu razão. Eu próprio terminei concordando, apesar de achar que ia ser um desperdício de tempo. Mas tinha a vantagem de mostrar ao inimigo que não estávamos ansiosos nem amedrontados. Estávamos aí, firmes, no aparelho mais procurado do Brasil.

Helga voltou da rua. Seguindo instruções detalhadas de Lamarca, tinha feito compras fora do bairro. Naquela manhã, já fizera as diárias para a trinca oficial da casa na venda habitual do fim da ladeira. Mas as despesas a mais deviam ser enrustidas. Num bairro pobre, qualquer gasto maior em comida chama a atenção. Inda mais que as despesas que trazia eram de natureza especial. Quase luxo.

A caixa pesada continha um ventilador, que instalamos na sala de Bucher. Helga trazia igualmente uma bermuda bege, duas camisas e um par de chinelos. Para os cigarros, ela tivera um ponto com o pessoal da logística da UC. Alguém fora ao Copacabana Palace comprar um pacote de

Benson & Hedges, longos, que ele consumia à razão de quatro maços por dia.

– Na verdade fumo Bensons curtos, sem filtro – explicava.

Provou as bermudas e os chinelos e instalou-se diante do ventilador.

– Vocês são uns caras muito amáveis, vejo que fazem o possível para minorar minhas privações, agora que já me seqüestraram. Os jovens são sempre idealistas, pensam em fazer revoluções, salvar o mundo. Depois acabam se convencendo de que é tudo um jogo de cartas marcadas, impossível de mudar, a não ser aos pouquinhos. Gostaria de tê-los conhecido noutras circunstâncias, lá na embaixada.

– Tá legal. Depois que tudo isso acabar, o senhor nos convida prum Chivas Regal na embaixada, pra retribuir a hospitalidade, mas não pretendemos pedir asilo. Uísque puro com gelo.

– E como vou apresentá-los à minha governanta?

Risos gerais no aparelho, capuzes negros sacudindo-se em gargalhadas. Tinha governanta. Era solteirão, segundo alguns, gay. Mas lá na infra ele não desmunhecava e só se queixava da falta de presença feminina. "Prresença feminina", dizia, carregando no "pre". Helga, com sua carinha japonesa e jeitão interior paulista, meio sem sal – e ainda por cima dentro do capuz –, não entrava nos cômputos.

Bucher foi contando casos da sua vida de diplomata. Negociações secretas franco-argelinas, na Suíça, que ajudara a organizar, em 1961, entre representantes de De Gaulle e da FNL argelina. Viagens de barco pelo mar Vermelho, num calor de 60 graus. Aventuras com Lady Hunt, antes de ela ser mulher do embaixador britânico. Depois acompanhava

 Lamarca, Ivan e eu numa biriba a 2 mil, em parceria com o

primeiro. Mais metódicos, batiam a nossa dupla com inesperadas canastras e finalizações. Depois a janta e as primeiras rondas. A noite na Tacaratu era calma e poucos veículos passavam pela ladeira. Era dominada pelos trinados dos insetos e pelo latir dos cães. Até o cantar dos galos, no meio da penúltima ronda, de 2 às 6 horas.

Engrenamos um cotidiano na infra da Tacaratu e se passaram uns três dias inconclusivos, feitos de espera, atenção aos noticiários, longas conversas e jogos de cartas com o embaixador, reuniões da célula, críticas e autocríticas, agressividade e angústia, dominando o astral. O governo Médici negava ter recebido qualquer comunicado.

Era tudo espera, muita espera, os minutos perpétuos, uns atrás dos outros, feito lesmas. As manhãs, porém, eram boas. Na Tacaratu o sol brilhava preguiçoso. As lavadeiras atiravam as roupas aos tanques, a criançada e os desocupados jogavam pelada na rua, seus cantos e gritos chegavam ao aparelho, que pela manhã ficava mais descontraído. O sol fazia uma curta trajetória, entre as sombras do telhado e do muro externo. Era a hora do banho de sol democrático, em turnos de dois a dois, turno duplo e exclusivo para o hóspede, *noblesse oblige*.

Bucher, já vermelho por natureza, ficava um pimentão. Era um ritual divertido sua ida ao banho de sol. Primeiro ele se preparava. Ficava de bermuda e chinelos. Aí passávamos uma cadeira pela janela do quartinho dos fundos e ele dava a volta pelo outro lado, pela saleta da frente e cozinha. Disfarçávamos cada vez menos a cara. Os capuzes eram incômodos pra respirar e falar e os furos estavam ficando cada vez maiores. Na hora da sua passagem matinal pela cozinha, ninguém tinha saco de vesti-los. Simplesmente se virava a cara. Ele, muito aéreo, fingia não olhar.

De manhã, Helga, Ivan e Daniel costumavam sair, em horas diferentes, para compras e contatos. O espaço vital da casinha crescia um pouco. Lamarca, eu e o embaixador permanecíamos "fechados" na casa. Quase sempre, porém, ficava um dos outros três para atender a eventualidades.

Era freqüente a presença de vizinhos ao portão, às vezes na varanda. Eram todos muito respeitosos da intimidade daquele lar de pobre. Um pequeno senão. A filha da vizinha, uma negrinha de 15 anos, vivia cercando a casa, curiosa. Vinha até a varanda sorrateira, espichando o olho, quando a porta se abria e Helga saía para atendê-la. Depois ficava de papo furado, sempre muito curiosa. Será que tinha desconfiado de alguma coisa?

Muitas horas foram consumidas na elaboração de uma política para a pretinha curiosa. Era engraçado, porque nem eu nem o Lamarca a tínhamos visto, só os residentes oficiais a conheciam. Vivíamos numa brincadeira de esconde-esconde com ela. Lamarca gostava muito de escrever na mesinha que ficava sob a janela da entrada. Por ali entrava mais luz e era mais agradável que a mesa da cozinha ou o quartinho dos fundos. Era obrigado a interromper toda vez que a menina aparecia para pedir um ovo ou um espremedor de laranja para a mãe, que a tinha mandado.

A arte era procurar os ângulos cegos da porta entreaberta e evitar as frestas entre as dobradiças. Ficamos exímios, mas nesta reunião foram decididas medidas mais severas para a situação provocada pela abelhuda. Nossa circulação ficou restrita às outras peças até a noite, enquanto durasse a insistência da filha do vizinho. Assim, a infra da Tacaratu ficou ainda mais apertada.

8
Rasgando capuz

Os órgãos de informação sustentaram até o fim a inexistência de qualquer Comunicado número 2. O governo, através de Buzaid, negava sua autenticidade, e, segundo a imprensa, dezenas de outros comunicados falsos tinham sido recebidos. Não íamos nessa conversa, pois, junto ao nosso, ia um bilhete de Bucher, em francês, para o chanceler Graber. A repressão tinha se antecipado à imprensa na recolha da maioria das cópias, deixadas em vários pontos da zona sul, e a mesma ficou proibida de falar no assunto. Era a censura e mais: a mobilização de toda a mídia pelo regime. Decidimos mandar o Comunicado número 3, cobrando apenas a garantia da soltura dos setenta presos. Passaram mais dois ou três dias e o poder com sua mídia amestrada seguiu no mesmo jogo. Nenhum comunicado. Ao mesmo tempo, o tom do vídeo, emissoras e jornais passou a patético. Por trás do "silêncio desumano" dos seqüestradores, descortinavam-se as mais negras suspeitas. Estaria ainda vivo o diplomata do país amigo? Ou já teria sido vitimado pela sanha sangüinária dos agentes de Havana?

Nestas alturas, era evidente que havia, por parte do governo, um jogo maquiavélico muito competente. Para o mundo – que tirava suas informações da mídia ou dos canais oficiais – parecia solícito, disposto a negociar, de acordo com os padrões consagrados nos casos precedentes. De fato, tentava ganhar tempo para localizar e estourar o aparelho.

As buscas continuavam. Centenas de casas e edifícios eram vasculhados, mas, na sua maioria, as operações se concentravam nas regiões mais próximas ao local do seqüestro e nos altos da Tijuca. Os bloqueios se multiplicavam pelas ruas e o dispositivo parecia extenuado e nervoso. Surgiam as primeiras vítimas. Na rua Alice, um casal foi alvejado e morto, num Corcel, ao se atrapalhar diante de uma blitz. O rapaz estava sem carteira. Numa rua próxima, em Santa Teresa, foi metralhado o pacato habitante de um falso aparelho, "estourado" a partir de uma suspeita ou denúncia. Pensara que fosse assalto e reagira. Pelos jornais alimentavam constantemente o clima de que o aparelho onde estava escondido o embaixador suíço estava para cair – já fora localizado, já tinha a luz e o gás cortados –, garantiam certas versões.

Ficou claro que não receberiam nem o 2 nem o 3, mandássemos quantos mandássemos. Depois de muitas discussões e reuniões, foi decidido enviarmos a lista dos setenta nomes, que a ditadura dissera aguardar "no firme propósito de salvaguardar a vida e a integridade de Sua Excelência, o embaixador da Suíça".

O listão já estava pronto antes da ação. Dera muita briga, pano para mangas. Como da outra vez, pedíamos quadros e aliados da VPR – em maior número – e companheiros de outras organizações armadas. Havia poucos dados vindos da cadeia, muitas listas propostas, muitas versões contraditórias sobre comportamento na prisão, muitas simpatias e antipatias. O único grupo de presos com o qual mantínhamos um canal era o da Ilha das Flores, e, nesse caso, o critério dos próprios prisioneiros foi respeitado.

Para tentar varar o bloqueio de informações, fizemos chegar uma das listas diretamente à Agência France Press, ao mesmo tempo que remetíamos outras para os jornais cariocas. A lista da AFP seguiu com o carimbo vermelho VPR e uma carta do embaixador, e as demais cópias, com bilhetes de Bucher anexos, autenticando, mas não o fizemos rubricar a própria. No meio da tarde, pintou um comunicado do Ministério da Justiça, negando autenticidade à lista de presos recebida por várias redações cariocas e por uma agência internacional.

Nem por isso deixou de prender e expulsar do país o diretor da mesma, François Pelou, por ter passado por telex a notícia. O jornalista francês ficou um dia detido no DOPS, numa cela cheia de merda. Depois foi levado ao Galeão e metido no primeiro vôo para Paris. O ministro Buzaid fez divulgar uma nota precisando que só seria considerada oficial a lista que: 1) fosse rubricada pelo embaixador; 2) fosse endereçada ao seu Ministério.

No dia seguinte mandamos outra cópia nessas condições. À noite, o governo admitiu tê-la recebido. Anunciou que seria estudada. Sem mais precisões. A mídia começou a colocar a perspectiva de um desfecho favorável, pela primeira vez. A tensão foi cedendo lugar ao tédio. Os minutos sempre compridos. As repetidas esperas do dia. Espera do noticiário do meio-dia. Do noticiário das 20 horas. A espera da volta de Daniel, cujo teto era às 19 horas. Era quem fazia o contato da tarde com a organização. Foi depois de uma destas saídas que trouxe um informe alarmante. Tinha caído o aparelho alternativo, na zona rural. Mais precisamente, o esquema médico em Jacarepaguá. Era alugado por um quadro legal, transferido de Porto Alegre, em contato com Inês. Tinha sumido havia dias e agora ela descobrira, por vias transversas, sua prisão, lá pelo dia 9. Não tinha relação com a nossa operação, mas com outras quedas no sul do país. Em todo caso, era uma pista que levaria à VPR, não tivessem eles matado o gaúcho sob tortura, logo nos primeiros dias.

A espera dos companheiros que saíam era angustiante. Com todos em casa era difícil o aparelho cair, porque a fachada legal estava muito boa e a repressão, perdida pela imensidão da Guanabara e do Grande Rio, não dava bola para aquele pacato subúrbio. Mas quem tinha pontos com as estruturas da organização, lá fora, podia cair nesses pontos e, com o grau de tortura que se abateria sobre um suposto membro da guarda do esconderijo, eu não botava minha mão no fogo por ninguém.

Ivan tinha contatos com os coordenadores de GTA da UC Juarez de Brito, e Daniel, com várias áreas de simpatizantes e com as organizações da frente armada. Esses contatos eram limitados ao máximo, mas, toda vez que demoravam mais, as paredes começavam a suar de angústia e apertar ao redor. Era semana e meia trancado naquela casa e eu começava a sentir uma certa claustrofobia. Os músculos das pernas doíam da falta de andar, os cigarros queimavam a garganta. As discussões tolas viravam rotina. Descuidei muito das tarefas de arrumação e fui duramente criticado, em sucessivas sessões de crítica e autocrítica da célula político-militar. Além disso, as picuinhas eram imensas. Helga resmungava o tempo todo, com ou sem razão. Uma vez me acusou de pequeno-burguês por ter fritado um ovo na manteiga.

– Gastar manteiga à toa. É mesmo coisa de pequeno-burguês!

As relações com Ivan eram as costumeiras, mas, quando o assunto eram quartos bagunçados e garfos sem lavar na pia, meu comportamento individualista era unanimemente fustigado. Lamarca garantia nunca ter visto nada igual na vida. Tinha razão.

Mas a causa da minha punição formal, aplicada nesses dias, foi outra. Uma das terapias ocupacionais que eu tinha inventado, para aliviar o tédio daquelas horas intermináveis, era ficar limpando as armas. Gostava de desmontar a Colt 45, perscrutá-la por dentro, parafuso por parafuso. Também passava tempos tirando e pondo as balas verde-douradas no pente. Alguém levantou objeção àquela válvula de escape. Lamarca concordou. As armas eram pra estar prontas todo o tempo. Só sair dos seus lugares de sempre em caso de necessidade, ou então para treinamento a seco – só os revólveres – em horários preestabelecidos, no quartinho dos fundos e não ali na entrada. Isso de ficar bundando com arma pela casa era convite para um acidente.

Ferido no orgulho – pô, mexo com arma desde criança –, concordei e passei uns dias refreando os ímpetos. Mas certa ocasião me sentei, inquieto, no sofá da entrada e instintivamente meti a mão embaixo do travesseiro, peguei a 45 e pus uma bala na câmara, com um clique metálico que ecoou pela casa. Nem o palavrão que soltei, ao lembrar, nem a prova cabal de que a arma estava travada me pouparam do monumental estouro, da descompostura que, nos seus tempos de capitão, Lamarca devia passar nos recos recalcitrantes. Humildemente fiz minha autocrítica, só faltei bater continência, e fui me isolar no quartinho dos fundos. Quando Daniel regressou, reuniram-se ambos e, ouvindo brevemente Ivan, decidiram, em nome do comando nacional, punir-me com a suspensão de duas reuniões da célula político-militar.

Pedi asilo na sala do embaixador e ficamos jogando uma biriba a 4 mil. Ele estava bem-disposto sob a permanente fumaça do seu Benson & Hedges, ao lado do cinzeiro transbordante de guimbas. Lembrei-me dele, boquiaberto, quando lhe informamos o número de presos a serem pedidos.

– Setenta... Setenta???

Tinha ficado repetindo com os olhos muito arregalados e as duas mãos nos ouvidos. Achara graça quando alguém lhe tinha dito que era o mais valioso de todos os embaixadores. A Suíça, quem diria. À medida que jogávamos longas partidas de alternadas vitórias, eu sentia o rosto coçar cada vez mais, sob a fazenda suada do capuz. No início eram três furinhos. Um pra cada olho e um para respirar. Foram crescendo até se transformar num único, grande. Meu rosto já praticamente aparecia, mas o pano negro continuava a esquentar terrivelmente e penicar as partes cobertas. Libertei-as de rasgão. Pouco depois, entraram na sala os outros e fiquei meio inquieto de estar com a cara destapada. Mais uma crítica? Lamarca já estava de bom humor e teve um acesso de riso. Ivan também se divertiu com aquele capuz desfeito e minha cara de fora.

Bucher já vira praticamente todo mundo e decidimos, naquela hora, abolir os capuzes. Não acreditávamos que, uma vez em liberdade, ele aceitasse colaborar com a polícia na nossa identificação. Ao contrário do alemão, que pedira ao Bacuri que pusesse o capuz – "*I dont want to see faces*" –, Bucher ficou contente com os rostos descobertos.

– Dava-lhes uma aparência muito sinistra. Prefiro ver as caras. Imaginava-os mais velhos. Que idade têm vocês?

O mais velho era Lamarca, com 32 anos. Daniel andava pelos 24, Ivan 21 e eu 20, revelamos-lhe. Ele ficou matutando e, mais tarde, quando estávamos sozinhos de novo, me perguntou:

– Será que vale a pena entrar nessa com 20 anos? Arriscar a vida por uma causa política? Você realmente está convencido de que pode mudar as coisas? Está realmente convencido disso? – Eu estava.

9
O tiro do capitão Lamarca

Os dias capengavam devagarzinho com o governo Médici e o "sistema" em deliberações, cujo teor não filtrava pela imprensa censurada. O tom geral indicava uma tendência positiva. Parecia que o governo tinha, finalmente, decidido soltar os presos e, como das outras vezes, estava às voltas com dificuldades na identificação e reagrupamento dos pedidos na maior de todas as listas. Era bom ser otimista e agora eu era otimista. Os demais companheiros também tinham boas esperanças. Apenas Lamarca estava com certo pé atrás.

– Se pediram a lista, é porque vão soltar os presos. Senão faziam que nem o governo do Uruguai. Se recusavam a negociar. Mas temos que considerar também outro aspecto. Eles estão fazendo tudo pra achar e estourar o aparelho. Assim, a vida do embaixador já não é a coisa principal pra eles. Não é como o caso do americano, quando, mesmo localizado o aparelho, não intervieram. Nem o do alemão, quando eles logo suspenderam as buscas. O Médici chegou a dizer depois que, se tivessem pedido todos os presos políticos pelo alemãozão, ele também abria as pernas. Este caso tá sendo diferente. Já perdemos muito terreno com a não-aceitação das condições políticas. Não sei, não. Pode dar merda. – Mas terminava compartilhando das expectativas favoráveis.

Bucher agora lia todos os jornais e era amplamente informado das coisas. Era o mais otimista de todos. Parecia segurar a peteca numa boa e não criava problemas. Era também o mais preocupado com a segurança. Quando alguém falava muito alto ele fazia *shhh* de dedo cruzado sobre os lábios.

– Zelarr pela segurança do aparrelho, rapazes.

Mas o ambiente ensombreceu quando, naquela tarde, o rádio anunciou a morte do guarda-costas dele que Lamarca baleara na ação. Parecia que o policial ia sobreviver, apesar do grave ferimento, mas sucumbira. Comunicamos a notícia a Bucher, que freqüentemente perguntava sobre seu estado.

– Eu tinha avisado que não valia a pena reagir, se tentassem me raptar. Eu sabia que seria um comando muito organizado. Que poderia fazer um homem sozinho??? Eu não queria guarda-costas nenhum. Mas o governo disse que, se eu não aceitasse, não se responsabilizaria pelas minhas imunidades diplomáticas. Avisei para não reagir, mas devia ter outras instruções... De certa maneira, me considero responsável. Morreu pensando que ia me proteger.

– Ele sacou uma Walter 7,65 e ia me dando um tiro nos peitos, quando encostei pra abrir a porta do lado do motorista. Um segundo antes, o comandante acertou ele do outro lado. Tiro de longe – lembrou Daniel.

Lamarca ruminava a cena, tristemente.

– Sacanagem. Não queria matar o cara. Mas não deu: quando bateu o Aero Willys, corri pra direção do carro. Gritei pro cara: "Se reagir, morre". Ele, muito ligadão, mediu a distância. Eu tava a quase 10 metros, ele puxou a pistola e começou a sacudir o corpo pra frente, pra trás. Eu saltei para outra posição, fora do campo de fogo dele, e mandei a primeira, no teto do carro. Nisso ele ouviu o Dan tentando abrir a porta do motorista e, como eu estava mais longe, decidiu derrubar ele primeiro. Meti bala. Ainda pensei que

 fosse pegar no ombro; acontece que ele estava se virando, ia disparar pra janela do outro lado. Agora tão dizendo que matei pelas costas...

E ficava matutando, tristonho.

– É uma merda ter que matar. Já me aconteceu outras vezes. O militar é educado pra matar, guerra é guerra, mas, ainda assim, eu não gosto de nada disso. A primeira vez também fiquei na fossa. Todas as outras... Agora, vou dizer uma coisa. Eles botam o coitado do federal lá pra ser sacrificado. Eu fui da repressão, porra! Eu fui da dona REP, sei como é! Eles pegam o cara bem novo. Fazem a cabeça dele, um treinamento violentíssimo. Sai da escola de polícia sem saber nada, quase, de investigação, mas sai combatente de primeira, tão bom ou melhor que fuzileiro ou pára-quedista. Preparo psicológico especial, bitolado, com aquele reflexo de tiro pavloviano, sem medir conseqüências. Pinta a situação de combate, ele nem pensa nas chances, nem lembra que tá sob fogo real. Age como nos treinos e nos outros tiros de guerra, em que já teve metido – aliás, esse cara, eu tô seguro, já teve um tiroteio antes –, vai mandando bala.

Lamarca pensou mais um pouco e prosseguiu:

– Eles sabem que não adianta botar um só guarda-costas, nunca que isso vai impedir um seqüestro. Quem eles querem mesmo proteger, general, gente do governo, eles botam 10, 15. Quando botam um, com ordem de reagir, em qualquer caso, é pra ser sacrificado. Botam pro cara morrer e levar quantos de nós puder junto. Ser ele for vivo, se der tempo de raciocinar, não reage e se salva. Mas quando o cara é cobra, tá mesmo condicionado, confia nele mesmo, salta que nem uma mola. Te manda pro beleléu se tu vacilar. Guerra é isso aí.

A pontaria do Lamarca era legendária e estava ligada a histórias de outros combates. Sua primeira morte foi um guarda, na cobertura de um assalto da velha VPR a banco. O comando dentro do banco, os carros da fuga na esquina, ele na porta, na calçada movimentada. Alguém viu e chamou um policial que estava no outro quarteirão. Este sacou a arma e saiu correndo em direção ao banco.

Lamarca apoiou o Smith & Wesson de competição na palma da mão esquerda e deu dois tiros rápidos, a mais de 50 metros. Um no queixo, um em cheio no capacete do guardinha, que teve morte instantânea. Daniel uma vez me contou que no Vale do Ribeira ele se divertia acertando cipós a distâncias de que outros companheiros nem sequer os viam. A pontaria era apenas uma das muitas características que tinham feito dele, durante muitos anos, o "oficial modelo". Sempre prestigiado pelos superiores e, coisa mais rara, adorado pela tropa. Tinha um bom relacionamento com os soldados. Punia pouco, respeitava-os como pessoas e se impunha por uma autoridade inata, uma voz de comando que irradiava aquela segurança, que agora nós, irregulares de segunda categoria, também sentíamos.

Na UC Juarez de Brito tínhamos alguns valores que começavam a despontar na arte das armas. Ivan, decidido e arrojado, Alex, muito calmo e com voz de comando, Ronaldo, motorista prodígio. Mas, no geral, o pessoal todo era ainda muito verde. Lembrava *l'armata Brancaleone*. E pensar que nos considerávamos o núcleo do futuro exército revolucionário dos campos e das cidades!

Lamarca era outro nível. Como combatente era adestradíssimo. Além disso, tinha sentido tático e uma intuição extraordinária, imaginação e reflexos trabalhados por anos de formação aplicada e entusiástica. Um feixe de nervos que, na hora do perigo, funcionava com a precisão de um cronômetro, calma olímpica, frieza absoluta. A fama e o folclore em torno dele na esquerda levavam a uma distorção da sua personalidade. Virava o super-herói, a máquina de guerra de organizações para as quais ser humano comum não estava à altura da titânica tarefa. Necessitávamos de super-heróis e máquinas de guerra...

Antes de conhecê-lo, eu imaginava um militar durão, áspero, de muitos colhões e pouca sensibilidade humana e política, do mesmo gênero que a maioria dos outros ex-militares da organização que eu conhecera. Pintou um sujeito afável, com a humanidade à flor da pele. Era incapaz de esconder o que ia por dentro. No rosto liam-se todos os seus sentimentos. Nunca desrespeitava ou sacaneava um companheiro e tratava todos com carinho. Sua visão da esquerda, da luta revolucionária, da Revolução, com erre maiúsculo, com que sonhava, era idílica. Sofrera, na sua curta militância, todos os golpes e jogadas possíveis dos pequenos aparatos orgânicos leninistas.

Isso, mais as agruras do dia-a-dia, de homem mais procurado do país, o marcava de angústias e paranóias. Estava sempre com medo de ser envolvido e utilizado nas "jogadas dessa esquerda". Vivia lembrando as manobras, os golpes e as lutas internas a que assistira durante a sua curta militância. Era difícil ganhar a sua confiança, mas ao mesmo tempo ele se abria sem artifícios e escutava os outros com atenção. Demonstrava uma enorme sede de saber e via as suas próprias limitações teóricas e culturais com certo complexo. No primeiro dia da ação, ele evitava timidamente a sala do meio, onde tínhamos instalado Bucher.

– Ô Felipe, fica você e Daniel dando assistência a ele. Eu não tenho nível cultural pra lidar com um embaixador.

10
Sentinela

Passados mais uns dias, o governo finalmente anunciou, para o noticiário da noite, a solução do caso do diplomata suíço. Convencidos de que vinham boas-novas, instalamos o rádio na sala do meio e fomos escutar, junto com Bucher. O ambiente era agitado mas alegre. O diplomata, visivelmente ansioso, contava casos e nós ríamos, entre pontadas de impaciência. Os segundos se espichavam.

Finalmente, veio a nota do Ministério da Justiça, na voz solene que faziam os locutores ao ler comunicados do governo.

No firme propósito de salvaguardar a vida do embaixador Giovanni Enrico Bucher, ameaçado pelos terroristas seqüestradores, o governo está disposto a libertar os presos exigidos...

Saltávamos de alegria pela sala. Bucher tinha um imenso sorriso, dava palmadinhas nas costas de Daniel, Ivan ria com os dentes muito alvos, Lamarca exultava, eu sentia a delícia do alívio...

– ... com exceção dos de números 5, 6, 7, 29, 45 e 50, por terem participado de seqüestro; 15, 67 e 68, por terem cometido homicídio; 70, por estar condenado a prisão perpétua; 53, por estar sendo processado por crime cuja pena mínima é prisão perpétua; 38 e 48, por estarem condenados a penas elevadas; 28, por não ter sido identificado; 27 por não desejar deixar o território nacional; 18, 31, 39 e 41, por já estarem em liberdade.

Eram 19 os presos negados, na maioria companheiros considerados os mais importantes na hora da elaboração do listão. O imenso sorriso de Bucher gelou. Não dava mais tapinhas nas costas de Daniel. Tinha as mãos trançadas no colo e um olhar de medo. Lamarca levantou-se bruscamente e foi para a sala de entrada, acompanhado por Daniel. Ia reunir o comando nacional. Ivan olhava para o embaixador com raiva, como se fosse ele o culpado. Helga arregalava os olhos de surpresa e eu olhava para o chão, absorto, embasbacado de horror e de maus presságios. Deixamos Bucher sozinho.

Fui para o quartinho dos fundos e fiquei andando em círculo, agoniado. Depois pulei a janela da área de serviço, cruzei a cozinha e quis olhar na saleta de entrada, onde eles dois tomavam a decisão. Levei um esporro e fui mandado embora. Voltei à cozinha. Ivan e Helga estavam sentados à mesa. Os olhos dele faiscavam de raiva fria e afiada.

– Minha posição é queimar ele! Vão ver que com a gente não se brinca!

– A situação tá difícil – minha voz saía abafada –, tá difícil, mas temos que agir com a cabeça. Matar ele não soluciona nada. É fazer o jogo da ditadura.

– Puta-que-pariu. Eu sabia que tu ias vacilar!

Ela aprovava o juízo, sacudindo a cabeça. Mandei-os à merda. Ficamos calados depois da troca de agressões, que ficaram tinindo no ar da estreita cozinha. A casa parecia possuída por uma frustração furiosa, sangrenta. Quando a conversa dos dois terminou, Daniel veio e sentou-se na mesa, com o semblante cansado.

– É... Não tem outro jeito. Vamos mandar um ultimato. Se não soltarem os presos negados, vamos ter que "transferir" o embaixador. A coisa foi longe demais. Cedemos demais. Cedermos de novo é desmoralização demais da conta. Não dá.

O casal concordou. Eu, sem força para argumentar, uma zoeira danada na cabeça, limitei-me a controlar os nervos aos pinotes e fiquei calado, imóvel. Se o próprio Dan tá com essa posição, quanto mais o Lamarca, pensei. Este último fez uma breve incursão na cozinha. Tinha a cara fechada, crispada. Seu único comentário foi sobre um dos presos negados, o Ariston, filho do velho Lucena. O "Picolo", como era conhecido na organização, que tinha estado no Vale do Ribeira. Lamarca era amigo do pai, o velho Lucena, morto pela repressão num estouro de aparelho, no qual tinham caído quarenta das FAL do Quartel de Quitaúna. Sentia-se responsável pelo rapaz de 17 anos, que fora preso meses antes e torturadíssimo.

– O Ariston não fica preso, não! Não fica! – explodiu.

Depois levantou-se e voltou para a saleta avisando que ninguém podia entrar ali, queria ficar sozinho. Quis falar com ele, mas não tive coragem. Peguei no Daniel e levei ao quartinho dos fundos, para tentar discutir, mas ele se desvencilhou de mim e disse:

– Sei que é duro, companheiro, mas não tem outro jeito.

Lentamente entrei na sala do meio. Bucher estava sentado na cama, imóvel. Apenas se mexiam seus olhos inquietos.

– O que vão fazer comigo?

Eu tinha um nó na garganta.

– Vamos fazer um ultimato pra ver se cedem. Senão...

Ele me olhava suplicante.

– ... senão, vamos ter que transferi-lo para outro esconderijo, no mato, e guardá-lo por um tempo indefinido. Vai ser outro "caso Gomide". Passados uns meses talvez se encontre uma solução – menti.

Propus uma biriba e jogamos em silêncio, totalmente desatentos. Depois fui dormir. Eu tinha que descansar antes de pegar minha ronda às 3 horas. Extenuado, me atirei na cama do quartinho dos fundos e apaguei a luz. Fazia um calor acre, abafado. O corpo exausto dormiu logo, a mente seguiu seu moto contínuo pelas trevas, os pensamentos em labirinto. A muitas léguas dali, de um sono suado e agitado, cena de infância, de cores muito intensas. É um pasto à beira do milharal. Estou perseguindo um bando de anus negros, que fogem cortando o céu, com seus gritos tristes, lancinantes. Pousam nos primeiros pés de milho. Corro, a carabina 22 pesa na mão, retarda o pique. Estou chegando perto. As manchas negras se mexem nervosas, mas não voam. Controlo meu ofegar, levanto a arma, o dedo preme o gatilho, a mão salta para o ferrolho num vaivém frenético, os estampidos cortam o ar sossegado. O anu cai. De asa quebrada, saltita pelo chão e se emaranha nos galhos de um arbusto, quando disparo novamente. O tiro cortante e o impacto seco do projétil na vegetação rasteira ainda pairam no silêncio quando chego. A ave negra, grandona, está esfacelada, a parte traseira arrancada pelas balas de chumbo. As entranhas e as penas, numa massa disforme, ensangüentada, pingam por entre os galhos do arbusto verde, bucólico. Sinto nojo. Nojo amargo, culposo, piedoso. Nojo. Mexo no anu morto com o cano da 22. O bico negro pontudo está entreaberto. O olho pequeno e esbugalhado fixa o infinito. O campo verde respira verão, a brisa sopra doce e cheirosa, os galhos se movem lentos e preguiçosos. O céu é muito azul, de poucas nuvens. Olho para o milharal e vejo pelo chão muitos outros anus despedaçados. Acordei atônito, coberto de suor frio, a boca crispada de pavor e nojo. Calma, calma, muita calma. Do outro lado da cama larga, dorme alguém que parece ser o Daniel. O quartinho é muito abafado e escuro, me sufoca. Tá cheio de pássaros negros mortos, despedaçados. Ali um no chão, ao meu lado. Enquanto afundo, afundo, vejo outro em cima da cama. Estourado, as penas e as entranhas espalhadas.

– Não tem outro jeito... Vamos mandar o ultimato... Transferir o embaixador... Já foi tudo longe demais.

– O Ariston não fica preso. Não fica, não fica, não fica...

– Tá vacilando? Tá vacilando? Tá vacilando? Tá vacilando?

O anu despedaçado me fixa com seu olho pequeno, parado.

– Tá vacilando?

Ivan e Helga me olham com desprezo, Lamarca volta as costas, Daniel me afasta com o braço e desaparece no campo de milho. Nenhum deles nota o anu negro, estourado, pingando penas negras e sangue. Corro pelo campo de milho, com a coronha abro picada. Eles sumiram e há pássaros despedaçados por todos os lados. Nem adianta correr mais. Sento-me e ponho a arma no chão. Lá está ele, penas, vísceras e sangue. Olho de novo. Não é mais a ave. É uma pessoa que não conheço. Coberta de penas, vísceras e sangue. Fede a decomposição, incha, incha a cada instante.

– Felipe, Felipe, quê que há? Tá nervoso? Daqui a 10 minutos é a tua ronda.

Era Lamarca, me acordando no escuro. Sentei-me na cama tonto, lívido de nojo e piedade. Calma. Manter a calma. Foi um pesadelo. Tenho que acordar. Não posso dar bandeira, é a minha ronda. Coragem. Levantei-me, cruzei em silêncio a janela para a área. Sentei à mesa de sentinela. Em cima dela, arrumadinho o fuzil M-1, o baralho de cartas e uma xícara de café que Lamarca me deixara. Sorvi o líquido forte e morno. Embaralhei as cartas. Paciência, sentinela! As damas, os valetes, os ases e os reis, o dois de paus e o nove de copas desfilavam maquinalmente pela mesa, distribuídos por uma mão que não era minha. Jogava sozinha, não me pertencia.

Os minutos da ronda pingavam lentos; lentos como gotas d'água na testa de um torturado da Santa Inquisição. Entre reis negros e valetes, aves despedaçadas. Lá fora, do outro lado do muro alto da área, o silêncio. Nem vozes noturnas, nem insetos de verão, nem veículos distantes. Um silêncio incomum, estranho. Como se em volta fosse um deserto, como se fosse a lua.

Às 6 horas terminou minha ronda. Fui acordar Daniel, que levantou de supetão. Tomei um copo de água e fui dormir de novo, cansado demais para os pesadelos que a luz forte da manhã ajudava a afastar. Ainda ouvi soar nosso clarim na vitrolinha da saleta:

> "Levanta cedo e trata de se prepará
> Vamo pra Portela, que o reino do samba é lá
> Levanta cedo."

11
Ultimato

O ultimato seguiu na tarde daquele dia. No texto, lamuriento, denunciávamos as manobras do regime, o fato de muitos dos excluídos nem sequer serem responsáveis pelas coisas em função das quais as autoridades se negavam a libertá-los. Concluía com a ameaça: caso não fossem libertados os setenta que tínhamos pedido, "executaríamos a sentença de morte". Muito assustado, Bucher teve que autenticar o papel. Foi-lhe explicado que a ameaça era um blefe para ver se dava para forçar a barra pelos excluídos. Não sei se realmente acreditou. Antes fizemos uma reunião da célula pra discutir a situação e receber os informes das consultas que Ivan ficara de fazer com o pessoal de fora.

– O pessoal concorda que não dá mais. Já vacilamos tanto que a ditadura não nos leva mais a sério. Acha que a gente não tem coragem de "transferir" o homem. Por isso é que negam os prisioneiros. Se a gente for duro dessa vez, da próxima que fizer um seqüestro eles vão saber com quem estão tratando.

Contestei a análise:

– Ou a gente consegue libertar ainda um bom número de companheiros, o maior que já se conseguiu até hoje, e poupa um sujeito totalmente inocente, ou a gente "transfere" ele, deixa os caras na cadeia e se queima com a opinião pública nacional e estrangeira. Esse negócio é política, companheiros, é análise fria dos fatos, não é código de ética siciliano, porra. As massas nunca entenderão...

– O companheiro tá ligado subjetivamente ao embaixador e sempre foi um vacilante, desde o outro seqüestro. Temos que levar as coisas até o fim, sem derrotismo! – E continuou por aí afora. Daniel concordava com Ivan e tinha uma argumentação mais sofisticada: lembrava a responsabilidade que tínhamos com relação a toda a Revolução Continental de não desmoralizar aquela forma de luta. Helga, naturalmente, fechava com eles. Lamarca achava que tínhamos ido longe demais nas concessões, argumentou confusamente, sem ênfase. Falou pouco durante a reunião. Totalmente isolado, senti que era minoria absoluta, minha posição não valia mais nada. Era o "cocô do cavalo do bandido". Passei o resto do dia catatônico. O pior é que, quanto mais pensava no assunto, mais me convencia de que a posição da maioria esmagadora da organização – do pessoal de fora, apenas Ronaldo tinha dúvidas – era absurda e catastrófica.

Lia e relia a cópia do ultimato que Lamarca redigira cedo, naquela manhã. Que coisa ingênua! O que adiantava denunciar as jogadas da ditadura num comunicado que só seria lido pela própria repressão e por mais ninguém. Nenhum dos nossos comunicados anteriores tinha chegado ao público. Aí reparei num pormenor: o Comunicado número 5 não continha nenhum prazo. Era um ultimato sem prazo...

Além disso, estávamos às vésperas do Natal e se o embaixador fosse executado isso seria depois das festas; com isso até Ivan concordava. Sobrava tempo para tentar alguma coisa, persuadir os companheiros com novos argumentos. Mas quais? Pelo modo como a coisa era colocada, em termos de firmeza proletária e revolucionária, ou vacilação emocional pequeno-burguesa, a discussão era sumamente difícil.

Destilando minha angústia, eu ficava imaginando as repercussões da "transferência". Terroristas sangüinários matam embaixador. Indignação mundial. O governo Médici, lampeiro e contente, lava as mãos: "Negociamos até o último momento, fizemos todo o possível, mas eles mataram. Mataram por matar, porque seus próprios companheiros se recusavam a sair da prisão." Esta era a parte final da manobra. Fazer com que a sua morte aparecesse como resultado do fato de os presos não quererem sair. Sabíamos que todos os setenta presos estavam sendo submetidos a uma violenta pressão, feita de chantagens e promessas, para que assinassem um papel dizendo que se recusavam a deixar o território nacional.

Por um lado, acenavam com melhores condições carcerárias, livrar a barra na Justiça Militar. Do outro, ameaças de tortura, morte e toda uma guerra psicológica, tendente a levá-los a crer que o aparelho já tinha sido descoberto. Se fosse estourado antes de assinarem o papel, voltariam para o DOI-CODI. E, se o embaixador morresse, os que não tivessem assinado o papel também morreriam.

Alguns presos não agüentaram a pressão. Em certos casos eram simpatizantes que podiam ser soltos em breve. No entanto, era algo muito desmoralizante, inclusive porque houvera aqueles que tinham aceitado comparecer à tevê e participar da ofensiva de propaganda do regime com espetáculos do gênero "terrorista arrependido". Politicamente, a situação degringolava cada vez mais. A tática do governo era muito inteligente e ia nos conduzindo exatamente ao ponto desejado: a morte do embaixador. Como, oficialmente, parecia que negociavam de boa vontade, a culpa toda recairia sobre nós. A arapuca estava montada, bem montada.

Passados dois ou três dias, responderam ao nosso ultimato, dizendo que os presos negados poderiam ser substituídos por outros, em igual número, desde que não incorressem nas mesmas acusações dos primeiros. O jogo continuava. O ultimato nunca chegara ao público, parecia é que tínhamos perguntado num comunicado se se podiam ou não substituir os presos recusados. E eles diziam que sim, vejam a boa vontade! Daí a pouco, porém, o diplomata era "transferido" e ninguém nunca ia entender por que, se aparentemente, segundo a mídia, as negociações estavam em bom curso, com o governo Médici fazendo o "possível" para salvaguardar a vida do diplomata. Além disso, naquele dia, mais dois presos assinaram o tal papel. Quando se desse a "transferência", eles apareceriam com mais papéis e explicariam assim o "inexplicável crime". E os presos que haviam se recusado a assinar o papel – a grande maioria – seriam fortíssimos candidatos a "desaparecer", na histeria nacional e internacional, que certamente se seguiria ao aparecimento do cadáver do embaixador.

12
A hora da verdade

— Quero conversar com você.

Lamarca estava sentado à mesa da saleta de entrada, sob a luz da janela. Escrevia uma carta para a sua companheira, que estava em São Paulo. Sentei-me ao seu lado enquanto ele guardava a folha na sua pasta. Era de manhã, muito cedo.

– Peço apenas que você me ouça. Pode dizer que sou pequeno-burguês, que tenho vacilações, liberalismos, que me deixo influenciar subjetivamente, porque sou quem conversa mais com o homem, qualquer coisa. O que eu quero discutir é o caso em si, politicamente. Nós tamos correndo de olhos vendados pro desastre. Ninguém sabe a verdade do que está acontecendo nas negociações com o governo, e ninguém saberá. A verdade vai ser a da ditadura. Além do mais, deixamos de soltar setenta presos. O pessoal na cadeia vai sofrer represálias, acho que vão até matar uma parte deles. Fizemos essa ação foi pra libertar os nossos presos, não foi pra foder com eles!

Ele me olhava fixo. Fazia três dias que quase não conversava com ninguém da casa. Isolara-se na saleta da frente para pensar. Senti no seu olhar uma certa receptividade e prossegui com meus argumentos.

– Vamos agora considerar outra hipótese. Engolimos essa moral siciliana. Substituímos os presos negados. Soltamos setenta companheiros. Ainda é uma puta duma vitória...

Ele me interrompeu.

– Tô aqui desde anteontem queimando as pestanas. Nós até agora só tínhamos visto a coisa por um dos aspectos.

O da desmoralização e dos nossos recuos. Essa é a abordagem geral. Tá todo mundo com essa visão. Mas eu fiquei aqui pensando, pensando nessas coisas todas. "Transferir" o Bucher é mesmo um desastre total, ninguém nunca vai entender. Nem a gente vai entender depois. E esse negócio que tão dizendo aí: "Negaram os companheiros mais importantes", puta-que-pariu, *todos* os nossos companheiros são importantes. Olha, no início eu tava com uma posição emocional. Fiquei puto da vida com a exclusão do Ariston, do Sobrosa, do Cláudio Torres e de outros. Mas revi a minha posição anteontem. Depois passei esse tempo aí pensando, pensando, pra ver se era isso mesmo. Porque eu vou ter que tomar uma decisão muito grave...

Eu olhava pra ele maravilhado.

– Olha, Felipe, quero te dizer que tenho o maior respeito pela tua posição e pela maneira como você resistiu, em minoria total, à histeria que tomou conta da organização. Faço minha autocrítica de não ter entendido as coisas no primeiro momento. Agora a coisa continua muito difícil, porque o pessoal tá todo firme na posição. Somos minoria.

– Com a tua influência na balança, acho que mudamos a situação. Mas o que você vai fazer se continuarmos minoritários?

– Foi o que fiquei analisando desde a hora em que me convenci de que devíamos recuar novamente. Tô totalmente convicto da posição. Levo até às últimas conseqüências. Se houver maioria a favor de "transferir", eu, como comandante-em-chefe da organização, veto. Nunca pensei que fosse usar essa babaquice estatutária, mas, se precisar, veto. Vamos tirar os setenta que der e devolver esse cara vivo. Ele só morre se estourarem o aparelho; aí morremos todos. Bem, temos que ver bem como encaminhar isso. Antes de vetar, eu quero esgotar as possibilidades de reunir uma maioria.

Vou começar anunciando minha posição e pedindo a de todos os companheiros, por escrito.

Suspirei de alívio. Agora mudava tudo, era a luz no fundo do túnel. Fui à sala de Bucher. Ele lia um livro e levantou os olhos ansiosos. Fazia dias que eu o evitava sempre que podia e ele sentia que se cozinhavam coisas vitais entre os sussurros dos últimos dias.

– Alguma novidade?

– Sim. Creio que se abriu uma perspectiva de solução. Não posso entrar em detalhes, mas a tendência é nós recuarmos mais uma vez e assim a coisa se resolve.

– Eu sabia que vocês iam chegar a uma solução sensata. É melhor para todos nós.

No dia seguinte chegaram as posições, por escrito, do pessoal de fora. Confirmavam o informe de Ivan. Apenas Ronaldo era contrário à "transferência". Os outros, redigidos em estilo guerrilheiro-heróico-oba-oba, eram assustadores. A própria imagem da desorientação e do subjetivismo mais absurdo. Um deles, assinado por Otávio, um combatente novo da UC, dizia que tínhamos que fazer a ditadura "levar o cadáver do embaixador, atravessado na garganta, nas suas andanças pelo mundo".

Lamarca lia os papéis um por um e repetia absorto:

– Que nível... Que nível...

Reunião. Desta vez nem tive que falar. O comandante assumiu a posição cabalmente e expôs aos companheiros a sua decisão de forma ponderada, mas incisiva. Daniel e Ivan repetiram os mesmos argumentos. Mantinham a posição, lembravam que era amplamente majoritária – mais ou menos 15 a 3, naquele momento. E que um veto dele, naquelas condições, podia criar uma crise dentro da organização.

A decisão final foi tomada no dia seguinte. Inês, o terceiro membro do comando nacional, voltou de São Paulo e, ao tomar conhecimento do impasse, fechou com a nossa posição. No mesmo dia seguiu nova lista, substituindo os nomes negados. O governo, surpreso com a reviravolta, tentou mais uma provocação, negou vários nomes da nova lista, alegando as mesmas razões.

– Viu o que você arrumou?

Ivan me olhava com desprezo. Considerava-me o responsável pela mudança de posição de Lamarca. O culpado de tudo. A sua hostilidade e a de Helga aumentaram.

Daniel, que era meu amigo, não tinha esta atitude. Continuava discordando, mas já argumentava sem seu habitual poder de persuasão. Parecia embananado, sentia-se mal e tivera um atrito com Lamarca, que achava um absurdo o "melhor quadro teórico da organização" ter adotado uma posição daquelas. Mandamos mais uma lista completando os nomes que faltavam. Bucher rubricou, puto da vida com o governo, xingando a mãe das autoridades, sem o menor protocolo:

– Esses gorilas pouco se importam comigo. Só querem impor seu jogo. Preferem me ver morto!

Realmente, naqueles dias, as buscas redobravam por toda a cidade. Na Tacaratu vimos passar, por duas vezes, um camburão, coisa muito pouco usual. Ficou no ar o grilo. Pouco antes do jantar, eu jogava cartas com Bucher, quando Lamarca me chamou pela porta:

– Vem aqui, já!

Estavam todos armados junto à porta de entrada.

– Tem uma Kombi da Aeronáutica lá fora.

Senti uma calma fatalista, anestesiada de todo medo. Maquinalmente, peguei meu revólver e me entrincheirei atrás do sofá. Lamarca, com o M-1, subiu na mesa, ficou olhando pelas frestas da janela. Ivan pegou a metralhadora e cobriu a área de serviço, junto ao tanque, protegendo a retaguarda.

– Desceram três e vêm pra cá – da janela Lamarca deu a dica, e destravou o fuzil. Puxei o cão do 38. Ia acontecer a qualquer momento.

13
Festa de ano-novo

— Entraram na casa do vizinho. Sai de perto da parede, que são capazes de estourar por aí!

Deixei o sofá e me coloquei junto à porta da cozinha. Espremia atônito a coronha de madeira. Esperava Lamarca quebrar os vidros e dar início ao foguetório. Era tudo irreal, os segundos pingavam em gotas de suor.

– Tão saindo... Tão indo embora...

Ouvi as portas da viatura baterem, o motor partir e se afastar ladeira abaixo. Lamarca mandou Ivan ver o que tinha acontecido. Continuou cobrindo da janela. Passados 10 minutos, Ivan voltou com a notícia. Foi o filho dos vizinhos. Serve na Aeronáutica, ficou dois dias sem aparecer depois da licença, e vieram aqui com ordem de prisão. Levaram o rapaz para a base. A mãe está muito nervosa.

Fim do susto. A tensão se dissipou. Voltei ao jogo com Bucher, que não percebera nada de anormal. Reunidos na cozinha, os outros ainda comentavam as peripécias do alerta.

– Quando vi aqueles caras desguiarem do nosso portão e entrarem na casa vizinha, pensei que fosse pra dinamitar a nossa parede. É uma das técnicas de combate, de casa em casa – explicava o comandante.

Naquela noite fiz a primeira ronda e depois dormi feito pedra. Acordei na manhã seguinte, com a alvorada carnavalesca, e, após cumprimentar Bucher, fui à saleta onde os outros estavam reunidos, em discussão séria. Mais algum problema? Era o que já temíamos, havia tempos. Naquele dia, muito cedo, Lamarca escrevia cartas de amor, sentado no sofá. Tinha entreaberto a porta para ventilar um pouco a entrada, com o puro ar matinal. Estava totalmente distraído quando de repente chegou a negrinha curiosa, perguntando por Helga. Deu de cara com aquele homem desconhecido, de cavanhaque, bermuda, sem camisa, que cumprimentou a menina com efusão, enquanto Helga chegava e depois saía com ela para a varanda. Agora se discutia o que fazer para sanar o furo de segurança.

– A única solução é eu aparecer. Vocês me apresentam como tio de Helga, que chegou ontem à noite de São Paulo. Vou sair agora mesmo, fazer amizade com o pessoal da rua. É a única solução.

Concordamos. Depois do café, Lamarca se vestiu e saiu com Ivan e Helga, para "fazer fachada". Notei que estava exultante. Desde a fuga do Vale do Ribeira, em maio daquele ano, ele vivera sempre fechado em aparelhos, sem poder sair, a não ser para mudar de esconderijo. Essa situação lhe causava, inclusive, problemas de saúde. Tinha medo de perder os dentes por falta de sol. Ficou amigo da vizinhança da Tacaratu naquele mesmo dia. Em menos de uma semana virou o cara mais popular da rua. O "tio vendedor, que chegou de São Paulo", passava horas batendo papo com o pessoal das redondezas. Tinha uma capacidade notável de se relacionar com as pessoas do povão, contar casos, dar dicas. Nascido ao pé de uma favela, filho de sapateiro, tinha se criado no largo do Estácio, o qual chamava de "centro do mundo". Tinha uma dimensão do povo que nenhum de nós possuía. Na manhã seguinte, ao acordar, ouvi um tremendo vozerio com barulho de bola do lado de fora. Espiando pela fresta da janela, vi Lamarca numa disputadíssima pelada com os garotos da rua. Entre dribles e remates, corridas ladeira abaixo atrás da bola, ele sorvia os raios de sol, a luz proibida.

Voltou pra casa lampeiro, esfuziante.

– Fui lá bater uma bola. É pra segurança do aparelho. Pra dar fachada.

E piscou para nós. Imaginem: Carlos Lamarca, o homem mais procurado do país, dando "fachada legal" a um aparelho! O verbo "fazer fachada" colou. A ponto de um dia em que estávamos todos bundando pela casa, sem que ninguém ainda tivesse saído, o Bucher perguntou:

– Como é? Vocês hoje não vão fazerr fachada? E a segurrrança?

Passado o momento crucial do impasse, o clima tinha melhorado muito. Até mesmo Ivan e Helga se enturmavam com o diplomata, que ganhou deles o cognome de "tio". E o aparelho da Tacaratu foi batizado "a infra do tio".

No dia 31 de dezembro, decidimos dar o grande golpe da fachada: fazer uma festa de *réveillon*. O "tio" foi colocado no quartinho dos fundos, eu encarregado de ficar com ele. A sala do meio, a "embaixada", ficou vazia e trancada. A desculpa, para o público, era de que ali dormia a criança de um colega de trabalho do Ivan, que fora a uma festa na Portela. O "*réveillon* do terror" foi na saleta de entrada e na varanda, ao som de Roberto e Erasmo Carlos.

Nestas alturas eu era o único "clandestino" da equipe e fiquei batendo papo com Bucher, enquanto se esvaíam os últimos minutos de 1970. Me lembrei do ponto com Daniel e Alex, no Zeppelin. Parecia que se tinham passado mais de dez anos. Naquele dia tínhamos trocado prognósticos alegres sobre o que achávamos viria a ser um ano e uma década de grandes acontecimentos revolucionários. Doze meses depois, estávamos ali, dizimados, reduzidos a menos de um quarto do que fora a organização. Um pensamento sombrio me assaltou. Será que chegava ao réveillon de 71?

Durante aqueles meses todos, eu tinha afastado, sublimado a idéia da queda, da morte. Paradoxalmente, não era difícil fazê-lo na engrenagem do dia-a-dia de militância. O perigo estava sempre rondando, mas era invisível, imprevisível. Bastava olhar para o outro lado e se convencer de que isso só acontecia com os outros. Mas os dados estavam ali. O cerco se fechava, inexoravelmente. E agora, que eu pensava no assunto, era para chegar à conclusão de que naquele ritmo de quedas eu certamente não resistia mais um ano. Era muito difícil, ia me foder...

– O que há? Você está com um ar preocupado.

Bucher, da cadeira, acompanhava meu andar nervoso, as voltas pelo quartinho.

– Estou pensando se chego ao ano que vem.

– Bem, este é um problema seu – disse, com uma ponta de crueldade.

Irritado, fechei a guarda e retruquei:

– Se não chegar, garanto que levo uns tantos comigo.

Do outro lado da casa vinham os rumores da festa. Dançava-se na varanda, ao som da vitrolinha. A certa altura, Bucher pediu para ir ao banheiro, mas isso era impossível, pois ficava na parte povoada do festivo aparelho. Teve que mijar ali mesmo, dentro de uma garrafa de cerveja, sob meu olhar entre constrangido e vingativo. Mais tarde, fui na ponta dos pés até a embaixada vazia e escura e, de ouvido colado à porta, fiquei ouvindo a festa do outro lado, na saleta de entrada e na varandinha. Lamarca batia longo papo com um pai-de-santo das redondezas, que simpatizou com ele imediatamente.

– Eu tô sentindo que o senhor é um homem valente. É homem bom. Tô sentindo.

O preto-velho, já meio de porre, não largava o capitão e juntos filosofavam sobre variados temas, deste mundo e do outro. Eu comecei a sentir uma necessidade doida de sair dali e ir até o mar. Fazia três semanas que estava enlatado naquela infra de paredes cada vez mais apertadas. Tinha que ver o mar. Perder a vista no horizonte, andar na areia fofa, entregar minhas flores à mãe d'água Iemanjá, que naquela noite aguardava inutilmente, do outro lado da cidade, junto ao calçadão da praia.

As regras de segurança não comportavam aquela repentina necessidade, que rasgava por dentro de tão forte. Silencioso, deitei-me na cama da sala, e com os olhos que buscavam o mar, inutilmente, continuei a vigiar a porta do quartinho dos fundos.

14
O mar

— Companheiros. Eu queria levantar uma questão. Agora que a situação tá mais tranqüila, eu precisaria muito dar uma saída. Pra pagar o aluguel do meu quarto e pra dar uma desanuviada na cuca. Eu gostaria de ver o mar. Fazemos tudo muito seguro. Saio às 5 horas, ninguém vê. Volto antes do teto das 19 horas.

Ivan era contra:

– É um risco inútil. Babaquice. Não há nenhuma razão pra sair. Os nossos companheiros presos não têm essa colher de chá. Há risco de segurança e é uma conciliação com as fraquezas do companheiro. Quanto ao pagamento da casa, pode esperar mais uns dias.

Lamarca não concordou.

– A minha posição é deixar o Felipe sair. Todos nós estamos circulando, só ele está fechado. É muito desgastante, sei como é, porque fico fechado há muitos meses. Vivi fechado em quartel, agora vivo fechado em aparelho. É justo o companheiro ver o mar, se isso lhe faz bem psicologicamente. Também é correto querer pagar o aluguel na hora. E se a mulher chamar a polícia? Se revistar as coisas dele?

Dia seguinte, 5 horas, eu saí. A luz me invadiu com seus feixes dourados. O dia raiava numa explosão laranja. O ar puro e cheiroso. Sons matinais. Galos cantando, janelas se abrindo, torneiras e descargas de privada, barulho de pratos, tudo confundido com o rugir distante dos primeiros automóveis. Desci a ladeira em êxtase, dobrei na primeira transversal para evitar o quartel da PM, lá embaixo. Continuei até o ponto de ônibus. Alguns trabalhadores aguardavam com suas marmitas de alumínio.

Subi no primeiro que passou, com o motorista bocejante e o trocador sem troco. Os gestos vulgares de sempre: pagar a passagem, passar a roleta, sentar-se e ficar vendo o mundo correr, do outro lado do vidro, adquiriam um novo sabor. Desci em Madureira e de lá peguei um táxi para a zona sul. Enquanto cortava os fundos do Rio, eu antecipava o mar, a linha do horizonte. Antes de ir à praia, tinha que ver umas coisas no Flamengo. Sorvi uma vitamina de abacate num boteco e liguei para minha mãe, de um telefone público. Ela quase desmaiou do outro lado do fio. Mas ficou aliviada ao ouvir minha voz. Fazia um mês que eu não dava notícias. A preocupação materna atravessou vários quarteirões, pelos cabos da Telerj.

– Meu filho, onde você está???

– Estou perto, mas não podemos nos ver. É só pra dizer que estou bem. Tenho que voltar pra São Paulo hoje mesmo. Não se preocupe...

Falamos mais uns minutos e depois desliguei, cheio de culpa. Decidi ir à casa do Carlinhos, na Paissandu. Peguei-o antes de sair para a faculdade. Seus pais já tinham saído e pudemos conversar. Contei-lhe que voltava de uma viagem ao Sul.

– Rapaz, você tá com uma cara terrível. Tá branco feito um lençol, magérrimo, com umas putas olheiras. Você nunca teve essas olheiras. – Me olhava com um misto de pena e admiração.

– É... Muita viagem, muita tensão. Sacumé.

Eu achava que a contra-informação não convencia.

– Pô, e essa tua camisa? Tá xexelenta! Ondé que você andou metido?

– Muita vida de aparelho, negão. Muita.

Fui tomar um banho. O chuveiro forte, de alta classe média, me reconfortou. A água que jorrava, morna e farta, parecia a cachoeira do Iguaçu. Ele me emprestou uma camisa e uma cueca, depois de levar as minhas, nas pontas dos dedos, com cara de nojo.

– Deixa que a empregada lava isso pra você.

Conversamos rapidamente sobre a situação política. Contei-lhe o que acontecia com o seqüestro, sem abrir minha participação no mesmo. Ele concordava com a opção tomada, de preservar a vida do diplomata e continuar negociando. Revelou, porém, que em áreas de outras organizações havia muitas críticas à nossa opção. Manifestava o seu descrédito.

– Eles tão ganhando. Tá todo mundo apavorado e muita gente entrando na do "milagre". Você, Cesinha, Alex e um punhado de outros são os últimos moicanos. Acho que não tem mais jeito. É uma questão de tempo.

– Somos um pouco como os *narodniks*. Nossa experiência vai ficar acumulada pras gerações futuras – observei, fatalista.

– Resta saber se vale a pena você se foder por tão pouco.

– Sei lá. Talvez não. Mas tenho um compromisso muito forte com tudo isso. Alguém tem que resistir. É uma questão de coerência.

Nos despedimos e fui para o mar, de ônibus. O dia no Leblon estava meio para o cinzento. O mar, muito agitado, tinha um tom verde, estranho. Fiquei de olhar preso na imensidão, que terminava num horizonte pouco nítido, cheio de névoa. Aos poucos, o sol foi saindo e a praia se colorindo. Fui andando em direção a Ipanema. O dia não era de muita praia, mas as gatinhas passavam pela calçada de bermuda ou minissaia, queimadas, apetitosas, os rabinhos balouçantes, os seios empinadinhos. A libido exilada, há tanto tempo ignorada e esmagada pela angústia, veio à superfície num estourar de onda. Num mar de espuma. Branco desse jeito, com essa cara de peixe morto e essas olheiras de vestibulando fanático, não pego ninguém, pensei. Estou destreinado até em olhar. Me senti tímido e feio.

Quanto tempo? Meses sem trepar. Teia de aranha no saco! Depois de Tânia mais ninguém e, de um mês para cá, nem punheta. Era o sufoco total, o nó cego no peru. A humilhação machista se misturava, intrincada, à mais genuína das carências afetivas. O negócio era sentar-me no bar, pedir um chope, esperar. Puxar conversa dali, daqui, até pintar.

Mas pintar como? Às 19 horas tinha que estar de volta e antes devia pagar o aluguel. Além disso, me sentia sem graça, o anti-sedutor em pessoa. Não havia tempo para nada, a guerra continuava e eu já tinha dado demasiada trela às minhas divagações de pequeno-burguês, como diriam alguns

 companheiros. Paguei o chope e segui de ônibus até a

Voluntários, onde saltei e tomei a Paulo Barreto, em direção ao meu quartinho, próximo ao cemitério. Eu ia ter que contar uma boa história para explicar o sumiço. Esperar que a senhoria, na sua sacrossanta alienação, não tivesse suspeitado da minha ausência às vésperas do "roubo do cônsul".

– Demorou, né, senhor Hélio? Aqui graças a Deus tudo bem.

A mulher me recebia amável e não aparentava nenhuma desconfiança.

– Teve uns amigos seus que telefonaram pro senhor. Pra tratar de aulas de inglês. Perguntaram quando o senhor voltava.

A sirene de alerta uivou na minha cabeça, que disparou a mil por hora, no raciocínio ligeiro e ansioso do perigo. Nenhum amigo meu tinha o telefone daquela casa. Minha fachada era de professor particular de inglês, mas na verdade eu não tinha nenhum aluno. Alguém estava me investigando, e isso era mais que suficiente para dar o pulo de banda.

– Já sei quem é, dona Amélia. Vou ligar pra ele daqui a pouco. Agora, eu queria avisar a senhora de que vou deixar o quarto hoje mesmo. É que arranjei um serviço de professor numa escola particular de São Paulo. Tenho que me apresentar ao serviço amanhã.

Ela pegou as notas que eu lhe estendi. Entrei rapidamente no quartinho. Havia apenas uma maleta trancada, com umas subversões e um saco de roupas no armário. Em 10 minutos eu evacuava meu fiel refúgio e saía ligeiro pela rua arborizada, deixando a senhoria sem entender toda aquela pressa.

– Vai com Deus, senhor Hélio.

Fiz vários contrachequeios nos próximos quarteirões para me certificar de que não estava sendo seguido. Deixei a mala na casa de um amigo em Copacabana e, preocupado em não perder a hora do teto de segurança, segui de volta para os subúrbios. Voltei ao aparelho pontualmente, às 19 horas, trazendo alguns discos, inclusive um de Joan Baez de que eu gostava muito. A turma jogava biriba com o "tio" e ficou aliviada com minha volta. Naquele dia o governo tinha negado quatro nomes da terceira lista e devíamos fazer uma quarta para completar os setenta nomes. Lamarca me encarregou de fazê-la porque ninguém tinha mais saco para discutir critérios de nomes de presos. A última lista seguiu de manhã. Estava pronto o quebra-cabeça dos setenta.

15
Coronha de fal

Ouvimos a notícia até o fim e nos entreolhamos em silêncio. Era um olhar cúmplice, que só pintava entre nós em momentos de grande alegria ou de desgraça total, como aquele em que nossa mútua antipatia se dissolvia na solidariedade dos sobreviventes acuados.

– Temos que avisar o Lamarca – observou Ivan.

A notícia nos surpreendera na cozinha. A repressão de São Paulo anunciava a morte de Yoshistane Fujimori, responsável pelo que restava da VRP no estado. Junto fora metralhado outro companheiro. Tudo indicava uma emboscada muito bem preparada. Agora tínhamos que dar a notícia ao comandante, amicíssimo do japonês crivado de balas no asfalto paulista. Lamarca dormia no quarto dos fundos e esperamos que acordasse.

– Companheiro, uma notícia muito chata. Mataram o Fujimori e o Plácido, lá em São Paulo.

Ficou olhando-nos em silêncio. Seus olhos brilhavam de dor e revolta, mas permaneceu calado, absorvendo a porrada.

– Sorte ter morrido de bala. Se caísse vivo, iam tirar pedaço dele.

Realmente, o japonês era odiadíssimo pela repressão. Era um veterano da antiga VPR e o primeiro responsável pelos esquemas rurais, inclusive pela montagem da escola de guerrilha do Vale do Ribeira. Mas a razão especial era o fato de ele ter matado um tenente da PM de São Paulo, com uma coronhada de FAL, durante a fuga do Vale do Ribeira. Esta morte era muito badalada na imprensa e nas versões oficiais que acusavam Lamarca de ser o autor. Desconhecíamos os detalhes e as circunstâncias exatas. Naquele dia, ao comentar a morte do japa, Lamarca contou como tinha sido.

– Tudo começou com um encontro casual, de noite, entre nós sete, que fugíamos de outro combate, num caminhão alugado, com quatro FALs, uma escopeta e armas curtas, e um pelotão de 17 soldados da PM que vinha num caminhão e numa perua, em sentido contrário, na estrada Sete Barras–Eldorado.

"Abrimos fogo primeiro. Estava muito escuro e eles pensaram que a nossa tropa era grande. Estavam com vários feridos e começaram a se render. Apenas o comandante deles não queria, mas fui andando na direção dele e desarmei no grito. Fizemos um trato com o tenente, daríamos assistência aos feridos – eram uns oito ao todo, dois graves –, não tomaríamos nenhuma arma, só as munições, e soltaríamos todos, desde que ele conseguisse uma trégua de algumas horas e a remoção de um bloqueio mais à frente na estrada, por onde tínhamos de passar. Ele aceitou o trato.

"Deixamos ele ir desfazer o bloqueio. Quando regressasse, libertaríamos os homens. Ele foi e voltou, horas mais tarde, dizendo que o trato fora aceito e o bloqueio levantado. Cumprimos nossa palavra. Soltamos os soldados e seguimos a pé, apenas com o tenente, com o compromisso de libertá-lo também, assim que se verificasse não haver mais bloqueio naquela área.

"Durante a caminhada, a sua atitude pareceu suspeita, tentava sempre evitar a dianteira. Efetivamente ia nos levando direto para uma emboscada. Foi no último momento que percebemos e caímos no mato, debaixo de muita bala. Só não nos fodemos porque estava malfeita, ouvimos uns sussurros e sobressaltos na vegetação. Na fuga, perdemos dois companheiros, o Nóbrega e o Edmauro. Durante a noite ouvimos tiroteio, inclusive um violentíssimo. Pensamos que tinham sido mortos. Só muito depois é que soubemos que tinha sido entre duas patrulhas militares, por engano. Andamos mais dois dias, pelo matagal, com a tropa sempre nas proximidades. Os mantimentos acabaram e estávamos muito estropiados, a velocidade da marcha era lenta. O tenente volta e meia tentava fugir e nos atrasava constantemente, não sabíamos o que fazer com ele.

– Por que não o deixarem ali mesmo e se mandarem? – interrompi.

– Estávamos cercados, as patrulhas por perto. Ele logo encontrava uma. Andavam tão perto que bastava gritar que apareciam. Ele conhecia a nossa localização aproximada e, coisa fundamental na antiguerrilha, a nossa velocidade de marcha. Com esses dados eles nos pegavam fácil. Continuar com ele também não dava pé. Era um dispêndio suplementar de energia, num momento crítico podia fugir, ou mesmo tomar coragem e gritar, quando uma patrulha estivesse

 por perto. O pior é que estava todo mundo esgotado e

tínhamos que fazer turnos de três, sempre que parávamos. Só dois podiam descansar de cada vez, pois, se ele tentasse fugir, tínhamos que segurá-lo à unha. Tiro não podia ser e ele sabia disso. Qualquer disparo revelaria a nossa posição. Consultei, um por um, todos os companheiros e chegamos à conclusão de que a única solução era eliminá-lo. Aí o japa matou-o com uma coronhada de FAL, na nuca.

– É, inda mais ele tinha traído vocês, levado direto pra emboscada – observou Ivan.

– Certo, mas não foi por isso, noutras circunstâncias a gente soltava, mas naquela era ou ele ou nós – respondeu Lamarca.

Esta era, segundo ele, a famosa história da morte do tenente. Depois, muito chocados, sentiram necessidade de racionalizá-la politicamente, "legalizá-la" como um (duvidoso) ato de justiça revolucionária.

Aquilo, que fora na verdade uma questão de sobrevivência, era apresentado no documento da organização relativo à retirada do Ribeira como o justiçamento do militar por ser um "repressor" consciente, ter participado de violências contra greves operárias e ter torturado no Presídio Tiradentes. Essa última afirmação nunca ficou provada e a ânsia de racionalizar, política e ideologicamente o ato, em vez de assumir as suas verdadeiras circunstâncias, serviu para prejudicar a imagem da guerrilha neste triste episódio. Avisamos o embaixador das nossas duas mortes, em São Paulo, e ele nos deu os pêsames, muito sério. Fomos jogar cartas e eu, enquanto buscava as canastras e o morto, ia pesando as conseqüências.

Desde que tinha começado a operação, tínhamos perdido mais de dez companheiros no Rio Grande do Sul e um no Rio, no aparelho médico de Jacarepaguá. Agora, mais dois em São Paulo. Da VPR restava apenas a UC Juarez de

Brito, na Guanabara, um ou dois gatos-pingados em São Paulo e a área de trabalho no Nordeste, a misteriosa coqueluche da organização. Era hora de parar e fazer um balanço. Se as coisas continuassem nesse ritmo, em poucos meses, talvez semanas, a VPR acabaria.

Tínhamos que fazer um balanço sério, mudar toda a nossa política. A polêmica sobre o "transferir" ou não do embaixador da Suíça tinha aberto caminho a outra, muito mais profunda, que ia questionando a própria essência da nossa prática, desde a reorganização da VPR, em fins de 1969. O pano de fundo da posição dos companheiros que continuavam criticando o nosso recuo era a convicção de que tínhamos desmoralizado a suprema e sacrossanta forma de luta do seqüestro. O que eles não percebiam era que a mesma, independente do caso concreto do embaixador Bucher, já estava virtualmente esgotada como instrumento, no Brasil.

Tinha funcionado num momento particular, numa conjunção especial de circunstâncias. À medida que, na seqüência do seqüestro de Elbrick, ele foi se generalizando pelo mundo, foi se desgastando rapidamente e foram-se esvaindo suas possibilidades. Era uma forma de luta totalmente desproporcional à força real dos grupos que dela lançavam mão. Dez gatos-pingados, isolados das massas, podiam, mediante um golpe de audácia, colocar em xeque um regime militar todo-poderoso, realizar um ato de repercussão nacional e internacional. Era uma espécie de *deus ex machina* político.

Por esta razão, era evidente que se tratava de um instrumento efêmero condenado a rápido desgaste. Os Estados ditatoriais, contra os quais era dirigido, não podiam ficar cedendo, sistematicamente, a uma forma de pressão que os questionava na própria essência milenar de Estado: a capacidade de manter presos seus próprios inimigos. O "X" da questão era, evidentemente, a vontade e a capacidade de pressão das potências estrangeiras, cujos diplomatas eram seqüestrados sob os governos ditatoriais do continente. Nas primeiras vezes, com relação ao Brasil da junta militar e depois do general Médici, governos ilegítimos de péssima imagem internacional, dera-se a pressão e tinham sido abertos precedentes. Mas agora, depois da Copa do Mundo e em plena euforia de milagre econômico, a tendência desses governos era não mais pressionar os regimes às voltas com seqüestros de embaixadores. Foi a política que os EUA logo vieram a adotar. Se, naquela época, perdiam dezenas de homens diariamente no Vietnã, por que haveriam de tolerar que os guerrilheiros latino-americanos continuassem esvaziando as prisões em troca dos seus representantes oficiais?

A maioria dos companheiros não percebia isso. Aferravam-se ao seqüestro como a forma de luta vital nas cidades, enquanto não se criavam condições para a guerrilha rural, essa teia de Penélope. Todo o seu raciocínio partia da magnificação das "ações-espetaculares-de-sacudir-o-país". Da tese de que as massas precisavam ser sacudidas pela vanguarda para depois seguirem o nosso exemplo. Em intermináveis discussões com Lamarca, no quarto dos fundos, começamos a questionar a linha da organização. Mas rompíamos apenas com os aspectos mais caricatos do vanguardismo-militarismo reinante. Este foi o primeiro (e primário) nível de questionamento. Concebia apenas renunciar às ações espetaculares, dedicar-se a ações de propaganda armada, ligada a problemas locais, e voltar a fazer algum trabalho de massa.

Mesmo isso já era considerado reformismo e recuísmo, no desvario de alguns, e continuamos bastante isolados na nossa posição. Muito pior do que isso era o nosso isolamento do povo pelo qual lutávamos. Este foi o tema de muitas conversas com Lamarca, que tinha uma visão do povo real (não daquele imaginário, das análises doutrinárias) e do Brasil que nenhum outro companheiro tinha. A massa real, que só sabia de nós pela televisão e pelos jornais de crime, muitas vezes nos confundia com bandidos e assaltantes. Vivíamos no mundo fechado dos aparelhos, sem nenhum contato social, nem com a classe média, que no passado fora a nossa base de apoio.

O isolacionismo social se refletia na própria política de quadros. A política da organização tinha sido clandestinizar todos os militantes, inclusive os que ainda teriam alguma chance de vida legal, como era o meu caso. Mesmo os quadros que podiam não trabalhavam e não estudavam, viravam clandestinos, de documentos *frios*, profissionais de pontos, aparelhos e ações, isolados de qualquer outra atividade, desenraizados de qualquer camada da sociedade brasileira.

A estas questões, relativas à nossa própria identidade, se juntavam outras de igual seriedade. Será que a própria luta armada, em si, tinha viabilidade naquele momento da história do país? Será que vivíamos, conforme repetíamos havia mais de três anos, numa situação pré-revolucionária? Ou, pelo contrário, no meio de um profundo refluxo?

Eu começava a colocar essas questões abertamente. Já pensava nisso há algum tempo, mas não tivera coragem de levantar, por receio de ser acusado de "vacilação ideológica". Lamarca, por sua parte, procurava analisar uma série de dados econômicos. Segundo ele, era ridículo, nessas alturas do campeonato, pretender que o capitalismo brasileiro vivia uma crise de estagnação. Havia três anos que crescia a mais de dez por cento ao ano e a esquerda foi a última a reparar.

Além dessas questões mais gerais, pairava no ar outra, subjacente: será que a VPR, totalmente estropiada, reduzida a não mais de trinta militantes, uns poucos simpatizantes e praticamente nenhum trabalho de base, tinha ainda possibilidade de sobreviver e levar à prática qualquer mudança de orientação? Ainda por cima, naquele clima de animosidade, autofagia e neurose de aparelho?

16
Adiamentos

Careca chegou ao ponto meio nervoso, seus olhos azuis em farol baixo. Me abraçou com carinho e depois disse, todo triste:

– Pô, Felipe, aconteceu um negócio muito chato, um azar terrível... (gelei, pensando em mais quedas, mortes).

– Bati com o Fusca...

Tive um acesso de riso, nervoso, amarelado. Era o trigésimo nono dia da operação. Na manhã seguinte, pretendíamos libertar o embaixador Giovanni Enrico Bucher. Os setenta já tinham chegado, quatro dias antes, ao aeroporto de Pudahuel, recebidos em delírio por uns duzentos exilados, centenas de manifestantes chilenos e pelo próprio governo de Salvador Allende, ali representado pelo ministro do Interior, José Toha.

Num amplo casarão, cedido pelo governo, o Hogar Pedro Aguirre Cerda, refaziam as suas energias. Alguns, mais ousados, já iam curtir *La peña de los Parra* e paquerar as chilenas, entre *chichas*, *empanadas* e canções de protesto.

Lamarca passara aquela noite em claro, acompanhando pelo rádio o vôo especial que levara os setenta banidos para o outro lado dos Andes. Não conseguira dormir, ficara paranóico, cismado com a suspeita de sabotagem no avião. Os quatro restantes, dormíamos placidamente, quando o Boeing 707 aterrara no Chile de Allende. Pensáramos em libertar Bucher no dia seguinte, conforme confirmávamos no nosso último comunicado. O governo, ao divulgar a lista final dos setenta e anunciar que o avião estava pronto, condicionara o embarque a um comunicado, comprometendo-nos a soltar o diplomata imediatamente após a chegada do avião.

Fizemos o comunicado final e fiquei encarregado de deixá-lo na zona sul e avisar os jornais. Na véspera, eu tinha sido surpreendido, em plena entrada, conversando com Daniel, pela insistente negrinha abelhuda. Tive que ser imediatamente "oficializado" como um colega de trabalho do Ivan que tinha vindo ficar uns dias na casa, depois de separar da mulher.

Os vizinhos acreditavam piamente. A relação com eles era tal, que acho que poderíamos até apresentar o "tio italiano do Daniel, que acabou de chegar da Calábria", mas era demasiada ousadia e não havia necessidade. Acabariam por se perguntar por que diabos o tio Giovanni nunca saía de casa...

Em todo caso, o aparelho cultivado por toda essa veia teatral continuava seguro. O mais seguro da organização. Até trouxeram um mimeógrafo e nele rodamos os panfletos para uma ação que os companheiros de fora, comandados por Alex, efetuaram naqueles dias. Consistiu na tomada de um depósito de supermercado no Jacarezinho e na fuga com dois caminhões cheios de gêneros alimentícios, que foram repartidos numa favela próxima.

Na nova condição de morador "oficial", saí mais duas vezes da "infra do tio" para o mar distante e comecei a procurar um aparelho de recuo, para quando terminasse a ação. Numa dessas, deixei o comunicado final na biblioteca Thomas Jefferson, dentro de um catálogo telefônico, debaixo do extintor de incêndio. Depois, liguei de um telefone público pra *Tribuna da Imprensa* avisando.

Os presos partiram na mesma noite e pensamos em libertar Bucher na manhã seguinte. Adiamos em função das dicas que tinham começado a chegar de que fora desencadeada uma gigantesca operação policial, com batidas e bloqueios em quase todos os bairros. Os jornais da manhã confirmavam estas indicações e revelavam que o retrato de Bucher fora distribuído a todas as viaturas. Centenas de camburões e carros à paisana singravam os engarrafamentos. Havia ordens de detectar o carro com o embaixador e não deixar os seqüestradores fugirem, em nenhuma hipótese.

O governo cometia seu primeiro grande erro desde o início da ação. Decidimos simplesmente adiar a libertação e aguardar melhores condições de segurança. Como o embaixador não aparecia, os jornais começaram uma campanha alarmista, insinuando até que ele tinha sido morto, para justificar as incessantes operações policiais. Mas o encarregado de negócios suíço protestou formalmente, dizendo que era a repressão quem punha em risco a vida do diplomata e nos impedia de cumprir a nossa palavra. A imprensa suíça, até então comedida, começou a esculhambar o governo brasileiro. Enquanto isso, nós passávamos dias razoavelmente amenos, jogando biriba e batendo os últimos papos com Bucher. Ele estava ansioso para sair, mas entendeu bem as razões do adiamento, sobrando cobras e lagartos para o regime:

– É escandaloso distribuir a minha foto para os carros de polícia! Não ligam nada para minha vida! Querem pegar vocês de qualquer jeito. Não devemos correr riscos. Estou disposto a aguardar. Seria estúpido que tudo terminasse mal agora.

Seria. Por isso esperamos até o sábado, enquanto o dispositivo se cansava pelo Rio de Janeiro afora. Decidimos soltá-lo perto da igreja da Penha, às 5 horas. Com instruções de pegar um táxi e seguir, não para sua casa, mas para a do encarregado de negócios suíço, no Parque Guinle. De lá, em carro diplomático, para a sua residência, acompanhado por outros membros da embaixada. Segundo certas informações que tínhamos recebido, os setores da "linha dura" estavam dispostos a queimar o embaixador para jogar-nos a culpa.

O carro a ser usado na operação "gaiola aberta" era o mesmo Fusquinha bege do transbordo, o nosso único carro legal depois do "sacrifício viking" da velha Natália, que tínhamos incendiado meses antes, numa estrada deserta, depois de raspar o número do motor. Careca ficou encarregado de me passar o Fusquinha. Depois de me dar a notícia do acidente, levou-me para ver o estado em que ficara. Ele tinha entrado na traseira de um caminhão em plena avenida Brasil e a frente do veículo estava bem amassada. De novo a mesma história. Problema de carro na última hora!

– Porra, não podemos sair com o homem neste Fusca, todo trombado, chama uma puta atenção!

Careca calculou que demoraria pelo menos dois dias o conserto e não tínhamos outros carros, a não ser os "frios" no esquema de garagem, com que ele não tinha contato. Até achar, também uns dois dias. Voltei para a "infra do tio" com o Fusca amassado, sem outro remédio. Naquela noite, praticamente ninguém dormiu. Jogamos uma biriba de despedida com o suíço, que, em parceria com Ivan, ganhou todas.

– Bem, depois de todas essas aventuras, acho que vou até ficar com saudades de vocês. Engraçado, a imagem que tinha dos guerrilheiros urbanos era de pessoas mais duras. Pensei também que tivessem barba, cabeleiras afro e fumassem maconha todo o tempo.

– Se a gente sentir saudade, vai lá te buscar de novo – respondi brincando, em meio a uma gargalhada geral.

Dei um disco da Joan Baez de presente para ele, com uma dedicatória amistosa, em inglês. Era bom saber que a hora da liberdade, dele e nossa, se aproximava, depois de quarenta dias naquela casinha de subúrbio.

Às primeiras horas da madrugada, enquanto ele ainda dormia, nós completávamos o ritual de abandono do aparelho, limpar digitais etc. Ivan e Helga já tinham transferido a maior parte das suas coisas para outra infra. A casinha da Tacaratu não seria totalmente desativada. Passaria apenas uns tempos vazia e depois seria usada, esporadicamente, para reuniões. Mas ninguém moraria mais lá, por motivos de segurança, já que Lamarca, Daniel e eu íamos para outros aparelhos. Só podia conhecer a casa do outro quem morasse junto e tivesse teto para chegar todo dia.

Lamarca deixou o aparelho na manhã deste penúltimo dia. Saiu do banheiro de queixo raspado, com um bigode à mexicana. O cavanhaque descera pela pia, junto com a espuma do barbeador. Pôs roupa nova e arrumou sua maleta. Parecia mais jovem. Estava muito feliz, pois ia encontrar no seu novo aparelho a companheira, que acabava de chegar de São Paulo. Nos despedimos com um forte abraço. Ele me deu um tapa amigável no ombro, sorriu e desapareceu atrás da porta.

– Vamos ficar em contato por carta e ver se a gente se encontra pra continuar as nossas discussões. Pensar melhor nas coisas. Tem que mudar tudo.

A frase ficou pairando pela saleta de entrada, à saída de palco do primeiro dos atores. Na madrugada seguinte, após breve ato final, as cortinas se fechariam, de vez, sobre aquele parênteses da vida, de quarenta dias de verão carioca.

17
Banho de sol

— Pode descer, o senhor tá livre.

Bucher desejou-nos boa sorte e saiu do Volks, com seus óculos escuros. Conforme pedimos, antes de tirá-los, ficou 10 segundos de costas para a rua, enquanto eu engatava a primeira e partia ligeiro.

Vi-o sumir no espelhinho na rua arborizada de casas baixas, não longe daquela das peripécias de 1969, na época da Semana Rockefeller. Dei a volta no quarteirão e segui pela avenida paralela à linha da Leopoldina. Era sábado cedíssimo e as ruas estavam completamente desertas. Ivan desceu em Olaria. Nos despedimos amavelmente, sem ressentimentos. Ele saiu com a sua ginga, carregando sua indefectível pasta James Bond.

Prossegui ligeiro. A manhã se firmava radiosa. O ar despoluído cheirava a vida e liberdade. Cruzei os subúrbios da Leopoldina até Ramos e fui tocando para a avenida Brasil. O Volks bege trombado botava 110. Na saída para a grande avenida, um camburão. Dentro dormiam três policiais exaustos. Devem ter passado a noite de retrato na mão, no encalço do "cônsul roubado", pensei irônico.

Fui até Copacabana e deixei o Fusquinha numa oficina do posto 6. Fazia muito calor, ia dar um praião grandioso. Fiquei passeando por Ipanema, curtindo o fim daquela longa novela claustrofóbica. Decidi passar pela casa do Jaime, da velha turma secundarista. Pedir um calção emprestado e ver se arranjava lugar pra dormir naquela noite, já que estava sem aparelho. Tinha também que comprar jornal e ver os anúncios de quartos, de preferência em Copacabana, a selva humana, o melhor lugar para sumir. Enquanto eu tomava café num bar da Visconde de Pirajá, deu no rádio, em edição extraordinária do *Globo no Ar*, o aparecimento do embaixador suíço, dentro da sua própria residência, para surpresa de um batalhão de jornalistas e vários policiais que cercavam sua mansão.

Realmente a chegada dele, cujos detalhes soube depois, foi cômica. Seguindo a nossa orientação, ele pegou um táxi da Penha ao Parque Guinle, onde morava o seu auxiliar mais próximo. Só de lá é que seguiu, devidamente acompanhado, para casa, em Laranjeiras, onde o esperavam aflitos montes de tiras, jornalistas, empregados e a sua governanta.

Acostumados ao acontecido nos seqüestros anteriores, todos esperavam que o embaixador voltasse de táxi. A polícia tinha erguido um bloqueio na entrada da rua Pereira da Silva, a algumas centenas de metros da mansão. Ali não permitiam a presença da imprensa. Só os agentes, devidamente apetrechados. Em toda a região adjacente, pululavam os pequenos grupos, armados até os dentes, com seus carros de chapas *frias*. Tinham a foto do embaixador e ordens para agarrar vivos ou mortos os seqüestradores que porventura o acompanhassem.

Mas, naquela manhã preguiçosa e cálida de sábado, os tiras, de gatilho meio sonolento, já se conformavam em ver chegar apenas o táxi que, à semelhança das outras vezes, traria o solitário passageiro, largado em algum ponto distante da grande cidade. E, de tanto pensar em táxi, os valorosos homens da lei não perceberam a cara risonha e carnuda de Bucher, desfilando por entre eles, no banco de trás da limusine do encarregado de negócios. O embaixador da Suíça voltou incógnito à residência: disfarçado de embaixador da Suíça, num carro placa CD, da embaixada da Suíça. E ninguém notou!

Só se deram conta quando o diplomata, lavado e com outra roupa, desceu as escadas radiante. O mordomo chamou os jornalistas, que, estarrecidos, deram de cara com Bucher dentro da sua própria casa, num toque mágico. Ele já prestava declarações à imprensa, quando um dos policiais de plantão percebeu e deu o alarme geral. Naquela hora, eu já estava no bar tomando minha vitamina de abacate, o Volks trombado no lanterneiro e os demais companheiros cuidando da vida. Passei pela casa do amigo, peguei um calção emprestado e fomos à praia, em frente à Farme de Amoedo. Mergulhos, jacarés, num turbilhão de espuma, muito sol e olho grande nas deusas da areia fofa.

Eu já não estava tão branco. Tinha curtido uns banhos de sol na área da Tacaratu, nos últimos dias. Mas o freqüentador mais assíduo era o próprio Bucher, que voltou ao mundo todo vermelhão, a ponto de os jornalistas perguntarem se ele não tinha ficado numa casa de praia. Correu até uma versão insidiosa: Giovanni Enrico Bucher nunca fora seqüestrado, ficara escondido quarenta dias na varanda da sua própria mansão, pegando sol e descendo de noite, até ser descoberto pelos jornalistas.

Há quem acredite.

Parte VIII
Passaporte

1
"Comida, minha gente!"

Ocupamos o depósito num piscar de olhos. Alex, Ivan, Van e Ronaldo atravessaram o pátio. Tibério, Otávio e Helga seguiram atrás, quando Ivan, com a metralhadora, rendia os choferes e funcionários. Com meu 38 numa pasta, boina preta, moda *Che* Guevara, e óculos escuros, arafatianos, fiquei de cobertura no portão. Lá dentro ninguém reagiu à espalhafatosa irrupção do comando Juarez de Brito. Foram todos para o escritório, onde permaneceram sob a guarda de Ivan e Helga. Alex, Ronaldo, Tibério e Otávio, ajudados por dois choferes, foram carregar os caminhões.

Íamos fazer um "reparto" na favela do Rato Molhado, um paupérrimo monte de barracos, que ficava perto da fábrica Nova América, junto ao cemitério de Inhaúma. O depósito, que abastecia uma rede de supermercados de subúrbio, ficava no Jacarezinho, a boa distância da favela. Carregar aqueles dois imensos caminhões de sacos de feijão, açúcar, café, detergentes, latas de conserva e outras dava muito mais trabalho do que parecia. Nisso entrou pelo portão um empregado de meia-idade, baixo e sequinho. Pus a mão no ombro dele e mostrei a pasta preta de zíper aberto.

– Olha amigo, eu tô armado, o senhor por favor vai numa boa até o escritório e fica lá quietinho. Isso é uma ação revolucionária. Tamos confiscando gêneros alimentícios pro povo explorado.

Ele se desvencilhou da minha mão e ficou me olhando, muito desconfiado. Mas o volume dentro da pasta foi suficiente para que cumprisse a ordem daquele extraterrestre que tinha pousado ali.

– Mas ocês tão tudo louco! Aqui não tem grana, não, senhô! Tem grana, não! E só lá no escritório central que tem!

– Não é grana. É comida. Comida pros pobres, pros explorados.

Ficou ainda mais boquiaberto ao saber que nem para a gente era. Seguiu para o galpão à porta do qual Van montava guarda, com seu sorriso parado e sua 45.

Dali a pouco pintaram mais dois indivíduos, um deles parrudíssimo, com ar de poucos amigos. Cruzaram o portão ligeiro e passaram por mim. No meio do pátio, vendo Van, pararam. Este foi até eles e começou a explicar.

– O quê? Ação? Revolução? O que... Ahã, assalto!

O galalau se pôs de guarda. Cheguei por trás e fiquei a uns três passos deles. Aí repararam. Olhou para mim com cara de mau. Meti a mão na pasta e fiquei encarando firme. Olhou novamente em volta, Van continuava muito paciente a explicar que aquilo não era um assalto, mas um confisco revolucionário. Os dois não entendiam. Terminaram seguindo dóceis para o escritório. Lá dentro Ivan agitava.

– Só levamos a comida do supermercado e o dinheiro da firma, no cofre. Três mil. O de vocês a gente não quer. O de vocês é de vocês. São trabalhadores, explorados. A comida é pros pobres da favela. Nós somos da Revolução, da Vê, Pê, Erre!

Alex fazia amizade com um dos choferes, que lhe dava um curso intensivo de carga pesada, de 5 minutos. Depois, todo prosa, foi ligar o motor e experimentar as marchas.

Primeira, segunda. Ré. Enquanto isso, Tibério e Otávio continuavam a carregar o primeiro caminhão com a ajuda do outro funcionário. Pediram ajuda a Ronaldo e Van. Levou quase 40 minutos para carregar tudo. Ronaldo e Alex manobraram os caminhões no pátio, sob os últimos conselhos do chofer, e saíram aos solavancos, com os enormes paquidermes de metal e borracha, fumaça óleo diesel, pelos subúrbios afora. Seguimos com dois carros guiados por Careca e Onório, que encostaram junto ao portão. Eram dois Fuscas *frios*, roubados num estacionamento da Tijuca.

Os dois caminhões seguiram ligeiro pela rota preestabelecida, evitando as ruas principais. Calculávamos que em menos de 10 minutos os empregados trancados no escritório arrombariam a porta e dariam o alarme. Chegando à avenida Automóvel Club, quase em frente à fábrica Nova América, tomamos uma estrada de terra lamaçenta até o Rato Molhado. As casas e barracos, paupérrimos, seguiam o terreno baldio até o muro do cemitério, a algumas centenas de metros. Do outro lado, junto à entrada, ficavam os fundos de uma fábrica pequena. Com um muro branco, sugestivo. Onório parou o carro. Desde o depósito, íamos numa discussão interminável sobre quem ia ficar com a metralhadora. De novo! Onório queria ser chofer e metranqueiro ao mesmo tempo! O problema tinha sido previamente discutido. Ivan, que nos dera o planejamento da operação, estava de birra comigo.

– Não creio que o companheiro tenha nível pra ficar com a metranca. Melhor ficar com a Helga.

Eu concordei, rangendo os dentes. Acontece que ela me avisou, no carro, que não sabia manejar a arma. Era a velha Thompson, sem cabo, que junto com M-1 e a INA completava o arsenal com o qual guerreávamos a ditadura e o imperialismo. Eu a conhecia bastante bem. Tinha dado uns tiros de treino com ela. Era uma arma manhosa. O fato de não ter culatra fazia com que saltasse das mãos facilmente.

– Vai ficar comigo. Sou eu que dirijo e que tô no comando aqui. – Onório queria dar ordens.

Eu já tinha na ponta da língua a diatribe em politiquês, mas, descrente do resultado, disse apenas:

– É o que a gente vai ver...

Quando ele parou o carro e desligou o motor, eu peguei a bolsa debaixo do banco e tirei a metranca. Ele fez que ia segurar.

– Se meter a mão aqui, leva uma porrada. Sua função é ser chofer, companheiro!

Ele me olhou meio surpreso, intimidou-se, mas começou a me xingar.

– Tomá no cu, filho-da-mãe.

Na favela, começava o rebuliço à volta dos caminhões, que seguiram até o fundo do terreno baldio, junto ao cemitério, e pararam. Os companheiros gritavam e faziam sinal para os moradores. Eram insólitos na favela aqueles dois caminhões imensos. Os únicos veículos que por ali transitavam eram os camburas e os rabecões.

Fui correndo para o descampado na direção do reparto. Devia ficar na cobertura, a pequena distância dos caminhões.

– Comida, minha gente, comida!

2
Na favela do Rato Molhado

Quando aquela maré humana chegou, um dos companheiros ainda tentou distribuir panfletos, desprezados pelas mãos estendidas, ansiosas. Era uma multidão de mulheres e crianças, saídas dos barracos. Acotovelavam-se, literalmente, uns com os outros, no afã de escalar a traseira do caminhão. Brigavam num vale-tudo desesperado pela posse de lata de leite Glória, de saquinho de açúcar. Uma vez conquistado o espólio alimentício – que nós, totalmente, desbordados pelas massas, tentávamos distribuir – corriam risonhas aos barracos, esconder bem a comida. E só depois disso é que voltavam, para ver e entender o que estava acontecendo. O primeiro caminhão, que levara meia hora para carregar, ficou vazio ali, num abrir e fechar de olhos. Alex tinha abandonado o volante e curtia a cena, maravilhado. Eu agitava:

– É assim que o povo consegue as coisas! A guerrilha é a arma do pobre!

Ronaldo, ao volante do outro caminhão, ia avançando devagarzinho, entre o enxame. Um bando de garotinhos, na sua maioria de cor, com seus calções rasgados e pernas tortas, saltitantes, seguiam atrás de mim, curiosos.

– Xô, vê, xô, vê a metralhadora?

Eu mostrava.

– É uma Thompson, calibre 45.

– Tossão, tossão, legal!

Deixei bolos de panfletos nas mãos de vários deles, o que provocou um verdadeiro pandemônio, pois todos queriam. Ler é que ninguém lia. Mas os panfletos falando da ditadura, do imperialismo ianque, da Revolução e do socialismo, do povo trabalhador e do povo em armas também desapareceram.

– Daqui um, seu moço, daqui um!

Van, cercado por curiosos, explicava que aquilo era contra o governo, pelo povo, pela Revolução. Ronaldo avançava devagarzinho o caminhão, a massa engrossava cada vez mais. No empurra-empurra dos que disputavam os últimos saquinhos de chá e sabões em pó, o enorme pneu de trás atropelou o dedão do pé de uma negra gorducha. A coitada berrava, segurando o artelho, ensangüentado. Aí, Van meteu a mão no bolso da jaqueta e tirou algumas notas do magro espólio do cofre do depósito. Passou-as para a vítima do infausto acidente. Ela, entre choro e surpresa, pegou as notas e saiu mancando, de volta para o barraco. O incidente foi assim sanado pela indenização guerrilheira. Os gêneros já haviam evaporado e agora os companheiros se enturmavam com a massa curiosa. Havia ali umas trezentas pessoas. Entrei num bar, minúsculo, espremido entre dois barracos. Pus a Thompson no balcão e comecei a puxar conversa com o birosqueiro, um mulato de meia-idade. Quando entrei, ele acalmava três clientes que tinham deixado as cervejas e seguido para os fundos do boteco, com medo.

– Tudo bem. É gente boa.

Virou-se pra mim e disse:

– Pode deixá que aqui ninguém cagüeta.

– Nós tamos combatendo a ditadura pra implantar um governo do povo.

– Nós tudo aqui também tamos contra essa situação aí. Essa situação do pobre. Tudo muito caro. Muita safadeza, o povo tá na pior.

Passei-lhe um bolo de panfletos.

– É pra dar pros amigos.

Maravilhado, apertei a mão dele. Finalmente havia encontrado alguém que nos apoiava. Alguém. Olhei o relógio. Fazia meia hora que estávamos ali, uma hora e meia desde o início da operação. A qualquer momento podia aparecer a repressão, sem dúvida já alertada para o desaparecimento de dois caminhões, cheios de comida, nas imediações do Jacarezinho. Saí do bar e fui voltando para os carros, quando surgiu na minha frente uma Ford F-100 que se dirigia à porta traseira da fábrica. Nessa hora, Tibério pichava um ABAIXO A DITADURA, VPR, no paredão branco. O chefe parou, viu e tentou dar meia-volta, pressentindo algo de anormal. Parou quando me viu, apontando a metralhadora.

– Alto. Pára aí!

Van chegou correndo e foi ele que tirou a chave da perua, enquanto os dois ocupantes saíam de mãos para cima. Disse que abaixassem as mãos e seguissem para a birosca. Do outro lado do terreno, continuava um pequeno comício-relâmpago, animado por um dos companheiros. Havia uma farta massa de espectadores, mas alguns já começavam a deixar o local, certamente adivinhando que podia chegar a polícia a qualquer momento. Ainda tentei deixar o meu "abaixo a ditadura" no outro muro, mas o *spray* de Tibério já estava sem tinta. Xinguei e joguei fora, na direção da garotada. Dispararam para todos os lados, pensando tratar-se de uma bomba. Ivan deu a ordem de retirada. Saí no carro de Careca, junto com Ivan, Ronaldo, Van e Alex. Voltamos à avenida Automóvel Club pela estrada de terra. Dali para a avenida Suburbana.

Uma hora e cinqüenta minutos de ação. *Record* absoluto. Onde estava a repressão? Dormiu, ou já nos tinha aprontado alguma? O Volks ia veloz, empurrado por aquela ânsia de fim de ação. Paramos na Suburbana, e Ivan, com muita cara-de-pau, desceu e tirou as "martas-rochas" diante de todos. O trânsito era intenso, mas ninguém notou. Arrancamos ligeiro e a dois quarteirões dali começamos a pingar. Um atrás do outro, de 100 em 100 metros. Depois sumir no calor do meio-dia. Subi no primeiro ônibus e me misturei entre os passageiros anônimos, apertadinhos. Mal tinha encontrado o meu lugar, veio do céu o uivo rouco e o matraquear do helicóptero, num rasante sobre a Suburbana em direção à favela, a segundos de vôo dali. Segundos atrasados... Mais tarde, cruzaram pela pista contrária dois camburões. Sirenes berrando, os canos para fora das janelas. As mãos ansiosas, batendo com as coronhas nas latarias, no inútil afã de chegar logo.

3
Gancho de açougue

Acordei no meu novo quarto. Da rua chegavam os rumores desencontrados do amanhecer em Copacabana. A vida prosseguia indiferente aos meus pesadelos. Ficava num edifício da rua Rodolfo Dantas. Era razoavelmente grande e limpo. Mesa, armário, duas camas curtas e estreitas, forradas de pano vermelho vivo. Apartamento classe média. A senhoria dormia num quarto maior, ao lado. Era uma morenona mais de 30, beleza um tanto atacada pelas celulites e constantes esperas do marido, que trabalhava fora do Rio e só aparecia de 15 em 15 dias. Anotou os dados da carteira de identidade *fria* que lhe passei e não fez mais perguntas. Eu era professor de inglês e ia morar uns dois meses... Até ficar pronto o apartamento em Ipanema. Estava de mudança.

Eu pagava adiantado, não recebia visitas, chegava sempre antes das 23 horas, sem fazer barulho. Cumprimentava-a educadamente ao passar pela sala e seguia para meu refúgio. Ela não enchia o saco. Assistia a todas as telenovelas e só se recolhia ao fim da programação. Houve uma noite em que fui buscar um copo d'água mais tarde e a encontrei sentada de olho fixo no vídeo sem imagem, som de feitura eletrônica. Fazia mais de meia hora que tinha acabado a programação, mas ela mantinha o olho na tevê. Acordei angustiado. O 38 debaixo do travesseiro. Na boca, o gosto ruim de um pesadelo que não lembrava mais.

A luz jorrava pelas venezianas, a vida pulsava lá fora, na sua cacofonia de motores e buzinas, mas eu não tinha vontade de ir cobrir o ponto em Nova Iguaçu. Alternativa cabreira de outro ponto furado. Também não tinha nenhuma vontade de comprar o jornal e ler a rotina macabra da nossa destruição. A bruxa estava solta em São Paulo e todo dia morria alguém.

O MRT fora totalmente aniquilado em menos de uma semana. Devanir, o líder do grupo, caíra vivo e fora assassinado na tortura. Depois do Bacuri, era o cara mais visado pela repressão em São Paulo. Morrera pendurado num gancho de açougue. Em represália à morte do chefe, os remanescentes do MRT, com apoio da ALN, metralharam o presidente da Ultragás, o empresário dinamarquês Henning Boilsen. Era um dos principais financiadores da OBAN. Organizador da caixinha que dava gratificações por presunto de líder subversivo. Na morte de Carlos Marighela, por exemplo, tinham sido mais de 100 milhões velhos para o delegado Fleury. O industrial também cedia à repressão facilidades da sua empresa: aviões, viaturas, sítios. Em compensação, tinha livre acesso aos porões da OBAN e de vez em quando ia assistir às torturas.

Um comando misto das duas organizações fechou o seu carro e o crivou de balas, nos pacatos paralelepípedos de Perdizes. Os seis membros do comando e outros remanescentes do MRT, por sua vez, caíram todos no decorrer daquela semana. Os que não tiveram a sorte de morrer de bala foram triturados. Primeiro os *homis* tentavam arrancar o máximo de informação quente. Depois intensificavam a tortura até matar, com todos os requintes da moda. Aí faziam um comunicado, difundido em tom solene, avisando de mais uma morte de terrorista atropelado ou resistindo à prisão.

No Rio, por aqueles dias, caía a VAR e o PCBR. Tinha desaparecido o Breno, Carlos Alberto Freitas, principal dirigente. O BR, por sua vez, sofria séries de quedas misteriosas. Tínhamos perdido contato com eles. Buscávamos os sobreviventes da coirmã para dar-lhes um dado dramático: a dupla de ex-marinheiros provocadores, que tinha derrubado a FLN do Cerveira, depois o Bacuri e outros companheiros da ALN, estava em contato com eles. Devia ser a razão de pelo menos algumas das suas quedas inexplicáveis. Mas nem só de DOI-CODI morria a esquerda armada. Também o stalinismo matava, naqueles dias.

Vinha nos jornais da véspera. Alguns quadros da ALN tinham executado em pleno centro de São Paulo um militante que queria se desligar do grupo. Márcio Toledo fora ao ponto com seus companheiros e estes o tinham matado a tiros de revólver e panfletaram as imediações reivindicando o "justiçamento do desertor".

Quando li a primeira vez, no *JB*, não acreditei.

– Deve ser coisa do Fleury – disse para o Ronaldo. Ele concordou, só podia mesmo ser coisa do Fleury! Mas logo recebemos, por canais orgânicos, a confirmação. A ALN reivindicava a execução sumária, que agora provocava uma crise interna na organização. Os detalhes do caso eram patéticos.

Márcio Toledo fora um quadro de direção. Fazia pouco, voltava de um treinamento na ilha com auréola de superguerrilheiro, superquadraço, fama que não deixara de cultivar. Logo, porém, começara a ser rebaixado. Da direção nacional para a regional São Paulo, depois para simples combatente de grupo de fogo. Nesses organogramas de minúsculas organizações desmilingüintes, a coisa mais fácil era ascender a postos de comando. Caíam umas tantas direções por ano. Havia novos combatentes que chegavam ao comando de organizações em poucos meses. Mas Márcio Toledo vinha sendo rebaixado e a fama dele na ALN era a pior possível. Cagadas perigosas. Sumiço dos pontos. Tinha comprometido várias ações, inclusive a de um carro-forte da Brinks, em que fugira, logo no início da ação, carregando os coquetéis *molotovs* da cobertura.

Fora sancionado. Reuniões e mais reuniões de crítica e autocrítica. Severas advertências. Aí anunciara que queria deixar a organização. Alguns responsáveis militares da ALN, em São Paulo, tinham decidido que não podia ser. Márcio Toledo conhecia os esquemas de treinamento em Cuba. As rotas de entrada no Brasil. Várias infras urbanas dos grupos de fogo.

Tinham proposto que ele saísse do país. Não aceitara. Não era muito procurado e achava que podia se relegalizar e até fazer um trabalho político, noutros níveis, não ligado a organizações armadas. Recentemente, um militante da ALN, preso, passara a colaborar com a OBAN e fazer declarações para o regime na televisão. A suspeita de que isso se repetiria se instalara na mente paranóica daqueles companheiros. O processo de intenção foi sumário, dera pena de morte na rua, sem apelação. O estúpido crime criara certa comoção dentro da ALN. A maior parte dos militantes e mesmo dos quadros de direção sequer tinham sido consultados. Souberam pelos jornais.

– Foi uma cagada terrível, não tivemos nada com isso – garantiam consternados.

Notem bem, consideravam uma cagada, não um crime. Este era o nível médio de consciência que a esquerda tinha. Na VPR ninguém era a favor. Mesmo Ivan achava um erro.

Mas um erro porque "exagero": afinal, "o caso não era pra tanto". Poucos viam que mais do que um erro a ser explorado pela tevê e pelos jornais hostis, era também um crime. Passados uns dias, a morte de Márcio Toledo virou folclore. A mais recente troça nas nossas sessões de humor negro:

– Tá desbundando, é? Então vamos marcar um pontinho lá em São Paulo com o tribunal da ALN (risos).

4
Roendo fígados

— Não adianta mais a gente discutir. O que você tá colocando em sua defesa não me convence. Pode ter um alto nível político e um bom comportamento em ação, mas em termos de nível ideológico – e é o nível ideológico que conta – você não tá com nada. É apenas um humanista pequeno-burguês, não um revolucionário com a ideologia da classe operária. – Ivan sorriu vitoriosamente, como quem dá o argumento final. Fazia quase uma hora que discutíamos, sobre o calçadão da avenida Atlântica, encostados num carro, de frente para o mar. Eu tinha exigido aquela reunião por causa de umas pichações de Ivan a mim, dentro da UC. Queria cobrar-lhe a tal "lista das sete acusações", que fazia a meu respeito. Ronaldo – que como eu andava meio dissidente – me avisou do listão de pecados contra mim compilado, com coisas datando de mais de um ano.

O companheiro Felipe era acusado de: 1) ter proposto abandonar o embaixador alemão dentro do aparelho e fugir, no fim da ação, quando dos problemas com o carro; 2) ter pensado em viajar para o exterior para se exilar, durante as quedas de abril de 1970; 3) gastar mais dinheiro que os outros, e receber ajuda familiar ocasional e não dividir com a organização; 4) badalar em áreas de desbundados que fumam maconha; 5) só gostar de marcar pontos e circular na zona sul; 6) ser *recuísta* e derrotista; 7) ter ameaçado de agressão um companheiro, durante uma ação, para ficar com a metralhadora.

Eu tinha começado a discussão me controlando e dando uma de "vamos discutir racionalmente, esclarecer dúvidas de cabeça fria, chegar a uma conclusão juntos". Tentei argumentar em cima dos fatos.

– Esse negócio de deixar o alemão no aparelho não é verdade e você sabe disso tão bem quanto eu. Propus foi sair com ele de ônibus, se a gente não arranjasse carro. Realmente recebo um pouco de grana da família de vez em quando, não dou pra organização, mas ajudo alguns companheiros, individualmente. Gasto mais e circulo na zona sul porque é onde fico mais seguro e onde eu tenho apoios, simpatizantes. Além disso, tenho o direito de pegar um cineminha ou um show de música de vez em quando, ou não? Negócio de amigos maconheiros é pessoal, não vou nem discutir. Negócio de derrotismo e vacilação é uma interpretação sua. Há outras. Até agora só mentiras ou meias verdades. A única coisa verídica é o fato de ter pensado em ir embora durante as quedas de abril. Eu achei que a organização tinha acabado.

– Taí! Isso pra mim confirma tudo. Falta de confiança na Revolução e na classe operária. Baixo nível ideológico. Tá tudo ligado. E por aí vai.

Dias antes, eu tivera uma briga com Van e seu sorriso, numa discussão sobre propaganda armada. Apesar de as divergências não serem grandes, nenhum dos dois concordou com nada do que o outro disse, acabamos trocando sarcasmos e deixando patente nossa antipatia mútua. Dentro da UC havia atritos cada vez maiores entre mim e Ronaldo, de um lado, e Ivan, Van, Helga e Onório, do outro.

O comandante da UC queria fazer uma reestruturação e entregar a coordenação de um dos GTA a Onório, o que nos fazia subir as paredes. Este, confiante na promoção, tinha virado mandão. Numa discussão, na garagem, Ronaldo perdeu a paciência e deu-lhe um soco na cara, depois que o outro botou o dedo em riste no seu nariz. Pequena amostra da atmosfera reinante...

Mas a grande jóia daqueles dias era um ex-simpatizante recém-incorporado às nossas fileiras, Otávio. Em poucas semanas já liderava a FEBEAPÁ[76] da VPR, com seus documentos inacreditáveis. Começou escrevendo um texto atacando, em baixo nível, o Alex, que fora seu orientador. Depois outros, com propostas totalmente alopradas: sabotagens de serviços públicos essenciais, invasão de ratos para paralisar a produção de aço em Volta Redonda, coisas dignas do Barão de Münchausen. Finalmente, um documento insinuando que Carlos Lamarca era uma infiltração policial! Curioso raciocínio: por que será que a imprensa burguesa dá tanto destaque a ele, muito mais que a outros líderes de maior valor, como foram Marighela, Juarez de Brito, Mário Alves e outros? Por que tanta propaganda sobre um cara que está na esquerda há apenas dois anos? Deve interessar "alguém"...

Lamarca, fechado em algum aparelho, sem poder circular, reagiu à sacanagem passivamente, colocou-se à disposição de uma comissão de companheiros que quisesse qualquer esclarecimento etc. Limitou-se a rebater as insinuações de Otávio, sem propor nenhuma sanção contra ele.

Era uma época de grande produção de documentos internos. Rodados em tiragens de 10 a 15, em mimeógrafo a álcool, circulavam pelas mínguas estruturas. O tom era de briga, as discordâncias políticas e as análises iam entremeadas de críticas pessoais, ironias e sarcasmos, na melhor tradição leninista. Mas entre mim e Ivan não havia documentos escritos. Era mesmo no bate-boca e este parecia não acabar mais no calçadão em frente ao mar. Via ódio em seu olhar, sentia ódio no meu. Depois de muita briga, nos despedimos, secamente. Ele cruzou as pistas, eu fiquei zanzando pelo calçadão. Na mente, uma colméia de abelhas, a garganta afogada, sem ar; no peito, uma sensação de morte. Andei em direção ao posto 6, as filas de faróis de automóveis engarrafados na retina.

5
Os carbonários

Me embrenhei por Copacabana. O contato com as multidões díspares, em moto contínuo, acabou me dando um torpor aliviante, amigo. Foi atenuando a depressão. Queria me distrair, ir ao cinema, arranjar uma namorada para a noite. Qualquer coisa que tirasse aquela sensação horrível de ter visto o inimigo num companheiro.

No Metro passava um filme italiano: *Os carbonários*. No original *L' ano del signore*. Filme histórico de Luigi Magni, com Robert Hossein, Claudia Cardinale, Nino Manfredi e Ugo Tognazi. Roma sofria a opressão do Papa-rei. Tirania, obscurantismo, terríveis desigualdades. Os romanos estavam entorpecidos, intimidados pela guarda suíça e outras tropas mercenárias, a soldo do Estado do Vaticano. A futura Itália fervilhava de pequenas seitas rebeldes. Eram os carbonários, jovens citadinos animados por ideais da Revolução Francesa. Lutavam contra a ditadura do Papa e o imperialismo austríaco.

Robert Hossein, jovem médico carbonário, amava Claudia Cardinale, judia, amasiada com Nino Manfredi, *cornuto*, vesgo, considerado débil mental. O doutor carbonário e seu jovem amigo foram presos, numa malograda e tragicômica tentativa de justiçamento de um traidor. O filme retratava a sua longa espera de condenados à morte, nas masmorras do Vaticano. O mais novo cantava trovas rebeldes do século XIX, com um violão emprestado pelos guardas. Não temia a guilhotina, porque esperava que o povo se revoltasse. Aguardava para aqueles dias o grande levante, que os libertaria da masmorra, bem como a todo o povo romano, de ambos os lados do Tibre, dos grilhões da tirania. O povo seguiria o exemplo de luta dos carbonários e varreria, para sempre, a opressão! A espera se prolonga, mas eles não perdem a fé. Eis que na véspera do dia da execução, com a guilhotina já instalada em praça pública, o povo invade a prisão.

– Você está ouvindo, você está ouvindo? É o povo! Vem nos libertar!

Ilusão carbonária. Quem tomava a prisão, com gritos de protesto, eram as centenas de espectadores que já tinham comprado seus lugares nas janelas e balcões da praça para assistir à festa da guilhotina. Como a execução fora adiada pelo Santo Ofício, eles protestavam, queriam o dinheiro de volta. À frente da manifestação vinham os donos dos camarotes improvisados, prejudicados no seu negócio, furibundos:

– Degolem logo esses carbonários que estamos perdendo dinheiro à toa, que joça!

Foram executados ao ar livre, a pesada lâmina fez o deleite da torcida. Depois subiu novamente, ensangüentada.

A última cena mostra uma plaquinha de mármore, numa esquina romana, onde é lembrado o nome dos dois carbonários mortos pela liberdade. A única forma de oposição que sobreviveu foi um "pasquim" apócrifo, que aparecia nas estátuas com frases desabusadas sobre o poder. O autor, Nino Manfredi, *cornuto*, vesgo, considerado débil mental. Este nunca foi descoberto. (E comia a Claudia Cardinale.) A lâmina da guilhotina desceu mais algumas vezes na minha retina, enquanto as cortinas do cinema se fechavam.

Eu tinha passado boa parte do filme me debatendo em angústia. Quando terminou, saí devagar, matutando. Estamos todos fodidos, é tão certo como dois e dois são quatro. Vamos todos cair ou morrer. O que é melhor, ser torturado ou morrer? Morrer. Assim não me arrancam nada, nada. Acabar tudo aos 20 anos? Tanta coisa para acontecer, tanta coisa para ver, tanto mundo para correr. Para que morrer aos 20? Um compromisso. Compromisso com o povo. O povo, que vai um dia entender. Porque hoje não sabe, não conhece, está iludido com o Tri, com o "milagre", com a Transamazônica, essas coisas. Compromisso com os companheiros. Com os que deram a vida: Marighela, Bacuri, Zé Roberto, Juarez, Devanir, Lucas, Severino, Zanirato, tantos outros. Com os vivos, que como eu ainda resistem. Lamarca, fechado em algum aparelho. Daniel, Alex, Inês, Lúcia, Raquel, Eli, Careca, Tibério. Meus companheiros, meus amigos. Como posso abandoná-los?

Veio à mente a briga com Ivan, o fígado roído. Meu e dele. Era Prometeu, roendo o próprio fígado, sem precisar de abutre. Era isso a nossa esquerda armada, mal-amada. Resolvi visitar o Sidnei, que morava lá por perto. Ele estava de partida para Londres, onde pretendia ser *hippie*, lavar pratos e comprar um clarinete. No Brasil não dava para ser *hippie* direito, muito bode, muito horror, bicho.

– E você, por que não se manda? Pra que ficar dando uma de Joana d'Arc?

Eu dava a resposta costumeira, sem muita convicção:

– Alguém tem que resistir, alguém tem que fazer alguma coisa contra essa merda dessa ditadura.

Fomos tomar vinho na Adega Pérola. Antes queimamos uma baganinha. À mesa, ele me contava o caso de outro militante amigo dele, que havia tempos viera pedir-lhe um fuminho pela primeira vez.

– Passei pra ele uma Manga Rosa da pesada. Dia seguinte voltou reclamando, dizendo que não tinha acontecido nada.

Sidnei imitava-o:

– Enrolei tudo certinho, como você me mandou. Fumei até o finzinho. Depois fui ao banheiro e fiquei olhando minha cara no espelho pra ver se fazia algum efeito. Fiquei três horas seguidas olhando. E não fazia efeito nenhum. Nada. Depois desci pro calçadão, fiquei contando os passos entre o Leme e o posto 6: 4.342. Terminei de contar e continuava sem fazer nenhum efeito, nenhum, essa tal erva.

Ri de quase cair da cadeira.

Mais tarde, ele voltou para casa e eu fui zanzar por Copacabana. A mente aos pinotes. O desejo e o atraso rebentando as costuras. Vinha de olho nas gatinhas e não desprezava mais as profissionais do calçadão, procurava apenas alguma que fosse bonita. Provavelmente seria a última. Vi-a encostada num poste, na esquina da Atlântica com a República do Peru. Loura. Mas a morte também estava por perto. O camburão chegando bem devagar pela avenida.

6
Eros...

Era loura, tinha o corpo bem-feito, as feições pareciam bonitas, mas estavam meio ocultas pelas sombras. Olhava para o outro quarteirão. A menos de 100 metros, umas três ou quatro mulheres corriam da viatura policial, que vinha lenta, como que curtindo a perseguição, com as duas portas abertas e os *homis* gritando. Ela trocava as pernas e não sabia se devia fugir ou dar uma disfarçada, quando as colegas passassem por onde estava, com o cambura atrás.

– Vem comigo, finge que tamos namorando.

Botei a mão no seu ombro. Ela primeiro me olhou assustadíssima, mas logo me enlaçou a cintura, firmemente. A polícia passou por nós e nem deu bola.

– Agora você vem comigo fazer um programinha gostoso.

– Você foi legal. Eu podia ter dançado. Os *homis* tão aí com raiva, querem aumentar a taxa de proteção que nós pagamos. Você foi legal, obrigado. Mas negócio é negócio, e de graça eu não dou nem pro meu homem. É quatro contos o programa.

– Tá legal, tá legal, não vou te dar trambique nenhum. Ondé que a gente vai?

Fomos à casa dela, um pequeno apartamento na Barata Ribeiro. A alcova tinha uma cama enorme que ocupava quase todo o espaço, uma luz negra e uns *spots* lilás e laranja. Ela quebrou o romantismo efêmero da cena, mandando eu lavar o pau na pia.

– Porra! Qual é a tua? Eu tomo banho todo dia! Tá pensando o quê?

Mas não teve jeito, era regra da casa. O máximo que consegui foi que ela, travessuda, lavasse pra mim. Em água morna. E eu queria também minhas garantias:

– Você não transou com mais ninguém hoje?

Ela garantiu, jurou que não. Mais confiante, fui puxando um papo qualquer. Depois comecei a despi-la. Tinha uns 30 anos. Era pálida e a sua beleza afrouxava um pouco, livre das roupas apertadas. Mas tinha algo de alegre, de sapeca, e fui ficando com tesão de acariciá-la. Trepamos. Não era propriamente um romance, mas pintou um orgasmo, desesperado, surpreendentemente longo. Desse tipo eu não tinha tido até então, ou não me lembrava.

– Cê tava muito tempo sem, né? – Ela acendia um cigarro e me olhava risonha.

– É, um tempão...

Margarete me contou que tinha nascido em Juiz de Fora. Estava separada do marido. Fazia dois anos que ganhava a vida nas ruas da zona sul. Juntava dinheiro pra comprar um Fusquinha 68, quem sabe 69. De carro era menos arriscado e dava pra cobrar mais. Às vezes a vida era barra-pesada, mas valia muito mais a pena do que trabalhar em loja, dar um duro por nada.

– Daqui a uns anos, já juntei bastante dinheiro pra voltar a Minas e cuidar dos meus filhos. Nunca vão saber o que fiz. Ninguém vai saber e todo mundo vai me respeitar, porque venho com grana. Posso até casar de novo, com quem eu escolher.

Tive que ir embora, pois ela já se vestia, sem ceder aos meus pedidos para uma segunda. Tinha um encontro às duas no Beco da Fome. Um programa com um turista venezuelano, cheio do ouro. Mas eu tinha sido o primeiro da noite, garantia. Paguei, dei um beijo nela e fui embora, curtir minha sensação de alívio, ouvindo o mar bater na areia, perto do calçadão. Voltou à minha cabeça a briga com Ivan e a guilhotina descendo sobre os carbonários.

No dia seguinte, fui novamente ao cinema. Era uma comediota, estilo Hollywood. Mas, alheio às banalidades vividas por atores de terceiro time, eu me fixava nas imagens de uma excursão pela Europa. Paris, Roma, Londres, povos diferentes, outras línguas, imagens nunca vistas. Os atores iam acontecendo na tela, mas eu assistia a outro filme. De terror, silencioso, em cinerama interior. Queria conhecer o mundo, viajar por aí. Mas não vou. Breve, o apagar da vida, como de uma lâmpada. No meio de uma balaceira, ou pior, muito pior, numa sala de torturas, totalmente nas mãos deles. Ou na melhor das hipóteses, depois de tudo, passar uma vida preso, enjaulado, feito uma fera. Porque perdemos. E se eu não agüentar o pau? E se eu abrir? Se eu provocar quedas, mortes? Nessas alturas do campeonato, não dá mais para mistificar. Não abriu nada quem morreu no pau. Ou alguns caras velhos, muito experientes, um ou outro herói, como Bacuri.

Do nosso pessoal, alguns conseguiram ludibriar os torturadores, ganhar tempo, esconder informações vitais. Na maioria dos casos os militantes não agüentavam, no grau em que a tortura era posta em prática, cada vez mais cientificamente. Honestamente, não posso garantir seja capaz de agüentar tudo. Não sei. Tenho dúvidas. Os grandes ferrabrases ideológicos foram os que sempre mais abriram. Ninguém resiste à tortura por "nível ideológico", "fé no marxismo-leninismo" ou "no proletariado". Se resiste é por uma questão de estrutura própria, como pessoa, por uma emoção muito forte. Por amor ou por ódio. A tortura é uma arma eficaz. Se não fosse, não teria causado tanto estrago, não seria usada pelos esbirros de todo mundo, sempre que podem. Lamarca diz: "O negócio é ter fé na Revolução e nunca deixar-se reduzir à própria individualidade." Sentir-se parte do povo explorado. Fé na Revolução, na redenção dos explorados e oprimidos, numa vida melhor para o povo, num Brasil mais humano e mais justo eu tenho. Não tenho mais é na esquerda armada, na guerrilha urbana, na VPR, no confronto solitário com o poder. Quem conseguir sobreviver sozinho sem contatos orgânicos, reimplantar-se socialmente, relegalizar-se e viver a travessia do deserto talvez possa fazer alguma coisa de útil, quando mudar a conjuntura, passar o terror de Estado. Mas eu estou umbilicalmente ligado à organização. Diversos companheiros sabem o nome real de Felipe. E o comando Juarez de Brito vai ser aniquilado. É certo como o dia e a noite, só falta a semana e a hora. Não acredito mais nos carbonários. Quero cair no mundo, conhecer coisas novas para lá do mar, para lá da linha do horizonte. Não posso! O compromisso! Que vão dizer os companheiros? Que vão pensar de mim? O filme acabou. Fecharam-se as cortinas. Acenderam-se as luzes. Saí do cinema. Fiquei imóvel na calçada, petrificado. As pessoas até olhavam para mim com fugaz curiosidade, devia estar com uma cara muito estranha. O cálice transbordara e eu tinha tomado uma decisão. Em alguma fração de segundo, entre a poltrona do cinema e a calçada turbulenta de gente, a mola da engrenagem havia quebrado. Logo mais me atormentaria de culpa e vergonha, mas naquele momento eu só sentia alívio. Queria viver, tinha decidido e não havia mais dúvidas. Voltei ao meu quarto e dormi um sono pesado, de fundo de poço.

No dia seguinte tive um ponto com Ronaldo, no Leblon.

– Você é o primeiro que estou comunicando. Decidi me desligar da VPR e ir pro exterior. Acho que tamos nas últimas. Não vamos fazer revolução porra nenhuma, tamos totalmente isolados das massas. Não acredito mais que possa dar certo. Não tenho condições pessoais pra pagar pra ver até o fim. Nem acho que valha a pena. Só tem carta ruim no baralho. Pra que dar essa satisfação aos *homis*?

Ronaldo ouviu muito sério, sem o seu jeitão galhofeiro e alegre. Me disse que também pensava em pedir desligamento. Não agüentava mais a organização, a situação de crise interna, o baixo-astral da VPR. Queria ir para o Chile. Já estava transando um esquema com o grupo de companheiros que saíra da organização logo depois da ação do alemão, no ano anterior, e agora se desligava do MR-8. Pensava também em viajar para o exterior. Em pouco tempo já fazíamos planos mirabolantes para o futuro. Paqueras internacionais. Ronaldo perguntava que tal as chilenas. Mas eu estava angustiado. Que pensaria Alex? Que pensaria Daniel? Que pensaria Lamarca? Imaginei o contentamento de Ivan. A confirmação cabal das suas previsões a meu respeito. A perspectiva das discussões autofágicas com os companheiros amargava e ensombrecia estes meus projetos loucos de continuar vivendo e conhecer o mundo. Ia ser fogo, velho.

7
Desbunde do companheiro Felipe

Fazia várias horas que rodávamos pela cidade. Apesar do risco suplementar do automóvel – os bloqueios de rua pintavam amiúde – era onde se podia falar mais livremente. Eu discutia com Alex meu "desbundamento". Pela primeira vez eu assumia essa condição. Quantas vezes não tínhamos, juntos, dado uma de ferrabrás com os companheiros da patota secundarista que haviam abandonado a militância antes de nós. Nós, os "velhos bolcheviques", os que a tudo resistiam, podendo por isso chamar-nos revolucionários. Tratávamos aqueles companheiros com um complacente desprezo.

– Gente boa, mas não agüentou o tranco, não é qualquer um que consegue...

Eu, que tinha escrito um documento, em fins de 1969, assinado companheiro Vitor – meu nome de guerra da COSEC –, dizendo: "Nem todos têm condições para ser a vanguarda da Revolução no seu período mais difícil." Agora era eu quem estava repetindo para o Alex que não tinha mais condições pessoais para agüentar.

Havia entre nós uma grande amizade, uma mútua admiração, muitas vezes escamoteada pelo dia-a-dia desgastante, com sua sucessão de ânimos, tensões, conflitos. Cada um se defendia como podia. A forma dele era assumir uma atitude de firmeza total, certeza inabalável, fé absoluta, armada de farpas de sarcasmo para com a fraqueza dos incréus. Virgulino Xique-Xique das caatingas...

Nesse dia ele ficou muito sério e ouviu atento as minhas colocações. A enxurrada de críticas que eu fazia à organização e as minhas razões pessoais. Eu já me sentia todo culpabilizado, pois fazia idéia da porrada que devia estar sendo para ele o anúncio da minha saída. Eu era, junto com Daniel, seu amigo mais próximo na organização. Vínhamos militando juntos desde o ME de 1968, passando pela COSEC, VPR.

– Você pensa que não tenho as mesmas dúvidas? Que não me atormento? Que não me sinto desgastado? Sinto tudo isso e além disso tenho um problema que você não tem. Um problema barra-pesadíssima, que é a minha relação com a Lúcia.[77] Amo-a de forma descomunal, tenho medo de que lhe aconteça alguma coisa... Você não é o único que tem problemas! Apesar de tudo, eu acho que a coisa mais importante é o compromisso com a luta. Somos tão poucos e de nós depende tanta coisa. Se conseguirmos atravessar esta fase mais difícil, o que vem mais adiante vai ser muito mais rico, mais belo, mais forte. Temos é que reverter esta fase do cerco na cidade, ampliar nosso trabalho para o campo, receber de volta os nossos melhores quadros que estão no exterior. Quase todas as suas críticas à organização eu faço minhas. Concordo com você. Vamos transformar juntos. Nós temos condição de mudar a organização. Ainda temos. Olha, eu tenho discutido com o Lamarca, vocês precisam deixar de posturas isolacionistas. Dá pra transformar as coisas, pô.

– A VPR não dá mais pra transformar. Não acredito. As deformações estão demasiado arraigadas. Não temos nenhum trabalho de massas, nenhum, nem contatos! Uma organização de uns trinta caras em guerra com o regime. A coisa entrou em refluxo, e já entrou há muito tempo, nós é que não percebemos. Refluxo total. A classe dominante nunca teve tão unida e contente. Nunca se ganhou tanto dinheiro no Brasil. A classe média, inclusive as parcelas que nos apoiavam, tão sendo cooptadas. O povão tá esmagado, esfomeado, apático, só pensando em fazer hora extra pra poder comer. Não liga pra gente. Não sabe nem quer saber. É o refluxo, velho, o refluxo. Acho que temos que salvar o que der pra salvar, inclusive as nossas vidas, e pensar nalguma outra coisa pro futuro. Sei lá, conhecer melhor a experiência de outros povos. Estudar mais a fundo o Brasil, que a gente não conhece... Sei lá...

– Tá racionalizando o seu desbundamento. É uma posição comodista pacas. Se todos fizessem a mesma coisa, não sobrava ninguém pra fazer a Revolução. Nas horas de ascenso é muito fácil. Nas de cerco é que são elas!

E discutimos mais um tempão. Ele tentando me convencer de que tudo podia mudar na organização, de que o trabalho no Nordeste estava crescendo, de que já era uma atividade em novos moldes, junto aos retirantes da seca. Que o Moisés,[78] nosso grande quadro do Nordeste, ia reforçar o comando nacional, que outros companheiros iam entrar, substituindo Daniel e Inês. Que já tinham chegado os primeiros caras do exterior, uns quadros ótimos, com muita experiência. Que tínhamos efetivamente que recuar, remanejar os esforços para receber os companheiros de fora, para esquemas de campo. Deixar nas cidades apenas alguns pequenos GTAs, ultra-especializados. Criar uma estrutura tão bem estanquizada que não tivesse mais nem pontos marcados entre os combatentes, apenas comunicações através de sinais e mensagens em muros e postes.

– Com tal sinal você aciona uma estrutura que vai e puxa um carro, depois deixa pra outra que não conhece, em local convencionado. A outra recolhe e faz a ação. Uma PA localizada. Lá na Guatemala é assim. O companheiro que chegou do exterior me contou como eles fazem. Há milhares de níveis em que podemos aprimorar a nossa prática. Por exemplo, a crítica que você faz à clandestinidade artificial dos militantes é justa. Eu vou arranjar um emprego e me reimplantar socialmente, a Lúcia também, ela quer voltar a estudar. Podemos baixar esse tipo de coisa como tarefa pra toda a organização.

Ele estava confiante mesmo e até se entusiasmava com as perspectivas de transformação da VPR. Eu me sentia culpado. Culpado de abandoná-lo, culpado de não ter mais fé, culpado de ter certeza absoluta de que não ia dar certo o que ele estava dizendo. Mas eu tinha que ser leal com os companheiros, solidário. Já que eu pulava fora e eles ficavam, deixava de ter direito de criticar a organização, de fazer o acrimonioso processo das nossas cagadas e incompetências. Tinha que assumir minha saída como um problema pessoal. Um desbundamento igualzinho a todos os outros. Foi o que pensei, em algum dos sinais fechados onde paramos, perto do Maracanã. Aí mudei de assunto. Perguntei:

– Vem cá, Alex, o que você vai ser depois que se reimplantar socialmente?

– Motorista de táxi – retrucou ligeiro, enquanto limpava o suor do volante com uma flanela amarela. Rimos muito, para afastar a dor.

No dia seguinte de manhã, redigi meu pedido de desligamento, alegando "falta de condições pessoais", e dizendo serem secundárias, com relação a isso, as minhas divergências políticas com a organização. Me colocava à disposição dos companheiros para tarefas de apoio no exterior e, enquanto não viajasse, me dispunha a participar das ações necessárias à sobrevivência material da organização.

O masoquismo autocrítico do texto, temperado de humildade, grande condescendência e deferência solene para com a organização, não chegava a ter o tom autoflagelatório que sabia certos companheiros queriam cobrar de mim. Tinha que entregar o meu pedido de desligamento ao comandante da UC Juarez de Brito. Não queria me humilhar perante Ivan.

Nos encontramos à tarde, na avenida Suburbana. Passei de carro e o recolhi num ponto de ônibus. Ele já sabia, mas, para minha surpresa, não teve a atitude tripudiante que eu esperava. Limitou-se a me ouvir impassível e a sorrir de ironia, com seus dentes brancos, muito afilados, enquanto seus olhos brilhantes me fixavam vitoriosos. Botou meu pedido de desligamento na pasta James Bond, lembrou que eu devia passar a minha arma para Onório assim que o encontrasse e comentou secamente que Ronaldo também estava se desligando, mas que, ao contrário de mim, se recusava a assumir o desbundamento como problema pessoal e jogava a culpa toda na organização. Dócil e totalmente desarmado pela atitude dele, fiz questão de dar o braço a torcer um pouco mais:

– Não, meu caso é diferente do Ronaldo. Eu assumo o desligamento como decorrência de falta de condições pessoais.

Ele permaneceu em silêncio, saboreando. Depois pediu para descer, tinha um ponto lá perto. Parei o Volks. Nos despedimos. Ele bateu a porta e saiu andando com a sua pastinha, na direção do entardecer. Da bola laranja, atrás das nuvens de fumaça, rasante sobre os esqueletos de cimento suburbanos.

8
O náufrago

Fazia quase uma hora que eu estava parado naquele lugar. Uma rua qualquer de Del Castilho. As mãos crispadas no volante, a vista no espelho, o 38 incomodando terrivelmente na cintura. Era um Volks azul, puxado, de placa *fria*. Aguardava a chegada de Ronaldo e Onório, que tinham ido buscar os outros dois na garagem. De lá devíamos seguir para a área da ação, um grande supermercado em Madureira. Desta vez eram finanças. A VRP voltara à crise de liquidez. Os companheiros demoravam. Eu tinha passado a manhã rodando pelos subúrbios com aquele carro. Debaixo do assento, o M-1 que deveria ficar com Van, na hora da cobertura. Quantas vezes já tinha circulado nessas condições:

chapa *fria*, sem documentos, armas e munições no Fusquinha puxado? Dezenas. Dezenas de vezes com jocosa e entusiástica calma, pese as pontadas de tensão. Naquele dia, porém, estava num bode total. Numa nova dimensão do medo. Cair agora seria um pesadelo, sem sentido nenhum. Mas o compromisso de honra de continuar apoiando militarmente os companheiros até partir me impunha. Eu amaldiçoava meu orgulho, mas estava lá, crispado, com as mãos no volante e o 38 com sua grossa coronha anatômica machucando as entranhas, esfolando a pele suada debaixo do cinto. Era a segunda vez que o jipão da PM passava por aquela rua com seus três vultos azul-escuros. Algumas pessoas pela calçada já me olhavam curiosas. Não era comum ficar gente nos carros estacionados naquela rua de paralelepípedos e casas baixas. Tirei o M-1 do estojo, pus uma bala na câmara, travei e coloquei no chão, de cabo dobrado, debaixo de um jornal aberto. Me sentia muito nervoso.

Puta-que-os-pariu! Uma hora de atraso! Ainda passaram uns minutos rastejantes até que surgiu Onório, num Volks vermelho. Veio me desmobilizar. O terceiro carro estava enguiçado, a ação fora suspensa. Alívio. Tirei o carro dali e levei-o até o Méier. Estacionei e fui entregar o fuzil de cabo dobrado, dentro do seu estojo de luneta, ao Van, num ponto perto dali. Depois, segui para outro, com Daniel, em Vila Isabel. Ele parecia muito mal de saúde. Achava que tinha leucemia. O médico pedira para falar com alguém da família. Quartanista de medicina, ele já antecipava seu próprio diagnóstico.

– Não vejo minha família há um tempão, tão todos em Minas. Vou pedir a Inês que vá, como minha irmã.

Eu soubera da sua doença pelo Alex. Agora o encontrava com o ar desenganado. Fiquei na maior depressão. Daniel se convencia de que era melhor buscar a morte nas balas da repressão. Mas, muito pessimista, achava que ia mesmo era cair vivo para tortura. Eu me contorcia de admiração por tanto martirológico. As culpas iam a mil. Não suspeitava nem de erro de análise nem de que fosse somatização. E Daniel tinha muita dignidade e muito humor diante daquilo tudo. Mas, diante da notícia do meu desligamento, adotou um ar escorregadiço. Não quis fazer comentários.

– Acho o fim da picada, mas não-vou-discutir-isso-com-você-agora!

Voltei de ônibus para Copacabana. No longo caminho, ia construindo as defesas contra a deprê que estava pintando. Mas a deprê pelo menos afastava momentaneamente a paranóia. Não tinha mais o dr. Vetter para me dizer que eu não estava me sentindo perseguido, que eu *era* perseguido. Já tinha deixado a análise no fim de 1970, depois que, por azar, o Alex me vira sair do consultório do analista. Era um referencial fixo para a minha localização, três vezes por semana. Pelas regras de segurança dentro da organização, ninguém podia saber isso do outro, a não ser quem morasse junto e tivesse combinado um teto de segurança. Mas não foram só as razões de segurança que me haviam feito parar a análise. Eu me sentia mal perante a organização de gastar tanto dinheiro na análise e culpado perante a minha mãe que bancava, achando que investia nos seus supostos aspectos terapêuticos. Como se isso fosse me fazer largar a militância. Era inútil explicar-lhe que análise não tinha dessas coisas, que não ia ser por isso que eu ia largar ou continuar a luta clandestina.

O emaranhado de razões daria um grande prato para o dr. Vetter, se tivéssemos prosseguido, mas foi o que me levara a deixar, apesar de curtir a análise. Era bom deitar-me no divã e botar tudo para fora e depois escutar raciocínios calmos da figura analítico-paterna com seu cachimbo kleiniano. Mas largara. Não precisava dela para explicar o porquê da paranóia, do alerta constante, carregado de tensão. Motivos não faltavam. Na antevéspera, eu quase dançara numa ratoeira do DOI-CODI, montada na casa do meu amigo Mechinha. Os *homis* tinham ido lá prendê-lo, atrás do Zé Gradel, que ele escondia.

Eram buscas ligadas ao seqüestro de Bucher. Erradamente supunham que o Zé Gradel tivesse participado da ação. Não sabiam que tinha deixado a VPR havia vários meses. Montaram ratoeiras numas 10 a 15 casas de familiares e conhecidos dele e seguiam noite e dia sua família. Ele estava na casa de Mechinha e tinha saído de lá poucas horas antes de chegar a repressão. Passei por lá na mesma noite, mas Mechinha pediu que eu voltasse no outro dia, não queria que eu visse o Zé. Por um triz não voltei ao apartamento da rua Tonelero, na noite seguinte, com o 38 na pasta. Vários agentes do DOI-CODI aguardavam as visitas à pacata família e levavam todas, encapuzadas, para o quartel da Barão de Mesquita. Ia ser uma balaceira linda. Eu estava em Ipanema e cruzava a praça Nossa Senhora da Paz, em direção a um ponto de ônibus. Ia dali para a casa do Mechinha. No meio da praça, encontrei Toninho, um dos aliados do setor de inteligência. Era o companheiro que se ligara à organização junto com Tânia, no começo de 1970. Mas, como ele não se dispôs ao GTA, ficou como simpatizante, o melhor dos que eu tinha contato. Prestimoso, emprestava o carro legal para levantamentos, guardava o arquivo do setor de inteligência e fazia alguns levantamentos. Uma excelente figura.

Tinha a lucidez de quem estava em contato com a sociedade, o que não era o caso da maioria dos clandestinos. Eu estava procurando recontatá-lo, depois de um ponto perdido, para discutir a minha decisão. Encontrei-o por acaso na praça e ficamos conversando. Ele riu porque também me procurava pra dizer a mesma coisa. Decidira viajar ao exterior. Ao Chile.

– Legal, então vamos juntos, combinado?

E começamos a discutir esquemas de saída. Eu ainda tinha que solucionar o vital e encalacrado caso do passaporte. Em abril de 1970, quando tentara pela primeira vez tirá-lo, fora intimado a comparecer ao DOPS pra responder por coisas do ME de 1968, relativas ao CAp e à AMES. Não quis correr o risco, na época, e muito menos agora. Mas onde reinava a corrupção havia um jeitinho para tudo.

Ficamos batendo papo e combinando coisas no café da Visconde de Pirajá e deixei de ir à casa do Mechinha. Recebi a notícia no dia seguinte, o da ação frustrada, e lá estava eu no ônibus, voltando para Copacabana, depois das peripécias do Volks azul e dos pontos com Ivan e Daniel. Essa noite pelo menos eu não vou cair. O meu quartinho na Rodolfo Dantas está seguro, pensei.

Subi o elevador, entrei no apartamento, cumprimentei com ritual boa educação a senhoria, presa à televisão, como sempre. Ela me olhou fixamente, como que medindo. Mas não disse nada e voltou à novela. Não gostei do olhar. Será que tinha desconfiado? Fui ao armário, abri com a chave e inspecionei minuciosamente. Parecia em ordem. Roupas, sapatos e a mala, aparentemente inviolada. Continha outro 38, que eu estava guardando, e duas caixas de munição, vários documentos internos. Mas deparei com um par de meias que tinha deixado na cadeira. Deixei mesmo na cadeira ou pus no armário e não tô me lembrando?

A dúvida corroía o espírito, fazia meu andar ansioso, aos círculos pelo quarto. Será que ela tinha uma cópia da chave do armário? Adormeci pensando nisso, tentando reconstituir se afinal eu tinha ou não tinha deixado aquele par de meias dentro do armário. O armário e o passaporte verdinho eram duas constantes daquelas noites agitadas.

Estou dentro do armário gigante com naftalinas do tamanho de bolas de bilhar .38 na mão suada, garganta sufoca, frio, pânico. Tocou a campainha e agora dão murros na porta. Casa adentro, vozerio do apocalipse. No bolso da jaqueta impermeável, tão sonhado, inútil, passaporte verdinho. No outro, cartuchos 38, carga dupla. Vou tirar seis balas, deixar na mão esquerda. Descarregar o tambor em cima desses filhos-da-puta, carregar de novo a tempo. Quantos são? Cinco, dez? Suas vozes ecoam pela casa. Cadê? Cadê? Cadê ele? Arrombam a porta, estão dentro do quarto, sinto o bafo deles. No bolso não são balas, mas baratas mortas. Ele abre a porta do armário de supetão, com sua INA, me olha surpreso, enquanto eu aponto, puxo o gatilho, puxo o gatilho, mas não atira, não atira, e ele vai... A rajada ecoa entre as paredes gigantes do quarto côncavo, disforme; já morri, estou estendido numa poça de sangue, entre baratas mortas, meias sujas e bolas de naftalina gigantes. Mas, se já morri, por que é que continuo vendo baratas mortas, meias sujas e bolas de naftalina gigantes, espamarradas pelo chão torto, que balança como o convés dum navio? O quarto escuro, a cama apertada, os lençóis molhados de suor, sufocantes. O copo d'água que agarro como um náufrago e que me traz de volta à superfície do real e à evidência de que estou com sede, logo existo.

Acendi a luz para espantar para mais longe o pesadelo e esperar a canseira que me levasse ao sono de fundo de poço, sono do nada, reconfortante. Se o aparelho não cair e o passaporte pintar, quem sabe saio dessa.

9
Nossos comerciais

Reconheci a letra certinha, redonda, de Lamarca no envelope que Lúcia me passou. Pus no bolso, ansioso de ler para saber como reagira à minha saída. Antes, ficara batendo papo com Lúcia num banco de frente para o mar. Seus olhos verdes queriam entender. Não me criticava. Lúcia era amiga de outros carnavais. Sua história como militante era das mais acidentadas. Saíra de um dos grupos de estudo do André Maurois, diretamente para um GTA da VPR, sem escalas. Ou melhor, fazendo escala num asilo psiquiátrico.

Foi um curioso caso de repressão familiar, à soviética. Influenciados por um parente ligado ao CENIMAR, os pais tinham aceitado interná-la na clínica do Dr. Eiras, mediante um ardil. Isso ocorrera em fins de 1969, quando se haviam convencido de que a filha estava louca. Só podia estar. Tinha deixado de gostar de roupas bonitas. Andava sempre séria e atormentada com os males do mundo. Discutia com as irmãs, contestava tudo. Andava metida com um indivíduo suspeito de subversivo, um tal de Alex. Na calada da noite roubava comida na cozinha, levava embora latas e panelas, não se sabia para onde.

Chegamos até a tentar uma romântica e desastrada ação de resgate. Chegamos à clínica de Botafogo numa Kombi batendo pinos e morrendo de dois em dois minutos. Alex, inconformado e disposto a salvar a amada, comandava a ação. Eu levava o revólver da guerra do Paraguai e Antero o outro 32 do SPM. Jaime vinha junto com umas barras de ferro, embrulhadas em papel de presente. Antero e eu chegamos até o corredor e mandamos uma enfermeira chamá-la. Esta queria nos mandar embora, dizia que era proibido, mas Lúcia apareceu de repente. Estava zonza, dopadona, impossível de ser tirada dali. A enfermeira desconfiou, chamou os guardas. Saímos de fininho, com a Kombi engasgando.

Mas não terminou aí a peripécia lírica. Alex havia escrito uma longa missiva, explicando o rapto e aconselhando os pais de Lúcia a não recorrer à polícia para localizar a filha. Julinho, um dos nossos companheiros do André Maurois, ficou de levar a mensagem e deixá-la sob a porta da casa de Lúcia, assim que se confirmasse o sucesso da operação-rapto da Sabina. Mas ele andava numa das suas crises e estava muito atrapalhado. Levou a carta antes de saber o resultado dos acontecimentos. Alex bufava de desespero e estupor diante o desastrado secunda, que, tomado de fervor autocrítico, só faltava bater com a cabeça nos muros.

– É incrível! A burrice humana não tem limites! É o mesmo que mandarem a lista de presos do embaixador americano antes de o seqüestrar!

Mas Lúcia acabou saindo da clínica e logo fugiu de casa. Veio num estado lamentável. O tratamento de eletrochoques deu uma forte amnésia. Brancos imensos na memória, relativos a pessoas, situações e todos os livros que lera. Não reconhecia mais colegas de turma, não se lembrava de ter estado no meu sítio apenas duas semanas antes da sua internação.

Foi morar com Alex, num aparelho da VPR, no subúrbio. A relação, já dependente, virou uma espécie de cordão umbilical com o mundo. Ele ajudava a reconstituir os brancos do eletrochoque, a se inserir no novo mundo da militância guerrilheira. O amor ajudava. Ela virou uma combatente discreta e eficaz. Não tinha muita iniciativa, mas fazia as tarefas direito e era estimada por todos. Agia como se estivesse numa grande brincadeira de faroeste. Era a nossa loura dos assaltos.

Parecera este tempo todo aceitar as coisas como vinham, não questionar nada. Agora, porém, diante de tudo o que eu dizia, ela afirmava que havia algo de errado na organização, mas não sabia direito o quê. Queria voltar a ter vida legal, a estudar, e queria que Alex fizesse o mesmo. Mas como fazê-lo no ritmo frenético de pontos pelas ruas suburbanas?

Nos despedimos com um beijo e a irmãzinha sumiu do outro lado da Atlântica, rumo ao aparelho mais quente da organização. Havia tempos eu suspeitava que o Lamarca estivesse "fechado" no aparelho deles. A carta passada por ela era uma confirmação. Lúcia comentou que havia constantes quebra-paus orgânicos na sua casa, quando ela e Alex saíam. Deduzi tratar-se de reuniões do comando nacional, em plena crise.

Faziam parte do CN: Lamarca, Daniel, Inês e o nosso quadro do Nordeste, Moisés, um ex-sargento. Daniel e Inês estavam demissionários. Moisés não concordava com as teses *recuístas* de Lamarca e tinha o apoio de dois quadros recém-chegados da ilha. Treinadíssimos, experimentadíssimos, mitificados. Só muito depois soube quem eram: Aloísio Palhano e... o cabo Anselmo.[79]

Lamarca se sentia isolado. Moisés tinha o apoio do pessoal da UC Juarez de Brito, que, junto com o seu trabalho em Pernambuco, era o que restava da organização. Lamarca não circulava na rua e a única pessoa da mesma posição que ele podia encontrar era sua companheira, Iara. Abri o envelope. Ele devia estar puto da vida comigo. Decepcionado. Justo agora, no apogeu da crise do comando nacional, eu decidia tirar o time de campo. Sem consultá-lo. Se nem Alex

 nem Daniel, amigos próximos de formação parecida,

tinham aceitado minha decisão, quanto mais ele, milico durão, ferrabrás?

Lembrei-me da conversa com Daniel, no ônibus, numa viagem interminável no banco traseiro, entre a Tijuca e o Leblon. Decidira finalmente dizer o que pensava a respeito do meu desbundamento. Me esculhambou amargamente. Me senti o último dos merdas. Com Lamarca pintava ser ainda pior. Sentado no banco de praia, comecei a ler a carta, temeroso. Engano. A carta era das mais amigas. Começava dizendo que, antes de qualquer outra coisa, ele queria dizer que tinha por mim o maior respeito como companheiro. Que entendia e aceitava minha decisão. Havia muitas maneiras de ser útil à luta. Ela ia ser muito, muito longa, e tínhamos que raciocinar a longuíssimo prazo. Tínhamos estado muito tempo errados. Devíamos recuar, voltar ao trabalho de massas, à criação de uma base social.

Necessitávamos preservar a vida dos companheiros e as suas possibilidades de formação. Sentia-se contente por eu ir ao exterior e poder levar as questões que estávamos discutindo, o balanço dos últimos tempos, aos companheiros do exterior, que não estavam a par da situação e viviam num oba-oba que o inquietava.

Comunicava-me também a sua decisão de romper com a VPR. As divergências eram insuperáveis no interior do CN e com os outros companheiros que agora formavam a Coordenação Provisória. Ele não queria mais ser comando de porra nenhuma. Queria fazer trabalho de base, no campo, junto ao povão. Rompia com a VPR e queria ser um simples militante, num trabalho de conscientização e organização dos camponeses. Sonhava com comunidades de base. Na carta que eu lhe escrevera, fazia duas semanas, eu me preocupava com a sua segurança. Achava que ele devia ser transferido para um aparelho mais seguro.

A VPR vivia uma situação de crise orgânica e material. Tínhamos poucos aparelhos e estes já estavam bastante sobrecarregados. A repressão era cada vez mais intensa e eram de prever quedas. Ele devia ficar num aparelho totalmente desvinculado das estruturas operacionais. No entanto, estava no aparelho onde se reunia o comando nacional. Lá moravam Alex, Lúcia e Iara, e se reuniam também Daniel, Inês e Moisés.

Muito trânsito. Alex, que acabara de entrar no novo comando provisório, carregava nas costas um número impressionante de tarefas e pontos com a UC, com outras organizações. Comandava uma parte das ações. Era um fusível. Se caísse vivo, teria que responder pelo paradeiro de Lamarca. O mesmo ocorria com Lúcia e Iara. O pessoal do comando vinha de olhos fechados às reuniões, mas nunca se sabia. O Cesinha, que eu encontrara através do Sidnei, me garantira que a sua organização tinha aparelhos muito mais seguros. Simpatizantes não visados e esquemas totalmente por fora das estruturas dos grupos de fogo.

Era essa a providência urgente que eu sugerira na minha missiva a Lamarca. Propusera também que ele saísse para o exterior. A minha idéia era que ele ia sifu em breve. "Negão, você pode ser o gatilho mais rápido do país dentre 90 milhões de brasileiros, mas isso não vai adiantar nada o dia que estiver cercado por uns cinqüenta caras. E, mesmo que você consiga levar junto uns sete ou oito, no revolvão e nas duas bombas anarquistas, não vai valer a pena. A tua vida pela deles não vale. A grande maioria dos nossos quadros está no exterior, talvez lá se possa iniciar um processo crítico, fazer um congresso da organização. Pense."

Ele tinha pensado e respondeu que não temia a morte, já tinha vivido muito, já vira o que tinha que ver, e o que importava era a emoção de agora estar do lado do povo, até o fim.

"Posso apodrecer morto, cheio de chumbo no bucho, mas não vou apodrecer vivo. E mesmo que me agarrem e torturem eu vou pro 'método turco', e, enquanto tiver uma célula nervosa viva no meu cérebro, vai estar com a Revolução."

Mas aceitava a sugestão de passar para um aparelho do MR-8. Pedia que eu lhe providenciasse contato com a DG daquela organização. Além disso, queria bater um papo pessoal comigo, assim que fosse possível, na nova infra. Acertar os detalhes relativos ao exterior e uma conversa de despedida. Era tudo muito urgente. Me invadiu a sensação de que a luta prosseguia, a emoção de seguir atuando. Para assegurar a retirada do Lamarca, valia a pena adiar a viagem, correr novos riscos. Antes de viajar eu tinha que concluir tudo direito. Sair dignamente.

Fui à casa de Sidnei ver se havia algum recado do Cesinha. Mas ele não estava, devia estar levitando por aí, em algum barato. Passei então pela casa de outro simpatizante. Também não estava, mas a família me convidou para jantar. Ele ia pintar a qualquer momento. O casal de meia-idade me fazia perguntas, como iam os estudos etc. Eu fazia sala. Muito bem os estudos. Ligaram a televisão. Notícias das 20 horas. *Repórter Esso* na apresentação de Gontígio Teodósio. Notícias do governo Médici. Inaugurações grandiosas. Anúncios. Últimas internacionais. Anúncios. Noticiário local. Duas fotos pintam na tela, um negro, um branco, jovens.

– Às 11 horas de hoje, na esquina da avenida Suburbana com Cupertino, bairro de Cascadura, foram detectados dois terroristas de alta periculosidade, fortemente armados. Ao reagirem à ordem de prisão, foram mortos a tiros por agentes de segurança. Segundo comunicado difundido esta tarde pelo DOI-CODI do I Exército, os terroristas, já identificados, são: Gerson Teodoro da Silva, paulista, 21 anos, e Maurício Guilherme Silveira, 19 anos, carioca, suspeitos de participação no recente seqüestro do embaixador da Suíça, Giovanni Enrico Bucher.

E as fotos de Ivan e Onório ainda ficaram uns segundos na telinha. Depois sumiram para dar lugar aos nossos comerciais.

10
Carteira de colégio

Cheguei meia hora antes ao ponto que tinha com Alex, em Botafogo. Olhos muito abertos, angústia contida, todo alerta. Planejei minuciosamente meus movimentos. Fiquei longe do ponto de ônibus, debaixo de uma marquise entre uma banca de jornal e um bar. No meio de dezenas de pessoas. O bar estava limpo, com certeza; tinha bebido um chope, para me certificar. Nada de esquemas ali. Fiquei vendo o ponto ao longe, pupilas de raios X em toda a região. Não havia carros nem gente estranha nos arredores. Nada que destoasse da vida da rua Voluntários. Alex chegou pontual e me emocionei de felicidade. Não tinha caído.

Vinha com uma expressão fatalista, sarcástica, e os olhos tristes.

– Impressionante, negão! Ninguém sabe como essa merda aconteceu! Imagina que eu tive com eles até minutos antes. Tomei um táxi, porque tinha um ponto noutro bairro. Eles iam para o bar, na esquina da Cupertino com Suburbana, por lá mesmo. Não era ponto. Iam tomar uma cerveja e Ivan dali voltava pra casa.

– Você já teve com a Helga? Como está?

 – Atarantada.

A morte dos dois companheiros continuaria mistério, pesem algumas informações que acabamos recebendo, dias mais tarde. O irmão do namorado de uma simpatizante, ligada à Lúcia, era quartanista de medicina, fazia estágio no Instituto Médico Legal, onde se encontravam os corpos de ambos, ainda não retirado pelas famílias. Conseguira vê-los e deu a dica. Ivan, rajada: cinco balas 45 nas costas. Onório: apenas uma, de FAL, certeira, na espinha. Não apresentavam marcas de tortura.

O segundo informe veio através de outra organização. Um militante que tinha passado algum tempo depois pelas imediações tinha ouvido narrativas de populares a respeito do fuzilamento dos dois rapazes, um de cor, outro branco. Dois carros tinham freado na esquina. Os *homis*, à paisana, chegaram apontando as metrancas. Foram direto em cima dos dois, que saíram do bar e tentaram correr.

O negro foi metralhado de primeira, de curta distância. O outro quase consegue fugir, mas recebeu uma bala nas costas. Não havia ainda explicação de como haviam sido detectados. Apenas que freqüentavam muito aquele bar de esquina. Uma vez, Onório até deixara cair um pacote de dinheiro, mas nada indicava, até então, que o portuga estivesse suspeitando. Mas era a hipótese mais plausível.

Ivan morreu desarmado, tinha deixado o revólver em casa, com Helga. Onório trazia o meu 38. Uns dias antes, eu lhe entregara o Taurus, cano curto, depois de desatarraxar a coronha anatômica de madeira e colocar a original, de plástico. Passara também o outro 38 de cano longo. Ele reclamava de que o seu estava defeituoso e eu não precisava mais... Meu velho 38 ficou na sua pasta, caído no meio da rua. Também dançou a nossa única metralhadora INA. Onório guardava-a no seu quarto. Finalmente ganhara a sua metranca... Ele morava sozinho. Ninguém sabia onde. Agora o arsenal longo da VPR (em guerra com a ditadura e o imperialismo) era de um M-1 e uma Thompson, sem cabo.

A INA era a perda logística mais recente. Muito pior eram as perdas humanas. A morte súbita dos companheiros me deixou arrasado. O fato de não me dar com eles fazia doer ainda mais, sentia-me culpado. Por Ivan, valente, implacável na sua determinação como no seu sectarismo. Confuso politicamente, stalinista, mas dera a vida pela Revolução. Acaso podia exigir-lhe mais? Onório, com suas espinhas adolescentes. Feições magras e pálidas, atrás dos óculos esverdeados. Assustadiço, agressivo. Ar inquieto de puberdade. Fim aos 19 anos, numa *fuite en avant*, fuga para a boca do leão, para o campo de mira das metralhadoras dos homens sem rosto. Seu corpo comprido, macérrimo, estava sem vida, gelado, num gavetão de necrotério, e a sua foto infanto-juvenil, de carteira de colégio, era exibida como troféu para milhões de telespectadores.

"Terrorista de alta periculosidade", dizia a nota do I Exército.

Encontrei Ronaldo num bar de Copacabana. Triste e fatalista. Ficamos lembrando os dois companheiros caídos, com amarga ironia, beirando o humor negro. A incolumidade de quase um ano da UC Juarez de Brito fora quebrada naquele 22 de março, quando o DOI-CODI matara Ivan e Onório. Ronaldo precisava também conseguir um passaporte, resolver os problemas do filho de 5 anos, que de vez em quando o acompanhava nos pontos. E mesmo em alguns levantamentos. Ideal para afastar suspeitas,

 o pequeno Ro também tinha nome de guerra. Ia sair junto

com o grupo dos ex-VPR, que agora saíam também do MR-8. Zé Gradel, Mané Henrique, Clarice, Caetano e outros. Iam tentar em grupos de dois a dois, por terra, até Paso de los Libres, Argentina. Dali, Chile. Eu talvez pudesse viajar legalmente, de avião, pelo Galeão. A repressão tinha apenas minha ficha de ME. Não sabia quem era Felipe. Era só não dançar antes. Programei para meados de abril. Um mês para resolver tudo. Ronaldo pensava em ir no início de maio. Combinamos marcar um ponto com alternativa em Santiago. Mais tarde, ponto com Cesinha. Ele tinha sido deslocado para a Bahia e vinha de vinte em vinte dias. Muito contente com o trabalho por lá e todo excitado quando lhe anunciei que em breve poderiam receber um reforço de Carlos Lamarca em pessoa. Ele me marcou um ponto, com um membro da DG. Não precisava de senha, eu reconheceria.

Cesinha estava contente com o trabalho da Bahia, mas achava um grilo retornar ao Rio. Volta e meia entrava em tiroteios e vinha colecionando saídas miraculosas, na tangente das balas. Havia poucas semanas estava com Clarice e Gil, discutindo num banco de jardim do Engenho Novo. Apareceu um camburão. Desceram cinco para checá-los, armas em punho. César puxou a sua e mandou bala. Clarice vinha desarmada e Gil não conseguiu desembrulhar a Parabellum a tempo. Tremenda balaceira.

Cesinha feriu um dos *homis* na pracinha e o outro na ladeira, na corrida para a Suburbana. Clarice,[80] que vinha ao seu lado, levou um tiro na cabeça. O chumbo quente 38, numa trajetória miraculosa, deu a volta ao couro cabeludo e se alojou na frente, sem penetrar o crânio. Levou outro de raspão na perna. (Ela estava grávida e a sua filha nasceria com uma marca no mesmo lugar.)

Cesinha feriu mais um, conseguiu puxá-la até a avenida Suburbana e render um táxi parado no sinal. Quando iam dar a partida, surgiu um vulto abrindo a porta. César puxou o gatilho, picotando um cartucho seco. Tinha acabado a munição. Por sorte. Pois era o peito de Gil, o terceiro dos fugitivos, que inopinadamente reaparecera, depois de ter sido dado como caído. Quando Cesinha e Clarice correram, ele foi agarrado pelos *homis*, espancado e imobilizado. O policial, ferido na barriga, sangrando no chão, ordenava aos que o levavam para o cambura:

– Acaba com ele! Queima logo pra eu ainda vê!

Largaram Gil para melhor o alvejarem, abriram fogo, mas erraram, salvo um raspão no antebraço. Ele rolou pelo chão e saiu correndo em ziguezague, debaixo de muito chumbo zarolho. Voou pela rua arborizada suficientemente rápido para alcançar os outros dois, que entravam no táxi. Cesinha não sabia guiar direito, mas, depois de deixar o chofer do táxi na rua, dirigiu o suficiente para levar ambos os feridos ao aparelho do esquema médico, onde Clarice foi operada com sucesso. Cesinha me passou o ponto com a DG.

Foi no dia seguinte, na rua Marquês de Olinda, em Botafogo. Veio o Muniz, ex-presidente da UME, das velhas agitações, na época da *Semana Rockefeller*. Estava muito engraçado. Com um terno escuro, pastinha, minúsculo bigodinho de burocrata, parecia um gerente de banco. Elogiei o disfarce, trocamos uns folclores e fomos logo ao "xis" da questão. Eles aceitavam acolher Lamarca num aparelho seguro e discutir a hipótese de trabalho conjunto, no campo. Marquei para o dia seguinte de noite o contato entre ele e a companheira de Lamarca. Ela acertaria os detalhes da mudança de aparelho.

11
Iara[81]

Sentou-se à minha frente na mesinha do Limão Sul, bar dos velhos tempos estudantis. Tirou os óculos escuros, redondos, e colocou na bolsa. Tinha os olhos claros, grandes, um rosto bonito, com sardas. Um sorriso muito doce. Ficamos batendo papo sobre as coisas. A mudança de aparelho, a crise da VPR, a minha viagem. Ela também se desligara da organização, tinha consciência da derrota, da necessidade de mudar tudo, da dificuldade, naquelas alturas do campeonato, de mudar o que fosse naquela esquerda.

– Acho que vocês dois deviam sair pro exterior. Lá fora, com todo o nosso pessoal, talvez ainda se possa fazer um processo crítico, um balanço. Traçar uma nova orientação. Pensar num trabalho de reimplantação a longo prazo. Cláudio tem consciência disso, mas subestima seu próprio papel. Quer apenas fazer trabalho de campo; mas acho que a situação está muito precária. Todos esses trabalhos de campo dependem de esquemas na cidade e acabam sendo afetados por quedas na cidade. O cerco tá cada dia maior.

Ela me olhava muito séria.

– Eu sei. Tá muito difícil. Essa de trabalhar com o MR-8, não sei, não. Pelo menos é um esquema de campo, o que é bom pro nível de queimação do Cláudio, mas eu não me adapto bem. Lá no Vale do Ribeira já foi uma loucura. Saí uns meses antes da queda. Fiquei doente. Acho que sou um quadro de cidade, mulher urbana. Às vezes tenho vontade de ir pro exterior, ainda mais que meus dois irmãos tão no Chile. Mas ao mesmo tempo quero ficar com o Cláudio, ele precisa de mim. E eu dele. É um cara incrível, muito bom, sincero, como um livro aberto. E talvez valha a pena continuar tentando fazer um trabalho. Alguém tem que continuar.

Ela ruminava pensativa, junto com a batida de limão.

– Por outro lado, as perspectivas são foda. Imagine se caio viva nas mãos deles. O que não vão querer fazer com a companheira de Lamarca? Mas acho que eu morro antes... – Terminou a batida, pediu outra, e passamos a assuntos mais amenos. Iara era daquelas pessoas que inspiram amizade desde o primeiro contato. Nos tínhamos reconhecido, sem dificuldade, num ponto perto dali. Ela vinha com a mesma camiseta marrom, com uma rubra maçã junto ao seio.

Não foi difícil reconhecer. Era a mesma do ônibus. Tempos antes, já depois da ação do suíço, eu voltava pela Tijuca para a zona sul. Notei que uma moça muito atraente me olhava com insistência. Surpreendido com a inesperada bola da desconhecida, fiquei paquerando com os olhos, enquanto os dela, envergonhados, procuravam o chão. Uns pontos mais adiante ela passou a roleta e saltou. Ainda mandei uma piscadela e um sorriso para a gatinha. O tempo passou e o episódio sumiu da memória. Lamarca, na carta que me enviou por Lúcia, me dava uma gozação.

"Você outro dia, sem saber, deu uma paquerada na minha companheira, pô. Qualé a tua? Tava no ônibus, te reconheceu, pois já tinha visto um dia num ponto. Olhou. Aí tu ficou todo ouriçadão, já preparando a baba peçonhenta. E olha que o revolvão tá com saudade de uns tirinhos!"

Assim, não tive dificuldade em reconhecer Iara. Rimos muito daquele primeiro encontro. Levei-a para o ponto com Muniz, que vinha com outro companheiro, louro, forte, pinta de Charlton Heston. Parecia um galã de filme americano, perdido na selva de asfalto patropi. Stuart.[82]

Ele seria o meu contato para a prometida reunião com Lamarca. Levaram Iara para o ponto, aonde Alex o levava de carro. Lamarca saiu do Fusca bege e entrou em outro, cor de vinho, onde estavam Iara e os dois companheiros. Assim foi que saiu de uma organização e entrou em outra.

Passei todo o mês de abril à espera da reunião final com Lamarca. Grana para quem de direito, recebi o passaporte verdinho e não tive que comparecer ao DOPS para responder sobre velhos negócios do ME de 1968. Fui adiando a viagem sucessivamente. Não queria deixar de aproveitar esta última oportunidade de vê-lo, tentar convencê-lo a se salvar, a não ser o grande troféu ansiado pela repressão, mais um da lista de mártires. Mas o cerco se apertava e quem começou a cair foram os de MR-8. Um dos seus aparelhos, estourado em Bangu, de madrugada. No tiroteio, morreu Mário Prata, o comandante de um dos grupos de fogo do Rio, e a sua companheira Marilena Lisboa, que, ferida nas costas, foi liquidada no pau. No tiroteio, eles abateram um major pára-quedista e deixaram feridos outro oficial e dois suboficiais.

Stuart, muito preocupado, me confidenciava:

– É foda quando não sabemos como foi. Quedas a gente sempre vai ter, mas o importante é saber como, por onde. Não sabemos direito, tamos investigando. Mas pode ter sido um chequeio muito bem-feito, a partir da prisão.

Na mesma época, a repressão abatia, no Cosme Velho, Aderval Coqueiro, um dos quarenta presos libertados no seqüestro de von Holleben. Voltara ao Brasil clandestino, num esquema do Cerveira. Tentava contato com a VAR-Palmares, quando foi morto e virou capa de todos os jornais. No caso de Mário Prata, segundo se soube depois, houve um esquema sofisticado de chequeio, com equipes numerosas, com rádios miniaturas e muitos carros. Seguiram várias pessoas, durante muitos dias, e acabaram localizando o aparelho. Isso contrastava com o habitual imediatismo e dera bons frutos: a cabeça do melhor comandante militar do MR-8 no Rio.

Naqueles dias me convenci, finalmente, de que a mulher do apartamento tinha a chave do meu armário. Encontrei uma toalha, que havia deixado no varal havia dias, por experiência, dentro do armário. Meus papéis pareciam em ordem, inclusive a carta de Lamarca. Será que ela bisbilhotava? O marido tinha chegado e era um cara esquisito, já me fizera várias perguntas.

Pelo sim, pelo não, abandonei o quarto e no mesmo dia aluguei outro, na rua Bolívar. Era um cubículo minúsculo, só cabia a cama, a clarabóia e a porta rangente. A dona, mãe de três filhos, desquitada, passava o dia zanzando "de bobs" pela casa, à espera da hora do batente, a partir das 19 horas, numa lanchonete perto dali. O cubículo dava uma sensação curiosa de aconchego. O útero da mãe-cidade. Copacabana.

No início de maio, Stuart me avisou que a reunião com Lamarca não ia ser possível, pois tinham estanquizado o aparelho por causa das quedas. Mas me traria, no próximo encontro, uma carta dele, com as últimas instruções.

Marquei minha viagem para o dia 5 de maio. Sentia no ar a urgência, a corrida contra o tempo. Fui visitar o Carlinhos na hora do almoço. Para dar-lhe a notícia da minha partida, em poucos dias. Compartilhar os projetos e as preocupações. Me dirigi ao elevador do seu edifício, na Paissandu. Sentados num banco, junto ao espelho do hall, dois garotões de calça Lee. Fortes, queimados de sol. Enquanto esperava o elevador, fiquei prestando atenção a eles. Camisa Lacoste vermelha, cinto grosso, bíceps saliente. Bigodão. O cabelo curto, bem torneado. Muito curto para a moda da época. Não chegava a ser à reco, era um corte à oficial. O outro também. O elevador chegou. Eles me olhavam.

Entrei. Carlinhos morava no quarto, mas meu indicador descreveu uma curva no ar e apertou o seis. Enquanto a caixa de metal gradeada subia e os pisos passavam com seus números, eu sentia em todos os poros a certeza do perigo. Nunca, em nenhuma das muitas vezes que tinha visitado Carlinhos, eu vira gente sentada naquele banco do hall. Depois, aqueles caras não me enganavam.

Parei no seis. Dei um tempinho e voltei ao elevador. Desci e, ao sair, arreganhei um ar de contrariedade de quem não encontrara os moradores do seis em casa. Abri a porta e a passo decidido cruzei o hall, e me olharam desorientados. Eu já estava na calçada e subi ligeiro em direção à praia. Fiz minha checagem, os garotões não tinham vindo atrás... ou certamente era eu que tava ficando paranóico. De um telefone público chamei a casa do Carlinhos, para checar.

Atendeu uma voz desconhecida. Dizia ser um amigo do Carlinhos, queria saber quem eu era. Dizia que eu viesse logo, que o Carlinhos não devia tardar. Era uma voz estranha:

– Vem logo que vai ter uma reunião importante aqui, no aparelho!

No dia seguinte consegui localizá-lo. Todo agitado, na casa de uns amigos. Advertido da iminência de uma "visita", tinha se mandado de casa, pouco antes de os *homis* chegarem. A repressão parecia agora investir sobre as áreas de simpatizantes, visando à gente do antigo movimento estudantil. Havia mais de um ano que Carlinhos tinha parado de militar e de comer carne, e agora lá estava ele foragido, os *homis* atrás. Voavam baixo os pepinos...

12
Passaporte

Desci do automóvel, cruzei o estacionamento e entrei no prédio apertado do velho aeroporto do Galeão. A mala grandona de xadrez escocês pesava horrores. O vôo já tinha atrasado de manhã e devia partir dentro de uma hora.

– Escreve, meu filho. Não esquece que é pra tua mãe não ficar preocupada.

Maternos conselhos. Eu mal ouvia, estava retesado, como um fio de alta-tensão, os fusíveis prestes a estourar.

– Tá legal, mãe, escrevo, sim. Não se preocupe. É só eu conseguir pegar o avião.

Na véspera tinham sido as despedidas. De manhã, Ronaldo.

– Pô, negão, tu não imagina a felicidade que sinto de ver você ir embora. Menos um. Menos um ponto, um risco. Daqui a 15 dias nos encontramos em Santiago. Vai logo conhecendo umas chilenas e marcando uns programinhas pra mim. E aproveita enquanto eu não chego, pois quando eu pintar não vai sobrar nada pra ti. – Nos abraçamos e deixei Ronaldo com seu sorriso e seus bigodes de galã perto do posto 6. De tarde, ponto com Stuart e o Muniz, pela Tijuca. Me passaram uns contatos em Santiago e a carta de despedida de Lamarca. Li-a no carro, enquanto dávamos voltas pelas zona norte.

"Companheiro Felipe:

Antes de tudo, autorizo você a falar em meu nome com os companheiros da VPR, no exterior. Lamento muito não ter podido aprofundar discussões com você, é a tal da mobilidade do queimadão na cidade.

Recebi um documento da Coordenação Provisória da VPR, o incrível e fiel retrato da deformação (...) está dando um encaminhamento do qual discordo em gênero, número e grau.

(...) Após o afastamento da vida interna da VPR, com a cuca funcionando, 'baixando a poeira', discutindo – e após receber três documentos (um do Otávio, imagine o nível), e duas cartas – volta a rememoração daquilo lá dentro, fiquei triste, mas com uma visão crítica da realidade. A autocrítica que devo fazer é não ter rompido antes, nós discutimos na 'infra do tio', você sabe que eu estava com a cabeça no lugar. Mas acho que tudo seria logo superado. Após o acirramento, então, constatei a necessidade da reeducação de quadros, e agora quem é que tem que conduzir este processo? A CP, que já até confessa a necessidade de análises psicológicas? Enfim, acelerou-se o processo de deformação – caiu a VPR na inquisição política.

(...) Num documento interno da VPR, o último que escrevi lá ('Formalização'), deixei claro que não ficaria imobilizado política e militarmente.

A VPR acha que o imobilismo é caracterizado por não-entrada em ação – não analisam o esvaziamento nem as perspectivas políticas, é o fim do ufanismo pequeno-burguês.

O Rafa (Alex), em sua carta, deu uma abertura humana para nós – apesar da tensão que vivemos naquele aparelho, houve calor revolucionário. Ficamos contentes porque, afinal, divergências existirão sempre e a preocupação é justamente quando existem e não são discutidas. Ele fala que eu o tenho como inimigo, respondi que, no dia que considerar um companheiro como inimigo, vou tentar morder o saco.

(...) Agora sente-se para ler o que se segue:

A VPR (parte? qual?), em Cuba, está defendendo a posição de organizar uma força lá fora e desembarcar aqui (...)

Carlos (Moisés) confirmou, com um companheiro que veio, que existe tal posição, sim, e que é apoiada por parte da ALN.

Minha posição: a) desconhecia a posição e o comando. VPR não participou nem de discussão a respeito, nem tem qualquer responsabilidade de decisão nisso; b) sou contra essa posição, que considero aventureira.

Agora, no doc. da CP/VPR, colocam que a qualidade da luta vai mudar com o encaminhamento (início, colocam) do trabalho no campo. Não posso afirmar que a CP/VPR apóia tal posição, nem sei se toda ela conhece (o Moisés, sim) a existência, mas estou com os dois pés atrás, face aos dois documentos da CP/VPR.

Coloco a minha posição para que você esclareça (peço), se for o caso, a respeito. Nenhuma solução artificial solucionará o impasse da esquerda. Ou a esquerda parte – *agora, já* – para criar sua base social, ou não dará mais tarde o passo necessário.

(...) Não sei como me despedir, nem vou tentar – te abraço forte, como faz um revolucionário que respeita seu companheiro –, a Revolução está em todo o mundo, dentro dela está a solução para a humanidade, em todos os níveis. Só resta um tchau que não vai cheio de dor, mas de ardor revolucionário, para um revolucionário que se despede do país, mas não da Revolução."

A carta de Lamarca,[83] que conservo até hoje, está assinada Cláudio e data de 2 de maio de 1971. Dobrei-a, pus no bolso com um nó na garganta. Meio aéreo, me despedi dos dois companheiros. Stuart me disse que possivelmente nos encontraríamos pelo exterior, pois eles iam mandar um emissário até meados do ano. Talvez ele próprio. Nos despedimos e eles sumiram no trânsito da Tijuca.

A última noite dormi na casa dos meus pais, no meu velho quarto. Alex e Lúcia vieram se despedir. Ari, outro amigo,[84] apareceu com uma garrafa de uísque e tomamos os quatro um porre descomunal pra afastar o baixo-astral. Lembramos velhos tempos do ME, folclore da COSEC, o nosso despertar para a vida, o amor e a política. Depois Alex e Lúcia foram embora. Me despedi de ambos à porta do elevador, com vontade de chorar, com maus presságios.

– Te cuida, velho, te cuida. Daqui a um ou dois anos tô de volta – disse, sem acreditar muito.

A porta do elevador se fechou num estranho sentimento de solidão. No dia seguinte, fui cedo ao Galeão. Junto comigo, no mesmo avião, iria Toninho, o simpatizante. Mas só nos falaríamos quando chegássemos a Buenos Aires. O vôo atrasou duas horas e voltei para o Flamengo. Despedi-me de papai, que teve que ir ao trabalho. Fazia tempos que não falávamos, mas ele foi legal, me desejou boa sorte. Comprei um cachimbo numa loja e fui fazer hora no velho Lamas, da rua do Catete. O espelho grande junto à mesinha refletia meu rosto barbeado, machucado a gilete. Logo que chegasse ao exterior, ia deixar crescer o cabelo e a barba. Até então não podia, por razões de segurança. Barbudo e cabeludo, suspeito de subversivo.

Voltamos ao Galeão. O mesmo que eu tanto tinha freqüentado nas chegadas e partidas de pessoas da família, indo e vindo da Europa. Dezenas de vezes eu tinha andado até o controle de passaportes e depois subido ao terraço. Ficava por ali vendo os outros partirem ou chegarem. Agora era eu que ia embora. A não ser que... No saguão do aeroporto pululavam os *homis*. Três sentados no banco, de *walkie-talkie*. Outros dois circulando por ali, entre os passageiros, olhando para todos. Será que estavam à cata de alguém?

O meu passaporte fora entregue, junto com a bagagem, fazia mais de meia hora. Eram devolvidos os dos outros passageiros, mas não o meu. Pensava na carta de Lamarca e nos vários documentos e mensagens que levava, escondidos na mala. Amargava a espera tensa, o suor frio debaixo da camisa, o circular dos policiais pelo saguão. Puxava um assunto qualquer com mamãe.

– Passageiros da Varig com destino a Buenos Aires, queiram comparecer ao portão de embarque...

A funcionária brandia os últimos três passaportes, entre os quais o meu, verdinho, cor de esperança. Me despedi de mamãe, que chorava, e entrei na saleta de controle. A fila demorava. Os policiais revistavam minuciosamente os passageiros e eu estava preocupado com a mensagem, dentro do creme de barbear. Me apalpou de arma burocraticamente. Foi até amável. Deu uma última olhadela no meu passaporte, devolveu. Segui e entrei no ônibus, olhando de rabo de olho para o Toninho,[85] que também cruzava, sem problemas, com lágrimas nos olhos. Tinha-se despedido minutos antes dos pais e irmãos, todos aos prantos. Não era fácil partir nem ficar. O ônibus, cheinho, nos levou para a pista, onde esperava o Boeing 707. Subi a escadinha e escolhi um assento junto à escotilha. Já estava semi-salvo: agora, só com muito azar.

O avião ficou parado um tempão exasperante. Mas ao cabo de uns 20 minutos ligou as turbinas, enquanto a aeromoça explicava aos senhores passageiros como botar sobre nariz e boca a máscara de oxigênio, em caso de despressurização. Pelo vidro duplo eu olhava o terraço do aeroporto. Havia um amontoado de gente acenando, e à esquerda, junto ao muro, mamãe. Estática, olho fixo no grande pássaro de prata que ia me levar ao exílio, naquele dia 5 de maio de 1971.

Saiu andando devagarzinho até a cabeceira da pista, depois embalou e foi cada vez mais rápido, até subir, de supetão, rumo ao espaço. Deu a volta no aeroporto miniatura, lá embaixo, e, quando embicava rumo ao mar, olhei para baixo e ainda a vi, minúsculo pontinho no terraço, destacado dos demais, junto ao fim do balcão. Foi subindo sobre a baía da Guanabara, pulando o Pão de Açúcar, para o mar do outro lado, e se perdendo no céu imensamente azul.

13
Trem de montanha

Neve mais branca que no cinema. Fofinha, leve. Peguei um bocado, fui espremendo uma bola. Joguei no Toninho, que desviou a cabeça. A bola de neve se espatifou no vidro do vagão parado. Começamos a fabricá-las em série e entramos em guerra com uns uruguaios que curtiam o mesmo barato. Outros passageiros da composição, parada na estação montanhosa, patinavam na sola dos sapatos, rolavam na neve, de terno e tudo. Isto acontecia a vários mil metros de altitude, em plena *cordillera*, sob o olhar vigilante do Aconcágua. Fronteira de Argentina com Chile. Vínhamos de trem transandino, um bonde tamanho família. A vista era um desbunde, tudo coberto de neve perene a irradiar luz. Cara colada ao vidro, panoramas nunca vividos, nunca vistos, sob o sol da manhã. Toninho arregalava o olho e eu só fazia repetir:

– Ê mundo bão! Ê mundo bão!

Mas a Argentina ainda era território hostil. Esperávamos atravessar a fronteira chilena para nos sentirmos oficialmente safos. Para começar a bater papo com os uruguaios do vagão, que tinham um ar de tupamaros fugitivos. Carbonários de todo o continente, acorrei ao Chile!

A Argentina estava sob a ditadura do Lanusse, mas a repressão lá era sossego, com relação à nossa. O clima era de abertura e o protesto popular ostensivo, pintado em toda parte. Tomamos um táxi de Ezeiza a Buenos Aires. Descampados pontilhados de ciprestes fúnebres, solitários. Ar europeu. De supetão surgem os primeiros subúrbios, com seus muros pichados.

PERÓN VUELVE e o símbolo "V", marca do peronismo.

ABAJO LOS MILICOS! PERÓN O MUERTE!

Por aí vai. O jornal que compramos na banca falava de *huelgas*, de *reuniones gremiales*. Qualquer coisa se mexia para lá do Rio da Prata. Arranjamos um hotel na Rivadavia, perto da Plaza de Mayo, onde ficava a Casa Rosada, ainda esburacada das balas .50 do bombardeio aéreo de 1955.

Buenos Aires em plena abertura do governo Lanusse. Este prometia eleições presidenciais diretas para 1973, mas não aceitava a candidatura de Perón, exilado em Madri. Acabamos na casa do irmão de um colega de Toninho, que estudava no Brasil. Nosso cicerone era leninista e bem antiperonista, mas a maioria dos seus concidadãos parecia pró, nas conversas em bares e esquinas.

Dia seguinte, tomamos o trem na estação de Retiro, para muitas horas de viagem até Mendoza, e o trenzinho de montanha até a fronteira chilena. A aduana era em Los Condes e ao sairmos da estação, depois de um minucioso mas benevolente controle de papéis e bagagens, vimos o outro lado da cordilheira. Um gigantesco tobogã de escarpas, cortadas por uma estrada muito sinuosa. Nosso microônibus era apertado e incômodo, menor que os antigos lotações do Rio.

Lotação do expresso lunar, pois a paisagem se fez desolada assim que nos aproximávamos dos últimos picos, antes do vale santiaguenho. Rolava e quicava pela estrada mal pavimentada. Chegamos à estação rodoviária no fim da tarde. Escurecia e a cidade se iluminava de lâmpadas e faróis. À saída, longas avenidas com filas de veículos díspares e antiquados. Muitas bancas de jornais, com títulos contraditórios, garrafais, um cheirinho de democracia no ar. Fim de tarde, vozes e buzinas. Vendedores de jornais berrando os títulos dos vespertinos. Chile, anoitecer. Santiago, hora do rush.

Foz do Arelho, Portugal, 6 de agosto de 1979

Posfácio

Os carbonários. Mais uma década depois...

O lançamento dessa edição de bolso de *Os carbonários* se dá dez anos após a anterior, a décima quarta, e coincide com os 40 anos de 1968. Em 1998 ao ser candidato à presidência da república pelo Partido Verde com a intenção de difundir pelo Brasil idéias ecológicas, as voltei a viver uma nova experiência quixotesca. Foi uma campanha aventureira no estilo carbonário, porém pacífica como comandam os novos tempos. Seu teor de perigo foi incomparavelmente menor que em minhas aventuras dos anos de chumbo relatadas neste livro e em *Roleta chilena*. Não foi uma campanha totalmente isenta de riscos que não apenas os do ridículo. Guardo três fortes recordações, duas de algum perigo, mas *a posteriori* bastante divertidas, e a terceira, francamente hilária.

A PRIMEIRA HISTÓRIA ocorreu em Guarapuava, interior do Paraná. Fui convidado a visitar esta prosaica cidadezinha de forte imigração germânica, porque supostamente havia ali um candidato verde a deputado federal com excelentes chances de se eleger que se potencializariam caso fosse prestigiado por mim, o candidato presidencial. Chegando àquela terra de taciturna e desconfiada colonização germânica fui apresentado ao nosso homem em Guarapuava. "Sirkishhh! Merr'mão! Qualé???" bradou em inequívoco *carioquês*, assim que me avistou na outra calçada, o candidato nascido e criado na zonal sul do Rio. Instantaneamente concluí com meus botões pela sua total inviabilidade eleitoral naquele *deutsche länder*. Na volta a Curitiba, em um aviãozinho, a história perdeu completamente a graça: entramos em cheio numa tempestade. O bimotor quicava enlouquecido por entre nuvens cinzentas e raios faiscantes. A turbulência parecia não ter fim. Tentava me consolar pensando que o piloto parecia um sujeito experiente, mas logo reparei na grossa gota de suor descendo de sua têmpora em direção ao pescoço, não obstante o frio de rachar no aviãozinho. Rezei o *shemá* e mentalizei o *mantra om nama shivaya*. Muitos solavancos, coriscos e gotas de suor frio do piloto mais tarde abriu-se, de chofre, uma clareira abaixo de nós. O piloto mergulhou e a trancos e barrancos conseguiu localizar o aeroporto de Curitiba e pousar. Em uma banca de jornal comprei o *Estadão* para me distrair no táxi até o hotel. Deparei-me com uma entrevista de página inteira da candidata do nosso partido à vice-presidência falando cobras e lagartos de mim e renunciando...

O OUTRO EPISÓDIO francamente *Armata Brancaleone** daquela campanha aconteceu em Recife. Os verdes locais me convocaram para uma barqueata ecológica da foz do rio

*O autor refere-se ao filme *O incrível exército de Brancaleone* (1970), de Mario Monicelli. Na Itália do século XI, o cavaleiro Brancaleone, um cavaleiro atrapalhado, lidera um pequeno e esfarrapado exército, perambulando pela Europa em busca de um feudo. (*N. do E.*)

Capibaribe ao final da praia da Boa Viagem. Seria um evento em conjunto com a campanha do candidato a governador que eles apoiavam, Jarbas Vasconcelos. Chegando lá tive a primeira decepção: dentre dezenas de faixas de Jarbas não havia nenhumazinha nossa. Sequer uma "praguinha"* ou um santinho "Sirkis" ou "PV". O material não ficou pronto, me explicava, desolada, a chefe dos verdes locais. Junto com minha mulher, Ana Borelli, adentrei em um dos barquinhos e iniciamos nossa subida pela foz do Capibaribe até o mar da Boa Viagem. Para fazer frente ao meu enjôo fácil tomei a medicação recomendada e estava quase feliz olhando as gaivotas e o que pareciam ser uns golfinhos quando o motor do barco enguiçou. Ficamos à deriva sem perceber, enquanto as pessoas que carregavam as faixas de Jarbas iam se afastando, afastando.

Os palpites e pareceres técnicos abalizados se sucediam, mas o motor de popa teimava no seu silêncio total. O tempo ia passando e o barquinho ia se afastando da praia. Eram quase 11 horas e eu tinha um compromisso dali a duas horas em Olinda, com um deputado amigo, da época do exílio, que prometera uma contribuição para a nossa campanha de uma pobreza franciscana. Ainda não estávamos longe da praia e tomei a decisão: vou voltar a nado! Sem delongas mergulhei. Ana foi nadando atrás de mim e uma das militantes levava nossos pertences no botezinho de borracha. Nadamos uns 15 minutos. Na praia, reparei que vários freqüentadores nos olhavam fixamente – estão me reconhecendo, nossa campanha está repercutindo, me animei. Em seguida notei umas placas de sinalização proibindo o banho de mar por estar a praia de Boa Viagem infestada de tubarões, e que recentemente, haviam atacado um surfista.

*Adesivo com propaganda do candidato. (*N. do E.*)

Imaginei a manchete do jornal do dia seguinte: "Candidato a presidente devorado por tubarão!" Voltei ao hotel, tomei banho e cheguei em Olinda a tempo de almoçar com o deputado que foi muito atencioso mas não aportou um tostão para uma campanha que acabou custando, toda ela, a módica quantia de 36 mil reais...

O TERCEIRO EPISÓDIO, menos carbonário e mais hilário, ocorreu em Ribeirão Preto, interior de São Paulo. Cheguei pela manhã muito cedo e não encontrei no saguão do aeroporto sequer a meia dúzia de gatos-pingados que habitualmente me recepcionavam nessas ocasiões. Um telefonema revelou que os verdes locais haviam confundido o horário e que era melhor eu tomar um táxi até a sede do partido. Durante a viagem reparei no taxista me observando fixamente no retrovisor. Estava me reconhecendo! Nossos 15 segundos de campanha na tevê estavam surtindo efeito! Pensei em puxar algum assunto. A desditosa decisão da Copa do Mundo de 1998, com aqueles dois terríveis gols de Zinédine Zidane ainda doía fundo. Um bom gancho para iniciar uma conversa. Mas foi ele quem tomou a iniciativa: "O senhor não vai ficar aborrecido se eu lhe disser uma coisa?" "Claro que não", respondi, preparado para defender alguma das polêmicas teses dos verdes que ele certamente estaria prestes a contestar: "Nós do PV somos totalmente abertos às criticas e ao diálogo, meu amigo."

"Pois o senhor não podia ter feito aquela coisa com aquela moça", retrucou com severidade. Uma onda de adrenalina me sacudiu de imediato. Não havia lido ainda os jornais daquela manhã. A paranóia foi a mil, imaginei diversas situações constrangedoras envolvendo ex-namoradas, a imprensa marrom, colunistas maliciosos, a metralhadora giratória de *Folha de São Paulo*. Que coisa? Que moça???

"O senhor não podia ter feito aquilo com aquela moça. O Brasil perdeu a Copa do Mundo por causa do senhor!"

Fiquei completamente sem palavras até me dar conta que nosso bom taxista de Ribeirão Preto me confundia com o jornalista Pedro Bial da TV Globo que, alegadamente, teria tido um caso com a atriz Suzana Werner, namorada do jogador Ronaldinho na época – versão que me foi desmentida pelo próprio Pedro Bial, anos depois, quando o encontrei na praia – o caso, por sua vez, teria sido o motivo do estranho transtorno do nosso então craque maior naquela infausta manhã da decisão, e que teria resultado em sua performance pífia no gramado. "O senhor está me confundido com outra pessoa! Não sou o Pedro Bial da TV Globo! Sou Alfredo Sirkis, candidato à Presidência da República pelo Partido Verde!"

"Ah??? Aquele que disse que vai jogar a bomba atômica na careca do Enéas?" Bem, pelo menos estávamos agora no mesmo campo factual. De fato eu fizera dias antes um *spot* de TV atacando a proposta do candidato do PRONA, o histriônico Dr. Enéas Carneiro, para o Brasil dotar-se de armamento nuclear. Ataquei: "A bomba atômica é o Viagra dos energúmenos", e alertei para os perigos de uma corrida armamentista com a Argentina, da qual "devemos ser rivais somente no futebol". Passei o restante da viagem explicando-lhe nossas propostas, e ao chegar à sede do PV fui informado que conquistara pelo menos um voto em Ribeirão Preto. Como FHC ia se reeleger de qualquer maneira, Lula era um despreparado, Ciro Gomes, um destemperado e Enéas queria jogar dinheiro fora com esse negócio de bomba atômica – e uma vez esclarecida minha inocência quanto à Suzana Werner –, o taxista ia mesmo votar no Partido Verde porque, pelo menos, não haveria chance alguma de vir a ser arrepender mais tarde.

A suposta semelhança com Pedro Bial continuou a me perseguir, sobretudo com motoristas de táxi. No Rio, muitos anos mais tarde, ouvi de um deles: "Admiro tanto seu trabalho!" Dessa vez a sensação não foi de adrenalina e paranóia, mas daquele quentinho gostoso no fundo do peito. A que será que ele está se referindo? Às ciclovias? Ao mutirão de reflorestamento? À revitalização da área portuária? Ao novo Centro de Convenções? "Então, terça-feira é o grande dia, não é?" Que diabos vai acontecer na terça-feira, me perguntei tentando acessar mentalmente minha agenda. Aí entendi. Terça-feira era o dia do "paredão" do Big Brother Brasil, o *reality show* da TV Globo ancorado pelo meu aparente *alter ego* (também de origem polaca numa versão mais boa pinta, reconheço). Não acompanho *reality shows* em geral, e nunca assisti mais de um minuto seguido ao Big Brother Brasil. Mas para não deixar a peteca cair saciei a curiosidade dele: "Aqui, só pra você, cá entre nós, uma informação de coxia – quem vai ser eliminada vai ser a 'fulaninha de tal'." Era a única da casa cujo nome me lembrava de tanto ouvir os comentários. Fulaninha??? Acabou não sendo ela. Se ele usou a informação para impressionar os amigos deve estar xingando o Pedro Bial até hoje...

NÃO SEI AO CERTO por que deixei me levar por estas lembranças de 1998 e divagações pós-modernas ao escrever esse posfácio para *Os carbonários*. Talvez para resgatar meu sincero desejo expresso naquele Prefácio à edição original de abril de 1980, escrito na casa de meu saudoso amigo Marcos Faerman, no Sumaré, em São Paulo, de que, para início de conversa, queria ser apenas um contador de histórias. Já lá se vão quarenta daquele ano rebelde de 1968, já são 28 anos da publicação da primeira edição. O tempo voa implacável. Francamente, quando me lembro dos "anos de chumbo" parece-me uma outra vida, outra encarnação. Como manifestei, há dez anos, não me orgulho nem me envergonho de tudo aquilo. Não é um assunto que especialmente me interesse nos dias atuais. O Brasil e o mundo são hoje completamente diferentes e o guerrilheiro Felipe não é para mim uma referência de identidade ou mesmo um personagem com o qual me identifique. As vezes me preocupo quando ouço um jovem estudante dizer que admira o que fizemos, que somos um modelo para uma juventude alienada e sem rumo. Que gostaria de ter vivido naquela época. Procuro explicar o contexto histórico, a ditadura, a ilusão socialista, o paradoxo daquela rebeldia simultaneamente libertária e autoritária e, potencialmente liberticida lá onde alcançou o poder. Explico que, apesar de tudo, o Brasil de hoje é muito melhor. Com a mania da mídia por efemérides que sirvam de gancho jornalístico, imagino que 1968 e seus desdobramentos voltarão à baila em 2008. Aguardo, conformado, aquelas mesmas perguntas, mais uma vez, por uma nova geração de repórteres. E encerro esse Posfácio com o reiterado compromisso de ainda voltar a ser um contador de histórias.

Alfredo Sirkis
Rio de Janeiro, 16 de março de 2008.

Notas

1. Dos países que continuam se proclamando socialistas, dentro de uma concepção marxista-leninista, o Vietnã e a China têm uma dinâmica econômica capitalista coexistindo com um sistema político autoritário de partido único; a Coréia do Norte é uma caricatura grotesca, com um regime despótico-dinástico e grande parte da população morrendo de fome, cinqüenta anos após a vitória comunista. Quanto à Cuba, merece solidariedade no que diz respeito a sua resistência ao hegemonismo norte-americano e ao seu boicote econômico. Dificilmente, no entanto, poderia ser vista, hoje, como um modelo bem-sucedido e feliz de sociedade, que nos agradasse imitar em nosso país. As liberdades essenciais – de expressão, imprensa, pluralismo político, eleições livres – e os direitos humanos não estão garantidos, e a situação econômica, a quarenta anos da Revolução, é de extrema precariedade e penúria. O divórcio entre a geração que viveu a Revolução e a juventude atual é crescente. A desmoralização provada pela caça ao dólar e pelo consumismo recalcado é imensa. Algum tipo de transição é inevitável, esperemos que seja pacífica e consiga manter as conquistas sociais da Revolução e a sua independência frente aos Estados Unidos.
2. David Nasser. Jornalista dos Diários Associados, braço direito de Francisco Chateaubriand. Autor de grandes reportagens e séries na revista *O Cruzeiro*. Publicou alguns livros como *Falta alguém em Nuremberg*, *Jânio a face cruel*, *Portugal, meu avozinho*, *O velho capitão*, *A vida trepidante de*

Carmem Miranda e uma série de ficção: *Gisele, a espiã nua de Paris,* que fez enorme sucesso, onde ele descrevia em minúcias a cidade que nunca havia visitado, com base apenas nas descrições de seu parceiro, o fotógrafo Jean Manzon. Nasser tinha um dos melhores textos da imprensa brasileira e era a grande arma do seu patrão em suas famosas campanhas de difamação. Tinha um programa na TV Tupi denominado *Diário de um Repórter* e veleidades de compositor. De extrema direita, com muitos amigos militares e policiais da Scuderie Le Coq, Nasser foi um dos grandes apologistas do regime militar. Faleceu em 1980.

3. Tupamaros. Movimento de Libertação Nacional/Tupamaros. Foi a organização pioneira da guerrilha urbana, no fim dos anos 1960. Começou a ser estruturada por volta de 1962, pelo seu líder histórico, Raul Sendic, inicialmente como movimento de trabalhadores rurais. Em 1968, já com uma base urbana de classe média radical, os Tupamaros passaram à ação contra os sucessivos governos de Pacheco Areco e Bordaberry. Protagonistas de inúmeras operações engenhosas e extremamente ousadas, os Tupamaros foram uma referência para a esquerda armada brasileira e argentina que passaram a operar um pouco mais tarde. Enquanto a repressão aos "tupas" esteve centralizada na polícia, eles acumulavam vitória sobre vitória, inclusive uma famosa fuga de praticamente todos os presos da organização da penitenciária de Panta Carretas onde se encontravam, por um túnel. Com a tomada do poder pelos militares, em 1973, esse quadro alterou-se completamente, e a organização foi rapidamente destroçada, com a prisão dos seus principais líderes, inclusive Sendic, que foi mantido anos a fio numa minúscula solitária insalubre. Com o fim do regime militar, no início dos anos 1980, ele foi libertado, mas morreu em conseqüência das seqüelas de enfermidades adquiridas em sua detenção desumana. Ao contrário das organizações armadas brasileiras e argentinas, os Tupamaros ressurgiram como força política e atualmente fazem parte do cenário uruguaio, participando do processo eleitoral como integrantes do *Frente*

Amplio, fundada pelo falecido general democrata Liber Seregni. Atualmente os Tupamaros têm um representante no parlamento, o deputado José Mujica, e alguns vereadores. Sua linha atual é de esquerda moderada, reformista, com preocupações ambientalistas.

4. Montoneros. Principal grupo armado do peronismo de esquerda. Foi a maior organização guerrilheira da América do Sul. Surgiram, em maio de 1970, com o seqüestro e a execução do ex-presidente argentino general Eugênio Aramburu, que destituíra Perón em 1954 e reprimira sangrentamente os peronistas. A partir daí, a organização teve um crescimento vertiginoso, reunindo milhares de combatentes armados e incentivando um amplo movimento de massas com centenas de milhares de adeptos: a *Juventud Peronista (JP)*. Os Montoneros tiveram uma relação ambígua com seu líder, o grande caudilho populista Juan Domingo Perón. Antes de seu regresso do exílio, ele exaltava sua atuação, chamando-os de "juventude maravilhosa". Depois, Perón optou pela ala direita do seu movimento, chefiada pelo seu astrólogo e conselheiro José Lopes Rega, *El Brujo*, e pelos dirigentes sindicais da CGT. Rompeu com os Montoneros, os quais logo passou a acusar de "infiltrados". O período da efêmera democratização, do final de 1972 a meados de 1974, com a eleição de Héctor Cámpora, sua renúncia, sob pressão da direita peronista, as novas eleições com a volta do próprio Perón à presidência, pela terceira vez, foi o de maior crescimento da organização guerrilheira e da JP. Embora não atacasse diretamente o governo, os Montoneros executaram vários líderes sindicais ligados ao peronismo tradicional, inclusive o presidente da CGT, José Ignácio Rucci, e continuaram a realizar seqüestros de empresários para obter fundos, como o famoso dos irmãos Born. Com a morte de Perón, em 1974, e o governo de sua viúva, os Montoneros entraram em guerra aberta contra o governo conduzido pela eminência parda de Isabelita, o esotérico José Lopes Rega. Com o golpe militar de 1976 tornaram-se, junto com o ERP, o principal alvo da repressão,

e a maioria dos trinta mil "desaparecidos" estava de alguma forma vinculada aos Montoneros ou aos seus movimentos legais. Com o massacre que sucedeu, a organização começou a ser destroçada até a exaustão, com a partida para o exterior de seu principal líder, Mário Eduardo Firmenich, e a cisão dos sobreviventes em três facções rivais. Os Montoneros não conseguiram ressurgir como força política significativa na democratização, depois do fim do regime militar, precipitado pelo desastre da Guerra das Malvinas, em 1982. Sua imagem atualmente na opinião pública argentina não é das melhores. Mais detalhes sobre os anos de chumbo na Argentina podem ser encontrados no meu livro: *A Guerra da Argentina*.

5. O ERP – *Ejército Revolucionario del Pueblo*. Braço armado do Partido Revolucionario de los Trabajadores (PRT), também foi formado em 1970, por Mário Roberto Santucho, originário de uma das alas da IV Internacional, trotskista. Avesso ao peronismo, ideologia da parte majoritária da esquerda revolucionária argentina, era guevarista. Sem os embaraços políticos dos Montoneros em relação aos governos peronistas, livremente eleitos, o ERP continuou suas ações praticamente sem trégua e passou a atacar quartéis do Exército argentino. Deflagrou também uma guerrilha rural na província de Tucumán. Com a ditadura do general Rafael Videla, a organização foi quase completamente destruída, depois de uma cruenta guerra com o exército. Seu líder maior, Santucho, foi morto em 1976, num subúrbio da grande Buenos Aires. Sem alcançar as dimensões numéricas dos Montoneros e de suas organizações de massa, o ERP também chegou a ter, no seu apogeu, de 1972 a 1975, alguns milhares de homens em armas realizando centenas de ações de guerrilha urbana, algumas de considerável complexidade militar. Também não sobreviveu politicamente aos ventos da democratização. Depois de liquidar o ex-ditador da Nicarágua, Anastasio Somoza, no seu exílio, no Paraguai, uma das alas remanescentes, liderada por Goriarán Merlo, formou o grupo *Todos por La Pátria* que atacou um quartel do Exército, em pleno

governo democrático de Raul Alfonsín, que resultou num desastre político e militar.

6. Héctor Cámpora. Dentista, veterano peronista, considerado "fiel entre os fiéis" ao velho líder, foi escalado para se candidatar às eleições de março de 1973, no lugar do ex-presidente, cuja candidatura fora vetada pelos militares. Cámpora venceu e passou a ter brilho próprio. Determinou a libertação de todos os guerrilheiros presos e virou ídolo da JP, o que provocou uma reação irada da direita peronista e do aparelho sindical chefiado por José Ignácio Rucci, chefe da CGT. Enciumado com a popularidade de Cámpora, pressionado pela direita peronista e pelos militares, Perón o forçou a renunciar, pouco tempo depois dos incidentes sangrentos, no aeroporto de Ezeiza, quando do seu histórico regresso da Argentina, depois de 18 anos de exílio. Cámpora se retraiu e abandonou a política, mas passou a ser figura de referência da esquerda peronista. Depois do golpe de 1976, refugiou-se na embaixada da Espanha, onde permaneceu até 1980, quando adoeceu de câncer. Por pressão internacional, obteve um salvo-conduto para o México, onde faleceu poucos meses depois.
7. Perón – Juan Domingo Perón. Foi presidente da Argentina no período 1946-1954 e depois 1973-1974. Oficial do exército, admirador de Mussolini, ministro do Trabalho da junta militar germanófila que tomou o poder, em 1943, Perón se encarregou de criar uma nova base sindical e organizar politicamente, em torno de sua própria figura, os chamados *cabecitas negras* ou *descamisados*, imigrantes rurais que, com a industrialização e urbanização do país, passaram a exercer um papel de massas urbanas muito importante, cujo apogeu foi o de 17 de outubro de 1945. Nessa data, insuflados pelos apelos radiofônicos da atriz Eva Duarte, Evita, sua futura esposa, contra a destituição e prisão de Perón pelos seus parceiros de junta militar, milhões de *descamisados* saíram às ruas para protestar. Perón foi libertado, concorreu à presidência e venceu com o voto dos *descamisados*. O primeiro

governo de Perón foi de aumento dos salários reais, industrialização por substituição de importações e efervescência nacionalista. Criou uma poderosíssima estrutura sindical e assistencialista, nacionalizou as ferrovias, os portos, as empresas aéreas, a eletricidade e o gás. Construiu o aeroporto de Ezeiza, rodovias e gasodutos. Evita, por sua vez, promoveu grandes obras sociais: policlínicas, escolas etc. antes de adoecer de câncer e falecer, em 1952, provocando uma comoção nacional sem precedentes. Perón foi o mais bem-sucedido dos caudilhos populistas latino-americanos, mas, a partir de 1952, seu governo entrou em crise, em conflito com a classe média. Foi derrubado, em 1954, por um golpe militar também apoiado pela Igreja, a oligarquia rural, o empresariado e por setores da própria esquerda argentina. Permaneceu no exílio, na Espanha de Franco, até 1973, quando regressou ao país e, logo, à presidência. Tentou um "pacto social", mas, idoso e doente, não teve pulso para controlar os conflitos sangrentos entre as duas alas do seu movimento e terminou totalmente nas mãos da sua terceira esposa e vice-presidente Isabelita e do seu conselheiro o *Brujo*, Lopes Rega. Acometido por uma pneumonia, morreu aos 82 anos, em junho de 1974, deixando o governo nas mãos de Isabelita e o país sobre um vulcão prestes a explodir.

8. João Belisário de Souza, Jonjoca. Militante do movimento secundarista e depois de um grupo dissidente da VAR-Palmares denominado DVP, saiu do país, em 1971, para o Chile. Encontrei-o, por acaso, numa rua de Santiago, logo depois do golpe de Pinochet, nos dias de maior terror, quando eu andava a esmo sem ter para onde ir. Jonjoca conseguiu-me um refúgio seguro e depois escapamos juntos do Chile para a Argentina. Esses episódios são narrados no meu livro *Roleta chilena*. Jonjoca morou na Argentina e depois em Portugal, de onde partiu para Angola, numa experiência que, desde então, o ligou profundamente a este país. Trabalhou em vários jornais e periódicos angolanos, e atualmente é o correspondente da agência de notícias angolana no Brasil.

9. Vladimir Palmeira. Alagoano, foi o mais famoso líder estudantil do movimento de 1968. Preso no congresso da UNE, em Ibiúna, foi banido para o México em troca do embaixador americano. Foi fundador e dirigente do Partido dos Trabalhadores – PT. Atuou como deputado federal por dois mandatos em 1986 e 1990. Foi líder da bancada do PT na câmara federal no ano de 1993. Publicou em 1982, pela Marco Zero, o livro: *União Soviética: há socialismo nisso?*
10. Narro a história de meus pais, Eugênio e Liliana Syrkis, na Segunda Guerra no livro *Corredor polonês*, de forma apenas levemente ficcional, com outros nomes, mas baseada nos depoimentos deles.
11. Carlos Lacerda. Governador do estado da Guanabara, entre 1961 e 1964, brilhante orador, um dos políticos mais importantes do país nos anos 1950 e 1960, no centro de todas as grandes crises do período. Sua atuação política começou na esquerda. Seu pai, Maurício de Lacerda, pertenceu à Aliança Nacional Libertadora (ALN) e os tios foram líderes do PCB. Ele estudou Direito, mas desde a juventude engajou-se no jornalismo e no movimento estudantil. Vinculou-se à ANL e depois ao PCB. Chegou a ser preso e espancado pela polícia de Vargas. Lacerda entrou em conflito com o PCB e começou a se afastar do partido, que passou a denunciá-lo e discriminá-lo, criando nele um intenso ressentimento. Em 1945, Lacerda participou da criação da União Democrática Nacional, partido fundado para combater o Estado Novo. Em 1947, converteu-se ao catolicismo. Foi eleito vereador, pela UDN. Além de antigetulista exaltado, tornou-se um feroz anticomunista, inimigo visceral de seus antigos camaradas com seu estilo polemista, cáustico e brilhante. Em 1949, Lacerda fundou o jornal *Tribuna da Imprensa*. Em 1950, Getúlio Vargas foi eleito presidente, e Lacerda liderou uma campanha para impugnar o resultado eleitoral. Combateu Getúlio virulentamente com repetidos ataques pessoais e apelos a uma intervenção militar. No dia 5 de agosto de 1954, Lacerda sofreu um tragicômico atentado por parte de dois

membros da guarda pessoal de Vargas, enviados pelo chefe da guarda, Gregório Fortunato, sem o conhecimento de Getúlio. Os tiros disparados acabam por ferir, mortalmante, o major-aviador Rubens Vaz, que escoltava o líder udenista. A FAB tomou a si o comando das investigações com um IPM (Inquérito Policial Militar), que foi conhecido como "A República do Galeão". Diante da iminência de ser destituído pelos militares, Vargas se suicidou, provocando intensa comoção e privando a UDN e Carlos Lacerda de uma vitória completa. Em 1954, Lacerda foi eleito deputado federal pela UDN. Em 1955, iniciou outra de suas campanhas, desta feita contra a eleição de Juscelino Kubitschek, o JK. Fracassada a conspiração, Lacerda teve um breve exílio, na Europa, retornando ao Brasil em 1956. Tornou-se líder da UDN na Câmara Federal. Em 1959, a UDN lançou a candidatura do ex-governador de São Paulo, o excêntrico Jânio Quadros. A UDN encontrou em Jânio um candidato viável, populista de direita, dotado de carisma político mas sem compromisso partidário e tremendamente instável. A campanha de Jânio adotou como símbolo uma vassoura, para "varrer" a corrupção. Venceu facilmente o candidato das esquerdas o marechal Henrique Lott, mas para a vice-presidência foi eleito João Goulart (PTB), Jango, herdeiro político de Getúlio Vargas, pois, na época, eram pleitos diferentes. Lacerda foi reeleito deputado federal em 1959 para, em seguida, ser eleito governador da Guanabara, criado no lugar do Distrito Federal, que passou a ser a nova capital, Brasília. Lacerda logo entrou em conflito também com Jânio Quadros, que governava de forma errática, e chocou os militares ao condecorar *Che* Guevara com a Ordem do Cruzeiro do Sul. Pressionado pelo Congresso, e um dia depois de um virulento discurso de Lacerda criticando-o, Jânio tentou promover um "autogolpe", em agosto de 1961, com um gesto de renúncia, esperando ser reinvestido pelos militares, com plenos poderes. Mas ninguém se mobilizou para mantê-lo na presidência, e o foco da crise passou para o vice João Goulart, cuja posse os ministros militares tentaram impedir. A mobilização do Rio Grande do Sul, liderada pelo governador Leonel Brizola, com apoio do III Exército, permitiu que Goulart assumisse a presidência. Passou a ser o novo alvo de Lacerda, o derrubador de presidentes. Como governador da Guanabara, Lacerda realizou uma administração, hoje, quase unanimemente reconhecida como extremamente empreendedora e eficiente. Construiu uma rede de escolas; a adutora do Guandu, resolvendo um crônico problema de falta de água, criou o Parque do Flamengo e a Universidade do Estado da Guanabara (UEG, hoje UERJ, Universidade do Estado do Rio de Janeiro). A mácula do seu governo foi o caso dos mendigos afogados no rio da Guarda, em relação ao qual não teve responsabilidade, mas que foi bastante explorado pelos seus adversários. Principal líder civil do golpe de 31 de março de 1964, que destituiu João Goulart, Lacerda viu novamente frustrado seu sonho de chegar à presidência com o cancelamento das eleições diretas, previstas para 1965, e a prorrogação do mandato do general-presidente Humberto Castelo Branco, seu novo alvo, e depois a "eleição" indireta do seu sucessor, o marechal Costa e Silva, que humilhara Lacerda no dia seguinte ao golpe. Finalmente, percebeu que os militares que tanto incitara a tomar o poder agora pretendiam lá permanecer, indefinidamente, excluindo todas as lideranças civis, inclusive ele próprio. Novamente na oposição, Lacerda participou da chamada "Frente Ampla" juntamente com antigos arquiadversários, os ex-presidentes Juscelino e Jango, reivindicando a volta à normalidade constitucional. Em dezembro de 1968, com a decretação do AI-5, a Frente Ampla foi declarada e considerada ilegal; Lacerda foi preso e em seguida obrigado a sair do Brasil. No seu breve exílio, ele trabalhou na Europa e na África como correspondente internacional do jornal *O Estado de S. Paulo*. De volta ao país, dedicou-se a atividades empresariais, na Financeira Novo Rio e, sobretudo, à editora Nova Fronteira. Sua derradeira atividade política foi uma campanha de solidariedade à direita portuguesa representada pelo general Antônio Spínola, na época exilado pelos jovens oficiais de esquerda, que haviam assumido o controle da chamada Revolução dos Cravos. Lacerda faleceu, em 1977, de enfarte do miocárdio.

12. Carlinhos – Luiz Carlos Rotberg. Colega do CAp. Um dos simpatizantes que mais me ajudou, na clandestinidade. Foi preso em 1971. Participou da campanha pela anistia. Foi co-roteirista do filme *O Judeu* (vida e obra de Antônio José da Silva), de Alberto Cavalcante. Formou-se em comunicação, trabalhou em publicidade e foi professor de comunicação da UFF e da PUC. Atualmente, é professor da Faculdade Hélio Alonso e consultor da ONG SOS Piabanha.
13. Mecha – Antônio Monteiro Guimarães Filho. Colega do CAp, foi preso em 1971. Formou-se em sociologia. Tradutor e produtor de teatro, professor de francês, profundo conhecedor e professor de ópera, é um dos mais ativos ex-alunos do Colégio de Aplicação no que diz respeito à sua recuperação e ao resgate do chamado "espírito capiano".
14. Na época do movimento estudantil de 1968 e dos anos de chumbo o jornal *O Globo* era marcadamente ideológico, não só na linha editorial, enfaticamente direitista, como na própria maneira de tratar a notícia. Sua evolução, nos anos 1980 e 1990, para um jornal de informação mais isenta, de alto padrão jornalístico, foi uma das boas coisas que sucederam à imprensa brasileira.
15. Paulo Brandi Cachapuz. Colega do CAp, filho do escritor português anti-salazarista e exilado Paulo de Castro. Simpatizante do nosso grupo, foi preso por quatro meses em 1971. É historiador e coordenador do Centro de Memória da Eletricidade do Brasil da Eletrobrás. Escreveu o livro *Vargas: da vida para a história.*
16. Paulo de Castro. Nome literário do escritor português Francisco Cachapuz. Foi preso em Portugal pelo regime salazarista, depois lutou na Espanha como voluntário das brigadas internacionais. Após a Guerra Civil Espanhola esteve preso no campo de concentração no sul da França. Com a invasão da França

pelos alemães, ele fugiu do campo, vindo para o Brasil. Foi conselheiro da embaixada de Portugal no Brasil. Autor dos livros: *A terceira força*, *Subdesenvolvimento e revolução*, *Feira dos dogmas*, *Do colonialismo de Israel à libertação da Palestina*. Publicou vários artigos sobre os conflitos políticos do Oriente Médio. Trabalhou no *Diário de Notícia* e no *Correio da Manhã* e publicou em vários jornais do país. Faleceu em 1993.

17. Álvaro Lemos. Colega do CAp. Presidente do Grêmio Odilo Costa Neto, fechado em 1967 pela diretora, foi impedido de renovar matrícula do colégio por perseguição política. Um dos dirigentes da chamada Dissidência Comunista de São Paulo (DISP ou DDD), depois integrou a VAR-Palmares. Foi preso em 1971. Atualmente, mora em Belo Horizonte e trabalha como diretor comercial da BATIK Empresa de Telecomunicações.
18. Minc – Carlos Minc Baumfeld. Colega do CAp, saiu da escola para a clandestinidade, militou na chamada Dissidência Secundarista, no Núcleo Marxista Leninista (NML), na VAR-Palmares e na VPR. Participou de algumas ações, entre as quais a do cofre do Adhemar. Preso em 1969, foi torturado na Vila Militar. Foi um dos quarenta presos políticos banidos para a Argélia em troca do embaixador alemão. Esteve em Cuba e depois residiu no Chile, onde militou no PS chileno, na França, onde concluiu o doutorado em economia, e em Portugal. Regressou, em dezembro de 1979, com a anistia. Professor universitário, um dos organizadores dos movimentos ambientalistas e antinucleares dos anos 1980, foi, também, um dos fundadores do Partido Verde (PV), em 1986. Publicou *Como fazer movimento ecológico*, IBASE/Vozes e *Ecologia e política no Brasil*. Em 1989 foi para o PT. Atualmente, é deputado estadual, no Rio de Janeiro, autor de numerosas leis de cunho socioambiental, organizador de inúmeras manifestações ecológicas e fundador da ONG *Defensores da Terra*. Foi eleito pela primeira vez em 1986, reeleito em 1990 e 1994. Autor de mais de trinta leis estaduais sobre temas socioambientais. Publicou, recentemente, o livro *Ecologia e cidadania*.

19. Cid Benjamin. Colega do CAp, dirigente da Dissidência Comunista da Guanabara (DI-GB), que assumiu em setembro de 69 o nome de MR-8, participou do seqüestro do embaixador americano. Foi preso e torturado, em 1970, e depois banido para a Argélia em troca do embaixador alemão. Morou no Chile, na Argélia, em Cuba e na Suécia. Fundador e dirigente do PT. Foi candidato a deputado estadual pelo PT. Atualmente, trabalha como professor da Faculdade Hélio Alonso e como jornalista da área de Política do jornal *O Globo*.
20. Cesinha – César Queiroz Benjamin. Colega do CAp, militante do MR-8, foi o mais jovem guerrilheiro daquela época. Foi preso, em 1971, e libertado em 1975, exilando-se na Suécia, onde cursou a Faculdade de Línguas. Voltou ao Brasil com a anistia, foi fundador e dirigente do Partido dos Trabalhadores (PT). Foi editor da Revista *Ciência Hoje* e pesquisador da Fundação Getúlio Vargas (FGV) e da Fundação Osvaldo Cruz. Em 1995, César se desligou do PT. Atualmente é editor da Contraponto. Escreveu o livro *A opção brasileira*, publicado pela Contraponto. Foi um dos opositores mais ativos à privatização da Vale do Rio Doce, em 1997.
21. Franklin Martins. Colega do CAp, filho do senador Mário Martins, foi presidente da União Metropolitana dos Estudantes (UME), do Diretório Central dos Estudantes (DCE) e dirigente histórico da DI-GB/MR-8. Um dos organizadores e executores do seqüestro do embaixador norte-americano e autor do manifesto divulgado na ocasião. Saiu clandestinamente do país, em 1970, e regressou, também clandestino, durante o governo Geisel. Afastou-se da organização, no início dos anos 80. Fez carreira como jornalista. Dirigiu a sucursal de Brasília de *O Globo*, do qual foi colunista político. Atualmente, é comentarista político da TV a cabo GloboNews. Autor de um livro sobre seu pai, Mário Martins, intitulado *Valeu a pena*.
22. Carlos Bernardo Wainer. Colega do CAp, dirigente da DI-GB/MR-8. Foi preso em abril de 1970 e banido, em janeiro de 71, em troca do embaixador suíço. Residiu no Chile e na

França, onde cursou o doutorado em Desenvolvimento Econômico e Social. Regressou em 79 com a anistia. É militante do PT. Professor universitário, pesquisador sobre políticas e planejamento urbano no Instituto de Pesquisa e Planejamento Urbano da UFRJ (IPUR), do qual foi diretor. Atua nas áreas de impacto socioambiental de grandes projetos hidrelétricos e assessoria ao movimento nacional dos atingidos por barragens.

23. Miguel Paiva. Colega do CAp, é atualmente um dos mais conhecidos e criativos cartunistas do país, criador da *Radical chic* e do *Gatão de meia-idade.*

24. A chamada "Ofensiva do Tet", no início de 1968, foi o ponto de virada da guerra do Vietnã. O ataque às cidades do Vietnã do Sul custou enormes baixas à Frente Nacional de Libertação, os vietcongues, mas abalou definitivamente a convicção dos americanos de que poderiam ganhar a guerra, e deu um grande impulso ao movimento pacifista nos Estados Unidos.

25. Jaime Benchimol. Colega do CAp, um dos dirigentes do Grêmio Livre. Formou-se em história, com doutorado na UFF. Pesquisador de História da Saúde Pública da Fundação Osvaldo Cruz. Editor da revista *História, Ciência e Saúde* da Fiocruz. Publicou *Pereira Passos: Um Haussmann tropical*, *Cobras e lagartos*, um estudo comparativo entre o Instituto Butantã de São Paulo e a Fiocruz, Rio de Janeiro. Em 1998 realizou uma pesquisa sobre a história da febre amarela no Rio.

26. Otto Maria Carpeaux. Nasceu em 1900, foi jornalista, escritor, crítico literário, poeta e ensaísta. Veio para o Brasil durante a guerra em 1939. Ingressou no jornal *Correio da Manhã*, mas publicou artigos, ao longo de toda a sua vida, nos mais diversos periódicos do país. Escreveu uma obra clássica sobre a historiografia literária: *A História da literatura ocidental*, obra publicada em oito volumes. Entre inúmeros livros e ensaios, ele publicou pela Civilização Brasileira os livros: *O Brasil no espelho do mundo* e *Batalha da América Latina*, crônicas sobre a militância política revolucionária. Nessa época ele

passa a atribuir um teor político à sua obra, criticando veementemente o regime militar e ditatorial do Brasil. Faleceu em 1978.

27. Muniz – Carlos Alberto Muniz. Presidente do Diretório Central dos Estudantes (DCE) e da União Metropolitana dos Estudantes (UME) e dirigente da DI-GB/MR-8. Passou um longo período na clandestinidade e depois dirigiu a organização a partir do exterior. Regressou, clandestinamente, durante o governo Geisel. Afastou-se da organização, nos anos 1980, continuando a atuar no PMDB. Foi presidente da Fundação de Engenheria do Meio Ambiente (FEEMA) e da Superintendência de Rios e Lagoas (SERLA). Atualmente, é secretário-geral do PMDB do Rio de Janeiro e dirige uma empresa de consultoria ambiental.
28. Jean Marc von der Weid. Presidente do DA da Escola de Química, fazia parte da Ação Popular (AP). Foi preso em 1968, numa passeata, acusado de incendiar uma viatura do Exército. Solto, foi novamente preso, no congresso da UNE em Ibiúna, São Paulo. Foi libertado no final de 1968. Foi eleito, na clandestinidade, presidente da UNE. Foi novamente preso, em 1969, pelo CENIMAR e dessa vez torturado. Foi banido para o Chile em troca do embaixador da Suíça. Encontrava-se no Chile durante o golpe contra o governo Allende, e com auxílio do seu passaporte suíço – tinha dupla nacionalidade – ajudou a salvar e colocar em segurança, em embaixadas, diversos exilados brasileiros, inclusive alguns retirados do famoso Estádio Nacional, convertido em campo de concentração. Foi coordenador do Comitê de Anistia da Europa. Cursou na Sorbonne Paris I – obtendo doutorado em Economia Agrícola. Regressou com a anistia. Trabalhou na FASE e atualmente dirige a organização não-governamental Assessoria e Serviços a Projetos de Agricultura Alternativa (ASPTA).
29. Elinor Brito. Líder da Frente Unida dos Estudantes do Calabouço (FUEC) ligado ao PCBR, foi preso em 1969 e banido do país em troca do embaixador suíço. Passou pelo Chile,

Cuba, Argélia e França. Em Paris, trabalhou no Centre Georges Pompidou e estudou História Econômica moderna e contemporânea. Voltou ao Brasil em 1979. Tornou-se professor universitário da Faculdade Bennett e coordenador de produção de redução de lixo e projetos comunitários da Comlurb, a companhia de limpeza pública do Rio de Janeiro.

30. Daniel Cohn-Bendit. O mais famoso dirigente da rebelião estudantil de maio de 1968, em Paris. Como represália, foi expulso da França pelo governo do general Charles de Gaulle, aproveitando-se do fato de ele ter nascido na Alemanha. Escreveu vários livros, entre os quais *Nous qui Avons Tant Aimé la Révolution* (Nós que amamos tanto a Revolução) comemorando os vinte anos da rebelião de 1968. Os dois brasileiros entrevistados no livro foram Fernando Gabeira e eu. Foi um dos organizadores do Partido Verde Alemão *Die Grunnen*, da tendência dos *realos* (realistas em contraposição aos *fundis*, os fundamentalistas que aqui chamaríamos de xiitas). Foi secretário de assuntos multiculturais da prefeitura de Frankfurt, num governo de coalizão social democratas-verdes, e atualmente é deputado verde no Parlamento europeu.

31. Herbert Marcuse. Pensador e filósofo da Escola de Frankfurt que se consagrou como uma escola do pensamento crítico da cultura. Dela fazem parte, entre outros, Adorno, Horkheimer, Walter Benjamin, Ernst Bloch, Erich From, Marcuse e Habermas, que continua revigorando a Teoria Crítica com sua Teoria da Ação Comunicativa. O pensamento frankfurtiano surgiu no contexto do pós-guerra, diante da emergência do nazismo, do totalitarismo e da indústria cultural na Alemanha. A Escola de Frankfurt trouxe para o campo do marxismo as contribuições da psicanálise e uma reflexão crítica da racionalidade científica e do progresso histórico-social do mundo ocidental. Esses intelectuais voltam sua atenção para os setores mais isolados do processo cultural do capitalismo. Os frankfurtianos percebiam que o operariado e os camponeses da Europa e Estados Unidos estavam absorvidos

pela ideologia do capitalismo e não seriam eles os agentes da Revolução. Destas reflexões advém a fúria anticivilizatória de Marcuse, para quem a libido era a última centelha de humanidade possível no mundo corrompido pela razão técnica. À repressão e à censura da civilização industrial que tornou o homem neurótico e insensível, Marcuse apela pela verdade das emoções, por um novo humanismo. (Cf. *Eros e Civilização*; *O Homem Unidimensional*.) Faleceu em 1979.

32. Alexander Dubcek. Líder da Primavera de Praga (contra a ocupação soviética da Tchecoslováquia, em 21/8/1968), lutou contra o nazismo. Foi secretário do Comitê Central do Partido Comunista em 1968, pregava o retorno "da face humana do socialismo" ancorado numa tradição democrática. Dubcek defendia a autonomia política dos Estados socialistas da Europa central. Com a invasão soviética na Tchecoslováquia, Dubcek foi preso. Levado à força para a União Soviética, assinou um acordo a partir do qual reconhecia o domínio político e a invasão das tropas soviéticas. Ele retornou à Tchecoslováquia pedindo paz. Dubcek foi afastado do Partido. Trabalhou como guarda-florestal. Reapareceu politicamente apoiando a Revolução de Veludo (transição suave), que acabou com o comunismo na Tchecoslováquia durante a *perestroika* de Gorbachev. No fim da vida, em 1989, começou a escrever uma autobiografia, a qual concluiu em 1992, ano de sua morte.
33. Ruth Rissin. Colega do CAp. Estudou medicina, especializou-se em psiquiatria e fez mestrado em literatura e formação analítica. Atualmente, atua como analista e desenvolve um trabalho terapêutico na rede de saúde pública, com mulheres da terceira idade.
34. Fábio Goldstein. Colega do CAp. Formou-se piloto. Atualmente, é comandante da aviação civil.
35. Alex Polari de Alverga. Depois dos episódios narrados neste livro, foi preso, no dia 13 de maio de 1971, apenas oito dias depois da minha fuga para Buenos Aires, após uma louca perseguição de carro pelas ruas da zona norte. Barbaramente

torturado na Base Aérea do Galeão, foi testemunha do assassinato de Stuart Angel Jones nas mãos do brigadeiro João Paulo Penido Burnier, também protagonista do famoso caso do PARASAR. A denúncia de Alex (O caso "Stuart Edgar Angel") foi reproduzida no livro *O poder militar* do historiador Hélio Silva. Alex foi libertado com a anistia, no final de 1979. Escreveu os livros *Inventário de cicatrizes*, *Camarim de prisioneiro* e *Em busca do tesouro*, este último narrando sua própria vivência da guerrilha e da prisão. Em 82 começou a se interessar pela comunidade do Santo Daime, do Céu do Mapiá, no Acre, e pelos seus trabalhos espirituais. Escreveu *O livro das mirações* e organizou uma comunidade do Santo Daime em Mauá. Depois passou a residir no Mapiá, no coração da Amazônia. Atualmente, é um dos líderes espirituais dessa comunidade, por vezes alvo de manifestações de intolerância, preconceito e difamação jornalística. Sem comungar do credo, respeito profundamente sua opção, pois Alex Polari é uma das pessoas mais íntegras que já conheci.

36. Hélio Pelegrino. Médico, psicanalista, escritor e poeta. Participou ativamente da vida política do país. Em 1945 se empenhou na luta contra o Estado Novo e foi um dos fundadores da esquerda democrática da União Democrática Nacional (UDN). Publicou diversos artigos nos mais variados livros e no *Jornal do Brasil* e na *Folha de S. Paulo* sobre arte, política, cristianismo, tortura, economia e psicanálise. Em 1979 participou da fundação do Partido dos Trabalhadores (PT). Pouco antes de falecer, em 1988, publicou o livro *A burrice do demônio*.
37. José Arantes. Vice-presidente da UNE. Vinculou-se, em seguida, à ALN. Foi para Cuba, onde criou uma dissidência da ALN denominada Movimento de Libertação Popular (MOLIPO), com o apoio da *Seguridad del Estado*, ou G-2, o serviço secreto cubano. A MOLIPO estava infiltrada, e a volta de seus quadros ao Brasil foi uma tragédia total. Foram todos capturados e assassinados. Sua morte foi revelada recentemente quando da abertura do arquivo do general Bandeira. Consta na cartilha do DOI-CODI que 12 agentes armados

cercaram o aparelho de onde saíam rajadas de metralhadora de várias janelas ao mesmo tempo, dando a entender que havia pelo menos quatro resistentes. Quando os agentes entraram na casa, depois de terem jogado várias granadas, encontraram somente o corpo de Arantes.

38. Marco Medeiros. Dirigente estudantil do Instituto de Ciências Sociais, vinculado ao PCBR. Exilou-se em Cuba no ano de 71. Foi casado com a atriz Maria Lúcia Dahl, com a qual teve uma filha. Colaborador de Glauber Rocha no filme *História do Brasil*. Voltou ao Brasil em 1975. Morou um tempo em Lumiar e trabalhou na Rio Arte. Com muitos problemas de saúde, faleceu em 1997, depois de uma cirurgia na perna devido a uma queda na escada.
39. Carlos Marighela. Filho de imigrante italiano, operário, e de uma negra baiana, Carlos Marighela nasceu em dezembro de 1911. Estudou engenharia civil na Escola Politécnica de Salvador, onde iniciou sua militância política. Entrou para o PCB nos anos 1930. Foi preso, pela primeira vez, em 1932, quando articulava o PCB no movimento estudantil. Em 1936, Marighela tornou-se dirigente nacional do PCB mas, logo depois, foi preso novamente. Libertado em 1938, reorganizou o Partido. Foi preso, mais uma vez, desta feita por seis anos, cumpridos nos presídios da Ilha Grande e Fernando de Noronha. Foi libertado com a anistia de 1945. Apesar de tudo, o PCB apoiou Getúlio Vargas, na guerra contra a Alemanha e no final de seu primeiro governo com o chamado "movimento queremista". Após o fim da guerra, o partido foi legalizado, e Marighela elegeu-se deputado federal. No entanto, no governo do marechal Eurico Gaspar Dutra, o PCB foi, novamente, declarado ilegal, e Marighela teve seu mandato cassado. Em 1962 o partido dividiu-se e a ala maoísta transformou-se em PC do B. Logo depois do golpe de 1964, Marighela foi preso, novamente, tentou resistir e brigou com os policiais, levando um tiro na barriga. Foi solto um mês depois. Durante a prisão ele escreveu o livro *Por que resisti à prisão*, publicado em 1965. Em 1967, Marighela escreveu seu

documento de dissidência: "Crítica às teses do comitê central", defendendo a luta armada. Viajou para Cuba, onde participou da criação da Organização Latino-Americana de Solidariedade (OLAS) e defendeu a luta armada. Em Cuba escreveu: *Algumas questões sobre a guerrilha no Brasil*, que lançava as bases da luta política em forma de guerrilha. De volta ao Brasil, foi expulso do PCB e criou a Ação Libertadora Nacional (ALN), que organizou as primeiras operações de guerrilha urbana, em 1968. Marighela escreveu o *Manual do guerrilheiro urbano*, traduzido para o espanhol, francês e italiano. Junto com o MR-8, a ALN organizou o seqüestro do embaixador americano. Carlos Marighela foi morto, no final de 1969, numa emboscada comandada pelo delegado Sérgio Fleury, em São Paulo.

40. Bia – Ana Cristina Zahar. Colega do CAp, filha do editor Jorge Zahar. Perseguida pela repressão, exilou-se na França e, depois, na Inglaterra. Regressou no final dos anos 1970. Atualmente, dirige a Jorge Zahar Editores.
41. Aparelho – no jargão de esquerda, casa ou apartamento usado como esconderijo ou base de atividades clandestinas.
42. Vic – Vicente Ribeiro Bastos. Líder secundarista do André Maurois e dirigente da COSEC. Saiu do país em 1970, indo morar na Inglaterra, onde se formou como economista. Mestre em economia pela Universidade de Reading e doutor da Universidade de Londres. De volta ao Brasil trabalhou como professor na PUC, no IBGE, e, durante três anos, em Nova York e Genebra, na secretaria de assuntos econômicos e no Instituto de Comércio Internacional da ONU. Desde 1991, dirige a pequena empresa industrial Fazenda Soledade.
43. Mará – Alberto Schprejer. Estudante do André Maurois, foi preso e torturado, em agosto de 1971, e solto em março de 1972. Foi julgado e absolvido em 1973. Estudou Sociologia na PUC. Trabalhou na Fundação Oswaldo Cruz e no Centro de documentação da TV Globo. Fundou a Relume Dumará, distribuidora de publicações, em 1989, que há alguns anos se tornou a editora Relume Dumará.

44. Charles Burke Elbrick. Diplomata de carreira do Departamento de Estado, serviu como embaixador em Portugal e na Iugoslávia, antes de exercer as mesmas funções no Brasil. Paradoxalmente, era um liberal sucedendo uma série de embaixadores "linha-dura", como Lincoln Gordon e John W. Tuthill. Logo após sua libertação e a descoberta do esconderijo, a repressão apreendeu fitas gravadas pelo MR-8, durante os dias que esteve como refém, nas quais ele tecia considerações críticas em relação à ditadura. Isso criou um incidente diplomático que levou o Departamento de Estado a trazê-lo de volta a Washington. Elbrick aposentou-se e faleceu em 1983.
45. Gustavo Shiler. Estudante do Colégio Andrews, forneceu à VAR-Palmares a informação que possibilitou a famosa ação do cofre do falecido ex-governador Adhemar de Barros. Entrou na clandestinidade e foi preso em 1970, em Porto Alegre. Foi banido para o Chile em troca do embaixador da Suíça. Residiu no Chile e depois na França. Regressou com a anistia. Suicidou-se, no Rio de Janeiro, em 1985.
46. Jamil – Ladislau Dowbor. Dirigente e principal teórico da VPR. Membro do comando nacional. Foi preso e torturado em abril de 1970. Banido para a Argélia em troca do embaixador da Alemanha. Economista, doutor pela Universidade de Varsóvia, consultor das Nações Unidas na área de planejamento do desenvolvimento. Foi conselheiro econômico do governo da Guiné-Bissau e trabalhou em diversos países na organização de sistemas econômicos. Regressou com a anistia. É professor titular de Economia da PUC de São Paulo e do Instituto Metodista de Ensino Superior. Atualmente trabalha no Instituto de Economia da Unicamp. Foi secretário de assuntos internacionais da cidade de São Paulo, na prefeitura de Luiza Erundina. Publicou, entre outros, *Aspectos econômicos da educação* e *O que é poder local?*.
47. Daniel – Herbert Eustáquio de Carvalho, mais conhecido como Herbert Daniel. Estudante de medicina. Um dos fundadores do grupo Comandos de Libertação Nacional (COLINA), de Minas Gerais. Veio ao Rio de Janeiro depois das

quedas dessa organização no início de 1969. Participou do racha que deu origem à segunda VPR. Depois das quedas de abril de 1970, tornou-se membro do comando nacional. Já nessa época era o grande intelectual do grupo, lendo e escrevendo incessantemente sobre teatro, cinema, questões filosóficas e, naturalmente, teoria revolucionária. Em diversas ocasiões esteve a um triz da queda escapando quase miraculosamente. Foi, literalmente, o último dos moicanos da VPR. Ao ser completamente aniquilada a organização, no final de 1971, no Rio, e em 1972, no Nordeste, pela repressão, com prestimosa ajuda do traidor cabo Anselmo, Daniel foi o único que sobrou. Saiu do país em 1974, com a minha ajuda e a de Jonjoca, indo residir em Lisboa e, depois, em Paris, com o companheiro Cláudio Mesquita. Regressou em 1981. Lançou alguns livros que escreveu em Paris, e escreveu vários outros também. Inseriu-se nos debates sobre a questão homossexual, temas de direitos humanos e ambientais. Foi um dos fundadores do PV e, em 1986, concorreu a deputado estadual pelo Rio de Janeiro. Não foi eleito, apesar de expressiva votação. Com o surgimento da epidemia de AIDS, Daniel passou a dedicar enorme atenção ao tema, transformando-se em uma referência nacional e internacional sobre as questões de saúde pública, culturais e de direitos humanos envolvendo a epidemia. Em 1989, ele próprio descobriu estar com a doença. Nessa época foi lançado durante um período como anticandidato à Presidência da República pelo PV, como forma de combater o preconceito. Assumiu abertamente sua condição de aidético, num momento em que poucos tinham coragem de fazê-lo, e redobrou sua combatividade e garra de viver. Faleceu em 1992.

48. Angelo Pezzuti da Silva. Estudante de medicina em Belo Horizonte, foi o principal líder do grupo COLINA. Preso no início de 1969, torturado em Belo Horizonte e, depois, na Vila Militar, no Rio, foi o primeiro a conseguir passar para fora as denúncias de torturas no famoso *Documento de Linhares*. Banido para Argel, em troca do embaixador alemão, Angelo se

casou com Maria do Carmo Brito, viúva de Juarez de Brito, com a qual teve um filho. Esteve em Cuba e no Chile. Depois do golpe de Pinochet, foi para a França. Morreu, em setembro de 1975, num desastre de motocicleta, perto de Paris.

49. Metranca – metralhadora.
50. Lia – Maria do Carmo Brito. Socióloga. Dirigente da COLINA, da VAR-Palmares e depois da VPR. Era casada com Juarez de Brito e foi presa, em abril de 1970, no episódio no qual ele se suicidou. Barbaramente torturada no DOI-CODI da rua Barão de Mesquita, foi banida para Argel, em troca do embaixador alemão. Morou na Argentina, Chile, Panamá, Bélgica, Angola e Portugal. Casou com Mário Japa (Chizuo Osawa), com quem tem uma filha, Lótus Brito Osawa. Regressou com a anistia. Participou da fundação do Partido Democrático Trabalhista (PDT). Atualmente, dirige a Fundo Rio, autarquia ligada à Secretaria Municipal de Desenvolvimento Social, onde desenvolve um trabalho de recuperação social de crianças de rua.
51. José Roberto Spiegner. Uma das lideranças do movimento universitário e dirigente da DI-GB, depois MR-8. Foi o primeiro membro da organização a ser morto pela repressão, em fevereiro de 1970, em tiroteio com policiais do DOPS, no centro do Rio. Tinha 20 anos.
52. Mário Japa – Chizuo Osawa. Militante da VRP, foi preso em São Paulo e banido para o México, trocado pelo cônsul japonês. Viveu em Cuba, onde participou de treinamentos de guerrilha e trabalhou na agricultura. Em 1973 foi para o Chile, onde se casou com Maria do Carmo Brito, com quem seguiu para Angola e Portugal. No exílio trabalhou como jornalista para a revista do *Cadernos do Terceiro Mundo* e criou um programa de rádio em Angola. Foi um dos fundadores do PDT. De volta ao Brasil, trabalhou no jornal *O Globo*. Desde 1980 é correspondente da Inter Press Service (IPS).
53. Vera Sílvia Araújo Magalhães. Participou do seqüestro do embaixador americano. Foi baleada pela polícia, presa e torturada. Saiu do Brasil, de cadeira de rodas, banida, em troca do embaixador alemão. Foi para Cuba, onde fez treinamento

de guerrilha e de lá foi para a França. Foi companheira de Fernando Gabeira, com o qual residiu em Berlim e Santiago. Estudou Sociologia na Universidade de Paris. Depois se casou, em Paris, com Carlos Henrique Maranhão. Voltou ao Brasil com a anistia e, inicialmente, residiu em Recife. Em 1984, voltou para o Rio, vindo trabalhar na Secretaria de Planejamento do Estado.

54. Carlos Zílio. Militante do movimento universitário e depois do MR-8, foi baleado e preso em 1970. Mais tarde, tornou-se um conhecido artista plástico, crítico de arte e professor do curso de pós-graduação em História Social da Cultura e do curso de História da Arte do departamento de história da PUC do Rio de Janeiro. Em 1996 foi realizada uma retrospectiva de sua obra no Museu de Arte Moderna (MAM). Publicou, entre outros: *Da antropofagia à tropicália em artes plásticas e literatura*, *A querela do Brasil: a questão da identidade da arte brasileira na obra de Tarsila, Di Cavalcanti e Portinari* e *Modernidade em Guinnard.*
55. Daniel Aarão Reis.Líder estudantil, dirigente histórico da DI-GB, depois MR-8. Foi preso e torturado, e, porteriormente, banido para a Argélia, em troca do embaixador alemão. Morou no Chile, foi para o Panamá em 1973 e depois para Paris, onde realizou o curso de mestrado em história. Foi professor de história contemporânea em Moçambique até 1979, quando foi para Portugal. Voltou para o Brasil e foi fundador e dirigente do PT. Em 1980 realiza concurso para professor de história da Universidade Federal Fluminense. Fez doutorado em 87 no Departamento de História na USP. Foi presidente do PT do Rio de Janeiro entre 1993 e 1994. Atualmente, é professor titular em história contemporânea da UFF. Tem publicado artigos e ensaios em revistas e nos principais jornais do país. Escreveu os seguintes livros: *A Revolução faltou ao encontro*, *1968: a paixão de uma utopia* e *Uma revolução perdida: A história do socialismo soviético.*
56. Fernando Gabeira. Jornalista do *Jornal do Brasil*, participou do seqüestro do embaixador americano. Foi baleado e preso

em São Paulo. Foi banido para Argel, em troca do embaixador alemão. Residiu em Cuba, na Alemanha, no Chile, na Suécia e na França. Foi um dos primeiros anistiados a regressar em 1979. Sua volta foi um episódio emblemático da chamada transição. Logo após seu retorno, lançou o livro *O que é isso, companheiro?* narrando sua experiência na luta armada e particularmente no episódio do embaixador americano. A seguir lançou: *O crepúsculo do macho*, *Entradas e bandeiras*, *Sinais de vida no planeta Minas*, *Greenpeace: a verde guerrilha da paz*, *Vida alternativa*, *Diário da salvação do mundo*, *Goiânia rua 57* e *Etc & Tao*. Passou a colaborar com diversas publicações, inclusive a *Folha de S. Paulo*. Fundador do PV, em 1986, foi candidato a governador do estado do Rio pela coligação PT-PV, obtendo 8% dos votos. Em 1989 foi candidato à presidência da República pelo PV. Residiu dois anos em Berlim como correspondente da *Folha de S. Paulo*. Elegeu-se deputado federal, em 1994, pelo PV do Rio de Janeiro.

57. Joaquim Cerveira. Líder do grupo FLN, foi preso em abril de 1970, torturado e banido para o Chile, em troca do embaixador da Suíça. Em 1974 foi seqüestrado em Buenos Aires pela repressão argentina, extraditado secretamente e assassinado. Seu nome figura da relação dos desaparecidos.
58. Sidnei – Marco Antônio Esteves da Rocha. Colega do CAp. Permaneceu um período como simpatizante da VPR e do MR-8. Saiu do país em 1971, estabelecendo-se no eixo Londres–Amsterdã. Algumas peripécias em comum que tivemos nesse período são narradas no meu livro *Roleta chilena*. Regressou ao Brasil no final dos anos 1970, tornou-se músico (saxofonista) e depois lingüista. Recentemente, voltou ao Brasil após concluir o doutorado em Lingüística Computacional, na Universidade de Sussex, em Brighton, na Inglaterra.
59. Tocha – Lúcio Flávio Uchoa Regueira. Pernambucano, participou do movimento estudantil em Recife, e, depois, no Rio de Janeiro. Militou no MR-8. Foi preso em abril de 1970, torturado e posteriormente banido para o Chile, em troca do embaixador suíço. Residiu em Paris e em Estocolmo. Traba-

lhou na *Amnesty International.* Refiro-me a ele, neste período, no meu livro *Roleta chilena*, sob o pseudônimo de Zenóbio. Regressou com a anistia e trabalhou como jornalista no *Pasquim*. Viajou por todo o país e terminou voltando para Recife, onde veio a falecer, em 1993, vítima de AIDS.

60. Recebi de "Lourenço" um e-mail pedindo a retificação de afirmações feitas nesta passagem do livro. Na época, essas informações tiveram mais de uma fonte, e tantos anos depois o confronto com a versão dele não seria mais necessário. De qualquer modo, considero justo registrar seu desmentido: *Com grande atraso, tomei conhecimento das afirmações que fez a meu respeito em seu livro* Os carbonários. *Peço-lhe que retifique tais ocorrências, pois são absolutamente improcedentes: 1) nunca fui levado pela repressão para tentar identificar companheiros pelas ruas, nem imagino quem tenha sido a fonte de imputação tão estapafúrdia; 2) os próprios arquivos da repressão estão aí para comprovar que não fui responsável nem pela delação da área ativa de treinamento de Registro, nem por "dezenas de quedas" da VPR, tendo, inclusive, o Jacob Gorender escrito à Folha de S. Paulo uma carta para me inocentar da primeira calúnia.*

61. Liszt Benjamin Vieira. Militante da VRP, preso e torturado. Foi banido para Argel em troca do embaixador da Alemanha. Residiu no Chile e na França. De regresso ao Brasil com a anistia, trabalhou como defensor público e depois foi eleito deputado estadual do PT, em 1982, com uma plataforma ecológica. Participou do Fórum Nacional das ONGs na época da Rio-92 e dirigiu o Instituto de Ecologia e Desenvolvimento (IEDES). É professor de sociologia na PUC. Publicou o livro *Cidadania e globalização*. Atualmente, mora em Nova York, onde realiza sua pesquisa de doutorado na Columbia University. É doutorando em sociologia do Instituto de Pesquisas do Rio de Janeiro (IUPERJ).

62. Sargento Darci – Darci Rodrigues. Companheiro de Lamarca, desertou junto com ele do quartel de Quintaúna. Baleado, preso e torturado durante a retirada do Vale do Ribeira, foi banido para a Argélia, em troca do embaixador alemão.

Regressou com a anistia. Atualmente, trabalha na prefeitura de Bauru, São Paulo.

63. Velho Lavequia – José Lavequia. Militante da VPR, foi preso no Vale do Ribeira e, depois, foi banido para a Argélia, em troca do embaixador alemão. Foi seqüestrado, pela repressão, em Buenos Aires, em 1974, no mesmo episódio que Cerveira, trazido clandestinamente ao Brasil e assassinado.
64. Erenfreid von Holleben. Embaixador da Alemanha, advogado e diplomata, foi embaixador em Portugal. Aposentou-se depois de servir no Brasil e faleceu no final dos anos 1970.
65. Manuel Henrique Ferreira. Combatente da VPR, foi preso em maio de 1971, torturado, passou oito anos na cadeia, até ser libertado em 1979, com a anistia.
66. Apolônio de Carvalho. Nascido em 1912, em Corumbá, engajou-se como tenente do Exército na Aliança Nacional Libertadora (ANL). Foi preso em 1935, passando dois anos na cadeia. Libertado em 1937, filiou-se ao PCB e partiu para a Espanha, onde participou da guerra civil, combatendo no exército republicano. Com a derrota da causa republicana, Apolônio se refugiou na França e foi internado num campo de detenção, do qual conseguiu se evadir para a clandestinidade. Com a Segunda Guerra Mundial e a invasão da França, Apolônio passou a integrar a resistência antinazista e, em 1942, se integrou na guerrilha das FTP. Nessa época conheceu Renée, a mulher de sua vida, também militante da resistência. Apolônio atuou, inicialmente, na guerrilha urbana em Marselha e depois foi para o *maquis* onde teve destacada atuação como responsável militar da região Sudeste e depois da região Sul. Comandou o ataque à prisão de Nîmes, depois a libertação das cidades de Carmaux, Albi e Toulouse. Regressou ao Brasil em 1947, voltando a militar no PCB. Depois do golpe de 1964, Apolônio, favorável à luta armada, rompeu com o PCB, fundando o PCBR. Foi preso no início de 1970, torturado e banido para a Argélia, em troca do embaixador alemão. Passou a maior parte do exílio na França e regressou ao Brasil com a anistia, em 1979. Participou da fundação do PT. Em 1997,

Apolônio lançou seu livro de memórias *Vale a pena sonhar*. No início de 1998, com 86 anos, vive com Renée, no Rio de Janeiro, cheio de entusiasmo, otimismo e planos para o futuro.

67. Ronaldo – José Roberto Rezende. Militante originário da COLINA, de Minas Gerais. Foi preso em maio de 1971, torturado, e permaneceu na prisão até a anistia, em 1979. Reside em Belo Horizonte.
68. O exacerbado nacionalismo que descrevi nos meus embates verbais com o embaixador von Holleben – que hoje, para mim, beira o ridículo – não era apanágio apenas da esquerda, na época. Havia uma facção das Forças Armadas, sobretudo do Exército, que era tão ou até mais nacionalista e xenófoba em relação ao capital estrangeiro do que nós. Sua figura emblemática era o general Afonso Augusto de Albuquerque Lima, que tinha prestígio junto aos jovens oficiais da Marinha, da Aeronáutica e da Escola de Aperfeiçoamento de Oficiais (EsAO). Essa convergência nacionalista não lançava nenhuma ponte entre eles e nós apesar de seu suposto encontro clandestino com Marighela. Pelo contrário, os militares nacionalistas eram quase sempre os mais enérgicos em matéria de repressão à esquerda. Seu modelo era o general Velasco Alvarado, que deu um golpe nacionalista no Peru.
69. DIP. Referência ao Departamento de Imprensa e Propaganda do Estado Novo de Getúlio Vargas.
70. Ao reler *Os carbonários*, 18 anos depois, penso ter sido demasiado duro e hostil com "Lourenço". Por maior que tenha sido seu grau de colaboração, não se deve perder de vista sua condição, primordial, de vítima da tortura. O fato de ele ter sido detestado por outros presos e ter se transformado, depois de sua aparição na tevê, aos nossos olhos, numa espécie de "protótipo do traidor" não altera esse fato. Torna ainda mais culpados seus torturadores que, nesse caso, pelo terror, pela dor e pelo medo, não só conseguiram arrancar informações mas quebrar sua personalidade.
71. Inês Etiene Romeu – "Olga" ou "Alda". Foi bancária e se formou em história nos idos de 1960. Originária da COLINA, de

Minas Gerais, foi do comando nacional da VPR, juntamente com Daniel e Lamarca, depois das quedas de abril de 1970. Foi presa em 5 de maio de 1971 – exatamente no mesmo dia em que escapei para a Argentina – e passou por um dos piores processos de tortura a que alguém possa ter sobrevivido, na época. Durante meses, ficou clandestina na chamada Casa da Morte, um aparelho da repressão, em Petrópolis, onde eram submetidos às maiores barbaridades aqueles presos destinados a desaparecer. Consta que nesse período adotou-se a diretriz de não mais fazer prisioneiros. Praticamente nenhum quadro de organização armada, preso, a partir do final de 1971, ficou vivo. Inês se salvou por um conjunto de circunstâncias excepcionais, e acabou sendo reconhecida oficialmente como presa política. Foi libertada com a anistia, em agosto de 1979. Foi diretora do Arquivo Público do Estado de São Paulo. Em 1981 fez a denúncia da Casa de Petrópolis. Atualmente, possui uma editora, a Porto Calendário. Reside em São Paulo.

72. Raquel – Zenaide Machado. Fez parte do comando Juarez de Brito, da VPR. Foi presa e torturada em meados de 1971 e libertada em 1974. Zenaide estudou sociologia na Unicamp. Foi assessora da Federação de Órgãos de Assessoria Social e Educacional (FASE) na área de Movimentos Sociais e Urbanos. É coordenadora do Programa de Interesse Social da Secretaria de Desenvolvimento e Habitação do Estado de São Paulo. Tem se dedicado a atividades de gestão e implementação de políticas públicas nas áreas de educação e meio ambiente.
73. Helga – Teresa Angelo. Companheira de Gerson Teodoro da Silva, o "Ivan", paulista, de origem operária, sobreviveu à destruição da VPR. Encontrei-a, por acaso, em 1974, numa rua em Buenos Aires. Soube depois que havia desaparecido, na Argentina. É dada como morta neste país no livro *Iara*, de Judith Patarra.
74. Toledo – Joaquim Câmara Ferreira. O professor, ex-militante do PCB, homem de confiança de Marighela, que formou junto com ele a ALN. Participou do seqüestro do embaixador americano e assumiu o comando da ALN depois da morte de

Marighela. Toledo foi capturado, torturado e assassinado pelos agentes do DOI-CODI, em 10 de setembro de 1970.

75. Giovanni Enrico Bucher. Nascido em Bellagio, na Itália, filho de uma família de hoteleiros, formou-se em direito, em Zurique, e entrou para a carreira diplomática participando de diversas negociações importantes, inclusive a que pôs fim à guerra da Argélia. Depois de servir no Brasil, foi embaixador em Portugal no mesmo período em que Daniel e eu lá estivemos exilados, mas só soubemos disso posteriormente, senão provavelmente tê-lo-íamos contatado. Logo depois, ele se aposentou, escreveu um livro de memórias e faleceu em sua casa de campo, em 1992.
76. Referência ao "Festival de Besteira que Assola o País" (FEBEAPÁ), uma compilação de casos engraçados e ridículos, nos anos 1960, feitos por Stanislaw Ponte Preta, o imortal escritor Sérgio Porto, que fez enorme sucesso na época.
77. Lúcia Hélio Maurício – "Mônica" ou "Stela". Estudante do André Maurois, fez parte do nosso grupo secundarista. Companheira de Alex Polari. Foi presa em 1971 e libertada em 1974. Casou-se com Alex Polari, em 1975, na prisão. Estudou arquitetura por dois anos e depois jornalismo. Formou-se em letras; é professora e tradutora de inglês. Fez mestrado em educação na FGV e atualmente cursa o doutorado em educação na UFRJ. Trabalhou como secretária de Darci Ribeiro e foi responsável pelo programa de capacitação de professores para a escola integral. Em 1986 realizou, junto com Darci Ribeiro, uma grande pesquisa, na França, sobre escolas de tempo integral. Foi diretora da Escola Colorida, com pinturas de Moacyr Scliar, em São Gonçalo.
78. Moisés – José Raimundo da Costa. Ex-sargento. O último comandante da VPR. Chefiou a organização depois do racha de Lamarca. Dirigia um trabalho no Nordeste que era considerado a grande esperança dos que permaneceram na VPR e organizara um esquema de recepção a um grupo de companheiros que voltava clandestinamente de Cuba. O principal deles era o ex-cabo Anselmo. A morte de Moisés, em 1971, em circunstâncias atrozes, foi obra deste.

79. Cabo Anselmo – José Anselmo. Nasceu em Sergipe em 1941. Estudou direito, e em 1958 já era presidente da Associação dos Marinheiros e Fuzileiros Navais (AMFNB). Liderou a rebelião dos marinheiros, supostamente em apoio ao presidente João Goulart, mas que serviu de pretexto imediato para o golpe de 31 de março de 1964. Anselmo foi cassado em 1964, e ficou exilado na embaixada do México por 15 dias. Deixou a embaixada ajudado pela AP (organização católica de esquerda) para se integrar na luta contra o regime militar. Ficou preso até 1966. Ajudado pela Política Operária (POLOP), fugiu da cadeia. Foi para o Uruguai, onde se filiou ao Movimento Nacionalista Revolucionário (MNR), liderado por Brizola. Em 1967 viajou para Cuba como representante do MNR na conferência da OLAS e acabou se integrando na VPR. Em 1971, voltou ao Brasil na clandestinidade. Atuou em São Paulo no comando da VPR. No final desse ano começam a chegar informações sobre a colaboração de Anselmo com a repressão. Levas inteiras de quadros clandestinos voltaram do exterior para a morte por obra de suas armadilhas, para as quais contribuiu a atitude equívoca do comandante da VPR no exterior, Onofre Pinto, que desprezou, sistematicamente, informações irrefutáveis de que Anselmo estava colaborando ativamente com a repressão, tendo inclusive o avisado de que tal acusação lhe era feita por companheiros presos, que, por isso, voltaram para a tortura ou, em alguns casos, desapareceram. Anselmo chegou ao cúmulo de atrair para o Brasil e para a morte sua própria companheira residente em Cuba! A controvérsia sobre Anselmo é relativa a quando exatamente, e, em que circunstâncias, passou a trabalhar para a repressão. Apesar de já na época da rebelião dos marinheiros, em 1964, haver suspeitas de seus vínculos com a CIA, pessoalmente, acredito que sua colaboração tenha se dado a partir de 1971. Sou dessa opinião, pois sei que ele se encontrou, pelo menos uma vez, com Carlos Lamarca e, com a gana que tinham para pegar o homem mais procurado do país, não desperdiçariam tamanha oportunidade. Acredito na versão oficial do inquérito feito pela VPR, no Chile, de que ele teria sido preso, em 1971, após voltar clandestinamen-

te ao país, numa imprudente visita à seleção cubana de basquete. Antes mesmo de ser torturado, fez um acordo com a repressão e, a partir daí, transformou-se no mais valioso agente provocador do período da ditadura militar, responsável por dezenas de prisões e mortes. Anselmo teve seus 15 minutos de glória numa entrevista concedida à revista *IstoÉ*, nos anos 1980, e depois voltou a mergulhar no anonimato, onde deve conviver com sua consciência. Fez uma operação plástica para modificar o rosto e permanece incógnito. Quanto a Onofre Pinto, desapareceu na Argentina, em 1974, segundo tudo indica seqüestrado, extraditado clandestinamente para o Brasil e, depois, assassinado.

80. Clarice – Sônia Lafoz. Nasceu na Argélia. Filha de um general espanhol casado com uma francesa. Seu pai participou da guerra civil espanhola contra Franco, exilou-se na Argélia e depois veio para o Brasil. Sônia foi criada em São Paulo, vindo para o Rio na clandestinidade. Destacada militante da VPR, comandou o grupo que sobrou da UC João Lucas Alves, logo após as quedas de abril. Passou para o MR-8 em fins de 1970. Foi baleada em 1971, num tiroteio, mas conseguiu escapar para o Chile. Morou no Chile e na França, onde estudou sociologia e se naturalizou francesa. Na França, trabalhou na área administrativa do Centro Nacional de Pesquisas Científicas. Continuou sua atividade política. Foi eleita vereadora em um município no norte de Paris. Voltou ao Brasil com a anistia, em 1979. Estudou na Escola Nacional de Saúde Pública. Foi professora de sociologia na Universidade Federal de Cuiabá. Atualmente, trabalha no Núcleo de Estudos de Saúde Pública, em Curitiba.

81. Iara Yavelberg. Psicóloga, vinculada à antiga VPR, conheceu Lamarca em 1969. Viveram um caso de amor, que foi notabilizado pelo Diário de Lamarca, publicado na época de sua morte pelo jornal *O Globo*. Morreu em agosto de 1971, em Salvador, um mês antes da morte de Lamarca. Descobertas recentes questionam a versão sobre seu suposto suicídio e a dão como atingida por uma rajada de metralhadora disparada pela repressão, quando do estouro do aparelho. Na única

conversa que tivemos e que narro no livro, ela me disse que pensava em se matar numa eventual circunstância de prisão iminente, pois sabia o destino reservado pela repressão à companheira de Lamarca. Por esta razão, não cheguei a duvidar da versão anterior, agora, aparentemente, desmentida. Nosso primeiro e único encontro me deixou uma marca profunda, de uma mulher realmente extraordinária, pela beleza, sinceridade e inteligência. Sua história foi objeto de uma biografia, interessante mas um pouco confusa, da jornalista Judith Patarra: *Iara: reportagem biográfica.*

82. Stuart Angel Jones. Dirigente do MR-8 e filho da estilista Zuzu Angel. Preso, em maio de 1971, e torturado até a morte pelo brigadeiro Burnier e sua equipe de sádicos, na Base do Galeão. Penso que a extrema violência com métodos poucos usuais, como amarrar seu corpo na traseira de um carro e colocar sua boca no cano de escapamento de um jipe (cf. Polari, op. cit. 1982, pp. 163-98) se devesse à suspeita dos torturadores de que ele pudesse conhecer o paradeiro de Lamarca, na medida em que foi quem o recebeu no carro quando este passou de uma organização para a outra. Zuzu realizou uma enorme campanha na imprensa nacional e internacional e chegou a passar documentos sobre a morte do filho para o secretário de Estado dos EUA. A famosa estilista sentia-se ameaçada e morreu num misterioso "acidente" de automóvel, recentemente comprovado como atentado pela Comissão dos Desaparecidos.

83. Pouco tempo depois da carta, Lamarca foi transferido para a Bahia, para uma área rural, onde se dedicou a um tipo de trabalho mais de natureza política, a longo prazo, que está bem explicado no seu famoso diário, cuja descoberta no Rio de Janeiro foi uma das informações que, junto com outras, permitiu à repressão detectar a área e realizar a operação de cerco que culminou com sua morte, em setembro de 1971. Embora a circunstância exata tenha sido testemunhada apenas pelos que o mataram, acredito que foi pego, de surpresa, extenuado, dormindo debaixo de uma árvore e crivado de balas, antes de po-

der esboçar qualquer reação. Como excelente atirador, havendo oportunidade, não iria se deixar capturar vivo e acertaria uns tantos quantos. Eles sabiam perfeitamente da sua perícia e se aproveitaram daquela circunstância militarmente favorável. Acredito que recentes tentativas de reduzir Lamarca à categoria de uma "vítima da repressão", envolvendo indenizações, não lhe fazem justiça. Quanto ao célebre "diálogo final", revelado à imprensa pelo então major Nilton Cerqueira, estou convencido de que se tratou de uma peça de guerra psicológica e contra-informação. A natureza dos ferimentos não dava margem a essa versão, que contém muitas incongruências. Aquelas últimas frases: "Eu sei quando perco", tendo como resposta um sentencioso e implacável: "Você é um traidor da Pátria", simplesmente beiram o ridículo. Seria mais digno se, em vez de ficar exibindo o famoso Smith Wesson 38 de Lamarca, como troféu, o general o doasse a um museu. No entanto, em relação ao episódio, propriamente dito, considero que Lamarca morreu em combate. Viveu e morreu como escolheu. Não foi vítima, mas herói.

84. Ari – Ari Roitman. Líder secundarista do Pedro II, membro da Comissão Intergrêmios e, depois, do NML. Fazia parte de nossa rede de simpatizantes. Foi para a Argentina em 1971 onde residiu muitos anos. Formou-se e trabalhou como psicanalista e foi um dos sócios da Editora Relume Dumará. Atualmente é editor independente tendo concebido o livro *Feliz 1958: o ano que não devia terminar* de Joaquim Ferreira dos Santos.
85. Toninho – Antônio Paulo Ferraz. Universitário, simpatizante da VPR, foi um dos meus mais valiosos e solidários apoios no período 1970-1971. É filho do então dono dos estaleiros Mauá, Paulo Ferraz, irmão de Buza e Helinho Ferraz. Saímos juntos do Brasil, em 1971. Ele residiu alguns anos no Chile e regressou ao Brasil, depois do golpe de Pinochet. Passou um período preso. Reside no Rio de Janeiro.

ATENDIMENTO AO LEITOR E VENDAS DIRETAS

Você pode adquirir os títulos da BestBolso através do Marketing Direto do Grupo Editorial Record.

- Telefone: (21) 2585-2002
  (de segunda a sexta-feira, das 8h30 às 18h)
- E-mail: mdireto@record.com.br
- Fax: (21) 2585-2010

Entre em contato conosco caso tenha alguma dúvida, precise de informações ou queira se cadastrar para receber nossos informativos de lançamentos e promoções.

Nossos sites:
www.edicoesbestbolso.com.br
www.record.com.br

EDIÇÕES BESTBOLSO

Alguns títulos publicados

1. *O diário de Anne Frank*, Otto H. Frank e Mirjam Pressler
2. *O jogo das contas de vidro*, Hermann Hesse
3. *Baudolino*, Umberto Eco
4. *O poderoso chefão*, Mario Puzo
5. *Ramsés – O filho da luz*, Christian Jacq
6. *Ramsés – O templo de milhões de anos*, Christian Jacq
7. *Ramsés – A batalha de Kadesh*, Christian Jacq
8. *A pérola*, John Steinbeck
9. *A queda*, Albert Camus
10. *O Gattopardo*, Tomasi di Lampedusa
11. *O amante de Lady Chatterley*, D. H. Lawrence
12. *O evangelho segundo o Filho*, Norman Mailer
13. *O negociador*, Frederick Forsyth
14. *Paula*, Isabel Allende
15. *O grande Gatsby*, F. Scott Fitzgerald
16. *A lista de Schindler*, Thomas Keneally
17. *Ragtime*, E. L. Doctorow
18. *Prelúdio de sangue*, Jean Plaidy
19. *O crepúsculo da águia*, Jean Plaidy
20. *Um estranho no ninho*, Ken Kesey
21. *O império do Sol*, J. G. Ballard
22. *O buraco da agulha*, Ken Follett
23. *O pianista*, Władysław Szpilman
24. *Doutor Jivago*, Boris Pasternak
25. *A casa das sete mulheres*, Leticia Wierzchowski
26. *Uma mente brilhante*, Sylvia Nasar
27. *Getúlio*, Juremir Machado da Silva
28. *Exodus*, Leon Uris
29. *Entre dois palácios*, Nagib Mahfuz
30. *Encrenca é o meu negócio*, Raymond Chandler

EDIÇÕES BestBolso

Este livro foi composto na tipografia Minion, em corpo 10,5/13, e impresso em papel off-set 56g/m² no Sistema Digital Instant Duplex da Divisão Gráfica da Distribuidora Record.